晉國霸業

從晉之分封到文公稱霸

［韓］沈載勛 著
［韓］鄭興洙 譯

The Development of the
Regional State of Early China
From the Enfeoffment of
the State of Jin to the Hegemony of
Wen Gong

上海古籍出版社

图书在版编目(CIP)数据

晋国霸业：从晋之分封到文公称霸/(韩)沈载勋著；(韩)郑兴洙译.—上海：上海古籍出版社，2022.7
ISBN 978-7-5732-0279-6

Ⅰ.①晋… Ⅱ.①沈… ②郑… Ⅲ.①中国历史-研究-晋国(前11世纪-前4世纪中叶) Ⅳ.①K225.07

中国版本图书馆CIP数据核字(2022)第094442号

The original edition was published in Seoul, Korea
under the title
The Development of the Regional State of Early China:
From the Enfeoffment of the State of Jin to the Hegemony of Wen Gong
By JAE HOON SHIM
©2018 by ILCHOKAK, Seoul, Korea

晋国霸业
——从晋之分封到文公称霸
(韩) 沈载勋 著
(韩) 郑兴洙 译

上海古籍出版社出版发行
(上海市闵行区号景路159弄1-5号A座5F 邮政编码201101)
(1) 网址：www.guji.com.cn
(2) E-mail：guji1@guji.com.cn
(3) 易文网网址：www.ewen.co
上海天地海设计印刷有限公司印刷
开本787×1092 1/16 印张20.5 插页6 字数307,000
2022年7月第1版 2022年7月第1次印刷
印数：1—2,800
ISBN 978-7-5732-0279-6
K·3146 定价：98.00元
地图审图号GS(2022)612号
如有质量问题，请与承印公司联系

谨以此书纪念我的父母

金文子（1936–1996）
沈锺洙（1934–2008）

中译本序

2019年8月3日，我到访了山西省考古研究所，在诸位专家朋友面前，我怀着激动的心情介绍了这本书。那次正巧是我第十次到访山西省。我于1994年8月第一次到曲村-天马晋侯墓地的发掘现场，自那以后山西省便成为了我的第二故乡。

在21世纪的东亚，民族主义倾向越来越明显，怀抱着对他国历史的热爱进行研究实非易事，况且还要痛下决心接受国内的冷漠对待。尽管如此，对中国古代历史的研究依然让我感受到十足的魅力，其魅力足以让我欣然接受和克服诸多困难。随着不断涌现出土的资料，我感受到了追求卓越性学术本质的快乐。

此次，在我研究的晋国前半段历史的小书即将出版中译本之时，我内心夹杂着两种情感。首先是激动，我十分期待中国读者对这本书的看法。读者如果能够通过此书感受到新颖的观点，并从中得到启发的话，我将会感到十分幸福。其次，心中十分忐忑，我自己最清楚这本书中存在的种种不足，但我始终坚信尖锐的批评与热烈的讨论是推动研究者成长的动力，我已经做好了接受任何批评的准备。

该书的初稿完成于2017年，很遗憾书中未能反映此后出版的几种重要发掘报告，因此书中的某些论述可能会存在错误。尽管如此，笔者仍然相信书中的主要论点能够成立。

我在此要向献身于本书中文翻译的郑兴洙先生、欣然允许中译本出版的上海古籍出版社吴长青副总编以及辛苦编辑的姚明辉老师表示衷心的感谢。

沈载勋
2021年11月16日

Foreword 前言

作为一名研究者，我有一个很大的缺点，就是性格太过急躁。所幸随着年龄的增长与阅历的丰富，慢慢懂得了欲速则不达——越是急于求成，越是做不好研究的大道理。这本叙述中国古代晋国早期历史的书，也许印证了至少在研究工作方面，我是一个慢性子的人，着实令人欣喜。如果说本研究是在1993年夏天正式开始的，那么从研究到出版几乎花了25年的时间。

20世纪90年代初，在选择博士论文题目时，最感兴趣的主题是介于古代游牧地带和农耕地带的边缘文化发展过程。被命名为"李家崖文化"的山西省西北部黄土高原地带，同陕西省东北部地区一样，位于游牧文明和农耕文明的交汇处，对我来说是很有趣的研究对象。但在看完相关资料之后，发现自己亟需学习俄语。

1993年秋季学期刚想准备开始学俄语的时候，我的恩师夏含夷（Edward L. Shaughnessy）教授8月底从中国回美国之前联系了我。他说要送我礼物，问我能不能去机场接他。从芝加哥奥黑尔机场开车送老师回家的路上，老师的礼物和惊喜一直没有间断。当时曲村-天马遗址北赵晋侯墓地发掘工作进行得如火如荼，他给我分享了发掘现场的考察结果、研究情况和发展前景，并建议我以此为主题来写博士论文。当时老师送给我的山西省地理全图在我的书桌前摆放了很长时间。

暑假还剩几个星期的9月初的某一天，芝加哥的同事们汇聚一堂，一起查看了夏含夷老师摹写的"晋侯苏编钟"铭文（该铭文将在本书第四章介绍），内容饶有趣味，看完不禁让人拍案叫绝（我的第一篇英文论文，主题就是分析该铭文，刊登于 1997 年《Early China》第 22 集）。我最早想到的博士论文主题，几乎全部要靠以文物为主的考古学资料来完成，因为我在读博士期间，接触最多的就是出土文献和传世文献，所以这个主题让我略感遗憾。但是关于西周时期诸侯国晋国的研究，不仅能参考当时对我来说较生疏的铜器铭文等考古学资料，而且还能参考传世文献，这其实与我的学习背景非常符合。

1994 年夏天，我第一次去了中国，利用两个星期的时间沿着汾河游览了山西省西南部。我还有机会在北赵晋侯墓地第四次发掘工作刚刚结束的曲村－天马遗址参观了考古工地现场。当时不仅与现场负责人已故考古学家邹衡（1927—2005）先生以及李伯谦、刘绪（1949—2021）、孙华、徐天进等北京大学考古学家，还与李夏廷、田建文、吉琨璋等山西省考古学家，利用宝贵的时间进行了交流。

回到芝加哥之后，11 月提交了以 "From Qucun to the Hegemony of Wen Gong: The Early Development of the State of Jin（曲村至文公霸业：晋国早期发展）" 为题目的博士论文提纲。1996 年夏天又去了北京和山西，与多名研究者交流想法后，确定了论文的基本框架，并于 1998 年下半年完成了博士论文 "The Early Development of the State of Jin: From Its Enfeoffment to the Hegemony of Wen Gong (r. 636–628 B.C.) [晋国早期发展：始封至文公（前 636—前 628 年在位）霸业]"。正如题目所言，论文主要阐述了晋国的早期发展历程，内容涵盖晋国分封于山西省西南部的历史背景、西周时期的发展过程以及晋文公如何建立霸业等问题。

本研究从 1998 年完成基本框架到出版成书，前后历经近 20 年的时间。主要原因是内容贫乏，但还有一个重要的原因是北赵晋侯墓地考古发掘报告的出版一拖再拖（考古发掘报告至今依然尚未出版，但可喜的是山西省西南部的考古发现层出不穷）。而且在本以为发掘工作已经结束的晋侯墓地，又发现了年代最早的晋侯（M114）及其夫人（M113）墓葬，在曲村－天马遗址附近陆续发现了羊舌村的另一处晋侯墓地、横水倗国墓地、大河口霸国墓地等大型考古遗址。

2003 年入职檀国大学之后，我在扩大新的研究主题的同时，大幅度修改增补博士论文并发表了 9 篇论文。两三年去一次山西，将最新考古成果纳入论文。2016

年 6 月，在写完分析比较春秋时期晋国青铜器"晋公盆（盨）"和"晋公盘"铭文的论文之后，终于下定决心把论文编纂成书。原稿整理进展缓慢，寒暑假很快就过去了。2017 年 2 月底，终于完成了我的第一本专著的草稿。在保留博士论文基本框架的基础上，对原版中约有一半以上的内容进行了修正和增补。

虽然历经了很长一段时间，但其成果微不足道，仍不足以引起学界的关注，羞愧不已。不过，亦有其积极意义。这本书重新审视了在春秋时期扮演着不亚于任何一个王朝的角色，并留下了不菲的历史遗产，但未被作为主要研究对象的"晋国"之早期历史。据我所知，这是在韩国出版的第一本探究文公霸业之前的晋国史前半段的研究专著。

在漫长的撰著过程中，得到了很多人的帮助。首先向檀国大学的恩师尹乃铉教授表示感谢，老师引领我研究中国古代史这一魅力十足的学问。老师最近身体有些不适，希望老师通过这本书得到小小的安慰。芝加哥大学的夏含夷教授自始至终为我的博士论文提供了大力支持。每次写完一个章节，老师都会认真阅读并提出具体的反馈意见，甚至有一个章节一共修改了四次。超过 65 岁的他，依然活跃在学术研究的舞台上，老师的学者风范必须要学习，我为我是老师的学生而感到自豪。审查论文时提供帮助的巫鸿（Wu Hung）教授，不仅以优质课程让我对古代中国的新世界大开眼界，还为这项研究提供了宝贵的意见。在芝加哥大学鼓励我成长为一名研究者的《金瓶梅》专家、已故教授芮效卫（David T. Roy, 1933—2016）老师若知悉这本书的出版，应该会感到很高兴的。

北京大学的孙华、李伯谦、刘绪教授以及山西省考古研究所的田建文、吉琨璋、谢尧亭先生不仅在我考察现场时提供了帮助，而且凭自己的著述在研究晋国史方面发挥了引领者的作用。在芝加哥大学和我一起读博士的蔡芳沛（Cai Fangfei）、Laura Skosey、彭柯（Peng Ke）、Magnus Fiskejo、李峰（Li Feng）、David Sena 给我的激励让我永生难忘。尤其是，哥伦比亚大学的李峰教授当时已对中国古代史具有渊博的学识，当我在研究中陷入困境时，他向我提供了重要的信息和宝贵的意见。在此谨向所有人表示深深的谢意。

我最想感谢的是陪伴在我身边的家人。在美国长达 12 年之久陪我忍受生活重负，至今依然给予我宽容和谅解的贤妻李渊珠，早早独立、减轻父母负担的孩子们寅辅和芝允，我想和家人分享出版专著的喜悦。我还想在父母灵前敬献此书，父母为我付出了一切但已与世长辞，未及报恩，只能满怀悲痛。若父母看到我这个不孝子的小小成就，应该会笑逐颜开。

最后，向为我提供优质研究环境的檀国大学、为多次山西省考察工作补助研究费用的韩国研究财团、将毫无商业价值的原稿编纂成书的一潮阁（Ilchokak）出版社表示由衷的感谢。一个经常犯小错误的急性子的笔者，能够得到黄仁娥编者的修正是莫大的幸运。

沈载勋

檀国大学竹田校区

二〇一八年三月二十六日

Contents 目录

中译本序 …… 1

前言 …… 1

绪论　重新审视晋国史 …… 1

第一章　商末周初山西省的政治地理与晋的封建 …… 17
　　一、序论 / 17
　　二、商后期山西省的考古学分区 / 20
　　　　（一）晋陕高原 / 20
　　　　（二）晋南盆地 / 23
　　　　（三）东南高原 / 23
　　　　（四）晋中地区 / 24
　　　　（五）汾河中游的旌介村墓地和桥北墓地 / 24
　　三、甲骨文所见商王朝在山西省的势力版图及其推移 / 28
　　四、唐叔的封地唐与甲骨文中的"易" / 39
　　五、唐叔虞封建的再检讨 / 42
　　六、小结 / 47

第二章　从晋侯墓地看西周时期晋的世系与文化的特征 …… 49
　　一、序论 / 49
　　二、曲村墓地 / 52
　　三、北赵晋侯墓地 / 55
　　　　（一）M114/M113 / 57
　　　　（二）M9/M13 / 61
　　　　（三）M6/M7 / 62
　　　　（四）M33/M32 / 62
　　　　（五）M91/M92 / 63
　　　　（六）M1/M2 / 65
　　　　（七）M8/M31 / 66
　　　　（八）M64/M62/M63 / 68
　　　　（九）M93/M102 / 70
　　四、羊舌村晋侯墓地 / 72
　　五、北赵晋侯墓的年代与晋的世系 / 75
　　　　（一）北赵墓地出土青铜器的相对年代 / 75
　　　　（二）青铜器铭文上的晋侯与《史记·晋世家》的晋侯 / 86
　　六、北赵晋侯墓地所见晋文化的特征 / 92
　　七、小结 / 99

第三章　西周时代晋周边的势力 …… 101
　　一、序论 / 101
　　二、关于倗国与霸国渊源与地位的论争 / 109
　　三、三处墓地的丧葬仪礼：大河口逾制的两面性 / 116
　　四、小结 / 131

第四章　从战争金文看西周时代晋国的发展 …… 135
　　一、序论 / 135
　　二、西周军事力量构成与王权的特点 / 137
　　三、诸侯国军事力量的运用与晋的特殊地位 / 142
　　　　（一）西周前期的状况与晋的角色 / 142
　　　　（二）西周后期诸侯国的参战状况 / 148
　　　　（三）西周后期晋的军事角色 / 157
　　四、西周后期王室侧近势力晋的发展 / 165
　　　　（一）周王室与山西省西南部 / 165
　　　　（二）西周后期周与晋的关系 / 168
　　五、小结 / 172

第五章　周王室东迁与晋文侯 …… 175
　　一、序论 / 175
　　二、围绕东迁出土文献与传世文献的二重奏 / 176
　　　　（一）西周灭亡东迁的疑问 / 177
　　　　（二）《系年》中的东迁：谜团的解决 / 185
　　　　（三）重写东迁期历史：少鄂与"周亡王九年" / 189
　　三、传世文献中的晋文侯 / 197
　　四、戎生编钟与晋姜鼎铭文中的晋 / 201
　　五、小结 / 209

第六章　春秋初晋国的新发展：曲沃小宗与上郭村青铜器 …… 211
　　一、序论 / 211
　　二、到公元前 7 世纪中叶中原的历史状况 / 213
　　三、晋国内战的推移 / 216
　　四、侯马遗址与上马墓地 / 223

五、上郭村墓地 / 227
　　（一）独特的青铜器 / 228
　　（二）北方草原文化的因素 / 235
　　（三）和侯马青铜器的关系 / 237
　　（四）与上马墓地发展水平比较 / 238
六、小结 / 241

第七章　到霸国之路：献公的革新与文公的霸业 …… 243
一、序论 / 243
二、献公时代晋的再崛起 / 245
　　（一）献公的登极与公族的除去 / 245
　　（二）和戎狄关系的改善 / 246
　　（三）领土扩张：跳跃到地区性国家 / 251
三、献公与惠公在位期的周王室与晋的关系 / 256
四、出土文献所见文公的霸业 / 259
　　（一）子犯编钟铭文所叙述的文公霸业过程 / 259
　　（二）晋公盘铭文与文公霸业 / 269
五、小结 / 274

结论　前期晋国史的重建 …… 277

参考文献 …… 285

图版目录

图 0-1　山西省西南部的地形与西周考古遗址 ·················· 3
图 1-1　晚商时期山西省考古学文化的分布 ·················· 21
图 1-2　李家崖文化出土青铜器 ·················· 22
图 1-3　旌介村出土青铜器 ·················· 26
图 1-4　桥北墓地分布图与大型墓 M1 ·················· 27
图 2-1　曲村-天马遗址全景和分布图 ·················· 51
图 2-2　晋侯墓地布局图 ·················· 56
图 2-3　在晋国博物馆复原展示的晋侯墓（M8）和夫人墓（M31）········ 56
图 2-4　叔矢方鼎及其铭文（晋国博物馆） ·················· 59
图 2-5　韦甗及其铭文（北京大学） ·················· 60
图 2-6　出土于 M113 的猪尊及其铭文（晋国博物馆） ·················· 60
图 2-7　出土于 M113 的晋侯温鼎及其铭文（晋国博物馆） ·················· 61
图 2-8　出土于 M33 的晋侯僰马方壶铭文（晋国博物馆）·················· 63
图 2-9　出土于 M92 的晋侯喜父盘及其铭文（晋国博物馆） ·················· 64
图 2-10　上海博物馆藏晋侯对盨 ·················· 65
图 2-11　M8 附葬车马坑（晋国博物馆） ·················· 68

图 2-12　M64 椁室全景 …………………………………………………… 69
图 2-13　杨姞壶及其铭文（晋国博物馆）………………………………… 70
图 2-14　出土于 M93 的列鼎（晋国博物馆）…………………………… 71
图 2-15　羊舌村墓地位置及墓地 M1、M2 ……………………………… 73
图 2-16　德方鼎（上海博物馆）…………………………………………… 76
图 2-17　M8 出土鼎（晋国博物馆）……………………………………… 82
图 2-18　僰匜（宝鸡青铜器博物院）……………………………………… 83
图 2-19　M92 出土晋侯对鼎（晋国博物馆）…………………………… 83
图 2-20　毛公鼎（台湾故宫博物院）和 M8 出土晋侯苏鼎
　　　　（上海博物馆）…………………………………………………… 84
图 2-21　晋侯邦父鼎（晋国博物馆）和小克鼎（上海博物馆）………… 85
图 2-22　M63 出土人足青铜器（晋国博物馆）………………………… 93
图 2-23　M114 出土鸟尊（晋国博物馆）………………………………… 93
图 2-24　彊伯墓出土鸟尊（宝鸡青铜器博物院）………………………… 94
图 2-25　出土于陕西省扶风县的刖人守门方鼎（宝鸡青铜器博物院）…… 95
图 2-26　出土于山东省曲阜鲁国故城的鲁司徒中齐盘（曲阜市文物
　　　　管理委员会）……………………………………………………… 95
图 2-27　M113 出土双耳罐（晋国博物馆）……………………………… 97
图 3-1　横水墓地发掘现场全景 …………………………………………… 101
图 3-2　倗伯墓和夫人墓 …………………………………………………… 103
图 3-3　大河口墓地 ………………………………………………………… 104
图 3-4　霸伯墓 M1 发掘现场全景 ………………………………………… 104
图 3-5-1　霸伯墓 M1 出土青铜器（食器）……………………………… 106

图 3-5-2	霸伯墓 M1 出土青铜器（酒器）	107
图 3-6	霸伯墓 M1017 椁内青铜器发掘情况	108
图 3-7	长子口墓平面图和结构图	127
图 3-8	长子口墓随葬品出土情况	128
图 4-1	鲁侯尊及其铭文（上海博物馆）	143
图 4-2	臣谏簋及其铭文（河北省文物研究所）	145
图 4-3	冒鼎及其铭文（上海博物馆）	146
图 4-4	史密簋及其铭文（陕西省安康博物馆）	149
图 4-5	师袁簋及其铭文（上海博物馆）	149
图 4-6	柞伯鼎和铭文（中国国家博物馆）	153
图 4-7	引簋铭文	154
图 4-8	应侯视工簋及其盖铭文（首阳斋）	156
图 4-9	藏于上海博物馆的晋侯苏钟	158
图 4-10	M8 出土晋侯苏钟（山西博物院）	158
图 4-11	基于晋侯苏编钟铭文推测的行军路线图	161
图 4-12	晋侯铜人及其铭文	164
图 4-13	西周时期位于山西省的诸侯国	167
图 5-1	《系年》五号简	186
图 5-2	少鄂位置相关地图	192
图 5-3	晋姜鼎和铭文	201
图 5-4	戎生编钟和铭文（北京保利艺术博物馆）	203
图 5-5	鲦汤位置图	208
图 6-1	侯马铸铜遗址发掘现场	224

图 6-2　商代晚期的饕餮纹与侯马陶模纹样比较 ·············· 225

图 6-3　生动写实的侯马动物纹陶模 ························ 225

图 6-4　狮鹫和晋国风格的鸟首兽尊 ························ 225

图 6-5　上郭村 M57 和 M7 出土带流鼎（山西博物院）········ 228

图 6-6　收藏于北京保利艺术博物馆的带流鼎 ················ 228

图 6-7　贺家村（陕西历史博物馆）和临沂出土带流鼎 ········ 229

图 6-8　上马出土带流鼎（山西博物院）···················· 229

图 6-9　上郭村出土小型青铜器 ···························· 231

图 6-10　刖人守囿挽车（山西博物院）······················ 232

图 6-11　上郭村 M49 和 M374 出土方盒形青铜器（山西博物院）··· 233

图 6-12　上郭村出土龙纹錾上的兽面装饰与侯马出土兽面装饰模型 ··· 238

图 6-13　上郭村出土刖人守囿挽车的鸟形装饰与侯马出土鸟形陶模 ··· 239

图 6-14　侯马出土老虎装饰模型 ···························· 239

图 6-15　上郭村 M55 墓葬出土马冠与侯马出土马冠模型 ········ 240

图 7-1　子犯编钟（台北故宫博物院）······················ 260

图 7-2　子犯编钟铭文 ···································· 261

图 7-3　晋公盘 ·· 270

图 7-4　子仲姜盘（上海博物馆）·························· 270

图 7-5　晋公盘铭文 ······································ 271

表格目录

表2-1　青铜器铭文与《史记·晋世家》相印证的晋侯名字……………75

表2-2　晋侯墓地出土青铜器之铭文与晋国编年史……………………80

表3-1　曲村-天马、横水和大河口西周墓地葬俗对照表 ……………109

表3-2　晋国、倗国和霸国墓葬的等级与随葬青铜器对照表………… 121

表3-3　张明东所作西周墓葬等级表…………………………………… 123

表4-1　西周至春秋早期位于山西省的诸侯国列表…………………… 166

表6-1　《左传》《史记》《竹书纪年》所记晋国内战过程 ………… 217

绪论

重新审视晋国史

本书基于自20世纪80年代后半期至近期在中国山西省西南部进行的考古发掘成果，研究西周初期分封的诸侯国——晋国，在春秋时期发展成为"地区性国家"乃至登上霸主地位的过程。这里所讲的"地区性国家"是指西周封建体制崩溃后，在成为战国时期中央集权制领土国家之前，兼并周边小国，以地区为单位建立治理体系的春秋时期国家。

众所周知，公元前11世纪中期，商王朝被来自西方的周所灭，周朝为有效控制广袤国土，实行了分封制。因此，不仅是定都于今陕西省西安及周原一带和河南省洛阳的周王室，而且分封于各地的众多诸侯国无疑也是西周国家的重要组成部分。

尽管如此，但不可否认的是，以往的西周史研究大都以周王室为中心。即便承认关于诸侯国的研究资料不充分，但这种不均衡的研究方向致使很多学者在西周王朝的统治范围等最基本的问题上产生了很大的分歧。大多数学者推定西周的统治范围为今中国核心地区即黄河和长江一带，[1] 但另有学者以尚无足以证明周朝统治广大疆域的资料而认为其统治范围仅覆盖黄河流域。[2] 亦有学者结合上述推论指出，西至陕西省宝鸡、东北至北京的广袤区域（东西长1250公里、南北宽800公里），

---

[1] Herrlee G. Creel: *The Origins of Statecraft in China: Volume One The Western Chou Empire* (Chicago: University of Chicago Press, 1970), pp.405；郭沫若：《中国史稿》，北京：人民出版社1976年版，229页；Cho-yun Hsu and Katheryn M. Linduff: *Western Chou Civilization* (New Haven: Yale University Press, 1988), p.143.

[2] Edward L. Shaughnessy: "Historical Geography and the Extent of the Earliest Chinese Kingdoms," *Asia Major* 3rd ser., 2.2 (1989), pp.13-22.

在西周时期至少曾拥有过相似的文化。[1]研究西周政体的李峰（Li Feng）聚焦王畿地区的"官僚制"性质，并提出"权力代理的亲族邑制国家"模型，即诸侯国也作为西周国家的重要组成部分，行使由王室委任的权力。[2]然而诸侯国的结构，以及与周王室的关系等问题至今尚未被查明。

所幸的是，自20世纪80年代以来，通过积极的考古发掘取得的一系列成果，考古学视角已扩大到晋、燕、卫、虢、应等西周诸侯国。[3]尤其位于山西省西南部的晋国早期遗址，不仅为研究晋国发展史，还为探明晋国与周王室的关系提供了重要线索。西周早期（前11世纪中晚期），分封于山西省西南部的晋国[4]与周同姓，姓姬。公元前7世纪晚期，晋文公（前636—前628）在位时称霸中原。直到春秋末期被瓜分成韩、魏、赵三国，晋国在诸侯国中势力最大。在战国七雄中，有三国继承了晋国的遗产，在中国古代史上留下了不可磨灭的印迹。

北京大学考古学系和山西省考古研究所自1992年春至2001年1月，在位于山西省西南部曲沃、翼城两县境内的曲村-天马遗址发掘了北赵晋侯墓地。在此发现西周早期、中期至西周晚期或春秋早期的晋侯及其夫人合葬墓[5] 9组19座。

---

[1] Jessica Rawson: "Western Zhou Archaeology," in *The Cambridge History of Ancient China: From the Origin of Civilization to 221 B.C.* ed. by Michael Loewe and Edward L. Shaughnessy (Cambridge: Cambridge University Press, 1999), pp.423-425.

[2] Li Feng: *Bureaucracy and the State in Early China: Governing the Western Zhou* (Cambridge: Cambridge University Press, 2008), pp.294-298.（此书中译本：《西周的政体：中国早期的官僚制度和国家》，吴晓娜等译，北京：生活·读书·新知三联书店2010年版，下同。）

[3] 关于这些诸侯国的考古学成果见本书第二章49页脚注[1]。中国学术界也基于这些成果积极展开西周封国的研究。这一趋势可以见于任伟：《西周封国考疑》，北京：社会科学文献出版社2004年版。在韩国也曾出版基于燕国考古学成果的论著：[韩] 裴真永：《古代 北京과 燕文化: 燕文化의 形成과 展开를 中心으로》(古代北京与燕文化：以燕文化形成和发展为中心)，首尔：韩国学术情报2009年版；[韩] 金秉骏：《中国古代 地域文化와 郡县支配》(中国古代地域文化与郡县支配)，首尔：一潮阁1997年版，主要是研究四川省的考古学成果。

[4] 据《史记·晋世家》载，"晋"这一名称从第二任统治者"燮"在位期间开始使用。《史记正义》则引用《括地志》和《毛诗谱》，指出"晋"源于晋国始祖唐叔虞始封地附近的"晋水"（《史记》，北京：中华书局1959年版，1636页）。但晋水在今山西省西南部已不存在。关于晋国分封一事参看本书第一章。

[5] 异穴合葬，即夫妻分别在两个相互紧靠的墓穴中。

包括带有铭文的青铜器在内，这些墓葬出土了大量丰富的资料，揭开了当时晋国统治集团的神秘面纱。此外，在西周时期晋国都城曲村－天马50公里以内地区也发现了重要的遗址。尤其是，2005年以后在横水与大河口地区发掘到从未被传世文献记载的西周政体——倗国与霸国的统治者墓葬。在这些墓葬中，亦出土了大量带有铭文的青铜器。而且，自20世纪70年代起，在闻喜县上郭村发掘的贵族墓地也揭示出晋国旁系统治集团——曲沃小宗在春秋早期的发展过程（图0-1）。曲沃小宗于公元前679年篡夺晋国统治权，并为后来的晋国称霸奠定了基础。

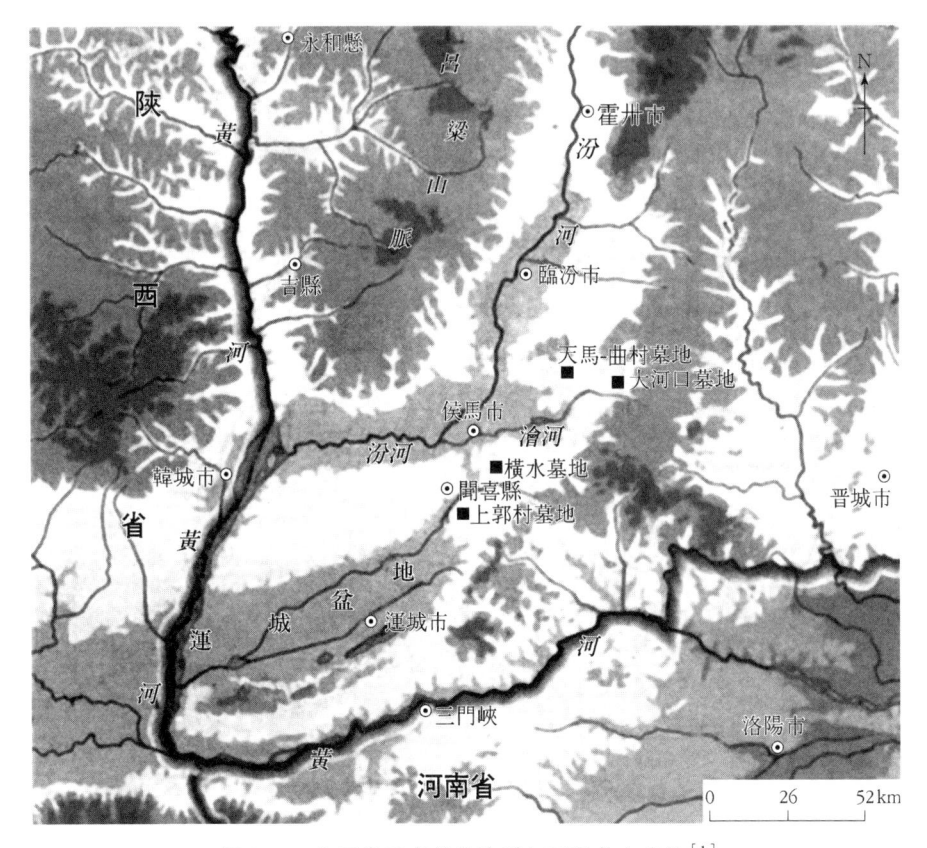

图 0-1　山西省西南部的地形与西周考古遗址[1]

---

[1] 中译本按：本书地图均系原版所附地图，地图中的繁体字加以保留，下文不再一一注明。

本书将根据这些新的考古学资料和传世文献，主要探讨晋国早期历史发展轨迹，内容涵盖西周早期晋国始祖唐叔虞分封于唐地，至公元前632年重耳（晋文公）称霸中原的城濮之战。《左传》和《国语》均详细记述了春秋时期晋国的兴衰史。在这些文献中，晋国的地位比春秋时期其他国家更为重要。因此，说关于晋国的研究由《左传》《国语》或《史记·晋世家》的注释家主导，并非言过其实。然而注释内容极其有限，仅靠这些资料使得他们只能着眼于细枝末节的问题。

关于晋文公的研究

除上述三种文献之外，《韩非子》和《吕氏春秋》等亦把晋文公当作中国历史上最伟大的英雄之一。正因如此，对晋国感兴趣的古代和现代学者都将晋文公作为重要的研究主题。然而，围绕晋文公尚存几个有趣的争论。第一，晋文公于公元前635年平定王子带叛乱后，向周襄王（前652—前619）请求的"隧"。[1]《国语》的注释家韦昭指出"隧"与《周礼》中的六遂之"遂"相通，而"遂"为周王靠特权管辖的地方行政单位，故将其解释为晋文公想设立同周王一样的行政单位之野心。[2] 清代的孔广森也认为晋文公的要求与后来将其军队扩大为六军一脉相承，采纳了韦昭的见解。[3]

然而，韦昭之前的学者曾提出不同看法，将"隧"解释为天子按"隧礼"下葬的特权。杜预为《左传》作注时，即引用比韦昭早150年以上的贾逵之注解"掘地通路曰隧"。孔颖达也引用《左传》将"隧"用作地下通道的用例，采用了杜预

---

[1]《春秋左传正义》，《十三经注疏》，北京：中华书局1980年版，1820页（僖公二十五年）（下引此书，仅注书名及页码，余同此）；《国语》，上海：上海古籍出版社1988年版，54页（《周语中》），374—375页（《晋语四》）。
[2]《国语》，55页（《周语中》）。
[3]《经学卮言》，皇清经解本，716.2下—3上页。杨宽曾研究周朝的乡遂制度和军事制度的相关性（杨宽：《论西周金文中"六自""八自"和乡遂制度的关系》，《考古》1964年第8期，414—419页）。

的看法。清代注释家董增龄亦假设行政单位"隧"比晋文公时期更早存在，反驳了韦昭的观点。[1] 贾谊《新书·审微》亦释曰："古代周礼，天子葬用隧，诸侯具下。"[2] 故此，童书业和李隆献等现代学者也采纳了上述解释。[3]

尽管多数学者采纳后者的观点，但从考古学的立场来看至今依然无据可循，无从知晓其正确含义。即便如此，但能够确定的是，晋文公的"请隧"，是在挑战周王的权威。据《左传》和《国语》记载，周襄王拒绝了晋文公的请求，向他赐予了王子带曾管辖的地区。

关于晋文公的另一个争论就是其年龄。按照《左传》和《国语》的说法，晋文公终年44岁，[4] 而《史记·晋世家》记载晋文公62岁即位。[5] 清代学者梁玉绳和洪亮吉分别为《史记》和《左传》作注解时，采纳了司马迁的说法。梁玉绳的主旨以《左传》为依据，即晋文公之父晋献公（前677—前651）在位11年时，为牵制戎狄而派第二子重耳守护蒲城。[6] 根据记载，重耳因骊姬之乱而于献公二十二年离开蒲城，在外流亡了19年，若根据《左传》或《国语》记载推算，他17岁开始流亡，被派至蒲城时的年龄仅为6岁。因此，《史记·晋世家》记载重耳32岁被派至蒲城更加合理。[7] 洪亮吉在采用《左传》或《国语》的说法时，曾提出质疑，若由此推算重耳的年龄极不合理，因为这样推算，重耳只比更早即位的弟弟夷吾（晋惠公）之子、被他篡夺君位的侄子圉（晋怀公）大10岁。[8]

然而，亦有杜预或阎若璩等采用《左传》和《国语》说法的学者。尤其是阎若

---

[1]《国语正义》，会稽章氏刊本，1880年，2.11下页。
[2]《新书》，四部备要本，2.4上页。
[3] 童书业：《春秋史》，香港：太阳书局1946年版，178页；李隆献：《晋文公复国定霸考》，台北：台湾大学出版中心1988年版，385页。
[4] 据《左传》昭公十三年和《国语·晋语四》记载，重耳（晋文公）因晋献公妃子"骊姬"之乱，17岁被迫离开晋国，流亡了19年直至复国（《春秋左传正义》，2071页；《国语》，347页）。由此可以推算重耳36岁即位。若此说属实，加上在位期间共计9年，晋文公逝世年龄为44岁。
[5]《史记》，1660页。据此，晋文公终年70岁。
[6]《春秋左传正义》，1781页（庄公二十八年）。
[7]《史记志疑》，广雅丛书本，1887年，21.13下—14上页。
[8]《春秋左传诂》，四部备要本，8.12页。

璩，曾质疑《史记·晋世家》所载晋文公的年龄太大。[1]竹添光鸿也比较了晋文公及同父异母姐姐系姬的年龄，反驳了司马迁的主张。首先，据《左传》载，晋献公长子申生的同母妹妹系姬在重耳开始流亡时嫁于秦穆公（前660—前621）。由于系姬的年纪比重耳大，若根据《史记·晋世家》记载推算，重耳43岁开始流亡，系姬嫁于秦穆公的年龄一定超过43岁，而这一推论实为不合理。[2]

20世纪以后，顾颉刚、王玉哲和张以仁也对司马迁的主张提出了疑问。[3]顾颉刚曾指出《史记·赵世家》借用秦穆公之口，提及晋国霸主晋文公未老而死一事。[4]张以仁也引用《左传》中士蒍所言之蒲城建于晋献公在位十九年，推定重耳14岁时被派至蒲城。张以仁在论文中对支持司马迁主张的很多观点也提出了疑问，切中要害，因此目前中国和日本学者大都采用《左传》和《国语》的说法。[5]

此外，学者们还关注了孔子对第二位霸主晋文公和第一位霸主齐桓公（前685—前643）的评价。《论语·宪问》载孔子曰：

> 晋文公谲而不正，齐桓公正而不谲。[6]

学者对上述引文中的"谲"各执一词。采用郑玄观点的何晏在《论语集解》中将"谲"释为"诈（欺骗）"。如《左传》所载，孔子对晋文公于公元前632年成为霸主后，举行诸侯会盟并召唤周襄王参加的做法严加批判，[7]因此孔子对晋文公给

---

[1]《四书释地》，皇清经解本，23.26下页。
[2]［日］竹添光鸿：《左氏会笺》，汉文大系，东京：富山房1974年版，8.16页。
[3] 顾颉刚：《晋文年寿》，《浪口村随笔》，《责善》1.7，1940年，15—16页；王玉哲：《学术通讯》，《责善》1.15，1940年，23页；张以仁：《晋文公年寿问题的再检讨》，《春秋史论集》，台北：联经出版事业公司1990年版，269—332页。
[4]《史记》，1787页。
[5]［日］田中柚美子：《晋と戎狄——献公の婚姻関係お中心として》，《国学院杂志》第3卷，1975年，36页脚注12；晋彦、付玉千：《晋文公重耳生年考辨》，《山西师院学报》（社会科学版）1982年第2期，82—84页。
[6]《论语注疏》，《十三经注疏》2511页。
[7]《春秋左传正义》，《十三经注疏》1827页（僖公二十八年）。

予负面评价是理所当然的。朱熹也认为齐桓公的德行优于晋文公，故采用了这一早期说法。[1]

然而，清代学者王引之曾提出将"谲"释为"权（权宜之计）"。[2] 王引之根据《说文》将"谲"释为"权诈"，认为"谲"有两种含义，即褒义之"权"和贬义之"诈"。《春秋繁露·玉英》也将"权"释为"诈"，[3] 因此王引之将孔子的评价理解为孔子指出的是两人的优缺点，而不是齐桓公优胜于晋文公之意。李隆献也采用了王引之的说法，[4] 亚瑟·威利（Arthur Waley）和布鲁斯·布鲁克斯（Bruce E. Brooks）等西方学者也一致认为孔子对两人的评价毫无偏倚。[5]

最后，被晋献公逼走、流亡在外十九年后登上王位的晋文公之传奇人生，也是诸多学者感兴趣的研究主题。李隆献的《晋文公复国定霸考》（1988）作为这项研究的成果，可谓晋文公及晋国史研究的综合版。此外，自洪安全1972年在台湾最早出版晋国史概论书籍《春秋的晋国》以来，李孟存和常金仓于1988年在山西省出版了《晋国史纲要》。后来，李孟存与李尚师在《晋国史纲要》的基础上增补近期的考古学成果，出版了《晋国史》（2014），但缺乏深度讨论。

历史地理研究

古往今来的中国学者，除了研究晋文公之外，还研究晋国的历史地理。其

---

[1]《论语集注》，四部备要本，7.11 上页。理雅各（James Legge）也采用该说法，将"谲"译为"crafty"（James Legge: *The Chinese Classics,* vol. 3, *The Soo King,* (1871; reprint, Hong Kong: Hong Kong University Press, 1960, p.281)。
[2]《经义述闻》，四部备要本，31.20 下—21 上页。
[3]《春秋繁露》，四部备要本，3.4 下页。
[4] 李隆献：《晋文公复国定霸考》，376—381 页。
[5] Arthur Waley: *The Analects of Confucius* (New York: Vintage Books, 1989), p.184, pp.249-250; Bruce E. Brooks and Takeo E. Brooks: *The Original analects: Sayings of Confucius and His Successors* (New York: Columbia University Press, 1998), p.121.

中，晋国封地位置是争论最为激烈的问题之一。周公灭掉早在夏商时期就存在的唐国后，把唐地封给了晋国始祖唐叔虞（见本书第一章）。因此，唐地的位置一直是很多学者探究的主题。司马迁最早在《史记·晋世家》确定唐地为黄河与汾河以东地区，但并未明示正确位置。[1]班固在"唐地"问题上最早关注了今山西省省会太原晋阳，[2]而郦道元推定为汾河中游，即今霍县附近的河东永安以西地区。[3]

此外，唐代张守节《史记正义》引《括地志》，注解唐地在翼城西二十里。李吉甫《元和郡县志》也采用此说。[4]研究春秋时期晋国膨胀过程的顾炎武查明了晋国从晋平公（前557—前532）在位开始掌控了今太原一带，并主张"翼城说"合乎逻辑。[5]现代学者陈槃亦采纳这一看法。[6]

然而，位于山西省西南部曲沃、翼城地区的曲村-天马遗址发掘后，围绕唐地的争论变得更加错综复杂。目前大多数学者将此地推定为晋国早期都城，并采用《括地志》的说法。他们认为曲村-天马遗址或在其东北方约10公里处的苇沟-北寿城地区，极有可能是唐叔虞的始封地，[7]然亦存在分歧。这个问题将于本书第一章具体阐述。晋国与山西省的历史地理问题至今仍是备受关注的研究领域，马保春的《晋国历史地理研究》（2007）和《晋国地名考》（2010）则是这项研究的集大成之作。

---

[1]《史记》，1635页。
[2]《汉书》，北京：中华书局1959年版，1552页。
[3]《水经注》，台北：世界书局1980年版，6.76页。《汉书·地理志》颜师古注亦引臣瓒，采用此说。
[4]《元和郡县志》，四部备要本，14.15下页。
[5]《日知录集释》，四部备要本，30.31上—31下页。
[6] 陈槃：《春秋大事表列国爵姓及存灭表譔异》，台北：中研院历史语言研究所1969年版，36—47页。传统时代对晋国始封地的诸多观点及其相关问题参见赵铁寒：《晋国始封地望考》，《古史考述》，台北：正中书局1965年版，263—281页。
[7] 北京大学历史系考古专业山西实习组等：《翼城曲沃考古勘察记》，《考古学研究》第1辑，1992年，216—223页；李伯谦：《晋国始封地考略》，《中国文物报》1993年12月12日第8版；邹衡：《论早期晋都》，《文物》1994年第1期，29—32、34页；田建文：《晋国早期都邑探索》，《三晋考古》第1辑，太原：山西人民出版社，1994年，27—39页。

考古学与侯马盟书

20世纪50年代,在曲村—天马以西约30公里处的侯马市发现公元前585—前403年的晋国晚期都城新田遗址后,晋国史研究迎来了重大转折点。除了五处古城遗址外,1957年至1965年考古学家在古城遗址南侧又发现铸铜作坊。侯马铸铜遗址出土了大量用于铸造青铜器的陶范和陶模碎片,[1]而山西省考古研究所直到1993年才正式出版关于侯马遗址的考古报告。[2]在这份报告的基础上,山西省考古研究所与普林斯顿大学合作出版了综合分析陶质残片花纹的研究报告,由此揭示了春秋晚期晋国青铜器发展达到鼎盛时期的面貌。[3]

然而,侯马遗址最引人注目的是1965年末至1966年5月在东南面的坑内发掘的五千余件玉片、石板。这些碎片上书写有记载春秋晚期(前497年以后)晋国贵族间举行盟誓的文字。[4]这为研究当时晋国的社会史和宗教史提供了极其宝贵的资料,自此之后,侯马盟书成为新的出土文献研究领域。吕静的《春秋时期盟誓研究》(2007)正是这项研究的产物。此外,襄汾赵康镇、太原晋阳、夏县禹王城、芮城县毕万、万荣县古汾阳等故城遗址的发现,也为研究东周时期晋国城市的发展提供了重要线索。[5]

在对新发现的多项研究中,罗凤鸣(Susan Weld)的研究尤为引人注目。[6]罗凤鸣根据晋国古城的考古学成果和侯马盟书,结合与各古城相关的历史地理以及非公族贵族势力兴起的详细资料,研究了晋国城市化进程。罗凤鸣指出,当时频繁的盟

---

[1] 李学勤:《东周与秦代文明》,北京:文物出版社1984年版,32—47页。
[2] 山西省考古研究所:《侯马铸铜遗址》,北京:文物出版社1993年版。
[3] Institute of Archaeology of Shanxi Provinc: *Art of the Houma Foundry* (Princeton: Princeton University Press, 1996).
[4] 山西省文物工作委员会编:《侯马盟书》,北京:文物出版社1976年版。
[5] 文物编辑委员会编:《文物考古工作三十年(1949—1979)》,北京:文物出版社1979年版,60页。
[6] Susan Weld: "Covenant in Jin's Walled Cities: The Discoveries at Houma and Wenxian," (Ph.D. Dissertation: Harvard University, 1990)。关于盟书的发掘与研究史参见该文23—48页,关于晋国古城的发掘参见该文第四章脚注1。

誓有可能作为重要机制，在巩固势力族群的权力、整合领域化领地方面发挥了作用。她认为，韩、赵、魏三家的成功分晋也归功于在此盟誓的基础上建立了区域根据地。

自20世纪后半叶至今，在山西省取得的大量考古学成果促生了所谓"晋国考古学"的新领域。从这一角度来看，刘绪的《晋文化》(2007)系统地梳理了相关考古学成果，[1]可以说是一本很好的指南书。宋玲平的《晋系墓葬制度研究》(2007)是一部在她的博士学位论文（北京大学考古文博学院）基础上修改完成的专著，全面系统地分析了出土于山西省一带所有的西周至战国时期墓葬资料。其研究指出，第一阶段西周至春秋早期是晋系墓葬等级秩序的逐步规范化与稳定期，第二阶段春秋中期至战国早期是晋系墓葬等级秩序的破坏期，第三阶段战国中期至战国晚期是其崩溃期。[2]主持山西省考古研究所侯马工作站考古发掘工作的谢尧亭于2010年向吉林大学提交了比较分析山西省西南部西周时期墓葬的博士论文。[3]这种基于考古学成果进行的研究将会持续下去。

春秋时期晋国的发展动力与戎狄问题

自20世纪60年代以来，一批学者根据《左传》或《国语》等传世文献，研究了春秋时期晋国成为中原霸主的过程，其中研究的重点是晋国掌握霸权的原因以及晋国能够长期称霸整个春秋中后期的背景。

增渊龙夫最早关注了晋国夺得霸权的重要推动力在于非公族贵族的角色。[4]他发现其他中原国家均由公族霸占高官要职，但晋自公元前7世纪献公在位以来，再也没有将重要官职授予公族。也就是说，强势家族取代公族占据了六卿地位，而

---
[1] 刘绪：《晋文化》，北京：文物出版社2007年版。
[2] 宋玲平：《晋系墓葬制度研究》，北京：科学出版社2007年版，170页。
[3] 谢尧亭：《晋南地区西周墓葬研究》，吉林大学2010年博士学位论文。
[4] ［日］曾渊龙夫（1916—1983）：《左传の世界》，筑摩书房编集部《世界の历史》3，东京：筑摩书房1960年版，64—67页。

且在春秋晚期把持了晋国政治实权。增渊龙夫还推定晋国与戎狄等非周朝势力的密切关系促成了这种新的局面。

20世纪70年代，有学者在美国发表了关于晋国非公族贵族势力的两篇研究论文。[1] Melvin Thatcher 探究了自晋文公即位的公元前636年至晋国被韩、赵、魏三家瓜分的公元前403年，由非公族强势家族主导的晋国政治发展过程。Gabriel Chien 也分析了公元前7世纪末至公元前6世纪，执掌晋国朝政大权的非公族十大世族的晋升机制。Gabriel Chien 基于家族辈分和个人年龄为晋升核心要素之事实，推定强势家族之间的和谐不仅带来了稳定的领导力，而且还实现了政治社会的整合。然而亦有学者指出，晋国强势家族的崛起是破坏西周封建秩序的重要原因。[2]

正如增渊龙夫强调的晋国历史中戎狄等非周朝势力的重要性，现代晋国研究的一个有趣的趋势就是，同样重视晋国与戎狄之间的密切关系。[3]基于这一观点，曾有学者指出，西周初期周成王（前1042/1035—前1006）[4]为抵御今山西省西南

---

[1] Melvin Thatcher: "A Study of the Nature of Political Power in Chin, As Revealed in the Activities of the Major Families, 636–403 B.C.," (M.A. Thesis, University of Washington, 1973); Gabriel Yeh-tung Chien: "A Study of the Court of Chin in the Spring and Autumn Period," (Ph.D. Dissertation, University of Chicago, 1976).

[2] Cho-yun Hsu: *Ancient China in Transition* (Stanford: Stanford University Press, 1965), pp.26–31；［日］左藤三千夫，《晋の文公即位めぐて——とくに三军成立との关连において》，《白山史学》第17集，1973年，87—104页；［日］花房卓尔：《春秋时代晋の军制：三军の人事构成》，《广岛大学文学纪要》38卷，1978年，1—23页；［日］花房卓尔：《春秋时代晋の军事组织：三军の人事规程》，《广岛大学文学部纪要》39卷，1979年，1—24页；周苏平：《春秋时期晋国政权的演变及其原因之分析》，《西北大学学报》（哲学社会科学版）1987年第2期，40—45页；钱杭：《春秋时期晋国的宗、政关系》，《华东师范大学学报》1989年第6期，72—74页。

[3] ［日］田中柚美子：《晋と戎狄——献公の婚姻关系お中心として》，《国学院杂志》3卷，1975年，23—37页；［日］田中柚美子：《晋をめぐる狄について》，《中国古代史研究》4卷，1976年，247—270页；李隆献：《晋文公复国定霸考》，317—346页；李孟存、常金仓：《晋国史纲要》，太原：山西人民出版社1988年版，248—261页。

[4] 以下的西周诸王在位年代参照了 Edward L. Shaughnessy: *Sources of Western Zhou History: Inscribed Bronze Vessels* (Berkeley: University of California Press, 1991), pp.217–287。Shaughnessy（夏含夷）提出的西周绝对年代和2000年公布的"夏商周断代工程"之西周年代均存在很多缺陷，但本书参照了夏含夷的说法。关于这一问题的详情可以参见［韩］沈载勋：《발을 잘라 신발에 맞추기：하상주단대공정 서주 기년의 허와 실》（削足适履：夏商周断代工程西周纪年研究的虚与实），金庆浩等：《夏商周断代工程：中国 古代文明 研究의 虚와 实》（夏商周断代工程：中国古代文明研究的虚与实），首尔：东北亚历史财团，2008年，78—111页。

部的戎狄，封武王（前1045—前1043）之子、其弟叔虞于晋。[1]这一看法让许倬云（Choyun Hsu）得出了一个结论，即"在被推定为晋国领地的地区有戎狄和华夏并存，且长期存在由此形成的异质文化"。[2]研究晋国的大部分学者和许倬云一样，假设晋国发展了周与非周即戎狄相互交融的文化。当然，在此基础上，他们相信晋国与戎狄的密切关系是推动晋国发展的最重要动力。

这一主张让人想起所谓"边缘国家（marcher state）"的晋国特性。正如威廉·麦克尼尔（William H. McNeill）通过其他古代文明和中国的情况，[3]以及欧文·拉铁摩尔（Owen Lattimore）通过秦取代周的例子，[4]认为当异质性较大的边缘势力接受主流文化的影响并被同化时，他们的军事力量都变得更强大、更敏捷。因此，塞维斯（Elman R. Service）对威廉·麦克尼尔的主张做了以下补充：

> 边缘国家是非常崭新的国家，所以只能接受最新颖、最有效果的文化（尤其是在军事方面）发展。而原本就属于传统中心地的国家，则需要肩负相当多的历史。其实这种传统社会因过度专业化，越来越难以适应不断变化的情况。[5]

该理论在一定程度上与重视晋国和戎狄间密切关系的研究一脉相承，除了可以解释春秋时期晋国的发展之外，应该还适用于曾是监护势力的周王室的衰落。

---

[1] 杨宽：《西周春秋时代对东方和北方的开发》，《中华文史论丛》1982年第4辑（总第24辑），114页；李孟存、常金仓：《晋国史纲要》，81—83页；杜正胜：《古代社会与国家》，台北：允晨文化实业股份有限公司1992年版，387—394页。

[2] Cho-yun Hsu and Katheryn M. Linduff: *Western Chou Civilization* (New Haven: Yale University Press, 1988), p.193.

[3] 威廉·麦克尼尔（William H. McNeill）首先关注的是阿卡德（Akkad），阿卡德原本是介于文明和野蛮之间的民族，但最后征服了苏美尔各城邦，大约在公元前2250年实现了统一。这种类似情况亦可见于加喜特（Kassite）、米坦尼（Mitanni）、西台（Hittite）、喜克索斯（Hyksos）等其他早期近东国家。麦克尼尔还在公元前1500年迈锡尼（Mycenaean）文明的崛起中发现了相似性（William H. McNeill: *The Rise of the West* (Chicago: University of Chicago Press, 1963), pp.46-190, p.228).

[4] Owen Lattimore: *Inner Asian Frontiers of China* (New York: Capitol Publishing Co., Inc., 1951), pp.356-357.

[5] Elman R. Service: *Origins of State and Civilization* (New York: W. W. Norton, 1975), pp.253-254.

然而，笔者对从这一观点看待晋国历史持怀疑态度。春秋时期以后的历史，或许可以部分适用于晋国的"边缘国家"形象，但到底符不符合现存的各种晋国资料仍是个疑问。山西省的诸多考古文化遗址反而证明该地区是新石器时代以后中华文明的摇篮之一。[1]尤其是，纵贯山西省西南部的汾河流域作为中国北部的冲积平原之一，具备发展原始农耕的最佳地理条件。[2]晋国的封地——浍水流域，也曾是因四周山脉环绕，北方冷空气被阻挡在外的肥沃平原。[3]再加上山西省西南部和陕西省东南部的低洼地隔黄河相望，两地自古以来交通便捷。[4]尤其是穿越黄河、连接汾河与渭河的水路，是陕西省周朝腹地和山西省西南部晋国都城之间的交通要道。[5]

包括本书第二章深入探讨的曲村-天马遗址晋侯墓地在内，山西省晋国考古遗址的物质文化也为这一现象提供了有力证据。晋文化几乎不见北方戎狄的异质文化，反而被视为陕西省周朝腹地文化的一部分，可见周文化对晋文化的影响甚大。本书所提及的文献和铭文资料也揭示了公元前679年曲沃小宗取代大宗之前，晋与周王室保持了非常密切的关系。虽说是边缘国家，但更表现出中心国家的面貌。

晋与戎狄的密切关系始见于《左传》《国语》等战国时代文献。尽管现在有学者认为连晋国始封也与晋和戎狄的密切关系有关，但笔者怀疑在商代晚期或西周早

---

[1] 文物编辑委员会编：《文物考古工作三十年（1949—1979）》，56—58页；文物编辑委员会编：《文物考古工作十年（1979—1989）》，北京：文物出版社1991年版，38—41页。
[2] 汾河发源于山西省东北部的五台山，中上游沿着幽深的峡谷而流，下游分布着肥沃的平原，是重要的黍、大麦、小麦生产基地（T. R. Tregear: *A Geography of China*, Chicago: Aldine, 1965, pp.212-214）。
[3] Susan Weld: "Covenant in Jin's Walled Cities: The Discoveries at Houma and Wenxian," (Ph.D. Dissertation: Harvard University, 1990), p.121.
[4] 史念海：《春秋时代的交通道路》，《河山集》，北京：生活·读书·新知三联书店1963年版，70—71页。
[5] Gabriel Yeh-tung Chien: "A Study of the Court of Chin in the Spring and Autumn Period," (Ph.D. Dissertation, University of Chicago, 1975), pp.20-21；田世英：《历史时期山西水文的变迁及其与耕、牧业更替的关系》，《山西大学学报》（哲学社会科学版）1981年第1期，33页；李广洁：《先秦时期山西交通述略》，《晋阳学刊》1985年第4期，48页；Li Feng: *Landscape and Power in Early China: The Crisis and Fall of the Western Zhou, 1045-771 B.C.* (Cambridge: Cambridge University Press, 2006), p.83.（此书中译本：《西周的灭亡：中国早期国家的地理和政治危机》，徐峰译，上海：上海古籍出版社2007年版，下同。）

期,"戎狄"是否含有"特定的敌人或野蛮民族"的概念,[1]因此认为此说不合时代逻辑。换句话说,对晋国感兴趣的诸多学者大都依靠《左传》或《国语》的记述,进而从春秋时代或战国时代的观点探究更早以前的历史。

正因如此,在本书中,笔者将根据最新出土的考古资料,探讨西周时期在与周王室的密切关系之下晋国的发展过程。再通过西周以后晋国的全新发展轨迹,探究其与非周朝势力建立密切关系的契机和过程,以及在史书中呈现的这一关系。由此应该可以发现,比起与戎狄之间的关系,晋与周王室之间的关系才是充分了解晋国特性的关键所在。而且这一观点有望为晋国在公元前 7 世纪后期称霸中原一事提供重要线索。本书的研究除了探讨晋国的发展过程外,还探索了晋与周之间的关系,而且可以为存在研究空白的其他分封诸侯国之发展过程,以及他们与宗主国周朝之间的关系提供间接比较的参考资料。愿本书能够成为在西周史、春秋史方面开阔视野的案例研究。

本书主要内容

全书共七章,每一章内容概括如下:

第一章为晋国始封之前的历史,主要介绍周克商之前,山西省西南部的政治地理。笔者将分析见于商代晚期甲骨文的山西省西南部政体之政治趋势,并提出他们大部分在克商之前都是亲商势力的看法。在此基础上,还将查明在"三监之乱"爆发初期封叔虞于唐的目的在于抵御山西省西南部的亲商反周势力,并对晋国始封地即唐地的位置提出个人观点。

第二章至第四章叙述西周时期晋国的发展情况。第二章概述西周至春秋早期包括晋侯墓地在内的晋国重要遗址。晋侯墓地出土了大量铸有晋侯之名的青铜器铭

---

[1] 笔者曾分析见于西周金文的戎之用例,并提出西周时期的戎并非指称特定地区族属的专有名词,而是对遍布各地之敌人的通称([韩]沈载勋:《「周书」의"戎殷"과 西周 金文의 戎》(《周书》的"戎殷"与西周金文的"戎"),《东洋史学研究》第 92 辑,2005 年,14—32 页)。

文,但这些名号多与《史记·晋世家》所记晋侯名字不合。于是除了对晋侯墓地墓葬的编年之外,还将阐述名字不合的原因,并与文献中诸位晋侯的名号相对照。此外,还将围绕晋侯墓地出土的青铜礼器,比较分析晋国上流阶级文化与陕西省周朝腹地文化。笔者期待通过上述内容明确地了解到西周时期晋国的发展面貌以及晋文化作为周文化之一的特性。

第三章介绍晋侯墓地考古发掘之后在邻近的横水与大河口分别发现的倗国与霸国等其他政体的考古成果,并从与晋国的关系探究其性质。尤其是位于大河口的西周中早期"霸伯墓",出土了大量不合常规的青铜礼器和乐器,由此可以推测商末以来,保持独立性的非周政体被周朝礼制同化的过程。笔者认为晋国在山西省西南部作为周王室的代理人,负责管辖了附近的诸多非周政体,最后吸收兼并了这些政体。

第四章将通过青铜器铭文,从军事层面探讨西周时期晋国的发展过程。包括西周时期的晋国在内,能够研究诸侯国内部发展情况的文献资料极其不足。本章将承认其局限性,并通过战争金文认识晋国发展情况的局部概况。西周虽引进了初步阶段的官僚制,但其根基仍为宗族社会,因此西周与其说是凭借专业的军事能力建立了有体系的常备军,不如说是依靠了强势家族或诸侯的军事力量。在整个西周时期,诸侯国军队大都参与了封地附近的战役,而"晋侯苏编钟"等青铜器铭文内容却表明,唯有晋国曾组织远征军参战。到了西周晚期,尽管周王室的衰弱有可能使东方诸侯国离经叛道,但晋国却发展成为周王室的亲信,甚至在西周末期政局混乱时,晋国势力更加强大,成为王室叛离者的流亡地。

第五章阐述西周的灭亡以及周平王(前770—前720)东迁时晋国发挥的重要作用。关于东迁的历史仍是一个谜,而且史料上的记载过于片面,彼此之间还存在不少矛盾。2011年公布的《系年》为战国时期楚国竹简,一方面增添了矛盾,而另一方面则提供了新的线索。已有很多学者对司马迁将周朝东迁时期确定为公元前770年的历史叙述提出了疑问,而从《系年》中可知,东迁并非一时性的事件而是长期推进的一系列过程。在东迁过程中发挥重要作用的人物是晋文侯(前780—前746)。他的卓越表现不仅记载在周平王表彰晋文侯功绩的册命即《尚书·周书·文侯之命》篇，而且还能在"晋姜鼎"和"戎生编钟"铭文中窥见。在本章节可以了解到晋国如何发展成为王室守卫者的角色。

第六章和第七章探究晋国在春秋时期称霸中原的发展过程。第六章研究晋文侯死后长达 67 年的晋国内乱，以及在此一时期主导晋国发展的曲沃小宗之考古成果。一般而言，长期的内战会使国家衰败，但这 67 年的内战对篡夺晋国君位的曲沃小宗来说反而是良机，小宗的胜利成为晋国历史实现新飞跃的一大转折点。这一现象在考古学上也得到了印证，曲沃小宗的根据地——闻喜县上郭村墓地的青铜器揭示了曲沃小宗的物质文化，有别于更早时期晋国统治者的文化，脱离了陕西省周朝主流文化，保持了地区特性。这种创意性为下一章讨论的晋献公之改革与晋文公之霸业奠定了坚实基础。

第七章首先探讨被晋文公的英雄功绩所掩盖的晋文公之父晋献公的改革。他彻底排斥了公族的政治参与行为；为改善与戎狄的关系，实行了新的婚姻政策；而且征服山西省主要姬姓诸侯国，进一步增强了晋国的实力。复国继位四年后称霸中原的晋文公霸业的基础正是在此时奠定的。此外，从最近发现的"子犯编钟"和"晋公盘"铭文中可以了解到晋文公成为霸主的过程，以及晋文公登上霸主地位后治理政事的功绩。

第一章

商末周初山西省的政治地理与晋的封建

一、序　论

中国古代史学界普遍认为，春秋霸国之晋国，大体是在与戎狄的关系上发展的。据此观点，西周初期，周成王在周公旦辅政之下牵制戎狄时，封弟叔虞于曲沃翼城地区。部分学者在这样的认识上，进一步推论，晋国形成了北方戎狄文化和周文化融为一体的独特风格。[1]

不过，20世纪70年代后期以来在山西曲沃－翼城和曲村－天马晋国遗址出土的大量文物，都呈现出与西安、周原地区出土文物相似的特征。换言之，西周时期的晋都基本没有戎狄文化或者其他北方文化因素（详见本书第二章）。不仅如此，戎、狄等词在文献中有方位义（西北异民族）的时间也不会早于春秋时期。[2] 笔者认为，晋国与戎狄的渊源难以追溯到商末西周初期。

这样的认识基本来自《左传》和《国语》等传世文献中出现的春秋时期占据晋国周边的大量戎狄部族。《左传》定公四年曰："分唐叔以大路、密须之鼓、阙

---

[1] 杨宽：《西周春秋时代对东方和北方的开发》，《中华文史论丛》1982年第4辑（总第24辑），114页；李孟存、常金仓：《晋国史纲要》，5—6页；Cho-yun Hsu and Katheryn M. Linduff: *Western Chou Civilization* (New Haven: Yale University Press, 1988), pp.192—194；杜正胜：《古代社会与国家》，387—394页；任伟：《西周封国考疑》，82页。

[2] 赵铁寒：《春秋时代的戎狄地理分布及其源流》（《古史考述》，314页）、[韩]沈载勋：《「周书」의 "戎殷" 과 西周 金文의 戎》（《周书》的"戎殷"与西周金文的"戎"）（《东洋史学研究》第92辑，2005年，14—32页）、[日]渡边英幸：《古代〈中华〉观念の形成》（东京：岩波书店2010年版，3—17页）都指出，西周金文上的"戎"与方位无关，仅有"反周政体"义。

巩、沽洗、怀姓九宗，职官五正。命以《唐诰》，而封于夏虚，启以夏政，疆以戎索。"[1]王国维认为"怀姓九宗"是春秋时期定居于山西西南地区的隗姓戎狄，并提出这些民族与甲骨文、金文上的鬼方是同一族群。[2]目前古代史学界普遍接受王国维的观点。

王国维所提出的怀/隗/鬼的通假说法也有其合理的一面。但是，殷商时期到春秋时期相隔达五六百年，出土文献中的"鬼"和传世文献中的"怀/隗"能否直接比较？[3]笔者认为，将晋与戎狄的渊源追溯到西周初期的认识稍有"以今律古"之嫌。

为了正确了解西周初期晋分封于今山西省的历史背景，我们首先必须把握商周交替之际今山西省的政治地理特征。本章将根据晚商时期甲骨卜辞以及未被重视的《逸周书·度邑》和《逸周书·作雒》来分析晋南地区和汾河流域的政治环境发展趋势，从全新的角度来考察晋国分封的历史背景。[4]

20世纪50年代，陈梦家、岛邦男、李学勤等著名古文字学家开始研究殷商后期山西省历史地理问题。[5]但是，由于当时山西省考古研究尚未成熟，前述学者的研究难免缺乏考古学实证。当然，上述三位学者将甲骨文中所见的古地名推定在今山西省一带，这一功绩不可忽视。即便如此，我们也不能否认，三位学者没有对殷

---

[1] 杨伯峻认为"夏政究竟如何，虽文献有纪载，然未必全可信，以无出土文物可证"（杨伯峻：《春秋左传注》，北京：中华书局1981年版，1539页）。竹内照夫则在《全释汉文大系》中翻译成"应用夏的政治"，但笔者认为这一句有战国时期的历史观（[日]竹内照夫：《春秋左氏传（下）》，《全释汉文大系》6，东京：集英社1975年版，462页），因此将"政"释为先秦文献中常见的用例"法"（宗福邦、陈世铙、萧海波主编：《故训汇纂》，北京：商务印书馆2003年版，956页）。

[2] 王国维：《鬼方昆夷猃狁考》，《观堂集林》二，北京：中华书局1959年版，590页。

[3] 举例而言，晋献公妃子骊姬是献公伐骊戎而娶的（杨伯峻：《春秋左传注》，239页）。从"骊姬"二字可见，其人是姬姓骊戎，但是，我们很难说骊姬就是西周金文中出现的姬姓周族之后裔。殷商到春秋战国的几百年的历史长河之中，借用姓氏也有不少变化，因此我们很难根据出土文献和传世文献的音韵学共性来判断族群的渊源。

[4] 西周初期晋国分封研究的关键在于晋之分封为何时、何处。本书将在后章详述这些问题。

[5] 陈梦家：《殷虚卜辞综述》，北京：科学出版社1956年版，269—300页；[日]岛邦男：《殷墟卜辞研究》，弘前：中国学研究会1958年版，378—424页；李学勤：《殷代地理简论》，北京：科学出版社1959年版，61—94页）。

商后期在今山西省所形成的政治布局进行综合考察。[1]

此后，除后节将要详述的林小安和夏含夷（Edward L. Shaughnessy）二人以外，[2] 中国古代史学界基本上都采纳了上述三位学者的观点。[3] 譬如，吉德炜（David N. Keightley）综合甲骨文和考古研究成果，试图描绘殷商后期政治布局，认为在今山西省所形成的政治布局与文献、考古资料不一致。[4] 虽然吉德炜的研究在方法上有所进展，但他所根据的岛邦男的地图有不合理的一面（详见本页脚注［1］），而且他没有充分利用20世纪80年代以来进一步深化的山西省考古学研究成果。

殷商后期的历史地理研究基本上都是以"同版关系"为前提的。也就是说，如果两个或两个以上地名出现于同篇铭文或同片甲骨，那么就视之为相当邻近的地方。我们认为，甲骨文中所见殷商末期的山西政体[5]，可以按照与商王朝的政治关系分为几个地区势力，即商末山西政体是以与商王朝的关系来区分的。如果这样的

---

[1] 陈梦家根据卜辞所见地名与传世文献所见地名之间的音韵学特征，将很多地名的位置推定为晋南地区。笔者也基本上同意陈文所推定的位置，但是舌方和土方等方国位于晋南之说似乎不合理。岛邦男仅根据卜辞记载提出诸多地名位于山西省北部的说法。笔者认为夏含夷对岛邦男的批评（Edward L. Shaughnessy: "Historical Geography and the Extent of the Earliest Chinese Kingdoms," *Asia Major* 3rd ser., 2.2, 1989, pp.3–13）相当合理。在这里笔者想指出一个重要的问题：岛邦男根据经史学家对《诗经·六月》"于三十里"的注解，将此句解释为古时行军以三十里为一舍，树立晚商时期军队的日行程为30公里的假设，并推导出商朝势力范围包括山西省北部的结论（［日］岛邦男：《殷墟卜辞研究》，360页）。然而古时一里并非现在的一公里，并且据《晋侯苏编钟》铭文记载即可发现，西周时期军队的日行程仅为10公里左右（详见本书第四章），从这一点看，岛邦男的假设和结论未必完全可信。李学勤根据陈梦家的研究方法，对甲骨文和传世文献进行了相当全面的研究，试图解决商朝政治地理结构和商朝与方国的关系等问题。但是，这一研究没有将舌方和土方视为商朝的敌国，也没有深入检讨山西省的政治格局及其发展趋势（李学勤：《殷代地理简论》，63—64页）。
[2] 林小安：《殷武丁臣属征伐与行祭考》，《甲骨文与殷商史》第2辑，上海：上海古籍出版社，1986年，223—302页；［美］夏含夷：《早期商周关系及其对武丁以后商王室势力范围的意义》，《古文字研究》第13辑，北京：中华书局，1986年，129—143页。
[3] 罗琨：《"高宗伐鬼方"史迹考辨》，《甲骨文与殷商史》，上海：上海古籍出版社，1983年，127页；张亚初：《殷虚都城与山西方国考略》，《古文字研究》第10辑，北京：中华书局，1983年，395—403页；郑杰祥：《商代地理概论》，郑州：中州古籍出版社1994年版，283—323页；孙亚冰、林欢：《商代地理与方国》，北京：中国社会科学出版社2010年版，259—363页。
[4] David N. Keightley: "The Late Shang: When, Where and What?," *The Origins of Chinese Civilization*, ed.by Daivd N. Keightley (Berkeley: University of California Press, 1983), pp.545–546.
[5] 笔者在本书中将甲骨卜辞中所见地名（位于今山西省）视为某种独立的统治集团，因此不使用"国家"或"国"等词语，而称之为"政体"（polity：政治组织）。

假设能够通过考古学资料加以佐证的话，将为我们提供解晋国分封前后山西省政治地理的重要线索。因此，我们将对商代晚期的山西省考古研究的成果进行探讨。

二、商后期山西省的考古学分区

商代晚期山西省考古学文化主要分为以下几类。我们认为，山西之所以形成这样独特的分布，不仅是因为各地区种族之异同，而且更多的是与山西独特的地形地貌特征密不可分（图1-1）。

（一）晋陕高原

在山西考古学文化中，最有特色的就是晋陕高原地域。黄土高原包括吕梁山脉以西至今山西省东北部的山岳地区。大量晚商时期的铜器出土于山西永和、石楼、柳林、离石和保德以及陕西绥德、清涧、子长和延长等地。

该地区出土了鼎、簋、觚、爵、斝、卣和盘等受商王朝影响较深的铜器，还出土了青铜銎内钺（图1-2-1）、弓形器、兽首刀、兽首勺（图1-2-2）和金耳环等异于安阳殷墟铜器形制特征的铜器。不仅如此，这里还出土了细颈壶、壶形腹提梁卣和带铃觚（图1-2-3）等，属于商式铜器形制和地方色彩混为一体的形式。[1]尤其是，20世纪80年代清涧李家崖遗址出土的晚商陶器，类似于绥德薛家渠和柳林高红遗址出土陶器，备受学界瞩目。[2]

---

[1] 张长寿：《殷商时代的青铜容器》，《考古学报》1979年第3期，62页；Lin Yun: "A Reexamination of the Relationship between Bronzes of the Shang Culture and of the Northern Zone," *Studies of Shang Archaeology*, ed. by K. C. Chang (New Haven: Yale University Press, 1986), p.240；宋新潮：《殷商文化区域研究》，西安：陕西人民出版社，1991年，111页；Jenny So and Emma Bunker: *Traders and Raiders on China's Northern Frontier* (Washington D.C.: Smithsonian Institution, 1995), 35—37；中国社会科学院考古研究所编著：《中国考古学·两周卷》，北京：中国社会科学出版社2004年版，585—591页。

[2] 张映文、吕智荣：《陕西清涧县李家崖古城址发掘简报》，《考古与文物》1988年第1期，47—56页；北京大学考古系商周古实习组等：《陕西绥德薛家渠遗址的试掘》，《文物》1988年第6期，28—37页；宋新潮：《殷商文化区域研究》，114—116页。

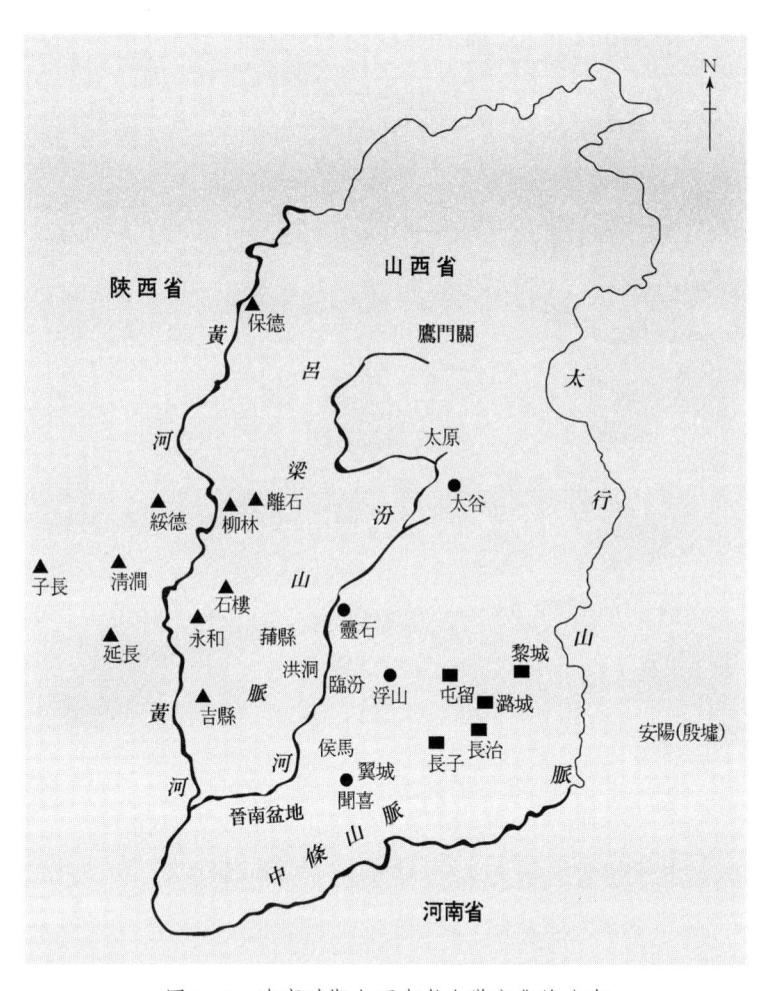

图 1-1　晚商时期山西省考古学文化的分布

因此，学界普遍认为，上述地区属于晚商时期的同一个考古学文化区，并以出土文物最丰富、也发现城址的"李家崖"命名这一考古学地域。[1]虽然柳林南

---

[1] Emma C. Bunker et al.: *Ancient Bronzes of the Eastern Eurasian Steppes: From the Arthur M. Sackler Collection* (New York: The Arthur M. Sackler Foundation, 1997), pp.22-25；中国社会科学院考古研究所编著：《中国考古学·两周卷》，592 页；Li Yung-ti and Hwang Ming-chong: "Archaeology of Shanxi during the Yinxu Period," *A Companion to Chinese Archaeology*, ed. by Anne P. Underhill (Chichester, UK: Blackwell Publishing, 2013), pp.378-379；陕西省考古研究院：《李家崖》，北京：文物出版社 2013 年版。

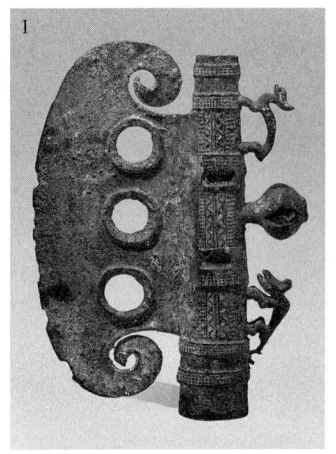

图 1-2 李家崖文化出土青铜器
1. 山西省柳林县出土青铜銎内钺（长 18 cm）[（北京）首都博物馆]
2. 山西省石楼县出土兽首勺（长 17 cm）（山西博物院）
3. 山西省石楼县出土带铃觚（高 32 cm、长 18 cm）（山西博物院）

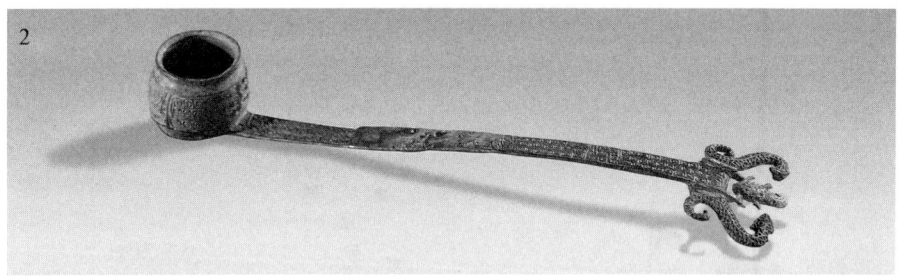

部地区没有出土晚商陶器，但是因为山西省吉县也出土了类似铜器，该地域的南方分界线有可能达到汾河流域以北。[1] 目前，学界普遍认为该地区属于在甲骨文中被描述为商王朝强敌的舌方、土方和鬼方等方国。《周易·既济》(63) 卦曰："高宗伐鬼方，三年克之。"即商王武丁在公元前 13 世纪后期，用三年的时间征伐该地区的鬼方势力。[2] 西周早期康王时器的小盂鼎（《集成》[3] 2839）铭文也记载，康王征伐鬼方，杀 4821 人，捕 12081 人。可见，直到西周早期，该地区仍有强大的地方势力。[4]

---

[1] 吉县文物工作站：《山西吉县出土商代青铜器》，《考古》1985 年第 9 期，848—849 页。
[2] Edward L. Shaughnessy：" The Composition of the 'Zhouyi'" (Ph.D. Disertation, Stanford University, 1983), pp.257-261.
[3] 本书中《集成》都指《殷周金文集成》。
[4] Li Feng: *Landscape and Power in Early China: The Crisis and Fall of the Western Zhou, 1045-771 B.C.* (Cambridge: Cambridge University Press, 2006), pp.54-55.

（二）晋南盆地

晋南盆地位于山西省西南。其东南靠中条山脉，西北依吕梁山脉，北以临汾分界。该地区发现较多"二里岗类型"商文化，但是基本没有发现"殷墟类型"文化。[1]因此，部分学者认为，到晚商时期，该地区的主流文化仍然是继承当地的"二里头"文化。[2]20世纪后期，参与中国社会科学院考古研究所发掘工作的考古学者为发现晚商时期遗址付出了不少努力，但是仅在洪洞县永凝堡和闻喜县邱家庄等地发现第三期陶器碎片，基本上没有获得有意义的考古学成果。我们认为，该地区没有晚期商文化并非偶然，应与当时的历史背景有关，即晋南地区（尤其是山西省西南角）在商代后期不属于商王朝势力。[3]马保春根据甲骨文和传世文献都曾记载山西省西南角周之事迹，推定该地区与周向东扩张有重要关联。[4]

（三）东南高原

第三个山西省考古学文化地域是东南高原。该地区包括太行山脉南侧、中条山脉和介于其间的长治盆地，主要遗址有长子、屯留、长治、黎城和潞城等

---

[1] 中国社会科学院考古研究所山西工作队：《晋南考古调查报告》，《考古学集刊》第6期，1989年，40页。
[2] 王克林：《晋国建立前晋地文化的发展》，《中国考古学会第三次年会论文集（1981）》，北京：文物出版社1984年版，205页。
[3] Lin Yun: "A Reexamination of the Relationship between Bronzes of the Shang Culture and of the Northern Zone," *Studies of Shang Archaeology*, ed. by K. C. Chang (New Haven: Yale University Press, 1986), p.240；中国社会科学院考古研究所编著：《中国考古学·两周卷》，321—322页。
[4] 马保春：《晋国历史地理研究》北京：文物出版社2007年版，88页。但是，最近考古发掘成果让我们重新思考了这一问题。2018年5月27日到8月15日，山西省公安局在太原山西博物院举办被盗文物展览，展出4000多件主要文物。2018年7月4日，本书进入到终审环节时，笔者有机会参观了该展览。其中最为引人注目的展品当属闻喜县酒务头墓地出土的典型的晚商青铜器群。据悉山西省考古研究所从公安机关获得盗掘墓葬信息之后，2017年6月对该墓葬进行了抢救性发掘，共发掘12座商代墓葬和车马坑等遗址。令人遗憾的是，除一号墓外，其余墓葬都已经被盗掘一空。经发掘，一号墓共出土青铜器123件，陶器7件，骨器一件，可见酒务头墓地属于晚商时期贵族墓地。正如本书后面章节所述，甲骨卜辞所见晋南政体很有可能到晚商时期，仍与商王朝保持着密切关系，这与过去的考古学发现形成相当大的反差。但是，酒务头墓地和桥北墓地可以佐证晚商时期晋南政体和商王朝的关系。

地，出土陶器和铜器基本上接近于"殷墟类型"文化。[1]不仅如此，山西省东南角是晚商时期的重要田猎区。因此，山西省东南高原在晚商时期应是受商王统治的地域。[2]

（四）晋中地区

山西省的另一个考古学文化地域是以山西中部太原盆地为中心，南至灵石，北达雁门关，即晋中地区。[3]在20世纪80年代发掘了太古白燕遗址后，该地考古学研究才得以深化。[4]我们可以根据白燕遗址出土的陶器，将青铜器文化划分为早期、中期和晚期。其中，中晚两期各属于殷墟初期和晚期。白燕遗址考古学文化告诉我们，该地区和夏家店下层、陕西省北部以及鄂尔多斯（Ordos）文化之间有相当频繁的交流。当然，我们还可以发现晚商时期该地区的文化特征。尤其是该地区出土较多的晚商时期陶器——侈口空足式鬲和三足罐——均呈现出龙山文化的影响。从这一点看，该地区后期文化虽受商文化影响，但也有独立发展的面貌。[5]

（五）汾河中游的旌介村墓地和桥北墓地

上述四个晚商时期山西省考古学文化分区，[6]有其各自独立发展的面貌，也有

---

[1] 山西省文物管理委员会：《山西长子的殷周文化遗存》，《文物》1959年第2期，36页；文物编辑委员会编：《文物考古工作三十年（1949—1979）》，58页；王进先：《山西长治市拣选、征集的商代青铜器》，《文物》1982年第9期，49—52页；文物编辑委员会编：《文物考古工作十年（1979—1989）》，42页；长治市博物馆：《山西屯留县上村出土商代青铜器》，《考古》1991年第2期，177页；田建文：《晋国早期都邑探索》，《三晋考古》第1辑，27页；Li Yung-ti and Hwang Ming-chong: "Archaeology of Shanxi during the Yinxu Period," *A Companion to Chinese Archaeology*, ed. by Anne P. Underhill (Chichester, UK: Blackwell Publishing, 2013), pp.373—374。

[2] 李学勤：《青铜器与山西古代史的关系》，《新出青铜器研究》，北京：文物出版社1990年版，257页。

[3] 宋新潮：《殷商文化区域研究》，109—110页。

[4] 晋中考古学队：《山西太谷白燕遗址第一地点发掘简报》，《文物》1989年第3期，1—21页。

[5] 中国社会科学院考古研究所编著：《中国考古学·两周卷》，575页。

[6] 笔者将在这里不讨论被归入归鄂尔多斯（Ordos）文化之一的山西省北部的物质文化。

难以划分的文化共性。在这一点上,灵石县旌介村和浮山县桥北村商墓为我们了解汾河中游的物质文化提供了宝贵的线索(图1-1)。

考古学家共同认为晋中地区南临灵石。灵石旌介村三座商代中型墓都出土了大量晚商铜器。[1]殷玮璋和曹淑琴发现旌介村三墓在很多方面与殷墟文化相近,如坟墓的形制、人殉、青铜器形制、装饰、青铜礼器的组合(觚、爵、鼎、簋、卣、罍、盘、斝和觥)以及父丁、祖乙、兄癸等同一祖系等。但是,旌介村商墓的合葬习俗、更为逼真的铜器兽面纹、独特的青铜礼器组合(如觚4件和爵10件)和大量的北方系铜器(兽形管状器、兽首刀、弓形器、短剑和管銎斧等)都显示出北方文化的特征(图1-3)。

殷玮璋和曹淑琴认为,旌介村的青铜器文化虽受商(殷墟)影响,但也因其历史环境因素,呈现出别具一格的风格。他们将三墓铜器上频繁出现的族氏铭文"丙"释为"丙"(丙国的标识),以为旌介村墓主是第一期甲骨文上的丙国君主及其配偶。[2]李伯谦虽对将"丙"释为"丙"持保守立场,但也认为该地区是"丙"国的根据地,为异于戎狄系文化的、属于商文化的一个分支。[3]也有学者根据发现于旌介村墓地附近的大规模西周早期粮仓,推定该地区有较强的军事目的。[4]

2003年,考古人员在桥北墓地遗址发现31座商代和西周墓葬(图1-4)。其中,有一条墓道的5座晚商时期大型墓,在墓道中有车马和马夫之迹,在腰坑有殉狗和殉人,可见这5座墓都是受商文化影响的地方政体首领之墓。[5]最引人注目的是,桥北墓地的西周墓葬在很多方面都不如晚商时期墓葬。这意味着,该地区的政

---

[1] 山西省考古研究所:《灵石旌介商墓》,北京:科学出版社2006年版,185—204页。
[2] 殷玮璋、曹淑琴:《灵石商墓与丙国铜器》,《考古》1990年第7期,621—630页。
[3] 李伯谦:《从灵石旌介商墓的发现看晋陕高原青铜文化的归属》,《北京大学学报》(哲学社会科学版)1988年第2期;又收入氏著:《中国青铜文化结构体系研究》,北京:科学出版社1998年版,167—184页。
[4] 山西省考古研究所:《灵石旌介商墓》,207—208页。
[5] Li Yung-ti and Hwang Ming-chong: "Archaeology of Shanxi during the Yinxu Period," *A Companion to Chinese Archaeology*, ed. by Anne P. Underhill (Chichester, UK: Blackwell Publishing, 2013), p.375.

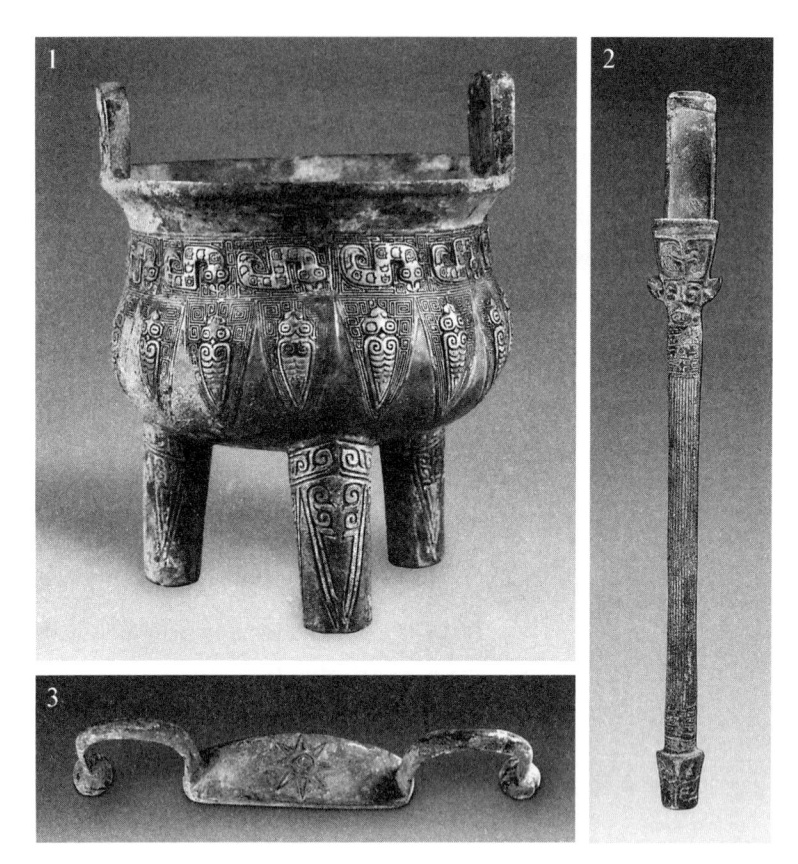

图 1-3　旌介村出土青铜器
1. 商系青铜鼎　2. 管状器　3. 弓形器

体在周王克商后经历了巨大变化。[1]据悉，桥北商周墓地在正式调查开始之前被盗掘的墓葬中，出土了族氏铭文"先"的青铜器。部分学者推定，这一地区与甲骨文所见地名或第二期贞人"先"有关。[2]发掘者推定，晋国的始祖叔虞之封地"唐"亦在桥北墓地附近。[3]

---

[1] 桥北考古队：《山西浮山桥北商周墓》，《古代文明》第 5 卷，文物出版社，2006 年，347—394 页。
[2] 孙亚冰、林欢：《商代地理与方国》，357—358 页。
[3] 田建文：《"启以夏政、疆以戎索"的考古学考察》，吉林大学边疆考古研究中心编：《庆祝张忠培先生七十岁论文集》，北京：科学出版社 2004 年版，327 页；马保春：《晋国历史地理研究》，129—130 页。

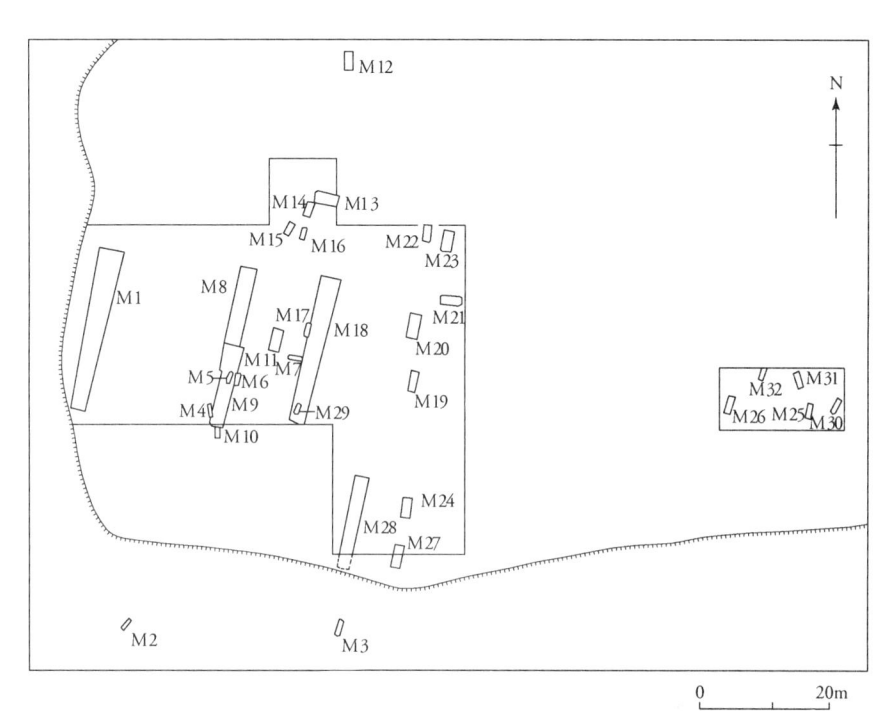

第一章　商末周初山西省的政治地理与晋的封建　　27

图 1-4　桥北墓地分布图（上）与大型墓 M1（下）
M1 总长 24.84 m，墓道长 18.96—19.1 m；墓室长 5.74 m，宽 5.88 m，深 3.52—4 m。墓道上有一殉人、骈车一辆。

灵石和浮山相距 150 公里，分别地处晋中南端和晋南北端。因为桥北墓地的铜器基本已被盗掘，两地器物难以进行直接比较。但是，两地共同出土了分裆袋足鬲和弓形器，[1]呈现出文化亲缘性。此地墓葬虽受商文化影响，但在旌介村亦呈现类似于李家崖文化的北方青铜器特色，由此推论，该地区很难被视为属于商王朝的地区。正如本书 23 页脚注［4］所示，闻喜县酒务头墓地的新调查结果为我们提供了解决这一问题的新思路。我们将分析甲骨文中所见山西省政体，来进一步明确这一问题。

三、甲骨文所见商王朝在山西省的势力版图及其推移

林小安和夏含夷的研究，不仅推论卜辞中的地名的位置，还为我们了解晚商时期山西省政治格局提供了重要思路。林小安将第一期（宾组）甲骨文中的战争记录划分为早期、中期和晚期而进行文献分析，发现早期被商所攻击的山西省政体到中期就变为商的同盟。[2]据中期记录，沚、或、[3]望、甫、舌等山西省政体与商联合攻击位于山西西北的舌方或者受到舌方的攻击。[4]因此，林小安推论，武丁时期商与山西省之间的政治格局发生了重大变化，[5]并以为这样的变化发生在今山西西南

---

［1］山西省考古研究所：《灵石旌介商墓》，84—85、87、131—132 页；桥北考古队：《山西浮山桥北商周墓》，《古代文明》第 5 卷，366、375 页。
［2］林小安所列举的被商朝攻击政体，有 40 个左右（林小安：《殷武丁臣属征伐与行祭考》，《甲骨文与殷商史》第 2 辑，227—268 页）。
［3］过去□被释作"戉"，但是林沄和李学勤提出重要问题以后，谢明文提出将此释作"或"字初文（谢明文：《商代金文的整理与研究》，复旦大学 2012 年博士学位论文，664—679 页）。
［4］关于殷商与舌方的战争，参看［韩］沈载勋：《武丁시기를 전후한 商 后기 군사력 구성의 성격：舌 方과의 전쟁복사를 중심으로》（武丁时期前后的商王军事力量结构——以征伐舌方卜辞为中心），《中齐 张忠植博士 华甲纪念论丛：历史学 篇》，首尔：檀大出版部 1992 年版，755—775 页。
［5］张亚初也关注武丁频繁征伐山西省西南部政体的史事，并推论其原因在于盘庚迁都于殷（安阳）后，商朝失去了对该地区的影响力（张亚初：《殷虚都城与山西方国考略》，《古文字研究》第 10 辑，404 页）。

(晋南地区)。这些政体之中,沚、或、舌、友和微见于同一卜辞,然而友、微与唐见于同一卜辞。林小安根据"同版关系说"——若两个或两个以上地名见于同一卜辞,则该地名所指的地区距离相近,推论沚、或和舌位于《史记·晋世家》所记晋国始祖唐叔虞之封地"唐"的附近。[1]虽然甲骨文所记录的"唐"和传世文献中所见的"唐"是否同一地名仍待深入探讨,但是,学界普遍认为这些地名所在的地区皆位于山西省西南部(详见后文)。

夏含夷也在林小安刊载论文的同时发表了相关研究,重点探讨被商所攻击的山西省政体,并对武丁在位时期山西省的政治格局提出了很有意义的看法。夏文将甲骨文中所见"甫"和"或"的位置推定为位于山西省西部的蒲县与永和(图1-1),进而推论被商所攻击的山西省政体基本上都位于黄河与汾河之间的地域,即河东地区。[2]夏含夷还根据新的第一期宾祖卜辞划分标准[3]而推论,舌方与商之间的战争始于宾组后期——据董作宾的划分属于第二期早期(祖庚在位时期),认为晚商时期最强大的君主武丁死于舌商之战开始之前。夏氏在这个认识基础上发现,商在宾组卜辞中期(截至武丁时期或标准宾组卜辞时期)掌控全河东地区,但到了宾组卜辞后期,亘、缶[4]和周等盟邦(位于山西省)

---

[1] 林小安:《殷武丁臣属征伐与行祭考》,《甲骨文与殷商史》第2辑,266—268页。
[2] [美]夏含夷认为"河东"大体上是指黄河东边和汾河中游,不包括晋南盆地(《早期商周关系及其对武丁以后商王室势力范围的意义》,《古文字研究》第13辑,133—135页)。
[3] 董作宾在1933年提出甲骨文五期分法以后,殷墟甲骨卜辞的分期断代成为学界的重要话题之一。甲骨文分期断代的关键在于贞人的分类。20世纪80年代,中国学者根据类型学、同版关系以及地层学证据(例如小屯南地甲骨),对前人的研究观点修订补充,将甲骨文分期继续深化。欧美学界也普遍接受了甲骨文分期断代修订学说。据修订学说,董作宾归为第四期(武乙和文丁时期)的自组卜辞时代应上移到第一期(武丁时期);宾组卜辞(占全卜辞50%以上)应分为前中后三期,属于后期的宾组卜辞下移到祖庚时期(董作宾的第二期)(李学勤:《关于自组卜辞的一些问题》,《古文字研究》第3辑,北京:中华书局,1980年,32—42页;李学勤:《小屯南地甲骨与甲骨分期》,《文物》1981年第5期,27—33页;裘锡圭:《论"历组卜辞"的时代》,《古文字研究》第6辑,北京:中华书局,1981年,262—320页;Edward L. Shaughnessy: "Recent Approaches to Oracle-Bone Periodization: A Review," *Early China* 8, 1982-83, pp.1-13;林沄:《小屯南地发掘与殷墟甲骨断代》,《古文字研究》第9辑,北京:中华书局,1984年,111—154页)。
[4] 林小安认为,亘和缶也在第一期初期归属于商朝(林小安:《殷武丁臣属征伐与行祭考》,《甲骨文与殷商史》第2辑,237—239、243—245页)。

纷纷背离；标准宾组卜辞（中期）中所见或、沚与缄等盟邦到祖庚时期都被描述为商的敌人。夏氏由此推论，商在武丁崩后败于舌，完全失去了对河东地区的控制权。[1]

林文和夏文在细节上有所差异，如夏含夷所推定的位置稍靠北一些，但是包括两位学者在内的相关研究基本上都认为它们大体上位于山西省西南汾河中下游一带。[2]笔者认为，林小安和夏含夷的研究的意义在于他们根据甲骨文文献考察发现，商与山西省政体的关系不是固定的，而是动态变化的。[3]也就是说，它们的政治格局随着商与舌方的力量对抗，是因时、因势而变的。下列的第二期或出组战争类卜辞（前12世纪、祖庚和祖甲两王在位期间）可以佐证夏含夷对商舌战争的解释。

（1）丁酉卜，出贞：㞢隻舌方。[4]（《合集》24145：II [5]）

---

[1] [美]夏含夷：《早期商周关系及其对武丁以后商王室势力范围的意义》，《古文字研究》第13辑，139—143页。
[2] 陈梦家：《殷虚卜辞综述》，249—312页；李学勤：《殷代地理简论》，第15—95页；张亚初：《殷虚都城与山西方国考略》，《古文字研究》第10辑，388—404页；钟柏生：《殷商卜辞地理论丛》，台北：艺文印书馆1989年版，163—227页；郑杰祥：《商代地理概论》，283—323页；孙亚冰、林欢：《商代地理与方国》，259—363页。
[3] 孙亚冰和林欢将甲骨文中所见的方国梳理为：1.一直与商朝保持敌对关系的，有26国；2.与商朝的关系是变化无常的，有51国；3.一直与商朝保持友好关系的，有64国（孙亚冰、林欢：《商代地理与方国》，257—258页）。
[4] 关于甲骨卜辞命辞的语言特征，传统学派认为命辞为疑问句。但是，吉德炜认为，命辞是"有关未来的陈述命题"，是宣示某种"意图"或"预见"，因此应被释为陈述句（David N. Keightley: "Shih Cheng 释贞: A New Hypothesis about the nature of Shang Divination." Presented to Asian Studies on the Pacific Coast, Mnoterley, California）。西方学者基本上同意命辞不是或大部分不是问句的新说法。裘锡圭和李学勤等中国学者也大体上同意命辞非问句的新说法。裘锡圭根据语言学方法考察了大量殷墟卜辞，主要内容为：叙辞"贞"的意义不能决定后面命辞的语气；句末带疑问语气词"抑"或"执"的句式仅见于早期卜辞；"不"在句尾非为语气词，"V不"式的"不"为简化的验辞或用训；"V不V"式是由命辞和验辞构成的，非为反复问句式，等等（Qiu Xigui: "An Examination of Whether the Charges in Shang Oracle-Bone Inscriptions are Questions", Early China 14, 1989, pp.77-114）。笔者也同意，甲骨卜辞命辞在句式方面没有任何疑问成分，但其前面的"贞"字的意义不能推定为"陈述"。卜辞本是为获得某种结果而执行的占卜行为形式，因此不管其后面的句式是陈述还是疑问都必然带有"对未来的疑问"之义（王宇信、杨升南：《甲骨学一百年》，北京：社会科学文献出版社1999年版，277—280页；[日]落合淳思：《甲骨占卜的问答形式》，《立命馆白川静记念东洋文字文化研究所纪要》1卷，2007，1—13页）。总之，笔者认为甲骨卜辞命辞应释为疑问，只是其句式为陈述而已。
[5] 下列分期断代均按照《甲骨文合集》（本书简称《合集》）的方法。

第一章　商末周初山西省的政治地理与晋的封建　31

（2）癸丑卜，出贞：旬有求（咎），其自西有来婎。[1]（《合集》24146：II)

（3）壬午卜，出贞：今日无来艰自方。（《合集》24149：II）

（4）乙卯卜，大贞：今日无来艰。（《合集》24180：II）

因为"出"应是第二期贞人，(1) 表明商与舌方的战争持续到祖庚时期。（2）到（4）均属于典型的第二期战争类卜辞。《甲骨文合集》所收录的第二期战争类卜辞都采取这样的形式。大部分的第二期贞人（出、大、旅和即）都担任过战争的占卜，但是第二期卜辞中与舌方有关的仅有（1）一例。由此推论，大部分的第二期战争类卜辞基本上都属于商与舌方的战争以后的内容。据（2）和（3）卜辞内容，商于此时经历外来灾难，尤其（2）表明此灾难是从西方而来的。《甲骨文合集》所收录的80条第二期战争类卜辞中，商攻击敌人的仅有4例（24145、24156、24216和24217号），与第一期频繁的征伐记录形成明显反差。由此推论，夏氏认为商在祖庚、祖甲时期失去了对山西西南政体控制力的看法有其合理性。[2]

但是，夏氏所得出的结论——商在祖庚时期以后，完全失去对河东地区的影响力，则有待商榷。夏氏的研究在《甲骨文合集》出版前发表，其所根据的材料是岛邦男所著《殷墟卜辞综类》，其结论有疏漏之处，也在所难免。总之，《甲骨文合集》所收录的第二期以后的卜辞与夏氏的结论有所冲突。

现在我们可以利用的卜辞，一半以上属于第一期（基本属于武丁在位时期），即宾组卜辞。尤其是战争类卜辞和方国相关的资料，八成以上属于第一期。因此，林小安、夏含夷以及其他古代政治地理史研究者重点考察武丁时期地理所当然。但是，武丁以后的王位继承者还有八位，从武丁到晋国封建的时间大约相隔150年。那么，我们在研究晋国封建的历史意义时，应当根据第一期、第二期卜辞以外的材料。

---

[1] 白川静、松丸道雄和贝塚茂树等日本学者将此解释为"外敌入侵"（[日] 松丸道雄、高岛谦一编：《甲骨文字字释综览》，东京：东京大学出版会1994年版，239页）。

[2] 李学勤虽大体上同意此观点，但以为在接着祖甲的禀辛时期商朝恢复了对山西省的统治权（李学勤：《殷代地理简论》，96页）。

笔者认为，商代后期帝乙、帝辛在位期间的卜辞，即第五期（黄组）以及第三期、第四期卜辞，能为我们了解西周初期晋国封建时的山西政治地理提供更为确凿的信息。我们将通过下列的第二期以后的卜辞，来分析商朝灭亡前后山西南部汾河流域的政治格局。

（5）在■，■贞：祖甲■……或■，若，我受……（《合集》35913：V）

（5）是第五期黄组卜辞。晚商时期"或"与商的关系一直起起伏伏。[1]正如夏含夷所分析，"或"在武丁时期受到商的攻击，在祖庚（宾组后期）时期与商联合参加了不少战役，然而到祖庚时期受到舌方攻击以后，卜辞中被描述为商的敌人。[2]夏含夷所指出的、与"或"有关的卜辞以外，第三期卜辞之中（"……已卜……或方……唯小宰。大吉"）记述为"或方"，暗示其为敌人（《合集》29648）。然而（5）还暗示，"或"与商的关系还在商朝被周灭亡之前，即帝乙和帝辛在位时期，再次经历变化。"祖甲"及其后"■"的字义虽未详，[3]但"祖甲"和"或"出现在同一片甲骨，由此可以推论，"或"在此时与商保持着友好关系。换言之，在商朝灭亡之前，山西西南政体"或"就像武丁时期那样，仍属于商王朝势力范围。

当然，（5）的"或"字的释义，至今仍未有定论。我们很难以（5）来佐证"或"与商王朝的关系。但是，见于同一卜辞的"望"与商王朝的关系也是有所起伏的。

---

[1] 虽然夏含夷认为或（戉）位于永和县，但也有不同观点，如钟柏生的安邑说和郑杰祥的翼城县西南说。
[2] ［美］夏含夷：《早期商周关系及其对武丁以后商王室势力范围的意义》，《古文字研究》第13辑，第140—141页。
[3] 过去很多学者将■释作"升"（［日］松丸道雄、高岛谦一编：《甲骨文字字释综览》，378页），但最近也有学者释作"祼"或释作"勺"字的初文而读为"庙"（何景成：《试说甲骨文中读为"庙"的"勺"字》，【出土文献的语境】国际学术研讨会暨第三届出土文献青年学者论坛，台湾清华大学，2014年8月27日）。

第一章　商末周初山西省的政治地理与晋的封建　　33

（6）癸巳卜，㱿贞：乎雀伐望或。(《合集》6983：Ⅰ)

（7）令望乘。比望乘。贞：于唐告……告舌方于（唐）……[1](《合集》6148：Ⅰ)

（8）王于㝸使人于发，于之及伐望，王受有祐。(《合集》28089 正：Ⅲ)

（9）癸酉卜在望贞：王旬无祸。(《合集》35661：Ⅴ)

据（6）所示，"望"和"或"在第一期早期受到商王武丁的亲信"雀"的攻击。由此推论，"望"的位置也应位于山西西南。据（7）所示，"望"被商攻击后，其君"乘"或与商联合，或受商王朝命令。第三期卜辞（8）表示，"望"再次受到商的攻击，然而第五期卜辞（9）则记录，商王（帝乙或帝辛）在"望"主管占卜活动，可见"望"重新归属到商朝管辖了。林小安等学者推定位于山西西南的另一个政体"微"，在卜辞中也被描述为经历了类似"望"的发展过程。[2]

下列与"甫"有关的卜辞也为我们了解晚商时期山西政治格局提供了重要资料。

（10）辛未卜：今日㲋（颁）[3]庸（镛）。十二月。在甫鱼。(《合集》24376：Ⅱ)

（11）庚午卜：▮野丁至于▮，䢻入甫。兹用。(《合集》30173：Ⅲ)

（12）庚辰卜，在甫贞，王步于▮……[亡]灾。

夏含夷认为"蒲"古通"甫"，将其位置推定在今山西蒲县，但郑杰祥则推定

---

[1] 该卜辞本为刻在同一版上的四条不同卜辞。
[2] 微在第一期卜辞记录为受到商朝西北强敌舌方的攻击(《合集》6057 正、6063 反、6067、6068 正、6365、6366)，到第三期卜辞时期却与商王朝为敌(《合集》28029)，到第五期卜辞时期，商王主宰望、微占卜(《合集》36346、36775、36776)，笔者由此认为微在克商前也属于商朝管辖之内。
[3] 㲋，笔者按照裘锡圭所引用的陈邦怀之说，将其释作"颁赐"（裘锡圭：《甲骨文中的几种乐器名称——释"庸""豐""鞀"》，《裘锡圭学术文集·甲骨文卷》，上海：复旦大学出版社2012年版，45 页）。

其为《隋书·地理志》中的蒲原县（今垣曲县一带）。[1]正如林小安和夏含夷所考察的，"甫"在第一期早期归属于商朝，但与"或""望"和"微"不同，第二期（10）、第三期（11）和第五期（12）仍与商朝保持友好关系。现在我们可以利用的第二期以后的一切资料都表明，商与"甫"的关系一直保持不变。我们认为，"甫"与商朝保持友好关系的重要原因在于其地理位置。从这一点看，夏含夷所推定的山西蒲县更接近或属于舌方势力范围，因此我们认为郑杰祥的"垣曲县"说有更合理的一面。[2]

下列卜辞也能为我们了解晚商时期山西汾河中游的政治地理提供重要信息。

（13）癸丑卜，在霍贞：王旬无忧。（《合集》36779：V）

（13）是占卜一旬之凶吉，典型的第五期（黄组）卜辞。目前学界普遍推定，"霍"位于汾河中游霍州一带（周克商之后，武王弟霍叔处所分封的地区）。[3]《甲骨文合集》里，帝乙和帝辛在位时期在霍贞的卜辞共有8条。《逸周书·世俘》曰："至告禽霍侯、艾侯，俘佚侯，小臣四十有六，禽御八百有三百两，告以馘俘。"[4]有学者认为"擒霍侯"佐证了周朝在三监之乱时镇压霍叔，[5]但笔者认为《逸周书·世俘》记载为周武王克商过程，此文中的"霍侯"应释为霍之君主。由此推论，"霍"与前述山西西南政体在武王克商之前同属于商朝。我们还得注意，周克

---

[1] 郑杰祥：《商代地理概论》，311页。
[2] [韩]沈载勋：《상주시대의 이민과 국가：동서 화합을 통한 절반의 중국 형성》（浅论商周时代的移民与国家——东西合一，形成半个中国），《东洋史学研究》第103辑，2008年，11—13页。
[3] 李学勤：《殷代地理简论》，76页；Jaroslav Průšek: *Chinese Statelets and the Northern Barbarians in the Period 1400-300 B.C.* (Dordrecht-Holland: D. Reidel), p.210；沈建华：《甲骨文所见晋南方国考》，张政烺先生九十华诞纪念文集编委会编：《揖芬集》，北京：社会科学文献出版社2002年版，210页。霍叔受封见于《史记·管蔡世家》。
[4] 《汲冢周书》，四部丛刊本，4.10下页。关于世俘篇的可信性问题，请参照 Edward L. Shaughnessy: "'New' Evidence on the Zhou Conquest," *Early China* 6 (1980-81), pp.57-79。
[5] Jaroslav Průšek: *Chinese Statelets and the Northern Barbarians in the Period 1400-300 B.C.* (Dordrecht-Holland: D. Reidel), p.51.

商之后，分封于此地的霍叔反周，周公东征的历史。

"易"与仅见于第五期卜辞的"霍"不同，仅见于第一期卜辞之中。

（14）……丝（兹）甾……易……（《合集》3394：Ⅰ）

（15）辛巳卜，殻贞：王比易伯疾。（《合集》3380：Ⅰ）

（16）易入廿。（合集5637反：Ⅰ）

（17）己酉卜，宾贞：鬼方，易亡憂。五月。（《合集》8591：Ⅰ）

仅剩残片的（14）表明，易与甾（被推定为其他山西西南政体）一起受到某一势力的攻击。如果攻击者是商，[1] 正如林小安所考察，易也与诸多山西西南政体一样，在武丁时期受到商的攻击后归属于商朝了。其他卜辞似乎也为此提供了佐证。（15）是卜问王是否与易联合，此类卜辞为数不少。（16）记录易向商王朝进贡，（17）则是卜问是否殃及易。据下文所引（22）记载，易与微、唐和甾一起受到舌方的攻击，由此推论，易也可能位于这些政体附近地区。郑杰祥曾经推定易的位置为太谷，[2] 但洪洞县（汾河中游）考古发现之后，学界开始认可易是西周杨国（姬姓诸侯）前身的说法。也有学者认为，易是传世文献中所见的晋国始祖唐叔的封地"唐"，推定其位于今洪洞县附近地区。[3] 这一问题将在后面加以详述。

综上所述，甫、望、微、沚、甾、霍和易等政体均分布在汾河中游地区。这些政体随着舌方的兴衰，可能采取不同的政治立场。商朝在帝乙和帝辛在位时期维持或恢复了对这一地区的控制力之后，到周武王克商之际掌控了这些政体。其

---

[1] 我们不能排除该卜辞为（22）所示舌方骚扰的验辞的可能性。如果这一假设是对的，这一战役的进攻方不是商而是舌方。

[2] 郑杰祥：《商代地理概论》，303页。

[3] 马保春：《晋国地名考》，北京：学苑出版社2010年版，153—157页；孙亚冰、林欢：《商代地理与方国》，338页。关于西周时代的杨国，请参考陈槃：《春秋大事表列国爵姓存灭存譔异》，462上—463下页。洪洞县永凝堡已发现被推定为杨国遗址的大规模墓地（山西省文物工作委员会等：《山西洪洞永凝堡西周墓葬》，《文物》1987年第2期，1—16页；临汾地区文化局：《洪洞永凝堡西周墓葬发掘报告》，《三晋考古》第1辑，71—93页）。

实，目前我们很难断定它们的准确位置，被推定的位置也没有考古学资料的佐证。但是，旌介村和桥北商墓的发现为我们了解前述政体的物质文化提供了重要资料。两地遗址不仅紧邻甫、望、微、沚、舌、霍和易等政体所分布的地区，同时还保持了商王朝和北方文化特征，这一点似乎符合它们的政治环境。洪洞县永凝堡（被推定为易所在的地区）出土了类似于殷墟大司空村之鬲（三期）的陶器，也为此提供了佐证（图1-1）。[1] 不仅如此，闻喜县酒务头商代晚期贵族墓也符合该政体的"亲商"特征。

《逸周书·度邑》记载"维王克殷国，君诸侯，乃厥献民征主、九牧之师见王于殷郊。王乃升汾之阜，以望商邑。永叹曰：'呜呼，不淑充天对。遂命一日，维显畏弗忘。'王至于周……"，大意为，周武王灭商后，各国君主在殷都郊外朝见武王。武王登上汾地的土丘，遥望朝歌，长叹道："啊，纣王不善难以配天，于是殒命于一日。非常可畏而不能忘啊。"黄沛荣在《逸周书·度邑》的章句之中发现类似《尚书·周诰》的语言特征，进而推论《度邑》是《逸周书》的初期文献之一。[2]

关于"汾之阜"的位置，学界素有争议。清卢文弨和梁玉绳以"汾"为司马彪《续汉书·郡国志》"襄城汾丘"，即今淇县（朝歌）。[3] 卢文弨还以为"汾丘"与《左传》襄公十八年（前555）"楚子庚治兵于汾"之"汾"同。杜预亦以为见于《左传》的"汾"是西晋时期襄城县的汾丘城。[4]

但是，"襄城汾丘"位于今河南许昌，[5] 卢文弨和梁玉绳之"河南淇县说"似不合理。钱穆认为，武王在汾地土丘俯瞰商邑，是武王在殷都郊外视朝后回宗周（今西安）时发生的，进而推论《度邑》"汾之阜"为殷都西边的汾河流域的

---

[1] 中国社会科学院考古研究所山西工作队：《晋南考古调查报告》，《考古学集刊》第6期，1989年，40页。
[2] 黄沛荣：《周书研究》，台湾大学1976年博士学位论文，83页。
[3] 《史记志疑》，广雅丛书本，1887年，3.18下—9上页。
[4] 《春秋左传正义》，《十三经注疏》1965页。
[5] 杨伯峻：《春秋左传注》，1041页。

某处。[1]清陈逢衡亦与钱穆同，以汾河下游河津市为"汾之阜"。[2]前述引文记述的是周武王从占领殷都到返回宗周的行迹，因此我们没有任何理由认为汾和商邑是位于殷都附近的。不仅如此，在第一期和第二期甲骨文所见的周位于山西西南的说法得到学术界的普遍认可，[3]且《史记·周本纪》也有记载，商朝末代君主帝辛在位时期，周文王（西伯）断虞和芮之讼（分别位于山西省西南角的平陆和芮城），可见文王对该地区的影响力。[4]正如部分学者根据山西省西南的历史，将该地区视为周武王克商的重要军事基地（详见本书23页脚注[4]），我们认为武王是在克商后经过山西省西南地区而返回宗周的。[5]此外，山西西南位于黄河的两条重要支流汾河和渭河之间，是水路交通发达的地区，因此该地与周的中心地（今陕西省）的交通是比较方便的，[6]这样的地理条件也为上述说法提供了佐证。

因此，正如钱穆和陈逢衡所主张，若将《度邑》"汾之阜"推定为山西汾河流域，那么克商后汾河流域有几个可被视为商邑的地点。我们认为，武王所登丘而望的商邑邻近甫、望、微、沚、甾、霍和易等汾河中下游政体并非偶然。

下列与唐有关的卜辞也为上述看法提供了有力佐证。

（18）贞：作大邑于唐土。（《英国》1105正：I[7]）

---

[1] 钱穆：《周初地理考》，《古史地理论丛》，台北：东大图书公司印行1982年版，31—32页。
[2] 《逸周书补注》，修梅山馆刻本，1825年，11.9上—9下页。
[3] 陈梦家：《殷虚卜辞综述》，291—293页；[美]夏含夷：《早期商周关系及其对武丁以后商王室势力范围的意义》，《古文字研究》第13辑，131—135页；郑杰祥：《商代地理概论》，290—291页；孙亚冰、林欢：《商代地理与方国》，296—301页。其中，夏含夷发现周与上述汾河中游政体一样，在武丁时期归属于商朝，到祖庚或祖甲时期又与商朝为敌。
[4] 《史记》，117页。这事件也见于《诗经·大雅·緜》"虞芮质厥成，文王蹶厥生"。关于虞和芮的位置，请参考陈槃：《春秋大事表列国爵姓及存灭譔异》，202—232页。
[5] 《世俘》篇记载的武王擒获霍侯一事也有可能是在其返回宗周时发生的。
[6] 田世英：《历史时期山西水文的变迁及其与耕、牧业更替的关系》，《山西大学学报》（哲学社会科学版）1981年第1期，33页；李广洁：《先秦时期山西交通述略》，《晋阳学刊》1985年第4期，48页；Li Feng: *Landscape and Power in Early China: The Crisis and Fall of the Western Zhou, 1045-771 B.C.* (Cambridge: Cambridge University Press), p.83。
[7] 两个同版卜辞的贞人为宾，因此该卜辞也可归入宾组（李学勤、[美]艾兰：《英国所藏甲骨集》，北京：中华书局，1985—1992年，上编上册，223页）。

（19）贞：帝狁唐邑。(《合集》14208 正：Ⅰ)

关于（18）和（19）中所见的"唐"，学术界普遍认为其与晋国始祖唐叔的封地相同，但是对其具体位置，众说纷纭（详见后文）。然而，大部分学者皆认为，甲骨文中所见的"唐"位于山西西南。因此，上述卜辞可解释为，晚商时期的某王要在汾河中下游大建邑，并关注其安全问题。我们由此推论，克商前汾河中下游有几个可被视为商邑的政体，这也符合当时商王仍有支配权的政治地理。下列卜辞，还为我们了解晚商时期唐的政治环境提供了重要信息。

（20）……雀……唐。(《合集》4169：Ⅰ)

（21）弗其征唐。(《合集》11484 正：Ⅰ)

（22）……来艰自微，友，唐，舌方围……戋（翦）畓、示、昜。戊申，亦有来［艰］自西，告牛家……(《合集》6063 反：Ⅰ)

（23）贞……在唐……三月。(《合集》24374：Ⅱ)

正如林小安所关注的，"雀"是在第一期早期卜辞中攻伐山西省政体的商王朝将领。由此推论，（20）和（21）也暗示唐在隶属于商王朝之前曾受到商的攻击；（18）和（19）表示，唐归属商王朝；（22）表示，唐也与山西西南其他政体一样，受到殷商王朝西北强敌舌方的攻击；（23）表示，唐在祖庚和祖甲时期都属于商王朝势力范围。虽然第二期以后卜辞之中，与唐有关的内容都已失传，但是，我们考虑到唐与商朝的关系很可能也经过类似于其他汾河中游政体的历程，因此，唐在武王克商前，也应该与商朝保持着良好关系。

以上，我们根据甲骨文记载，探讨了山西西南政治地理的变化。在殷商最强大的君主武丁时期，汾河中下游的政体被商征伐，归属商朝；但在武王死后，殷商败于西北强敌舌方，（最起码一时）失去了对山西西南一带的支配权。但是，第五期卜辞表明，殷商王朝的最后两位君主帝乙和帝辛时期，商王朝又恢复了对汾河中下游的霸权。我们认为，在西周成王时期，山西西南发生的晋国封建问题亦须充分考虑这样的政治环境的变化。[1]然而，在深入探讨这一问题之前，我们必须考察传世文献中所见的"唐"和甲骨文中的"唐或昜"的关系。

四、唐叔的封地唐与甲骨文中的"昜"

自唐代以来，经史学家对晋国的始封地"唐"的位置，众说纷纭，莫衷一是。20世纪90年代初，主持曲村－天马晋侯墓发掘工作的北京大学邹衡和李伯谦认为，该地区就是唐的所在地点，[2]但是，包括田建文在内的山西省考古学者却认为，晋侯墓地遗址与晋国始封地唐无关，[3]似乎学术界对唐的位置问题还是有所争论的。[4]

据《史记·晋世家》记载，唐叔子燮，改唐为晋，自称晋侯。《正义》引《宗国都城记》曰："唐叔虞之子燮父徙居晋水旁。"又引《毛诗谱》曰："叔虞子燮父，以尧虚南有晋水，故曰晋侯。"[5]

2007年朱凤瀚公布的觊公簋铭文曰："王命昜（唐）伯侯于晋。"西周初期成王或康王二十八年将昜（唐）伯封为晋侯，这里的昜（唐）伯很可能是燮父。据此铭文记载，唐叔虞的始封地（唐）和燮父的移封地（晋）并非同一地点，[6]李伯谦也承认，以晋侯墓为唐的说法也是有问题的。[7]

---

[1] 晚商时期恢复统治权的汾河中下游地区位于山西省四个考古学文化区，不属于任何一个文化区。
[2] 李伯谦：《晋国始封地考略》，《中国文物报》1993年12月12日第8版；邹衡：《论早期晋都》，《文物》1994年第1期，29—32页。
[3] 田建文：《晋国早期都邑探索》，《三晋考古》第1辑，27—29页。
[4] 大部分学者推定其位于离曲村－天马不远的曲沃县和翼城县一带（马保春：《晋国历史地理研究》，88—92、146—148页）。
[5]《史记》，1636页。
[6] 朱凤瀚：《觊公簋与唐伯侯于晋》，《考古》2007年第3期，64—69页。
[7] 李伯谦：《觊公簋与晋早期历史若干问题的再认识》，《古代文明研究通讯》第33期，2007年，29页。

问题在于，觉公簋铭文的记载与学界普遍认可的"甲骨文的唐等于传世文献的唐"的等式不同，封为晋侯的不是唐伯而是㺇伯。春秋时期的晋公盆（《集成》10342）铭文也记载，指称唐叔虞的鄅公被记为㺇是多于被记为唐的。吴镇烽于2014年公布的晋公盘铭文中的䎽也同样如此。[1] 当然，唐和㺇上古音均属阳部，在出土文献和传世文献中通假的例子亦不少，因此以㺇为唐的朱凤瀚等的说法也不能说是没有根据的。但是，这里还有一个重要的问题。那就是前述甲骨文记载，唐和㺇是位于山西西南部的不同政体。

因此，我们不能排除觉公簋的㺇（晋的原地）和甲骨文的㺇是同一地点的可能性。正如以上所述，部分学者以汾河中游的洪洞县为第一期甲骨文的㺇。据《汉书·地理志》记载，洪洞县在汉朝为杨县（河东郡二十四县之一），又据应劭注，杨县为故杨侯国。[2]《左传》襄公二十九年曰："虞、虢、焦、滑、霍、杨、韩、魏，皆姬姓也。"[3] 由此推论，甲骨文所见的㺇与洪洞县之间存在某种关系。

其实，我们也没有理由排斥将洪洞县视为杨（或㺇）的说法，而且《左传》还有记载，杨为姬姓诸侯。但提出这种说法的只有孙亚冰、林欢和王立新。这是因为，大部分史学家还没能从"传世文献的唐＝甲骨文的唐"的等式中摆脱出来，晋侯墓M64（被推定为穆侯墓）的夫人墓M63出土的杨姞壶（见图2-12）也成为接受"传世文献的唐＝甲骨文的㺇"的障碍。目前，相当多的学者认为，杨姞壶是杨国嫁女于晋国时的媵器，其铭文否定杨国为姬姓（详见本书第二章）。

但是，2003年出土于陕西省眉县杨家村的四十二年逑鼎铭文为我们提供了很重要的线索。该铭文明示，宣王（前827/825—前782）四十二年，将长父封为杨侯（余肇建长父侯于杨），[4] 且史学界对该铭文中的杨为山西洪洞县的看法没有什

---

[1] 吴镇烽：《晋公盘与晋公䀇铭文对读》，复旦大学出土文献与古文字研究中心网站，2014年6月22日。
[2]《汉书》，1550—1551页。
[3] 杨伯峻：《春秋左传注》，1160页。
[4] 陕西省考古研究所等：《陕西眉县杨家村西周青铜器窖藏发掘简报》，《文物》2003年第6期，6页。

么争论。[1]有学者根据《新唐书·宰相世系表一下》所说的"杨氏出于姬姓,周宣王子尚父封为杨侯",[2]推定四十二年逑鼎铭文的长父与《新唐书》所说的尚父是同一人物。[3]若我们可以按照这样的推论,西周后期宣王四十二年被封为杨侯的长父为姬姓,为传世文献中的姬姓杨国说提供了有力的佐证。

那么,我们该如何解释杨姞壶这一姞姓政体所铸的铜器呢?当前,大致有两种不同说法。第一种,将"杨姞"视为被推定为穆侯(前811—前785)的晋侯之夫人而肯定其为姞姓,但据四十二年逑鼎记载,要将此婚事发生的年代推定为姬姓长父封为杨侯的宣王四十二年(前786年)之前,也就是说,将宣王四十二年前掌控洪洞县地区的势力视为姞姓。[4]第二种,将杨姞壶视为嫁女于杨的姞姓国家的媵器,其出土于晋侯夫人墓 M63 是因为地理相近的杨国将此壶赗赠于晋国。[5]

虽然学术界对晋侯墓地 M64 号墓主人下葬时(西周后期或春秋初期)有没有以青铜器为助丧之品的习惯[6]尚有争论,但是按照第二个说法,杨为姞姓。按照孙亚冰所提出的第一个说法,克商后唐叔封于杨(汾河中游的洪洞一带),其子燮父迁至今曲村-天马一带,将杨的统治权让给姞姓政体。因此,杨姞壶也不能作为否定传世文献的唐与朢公簋的易为同一政体的根据。

当前我们尚未能够推定甲骨文中所见唐的位置,那么根据传世文献可推定为易的洪洞县地区也可被视为唐叔虞的始封地。其实,这样的假设似乎符合洪洞县一带的考古发掘。山西西南地区基本没有发现殷墟文化(晚商时期),但是在临汾盆地的部分地区以及包括永凝堡在内的洪洞县一带都发现了商周交替之际的遗址,且其

---

[1] 董珊:《略论西周单氏家族窖藏青铜器铭文》,《中国历史文物》2003 年第 4 期,48—49 页;李学勤:《眉县杨家村新出青铜器研究》,《文物》2003 年第 6 期,68—69 页。
[2]《新唐书》,北京:中华书局 1959 年版,2346 页。
[3] 董珊:《略论西周单氏家族窖藏青铜器铭文》,《中国历史文物》2003 年第 4 期,48 页。
[4] 孙亚冰、林欢:《商代地理与方国》,338 页。
[5] 孙庆伟:《晋侯墓地 M63 墓主再探》,《中原文物》2006 年第 3 期,66 页。
[6] 曹玮:《试论西周时期的赗赠制度》《东周时期的赗赠制度》,氏著:《周原遗址与西周铜器研究》,北京:科学出版社 2004 年版,165—175、258—263 页。

文化类似于曲村-天马西周早期晋国文化。[1]

据传世文献记载，唐并非仅与晋有关系，与传说中的尧都也有关系，而且也有记载其地位于河北省唐县和湖北省随州市，[2]因此我们也不能推断其与出土文献中的易和唐之间的关系。从这一点看，对于它们的位置，任何说法都不过是假设，但是我们认为因为下面的原因，"传世文献中唐叔虞受封的唐＝甲骨文所见的易＝洪洞"的等式更符合克商后山西西南的政治地理。

五、唐叔虞封建的再检讨

我们在探讨西周初期唐叔虞始封时，首先要考虑晋在西周时期是山西西南诸多诸侯国或者其他政体之一。如前所述，晚商时期在山西西南有不少政体。笔者已提出过这种的假设：唐叔虞原封于易（今洪洞县一带），到第二代君主燮父时期迁至易以南100公里处的曲村-天马。杜正胜根据《史记·晋世家》记载的"唐在河、汾之东，方百里"认为，西周初期晋国领土远小于鲁国或卫国（各为四百里），因此当时晋国并不是一个重要的诸侯国。[3]不过，杜正胜所主张的鲁卫两国各占四百里领土的说法没有根据，即使遵从杜氏说法，我们也怀疑是否能够以领土的大小来看待晋国封建的意义。

那么，西周初期晋国始祖唐叔虞受封于唐，究竟有什么历史意义呢？笔者将重新探讨传统观点——晋国封建有抵抗戎狄等异族的目的，试图予以更为具体的解释。笔者认为，了解晋国封建的历史意义的关键，在于西周初期山西西南地区的新兴亲周势力和传统亲商势力之间的力量关系，尤其是笔者在第三节所论证的商朝在

---

[1] 王立新：《关于天马-曲村遗址性质的几个问题》，《中原文物》2003年第1期，25页。
[2] Jae-hoon Shim: "The Eastward Relocation of the Zhou Royal House in the *Xinian* Manuscript: Chronological and Geographical Aspects," *Archiv Orientalni* 85.1 (2017), p.79.
[3] 杜正胜：《古代社会与国家》，388页。

灭亡之前对汾河中下游的统治权问题。

但是，我们先要明确的是，唐叔虞分封之前在汾河中游（今霍州一带）就有西周主要诸侯国之一——霍。司马迁对霍的记述极其简略，仅在《史记·管蔡世家》记载"霍叔处，其后晋献公时灭霍"，可见司马迁并非以为霍是重要的诸侯国之一。《逸周书·作雒》记载的"武王克殷，乃立王子禄父，俾守商祀。建管叔于东，建蔡叔、霍叔于殷，俾监殷臣。武王既归，乃岁十二月崩镐，肂于岐周。周公立相天子，三叔及殷东徐奄及熊盈以略（畔）"，[1]为我们提供了重要的信息。

黄沛荣认为《作雒》亦与《度邑》同，是战国时期之作。[2]《作雒》对霍和霍叔的记述较《史记·管蔡世家》早近两三百年。从编纂年代看，关于霍和霍叔的问题，似乎《作雒》更可信、更可靠。据《作雒》记载，武王封蔡叔和霍叔于殷，令其管制商朝臣民。武王死后，周公摄政，三叔（管叔、蔡叔和霍叔）勾结殷商故地反周势力而发动叛乱，史称"三监之乱"。周公大举派兵东征，平定内乱，为西周初期王朝发展奠定了基础。[3]

然而《作雒》却没有"三监"一词。虽然《尚书·大诰序》首次提到"武王崩，三监及淮夷叛，周公相成王"的内容，[4]但令人遗憾的是《大诰序》没有具体提到"三监"为何人。司马迁在《鲁周公世家》《管蔡世家》和《魏世家》中说武庚（禄父）勾结管叔和蔡叔对周公发动叛乱，[5]否定霍叔的存在，也没有提到"三监"一词。到班固著《汉书·地理志》首次以禄父、管叔和蔡叔为"三监"记述此乱。[6]崔述和王引之等清朝学者受到汉朝经学者的影响，否定霍叔为三监之一，进而怀疑《作雒》的可靠性。[7]

---

[1]《汲冢周书》，四部丛刊本，5.7下页。笔者按照朱右曾注解，将"略"读作"畔"。
[2] 黄沛荣：《周书研究》，台湾大学 1976 年博士学位论文，347 页。
[3] Li Feng: *Bureaucracy and the State in Early China: Governing the Western Zhou* (Cambridge: Cambridge University Press), pp.31–33.
[4]《尚书正义》，《十三经注疏》197 页。
[5]《史记》，1518、1565、1589 页。
[6]《汉书》，1647 页。
[7] 顾颉刚编：《崔东壁遗书》，上海：上海古籍出版社 1983 年版，206 页；《经义述闻》，四部备要本 3.30 上—31 下页。

但是，学术界普遍认为作于公元前2世纪的《尚书大传·金縢》[1]却将禄父和三监记载为不同的叛周公势力，[2]可见，在汉朝也有不以禄父为三监的说法。被推定为大部分内容编纂于汉朝以前的《商君书·赏刑》[3]亦载："昔者周公旦杀管叔，流霍叔，曰犯禁者也。"此文可被解释为平定三监之乱以后的处罚。[4]有学者由此推论，班固和司马迁从三监中排除霍叔的记述有错，更相信《作雒》的三监之乱记载。[5]上述引文明确说明，作为三叔之一而管制殷商臣民的霍叔，勾结其兄和殷商臣属，对周公发起叛乱。[6]我们由此推论，《大诰序》对三监之乱的记载也有可能是根据《作雒》修改而成的。

关于这一问题，2011年出版的清华简《系年》第三章对三监的记载为我们提供了很有趣的内容。其内容如次：

> 周武王既克殷，乃埶（设）三监于殷。武王陟，商邑兴反，杀三监而立录子耿（引者按：武庚禄父），[7]成王屎（践）伐商邑，杀录子耿。[8]

目前《系年》被推定为公元前4世纪至前3世纪之作。据上述引文记载，武王克商后发生的叛乱并非三监所作，而是武王死后兴起的商邑与录子耿（武庚禄父）

---

[1] Michael Loewe ed.: *Early Chinese Texts: A Bibliographical Guide* (Berkeley: The Society for the Study of Early China), p.385.
[2] 《尚书大传》，丛书集成本，2.83页。
[3] Michael Loewe ed.: *Early Chinese Texts: A Bibliographical Guide* (Berkeley: The Society for the Study of Early China), pp.369-370.
[4] 《商君书》，诸子集成本，北京：中华书局1985年版，30页。
[5] 刘连与：《三监考》，《人文杂志》1985年第2期，68—73页；杨宽：《论西周初期的分封制》，尹达等主编：《纪念顾颉刚学术论文集》上册，成都：巴蜀书社1990年版，253—256页。
[6] Jaroslav Průšek: *Chinese Statelets and the Northern Barbarians in the Period 1400-300 B.C.* (Dordrecht-Holland: D. Reidel), p.50.
[7] 大部分学者都将录子耿视为《大保簋》（《集成》4140）铭文所记载的西周初成王和召公所征的录子耶，即武庚禄父（苏建洲等：《清华二〈系年〉集解》，台北：万卷楼2013年版，152—157页）。
[8] 清华大学出土文献研究与保护中心编，李学勤主编：《清华大学藏战国竹简（贰）》，上海：中西书局2011年版，141—142页。

所为。由此推论，战国后期已经对"三监之乱"的史事有不同说法。然而《系年》也说，武王于殷立三监，而录子耿非为三监，这与《作雒》的记载有相通之处。由此可以推论，在战国时期可能还没有出现以录子耿为三监的说法。目前《系年》记述之中，"三监为录子耿和商邑所杀"等内容尚待证实，[1]然而"录子耿和商邑发起叛乱，成王伐商邑杀录子耿"的内容与《作雒》大同小异，仅在叙述的视角上有所不同。也就是说，《系年》是站在成王的立场叙述，《作雒》则是以周公为叙述的主体。

关于晚商时期汾河中游地区的政治地理，《作雒》和《度邑》两篇的作者（或者作者们）和《系年》的作者有共同的认识。这为我们了解晋国分封提供了重要信息。据《度邑》记载，克商后在汾河流域存在被称为"商邑"的政体，这"商邑"可归入《系年》所见的商邑之中。据《作雒》记载，武王封弟霍叔于殷，可见《作雒》作者以霍（学术界普遍认为即今山西霍州）为殷商的直接或间接管辖地区。其中所载殷的势力范围也与《系年》记载大同小异。[2]《逸周书》中的这两篇对汾河中游政治地理的记载与本章第四节的论证一致。

总结以上分析，《作雒》的记载可被理解为，武王死后被称为"商邑"的汾河中下游政体，在霍叔的主导之下，与其他势力一同向周公发起叛乱。那么，武王克商前，汾河中下游的很多政体都应该归属于商朝的管辖，这里的情形很可能与禄父、管叔和蔡叔所管制的其他殷商故土大致相同。《尚书·金縢》载："管叔及其群弟乃流言于国曰：'公将不利于孺子。'"[3]可见管叔之弟霍叔可能也参加了叛乱。周公平定此乱后，禄父、管叔、蔡叔和霍叔在中国历史上就消失无踪了。[4]

---

[1] 苏建洲等：《清华二〈系年〉集解》，149—152页。
[2] 有人会以为《作雒》篇"建蔡叔、霍叔于殷"的"殷"是指晚商时期的都城，但此与《史记·管蔡世家》所载"封叔度（蔡叔）于蔡"相悖（蔡的位置被推定为今河南省东南端的上蔡县一带），由此推论，将"殷"释为"泛指商朝故土"之义，似乎更加妥当。
[3]《尚书正义》，《十三经注疏》197页。
[4] 他们在后代史书中鲜有记载。关于霍叔的记载仅见于《商君书·赏刑》所载"周公旦杀管叔、流霍叔"。虽然《尚书·蔡仲之命》也载有"降霍叔于庶人，三年不齿"，但《蔡仲之命》已被学界普遍认为是后代伪作。《今本竹书纪年》载"十六年，霍侯旧薨"，可见霍侯在穆王十六年逝世。《史记·周本纪》载"三年，乃相与畔，袭厉王。厉王出奔于彘"，郑玄注《周礼》云"霍山在彘，本春秋时霍伯国"。据《左传》闵公元年和《史记·赵世家》记载，公元前661年，姬姓霍国为晋献公所灭，消失于历史的长河之中。

传世文献中所见的唐（易）也与汾河中下游的霍一样，有可能参加对周公的叛乱。那么，晋国始封也有可能与笔者所认为的扩散到汾河中下游的对周公的叛乱有关。

据《史记·周本纪》记载，平定三监之乱用了三年时间。[1] 如果该叛乱是在周公开始摄政时发动的，那么，王晖对晋国封建年代的研究为我们提供了很重要的线索。[2] 王晖关注所谓"异亩同颖"故事，根据《尚书·周书·归禾·序》所载"唐叔得禾，异亩同颖，献诸天子。王命唐叔归周公于东，作《归禾》"，《史记·周本纪》所载"晋唐叔得嘉谷，献之成王，成王以归周公于兵所"，《史记·鲁周公世家》所载"天降祉福，唐叔得禾，异母同颖，献之成王，成王命唐叔以馈（馈）周公于东土，作《馈禾》"，推定唐叔虞分封早于宋微子和卫康叔（成王平定禄父、管叔和蔡叔之乱后分封宋微子和卫康叔）。王晖还注意到《国语·周语下》和《国语·晋语四》所载的岁星，鹑火和大火，[3] 按照十二星次的顺序（鹑火—鹑尾—寿星—大火）而推论，唐叔分封于克商后第三年，即周公摄政第二年。《尚书大传·洛诰》所载"周公摄政，一年救乱，二年克殷，三年践奄，四年建侯卫"也为此提供了佐证。王晖认为，周公摄政第一年所平定的骚扰，就是在唐发生的叛乱，唐叔虞的分封应早于周公之东征。

《史记·晋世家》记载的"武王崩，成王立。唐有乱，周公诛灭唐"也为王晖的推论提供了佐证。王晖认为，周公摄政一年，平定唐的叛乱（山西西南），次年封叔虞于唐，继续东征，以平定禄父、管叔、蔡叔和殷商故土。笔者也认为，周公摄政初期就面临亲商势力所主导的大规模叛乱，先要镇压近邻周朝中心地带的山西西南地区。《史记·晋世家》的记述重点应在于晋国分封之来历，仅提及唐地之乱也理所当然。但正如以上所述，此处所载也并不意味着该叛乱仅发生于唐地，霍和

---

[1]《史记》，131 页。
[2] 王晖：《周初唐叔受封事迹三考》，陕西历史博物馆编：《西周史论文集》，西安：陕西人民教育出版社 1993 年版，934—936 页。
[3]《国语·周语下》："昔武王伐殷，岁在鹑火，月在天驷，日在析木之津，辰在斗柄，星在天鼋。"《国语·晋语四》："吾闻晋之始封也，岁在大火，阏伯之星也，实纪商人。"

山西西南商朝故土也应在被周公征伐之列。霍叔的根据地（霍州）位于洪洞县以北30公里处，对于周公而言，平定叛乱时分封叔虞于唐，以管制唐地及其周边的反周势力，也是一个很好的选择。

有了这样的框架之后，周成王封叔虞于山西西南地区的目的就更加明确了。武王征商，在其死亡之际才完成，紧接着周公摄政，这让成王的叔父们怀疑周公旦要谋权篡位，于是产生了反叛周王朝的情绪，汾河中下游地区的政体当然也不例外。周公面对大规模叛乱，先镇压易地的叛乱，然后封成王弟叔虞于易（唐，山西西南的要地），以防范该地区的亲商反周势力的骚扰。其第二代君主燮父迁都至晋地（今曲村－天马一带），改国号为晋。

最近，分别位于曲村－天马遗址以南31公里和以北21公里处（直线距离）的横水倗国墓地和大河口霸国墓地的发掘，使我们可以进一步了解与商为亲的方国之后裔在晋国管制下，如何适应新的秩序、新的制度（详见本书第三章）。

六、小　结

本章试图根据山西省考古资料和各种甲骨文、金文，提出解释晋国封建的新观点、新思路。但是，这一时期的研究资料相当有限，笔者所采用的研究方法也有其内在的问题。比如，笔者为区分考古学文化而使用的考古学资料未必能正确反映各地区的政治地理形势，甲骨文的稀少性、片面性和不完全性使得研究资料缺乏，尤其是第一期以后的战争类卜辞和方国相关的卜辞仅占20%左右，因此笔者也不得不承认，本章对晋国封建的解释也不过是一种假设而已。

尽管如此，本章所分析的甲骨文资料都明确表明，武王克商前汾河中下游的诸多政体都与商王朝为亲，到西周初期，这些政体突然转身一变，与周王朝为亲，显然不太可能。据《逸周书·作雒》记载，霍叔在汾河中游主谋叛乱，起兵反周，这样的举动似乎与前述推论更为符合。西周初年，天下各地发生叛乱，今山西西南地区的诸国也被淹没在战火之中。周公面对天下大乱，须先镇压易地（或唐）之乱，封成王弟叔虞于此地，以抵御叛乱。总之，笔者认为叔虞受封于唐的目的，不在于抵御戎狄，而在于压制山西西南反周势力的扩散。笔者所推论的晋国分封的原因可适用于周公东征胜利后封侯的过程。

戎狄在西周历史之中被描述为异族敌人，[1]到春秋时期以后，尤其是随着晋国势力的扩张，他们时而为友，时而为敌，越来越多地出现在华夏文明的记载之中。晋国的统治阶层和戎狄部落之间的通婚政策（详见本书第七章）也佐证了晋与狄密不可分的关系。东周时期出现的晋狄和亲关系，使得《左传》作者和后世的历史记录者在晋狄关系之中寻找晋国封建的原因。但是，笔者认为，这样的历史叙述和解释似乎犯了"以今律古"的毛病。本书第二章所分析的西周时期晋国文化特征也能为笔者的这一观点提供佐证。

---

[1][韩]沈载勋：《「周书」의"戎殷"과 西周金文의 戎》（《周书》的"戎殷"与西周金文的"戎"），《东洋史学研究》第92辑，14—32页。

第二章

从晋侯墓地看西周时期晋的世系与文化的特征

一、序　　论

直到20世纪90年代，西周时期晋国等诸侯国的历史还无从知晓。因为存世文献大多以周王室为中心记述史事。司马迁虽撰写了《史记·晋世家》，但除西周诸侯国的世系以外，毫无内容可言。《史记·晋世家》仅记载着将唐地封给晋国始祖叔虞、其九世孙穆侯之婚姻、穆侯讨伐条地和千亩、穆侯之弟殇叔（前784年—前781年在位）篡位及文公复位为君等历史。被推断为记述晋国世系资料的《竹书纪年》也与此相差无几。

所幸的是，20世纪80、90年代积极开展的两周诸侯国史研究在一定程度上弥补了这一缺陷。[1]尤其是20世纪90年代发掘的山西省曲村-天马遗址北赵晋侯墓地，为研究晋国的早期历史提供了宝贵的资料。

侯马，古称"新田"，是晋国于公元前585年迁都的最后一个都城。侯马晋国遗址被发掘以后，1956年成立了山西省考古研究所侯马工作站，负责山西省西南部地区的商周考古学调查和发掘，是一处重要的晋国研究基地。最早于1962年发现的曲村-天马遗址，早期研究较为零散，1979年北京大学考古系实习组与山西省考古研究所联合组成考古队，对该遗址作了一系列发掘。到2010年，经过约二十次的考古勘查与发掘，

---

[1] 目前已被考古学界确认的封国遗址除晋国以外，还有北京琉璃河燕国墓地与城址、河南省浚县辛村卫国墓地、平顶山北滍村应国墓地、郑州洼刘管国墓地、鹿邑太清宫长子口（宋微子）墓、河北省邢台南小汪邢国墓地、山东省曲阜鲁国故城墓地、济阳刘台子村逄国墓地（参看中国社会科学院考古研究所编著：《中国考古学·两周卷》，78—118页；任伟：《西周封国考疑》）。2000年以后，在山东省滕州前掌大与黄县一带、高青县陈庄，山西省绛县横水与翼城县大河口，湖北省鲁台山、随州叶家山与羊子山等多处也挖掘到与上述遗址类似的西周时期墓地。

包括晋侯墓地在内，西周时期的晋国逐渐显露真容。[1] 2014年10月，长达三十余年的考古发掘结出了果实，晋国博物馆正式开馆，[2] 地点位于北赵村晋侯墓地遗址。

曲村－天马遗址位于侯马东北25公里处，在曲沃县之东和翼城县之西两县的交界处（图0-1）。北倚塔儿山（又名崇山、乔山），南以绛山（紫金山）为障，汾河在其西，浍河在其南，滏河从遗址东南边缘绕过。遗址分布在曲村、北赵、天马、三张四个自然村之间的一大片开阔地带，不仅有居址，而且还有各级别墓葬。东西长3800米，南北宽2800米，面积大约11平方公里。在迄今所发现的西周遗址中，该遗址仅次于位于陕西省西安市的西周王朝国都——丰镐遗址。[3] 虽然在其中能找到大型建筑和铸铜作坊的遗址，但只有一部分聚落被挖掘出土[贵族集落地区（Ⅰ区）]。[4] 在晋国遗址中，迄今发掘的规模最大的是位于曲村北部和西部的贵族墓地（Ⅱ区），即曲村墓地，以及位于曲村墓地以东、遗址中心区域的北赵村晋侯墓地（Ⅲ区）。这两座墓地相距约1200米（图2-1）。

在北赵晋侯墓地共发现大致被推定为西周时期至春秋早期的晋国国君（晋侯或晋叔）墓葬9座及夫人墓葬10座。北赵晋侯墓地从1987年起被严重盗掘，1992年春至2001年1月间经过六次大规模发掘后，终于展现出其面貌。[5] 在19座墓葬

---

[1] 杨富斗：《侯马考古工作概况》，山西省考古研究所编：《晋文化研究座谈会记要》，侯马：1985年11月，5—11页；发掘概况可详见刘绪、吉琨璋：《曲村－天马遗址的发掘与研究概况》，曲沃县文物旅游管理中心、曲沃县晋文化研究会编：《晋文化论坛论文集——山西·曲沃曲村－天马遗址发掘30周年》，太原：三晋出版社2011年版，157—163页。
[2] 参考晋国博物馆官方网站（http://www.晋国博物馆.com/）。
[3] 刘绪、吉琨璋：《曲村－天马遗址的发掘与研究概况》，曲沃县文物旅游管理中心、曲沃县晋文化研究会编：《晋文化论坛论文集——山西·曲沃曲村－天马遗址发掘30周年》，164页。
[4] 北京大学考古学系商周组等（邹衡主编）：《天马-曲村（1980—1989）》第一册，北京：科学出版社，2000年，33—281页。
[5] 迄今尚无关于北赵墓地的官方报告，仅有6篇发掘简报，即北京大学考古学系等：《1992年春天马——曲村遗址墓葬发掘报告》，《文物》1993年第3期，11—30页；北京大学考古学系等：《天马——曲村遗址北赵晋侯墓地第二次发掘》，《文物》1994年第1期，4—28页；山西省考古研究所等：《天马——曲村遗址北赵晋侯墓地第三次发掘》，《文物》1994年第8期，22—33页、68页；山西省考古研究所等：《天马——曲村遗址北赵晋侯墓地第四次发掘》，《文物》1994年第8期，4—21页；北京大学考古学系：《天马——曲村遗址北赵晋侯墓地第五次发掘》，《文物》1995年第7期，4—39页；北京大学考古文博院等：《天马——曲村遗址北赵晋侯墓地第六次发掘》，《文物》2001年第8期，4—21、55页。

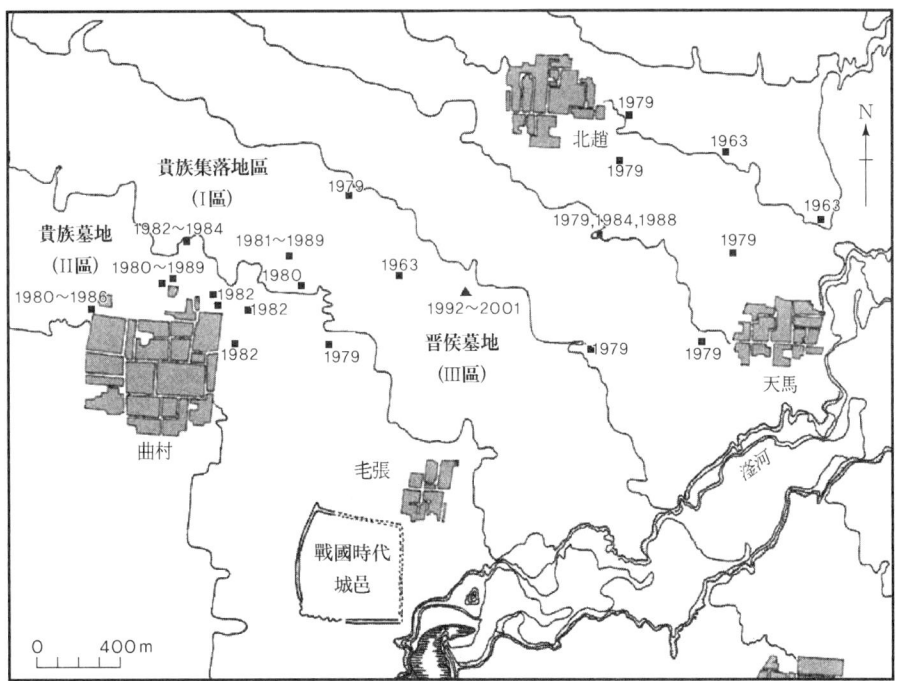

第二章　从晋侯墓地看西周时期晋的世系与文化的特征　51

图 2-1　曲村-天马遗址全景（上）和分布图（下，数字代表出土年份）

中，8座已在考古勘探前被盗。即便如此，仅从出土的残存遗物就能获得西周诸侯国国君墓葬中最为丰富的资料。

晋侯墓地发掘工作结束两年后，在墓地东南方向直线距离4500米处的曲沃县羊舌村发现了春秋早期的晋国国君及夫人墓地。2005年通过考古工作，墓地形貌逐渐呈现雏形，但大部分的墓地均被盗扰。令人遗憾的是，仅在《中国文物报》有一篇关于这组墓地的发掘简报，但也为研究西周至春秋早期的晋国国君墓地提供了珍贵的资料。[1]

有别于已被盗尽的羊舌墓地，北赵晋侯墓地出土了大量的青铜器。其中，最引人注目的是出土青铜礼器铭文上出现了多位晋侯的名字。然而有趣的是，青铜器铭文上的晋侯之名与《史记·晋世家》所记载的晋侯之名几乎不能一一对应，使得学者们对《史记》记载的真实性和史料解读引发了争议。同时，9座晋侯墓地的排列和各墓年代的确定也未能达成一致意见。

如第一章所述，直至北赵墓地被发现之前，多位学者提出假说，晋国的发展无不与戎狄紧密相连，晋文化融合了宗周文化与北方戎狄文化。[2]然而，北赵墓地所呈现的西周时期晋国统治阶层的文化特征否定了这一假说。

在本章中，笔者先将曲村-天马遗址的晋国墓地分成曲村贵族墓地、北赵晋侯墓地、羊舌晋侯墓地进行概述。在此基础上，研究晋侯墓地的年代，对照青铜器铭文中的晋侯与《晋世家》所记晋侯名称，进而围绕晋侯墓地出土的青铜器，探究晋国上流阶层文化与陕西省腹地主流文化的相关性。由此将可以看清西周时期的晋国面貌及其文化特性。

二、曲村墓地

曲村-天马遗址区内尚未发现城墙或大型建筑遗迹，但曾出土铸造青铜容器或

---

[1] 吉琨璋等：《山西曲沃羊舌村发掘又一处晋侯墓地》，《中国文物报》2006年9月29日第2版。
[2] 见本书第一章17页脚注[1]。

兵器、工具的陶范，证明了青铜器作坊的存在，而且筒瓦的发现暗示此处可能有大型建筑遗址。青铜器作坊与大型建筑遗址存在的可能性意味着此处绝非普通的聚落遗址。[1]

曲村贵族墓地与北赵晋侯墓地足以证明该遗址为西周晋国都城遗址。对曲村墓地共进行过七次大规模考古发掘，揭露面积13800平方米。在迄今发掘的739座周代长方形竖穴土坑墓中，清理了西周春秋时期墓葬670余座，战国时期墓葬60余座，西周时期车马坑6座。墓地范围东西长约800米，南北宽约600米，只发掘了墓地的三十五分之一。但是遗址区内堆积丰厚，墓葬总数可能逾2万座。[2]

在大小各异的墓葬中不仅有青铜器，还出土了不少陪葬品。迄今已在曲村墓地探明有青铜器陪葬品的墓葬44座。大型古墓之一M6081为西周早期墓地，墓室面积为 4.25 m×3.40 m=14.45 m^2，深7.5米。随葬品包括青铜礼器12件，计有4件鼎（包括1件方鼎）、2件簋、甗与爵、觯、尊、卣、盘各1件，还有青铜武器、工具、马具及玉器、石器、漆器等。[3]与下文介绍的晋侯墓葬相比，规模或陪葬青铜器数量均为其一半。然而可能是在晋侯墓地发掘前撰写M6081发掘报告的缘故，此墓葬曾被误判为晋国始祖唐叔虞的墓地。[4]

曲村墓地报告继M6081之后，根据青铜鼎数量依序介绍了三鼎墓4座（M6069、M6195、M6210、M6308）、二鼎墓5座（M5189、M6080、M6197、M6214、M6231）和一鼎墓34座等墓葬的规模及随葬品。罗泰（Lothar von Falkenhausen）主张，前述的曲村墓地大多数为北赵晋侯墓地所没有的西周早期

---

[1] 刘绪、吉琨璋：《曲村－天马遗址的发掘与研究概况》，曲沃县文物旅游管理中心、曲沃县晋文化研究会编：《晋文化论坛论文集——山西·曲沃曲村－天马遗址发掘30周年》，165页。
[2] 北京大学考古学系商周组等（邹衡主编）：《天马－曲村（1980—1989）》2000年出版之前，共发掘626座（287—937页），并称只发掘了墓地的三十五分之一（283页），发掘工作持续开展到2010年（刘绪、吉琨璋：《曲村－天马遗址的发掘与研究概况》，曲沃县文物旅游管理中心、曲沃县晋文化研究会编：《晋文化论坛论文集——山西·曲沃曲村－天马遗址发掘30周年》，163、167页）。
[3] 北京大学考古学系商周组等（邹衡主编）：《天马－曲村（1980—1989）》第二册，335—350页。
[4] 北京大学考古学系商周组等（邹衡主编）：《天马－曲村（1980—1989）》第三册，1133页。

墓地，因此对比分析这两处墓地的材料极其有限。[1]曲村墓地迄今只挖掘了一小部分，这处墓地所呈现的形态难以具有充分的代表性。即便如此，在曲村墓地属于大型墓葬的部分墓葬（M6195/M6197、M6231/M6080、M6130/M6131、M5189/M5150等）与晋侯墓地一样呈异穴合葬形态，[2]应该难以反驳其出土青铜礼器基本上与北赵晋侯墓地类似的主张。

推定曲村遗址的墓葬总数，为推测当时晋国都城人口数量提供了有趣的线索。罗泰曾注意到这个问题，被他誉为中国考古学史上经典创举的侯马上马墓地考古发掘报告成为起始点。[3]上马墓地共发掘保存较为完好的墓葬1387座，其年代从西周晚期到春秋晚期之际，推测是属于晋国的一个族属。罗泰考虑到被发掘者划分成九个时期的考古学各阶段墓葬数量及时期，以及前现代社会成人的平均期望寿命等因素，推测这块区域在公元前7世纪中叶，各阶段特定时间点的人口数最多在250到350之间。这个数字仅限能埋入墓地的"成人核心人口"，如果算上儿童、底层女性和外来人口，至少还能翻一倍。

如果曲村墓地只挖掘了三十五分之一且墓地密度均一，可以从该墓地发掘的西周至春秋中期的626座墓葬中得出人口总数21910人（626×35）。据推测该墓地大约使用了450年，再套用古代史学家伊恩·莫里斯（Ian Morris）所用平均寿命计算的公式，就能推算出曲村墓地之"成人核心人口"数量为1622至1903人。再乘以2或2以上，应该能得出当时晋国都城人口数量的平均值。基于此，罗泰推测，西周时期晋国都城的人口数会达到上马遗址扩张到最大时的春秋中期平均人口数的六至十倍。[4]

当然，曲村墓地尚未完全挖掘，较难具有代表性，而且还缺乏各时代变迁的资

---

[1] [美]罗泰著，吴长青等译：《宗子维城——从考古材料的角度看公元前1000至前250年的中国社会》，上海：上海古籍出版社2017年版，127页。
[2] 北京大学考古学系商周组等（邹衡主编）：《天马－曲村（1980—1989）》第一册，284页。
[3] 山西省考古研究所：《上马墓地》，北京：文物出版社1994年版。
[4] [美]罗泰著，吴长青等译：《宗子维城——从考古材料的角度看公元前1000至前250年的中国社会》，146—148页。

料，因此这一推论还存在缺陷。尽管如此，只要能证明通过科学方法获得的数值具有一定的可靠性，西周时期晋国都城的人口数可能达到上马聚落人口数量高峰 750 名的六至十倍，即 4500 至 7500 之间。

三、北赵晋侯墓地

迄今为止，考古发现的其他西周时期政体（诸侯国）或族属之国君墓地的案例，主要有被推定为西周王陵或周公家族墓地的周公庙墓地[1]和北赵晋侯墓地等遗址。在东西长约 150 米，南北宽约 130 米的晋侯墓地，共发现 9 组 19 座异穴合葬墓（晋侯墓 8 座、晋叔墓 1 座、夫人墓 10 座）。[2] 如图 2-2 所示，除 M114/M113、M91/M92 两组墓之外，7 组晋侯及其夫人的合葬墓基本为南北两行排列。各墓组略向西偏，由北至南排列，长方形竖穴土坑墓的墓室朝北，墓道朝南（图 2-3）。大部分墓葬为单墓道甲字形墓，而最晚的 M63 和 M93 为南、北各一条墓道的中字形墓。墓室面积约为 5 m×7 m=35 m²，为曲村墓地最大墓葬之两倍，墓道长 15 至 18 米。大部分的合葬墓东侧都有附葬车马坑。青铜器等随葬品主要分布在棺与椁之间、棺内或椁盖上，被葬者脸部和身体由各种玉饰所覆盖。

---

[1] [韩]沈载勋：《周公庙 발굴과 의의：西周 王陵과 岐邑 소재지와 관련하여》（周公庙发掘的意义——西周王陵与岐邑所在地问题），《中国古代史研究》第 14 辑，2005 年，1—25 页。
[2] 其实无法断定晋侯墓地只有 19 座墓。关于 19 座墓的简报编制完成后，多名学者以在 M114/M113 和 M91/M92 之间发现车马坑为依据，推测应该会有更多墓葬。实际上，北京大学考古学系和山西省考古研究所在 2001 年发掘结束后，在两座合葬墓之间又发现了被命名为 M112/M138 的合葬墓，但尚无相关报告，只有精通于发掘工作的北京大学教授刘绪和徐天进简略地称 M112 为随葬 3 件鼎的中型墓（刘绪、徐天进：《关于天马-曲村遗址晋国墓葬的几个问题》，上海博物馆编：《晋侯墓地出土青铜器国际学术研讨会论文集》，上海：上海书画出版社 2002 年版，44—46 页）。笔者于 2008 年 8 月在山西省考古研究所侯马工作站阅览了这两座墓出土的 10 件青铜器，出土青铜器的数量与前述曲村墓地最高阶层之数量大致相同。这些青铜器除西周早期的 1 件卣和 1 件簋外，大部为西周中晚期器物。其中，3 件鼎铸有"叔作宝鼎"铭文，当地考古学家推定墓主为晋侯之弟（与山西省考古研究所吉琨璋的对话：2008 年 8 月 8 日，侯马工作站）。

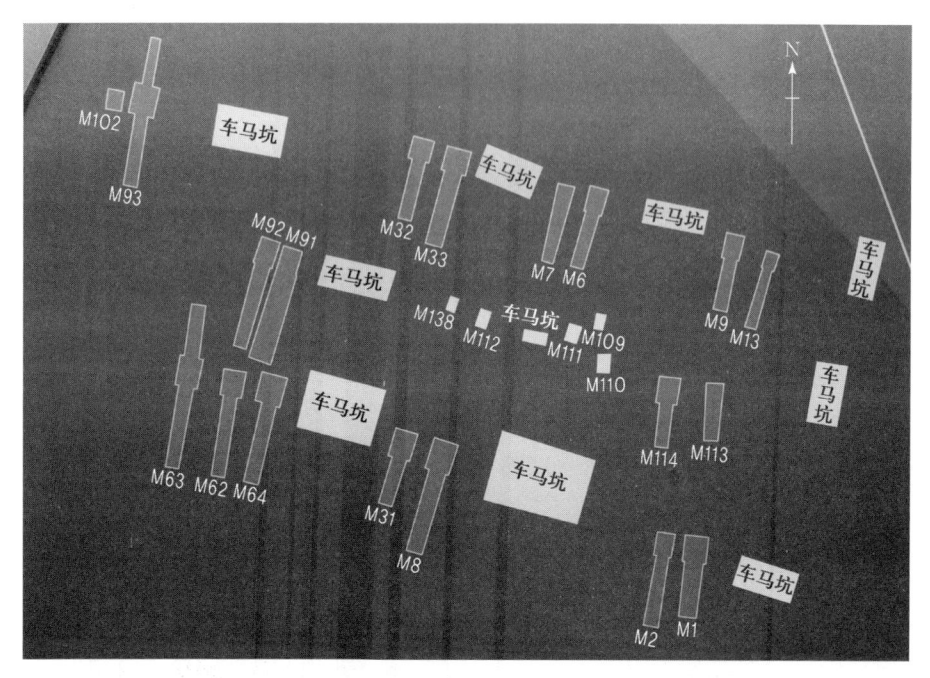

图 2-2　晋侯墓地布局图

图 2-3　在晋国博物馆复原展示的晋侯墓（M8，左）和夫人墓（M31，右）

M91/M92、M93/M102 和 M114/M113 被发掘之前，由于北侧合葬墓群早于南侧且各合葬墓的东侧早于西侧，发掘者推定各墓是按一定顺序排列的。[1]然而，这3组合葬墓被发现后，这一推测已被修改。经过几番讨论后，发掘者将西周早期晚段至西周末或春秋早期的北赵墓地 9 组合葬墓按如下顺序做了排列：[2]

M114/M113 → M9/M13 → M6/M7 → M33/M32 → M91/M92 → M1/M2 → M8/M31 → M64/M62/M63 → M93/M102（图2-2）。

虽有异议，但下面将按这一顺序，围绕从各墓出土的青铜礼器，概述一下这 9 组合葬墓。

（一）M114/M113[3]

1994 年 10 月第五次大规模发掘之后，北赵墓地的发掘工作暂告一段落。但

---

[1] 北京大学考古系等：《1992 年春天马——曲村遗址墓葬发掘报告》，《文物》1993 年第 3 期，22—23 页。
[2] 北京大学考古学系：《天马——曲村遗址北赵晋侯墓地第五次发掘》，《文物》1995 年第 7 期，37 页；李伯谦：《晋侯墓地发掘与研究》，上海博物馆编：《晋侯墓地出土青铜器国际学术研讨会论文集》，18—19 页；刘绪：《晋文化》，149—153 页。该年代序列以墓地形态之变化、积石积炭使用与否、各墓出土的青铜器编年等为依据。然而，部分学者对这一年代序列提出了异议。卢连成比较研究了从 M13 和 M7 出土的 2 件陶鬲，主张这两座墓的年代被颠倒。他认为从 M9 出土的 4 件编钟不可能早于穆王时期，推定 M9/M13 的年代为共王或懿王时期。此外，他还推定从 M8 出土的青铜器，尤其是"晋侯断簋"属于西周末期或春秋早期，从 M64/M62/M63 出土的多件青铜器或玉器也属于春秋早期。因此，与发掘者不同，他认为晋侯墓地的年代为西周晚期至春秋早期（卢连成：《天马-曲村晋侯墓地年代及墓主考订》，中国考古学会等编：《汾河湾——丁村文化与晋文化考古学术研讨会文集》，太原：山西高校联合出版社 1996 年版，140—144 页）。许杰（Jay Xu）认为迄今从 M64 出土的任何一件青铜器都不可能晚于从 M8 出土的晋侯苏鼎，并主张需调换这两座墓的年代序列（Jay Xu: "The Cemetery of the Western Zhou Lords of Jin," *Artibus Asiae,* 56-3/4 (1996), pp.197-199）。张长寿假设各合葬墓按一定规律依序排列，以北排东端的 M9/M13 为首，推定有可能朝西方向以纵列排列（张长寿：《晋侯墓地的墓葬序列和晋侯铜器》，上海博物馆编：《晋侯墓地出土青铜器国际学术研讨会论文集》，75—78 页）。不过如后文所述，他们的主张也受到了反驳。这一问题依然争论不休，而就目前来说最熟悉遗址的发掘者的意见应该最为可靠。
[3] 北京大学考古文博院等：《天马——曲村遗址北赵晋侯墓地第六次发掘》，《文物》2001 年第 8 期，4—21 页。

在 2000 年 9 月，曲沃县公安局审理盗掘古墓葬嫌疑人时，获知 1998 年春发生大型墓葬被盗一事。经钻探盗掘者所指地点后发现两座大型墓即 M114 和 M113，并从 2000 年 10 月至 2001 年 1 月进行了发掘工作。

北赵墓地东端的 M9/M13 和 M1/M2 之间的两座大型墓中，晋侯墓地 M114 已被严重盗扰。不过，发掘者从残存遗物和夫人墓 M113 出土文物中推测，这两座墓地同 M9/M13，为北赵墓地年代最早的墓葬（西周早期至中期）。经放射性碳测年法鉴定，在 M114 和 M113 挖掘的人骨分别为前 1000 年—前 925 年和前 1020 年—前 930 年，分别早于 M9 的前 930 年—前 855 年和 M13 的前 925 年—前 855 年（见表 2-2）。[1] M114/M113 出土的青铜器或陶器的形态也早于 M9/M13，因此视 M114/M113 为最早墓葬的推定不存在分歧。[2]

在 M114 发现带有铭文的青铜器 3 件，其中，铸有 48 字铭文的叔夨方鼎（《集录二编》[3] 320）尤为引人注目。48 字铭文记载"叔夨"参加周王在成周亲自主持举行的盛大祭典，礼毕之后周王会见叔夨等大臣并赏赐衣车马贝等，叔夨铸造该器以资纪念（图 2-4）。[4] 李伯谦认为在上古时代"夨"与"吴"为谐音字，可能也是"虞"的通用字，故推定"叔夨"为晋国始祖唐叔虞。[5] 较多学者赞同此说。[6] 但在宜侯夨簋铭文"王命虞侯夨曰"中，虞和夨两字均有，黄盛璋与张懋镕等学者因此反驳这一观点。[7] 他们反而认为 M114/M113 出土器物中包括青铜器年代可能

---

[1] 李伯谦：《晋侯墓地发掘与研究》，上海博物馆编：《晋侯墓地出土青铜器国际学术研讨会论文集》，19 页。
[2] 饶宗颐等：《曲沃北赵晋侯墓地 M114 出土叔夨方鼎及相关问题研究笔谈》，《文物》2002 年第 5 期，69—77 页。
[3] 下文中的《集录二编》是指刘雨、严志斌编著：《近出殷周金文集录二编》，北京：中华书局 2010 年版。
[4] 唯十又四月，王酓大礿，祗在成周。咸礿，王呼殷厥士，赞叔夨以裘衣、车马、贝卅朋。敢对王休，用作宝尊彝。其万年扬王，光厥士。
[5] 李伯谦：《叔夨方鼎铭文考释》，《文物》2001 年第 8 期，39—42 页。
[6] 李学勤：《谈叔夨方鼎及其他》，《文物》2001 年第 10 期，67—70 页；冯时：《叔夨考》，上海博物馆编：《晋侯墓地出土青铜器国际学术研讨会论文集》，258—265 页；饶宗颐与王占奎等学者也同意（饶宗颐等：《曲沃北赵晋侯墓地 M114 出土叔夨方鼎及相关问题研究笔谈》，《文物》2002 年第 5 期，69、75 页）。
[7] 饶宗颐等：《曲沃北赵晋侯墓地 M114 出土叔夨方鼎及相关问题研究笔谈》，《文物》2002 年第 5 期，70—71、74 页。

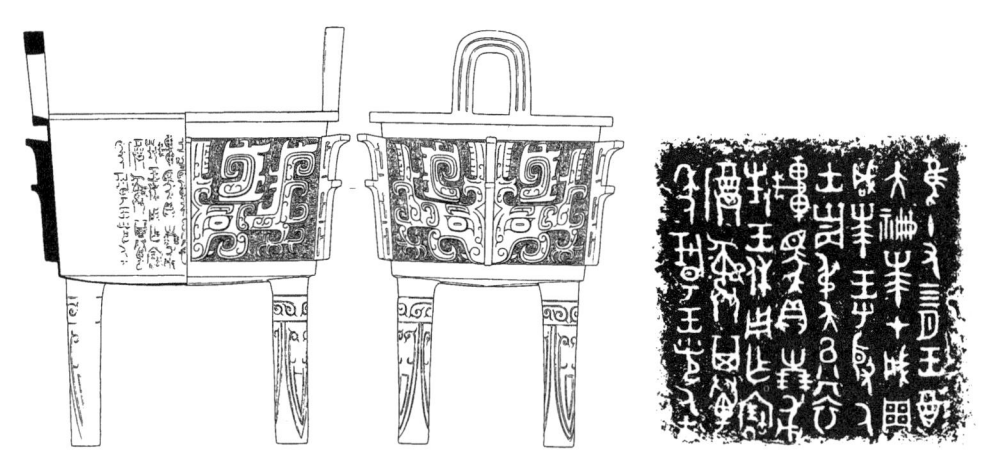

图 2-4　叔夨方鼎（上：高 27 cm、宽 16.5 cm）及其铭文（下）（晋国博物馆）

在西周中期早段，因此推定叔夨为第二任晋侯燮。

在 M114 又发现晋侯奉献给太室的鸟尊（图 2-23）。M114 遭到爆破盗掘，出土器物残破较甚，而经北京大学修复的馭（韦）甗（《集录二编》126）铭文引人注目。目前只认出 43 字的铭文记载了在西周第四位君主昭王（前 977/975—前 957）征讨南方之际，受王命的韦在推定为今河南省南部新蔡县的繁执行王命的内容（图 2-5）。[1]因此，李学勤推定其为晋人，孙庆伟认为这是晋侯燮父的字。[2]

在未遭毁损的夫人墓 M113 出土 8 件鼎（包括 2 件方鼎）、6 件簋、2 件卣，以及甗、筒形器、双耳罐、三足瓮、猪尊各 1 件。方鼎与猪尊分别铸有"叔作旅鼎"和"晋侯作旅飤"之简短铭文（图 2-6）。[3]

---

[1] 唯十又二月，王命南宫伐虎方之年。[唯]正月既死霸庚申，王在宗周，王□□馭（韦）使于鯀（繁），赐贝[五]□。[馭（韦）]扬对王[休]，用作□□□[彝]。子子[孙孙]永□□□。
[2] 李学勤：《高青陈庄引簋及其历史背景》，《文史哲》2011 年第 3 期，108—111 页；孙庆伟：《从新出馭甗看昭王南征与晋侯燮父》，《文物》2007 年第 1 期，64—68 页。
[3] 对"旅"和"飤"两字的释义有不同观点，目前尚无明确说法。上述释文分别来源于陈英杰和郭永秉的看法，围绕这两字的看法依旧有争论（陈英杰：《西周金文作器用途铭辞研究》，北京：线装书局 2008 年版，250—257 页；郭永秉：《晋侯猪形尊铭文商榷》，《古文字与文献论集续编》，上海：上海古籍出版社 2015 年版，179—187 页）。

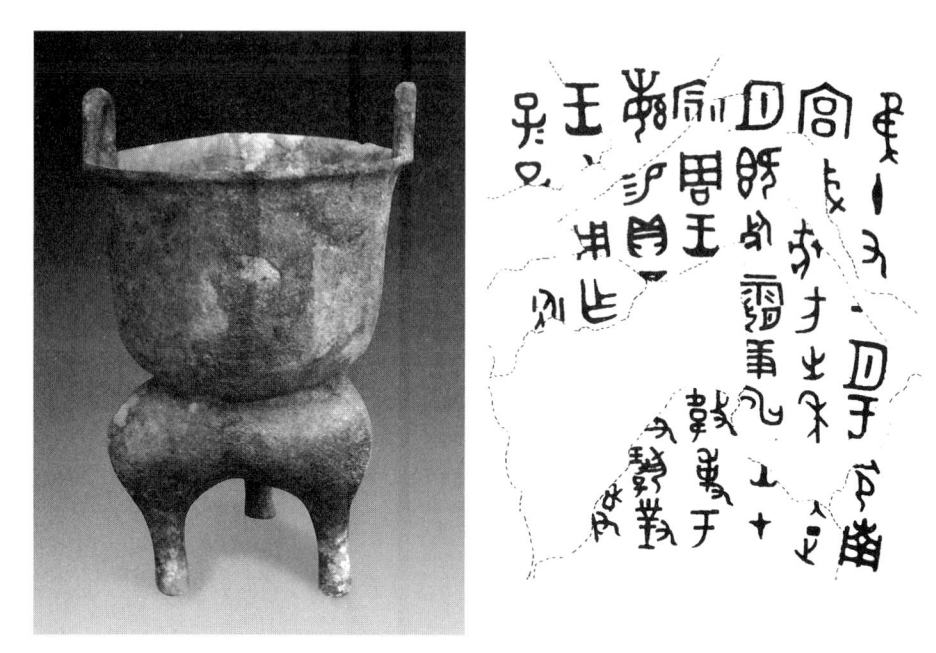

图 2-5　韦甗（左：高 40.5 cm，口径 25 cm）及其铭文（右）（北京大学）

图 2-6　出土于 M113 的猪尊（左：高 22.4 cm，长 39 cm）及其铭文（右）（左：器物内壁铭文，右：器盖铭文）（晋国博物馆）

(二) M9/M13[1]

大致情况同前述的 M114/M113，但有别于北赵墓地的其他合葬墓，晋侯墓 M9 位于西侧。发掘者在 M9 发现了鼎、簋、斝、编钟等青铜器，但尚无详尽的报告。参与发掘工作的刘绪曾指出，仅这座墓就出土十余件青铜鼎。[2]另据朱凤瀚介绍，M9 所出盆鼎有 7 件，形制相同而大小相次，属于所谓"列鼎"。[3]其中一件鼎铸有铭文"（晋侯作）晋公囗（宗）室宝尊彝"。

在其夫人墓 M13 的椁之北侧也出土许多青铜器，包括两件温鼎在内，7 件鼎和 4 件簋引人注目。此外，还发现甗、盨、盘、罐等各 1 件。温鼎内壁铸有铭文"晋侯作旅鼎"（图 2-7），一件簋器内底铸铭文"晋姜作宝簋"，晋姜有可能是墓主

图 2-7 出土于 M113 的晋侯温鼎（左：高 23.7 cm，口径 16.4 cm）及其铭文（右）（晋国博物馆）

---

[1] 北京大学考古学系等：《天马——曲村遗址北赵晋侯墓地第二次发掘》，《文物》1994 年第 1 期，6—8 页。
[2] 刘绪：《晋文化》，158 页。
[3] 饶宗颐等：《曲沃北赵晋侯墓地 M114 出土叔夨方鼎及相关问题研究笔谈》，《文物》2002 年第 5 期，72 页。

即晋侯夫人。[1] 由此可以推测，如同后面所述的穆侯夫人齐姜、文侯夫人晋姜、献公夫人齐姜，自西周早期，晋国国君的主要通婚对象是齐国。在 M13 所出的其他青铜器中，立鹿杖首和野猪形带饰具有北方式铜器特色。

（三）M6/M7[2]

这两座墓于 1991 年被盗扰，仅出土几件陶器、青铜碎片和青铜剑等器物。M7 最大的特点是，与前述的（M114、M113、M9、M13、M6）五座墓不同，在墓底发现了一层积炭。年代较晚于 M7 的北赵墓地大多呈现有石梁和积石积炭的墓地形制且较 M7 发达，这有助于确定墓地的年代序列。发掘者还认为在 M7 的二层台发现的陶鬲明确晚于 M13 所出陶鬲，推定 M7 墓主为 M9 的下一代晋侯夫人。

（四）M33/M32

位于北排中央的第四组合葬墓也被多次盗扰，破坏严重。在被推测为夫人墓的 M32，除墓道出土的一件马车、墓室出土的青铜鼎和簋之外，几乎被洗劫一空。[3] 而在晋侯墓 M33，除青铜马具和武器等之外，还发现盖顶铸有铭文的"晋侯僰马方壶"，为确定墓主身份提供了重要线索。器物虽残缺不全，但盖顶保存较完好，能清晰地看到铭文。铭文记载的是，晋侯僰马铸造并奉献在宗室用于祭祀的青铜壶（图 2-8）。[4] 发掘者在 M33 又发现了铸有僰马之名的铭文且被严重破坏的两件青铜器（鼎和盂）。在北赵墓地迄今发掘并刊布的铸有特定晋侯之名的青铜器中，该青铜器的年代最早。铸有晋侯僰马之名的其他青铜器还在 M33 下一

---

[1] 山西省文化局等、上海博物馆编：《晋国奇珍：山西晋侯墓群出土文物精品》，上海：上海人民美术出版社 2002 年版，58—60 页。
[2] 北京大学考古学系等：《天马——曲村遗址北赵晋侯墓地第二次发掘》，《文物》1994 年第 1 期，5—6、28 页。
[3] 山西省考古研究所等：《天马——曲村遗址北赵晋侯墓地第四次发掘》，《文物》1994 年第 8 期，22 页。
[4] 唯正月初吉，晋侯僰马既为宝盂，则作尊壶。用尊于宗室，用享用孝，用祈寿老。子子孙孙，其万年永宝用。

代的 M91 和 M92 以及被推测为几代之后的 M31 出土过。根据墓葬的分布和随葬品等判断，M33 的发掘者推定晋侯僰马的在位时间约相当于西周中期偏晚阶段，即孝夷之世（前 872？—前 866 或前 865—前 858）。[1]

（五）M91/M92[2]

M91/M92 是位于北赵墓地西侧中央的第五组合葬墓，未被盗掘且保存完好。被推测为晋侯墓地的 M91 出土了各种马具、青铜武器、石磬等以及 35 件青铜器（7 件鼎，5 件簋，2 件爵，2 件鬲，方壶、圆壶、盘、匜、盂、尊、卣、豆各 1 件，编钟 7 件一套等）。在 M91 所出的大量器物中，铸有铭文的两件青铜器引人注目，其铭文与 M33 出土的晋侯僰马方壶顶盖铭文一致。在 M91 出土的另外一件青铜器，虽破损严重

图 2-8 出土于 M33 的晋侯僰马方壶铭文（晋国博物馆）

而无法确认器种，但其底内有晋侯喜父为其已故父亲剌侯制作青铜器的铭文。其夫人墓 M92 也出土了具有同样铭文的"晋侯喜父盘"（图 2-9）。[3] 发掘者鉴于两件喜父青铜器均为献给剌侯，并且在古代汉语中"剌"与"厉"可以通用，[4] 推测剌侯与《史记·晋世家》中晋国的第五位诸侯厉侯福（？—前 859）为同一人。据此推定，剌（厉）侯很有可能为 M33 墓主僰马死后被赐予的谥号，其下一代喜父

---

[1] 山西省考古研究所等：《天马——曲村遗址北赵晋侯墓地第四次发掘》，《文物》1994 年第 8 期，4—7 页。
[2] 北京大学考古学系等：《天马——曲村遗址北赵晋侯墓地第五次发掘》，《文物》1995 年第 7 期，8—22、37 页。
[3] 惟五月初吉庚寅，晋侯喜父作朕文考剌侯宝盘，子子孙孙，其永宝用。
[4] 唐兰：《西周铜器断代中的"康宫"问题》，《考古学报》1962 年第 1 期，46 页；黄德宽主编：《古文字谱系疏证》，北京：商务印书馆 2007 年版，2465 页。

图 2-9　出土于 M92 的晋侯喜父盘（左：高 14.3 cm，口径 45.6 cm）及其铭文（右）（晋国博物馆）

为厉侯之子、晋国第六位诸侯靖侯宜臼（前 858—前 841）。[1]根据司马迁的记载，靖侯与周厉王（前 857/853—前 842/828）为同一时期的人物。

李伯谦曾介绍 2009 年在 M91 出土且经过修复的青铜簋，有 31 字铭文，其中伯喜父为倗母铸造宝簋的 "伯喜父肇作倗母宝簋" 值得一提。该铭文中的伯喜父与晋侯喜父有可能是同一人。有趣的一点是，晋侯喜父之母出身于将在本书第三章介绍的晋国邻邦 "倗国"。[2]

M91 的夫人墓 M92 也藏有大量随葬品，共出土 8 件青铜礼器（鼎、簋、壶各 2 件；盘与盉各 1 件）。除 M33 和 M91 各出土的僰马与喜父青铜器（晋侯僰马圆

---

[1]《史记·晋世家》所载之西周晋国世系及可追溯的年代如下：叔虞（1）→晋侯燮（2）→武侯宁族（3）→成侯服人（4）→厉侯福（5）→靖侯宜臼（6：前 858—前 841）→釐侯司徒（7：前 840—前 823）→献侯籍（苏）（8：前 822 年—前 812 年）→穆侯费（王）生（9：前 811—前 785）→殇叔（10：前 784—前 781）→文侯仇（11：前 780—前 746）。
[2] 李建生：《"倗" "霸" 国家性质辨证》，复旦大学出土文献与古文字研究中心网站，2014 年 12 月 14 日。

壶、晋侯喜父盘）之外，在M92还发现另一种晋侯青铜器即"晋侯对鼎"。[1]下文提及的M1/M2两座墓也出土了若干件"晋侯对盨"。[2]

（六）M1/M2[3]

第六组合葬墓M1/M2是在北赵墓地最早发掘的墓葬。同前述几座墓葬，第六组墓也在1992年考古发掘前已完全被盗尽。因此第一次发现这两座墓时，找不到其中任何可以确定为晋侯及其夫人墓的证据。只有经骨骼鉴定，确认M2墓主为女性，而且在各墓葬椁室内的盗洞中发现了青铜马具和戈、铸有铭文（……月初吉……乍宝障……年子子孙孙永宝……）的青铜器碎片、青铜盨把手残片等器物。

尽管如此，M1/M2为确定晋侯墓地的年代提供了非常重要的线索。1992年春，上海博物馆从海外回购了流失的4件晋侯对盨（图2-10），而在日本和台

图2-10　上海博物馆藏晋侯对盨（左：高17.8 cm，口径21.4 cm）

---

[1] 如后文所述，举即"对"的古文字考释参考了裘锡圭的见解（裘锡圭：《关于晋侯铜器铭文的几个问题》，《传统文化与现代化》1994年第2期，40页）。
[2] 孙华：《关于晋侯䵼组墓的几个问题》，《文物》1995年第9期，50—51页。
[3] 北京大学考古系等：《1992年春天马——曲村遗址墓葬发掘报告》，《文物》1993年第3期，11—30页。

湾也能见到与之类似的流失文物。M1/M2 出土青铜器碎片经过上海博物馆和北京大学研究员的鉴定，证实了该碎片属于入藏上海博物馆和日本、台湾的晋侯对盨之残片。因此得出的结论是，该晋侯对盨确实是从 M1 和 M2 盗掘并流失的文物。[1]

藏于上海博物馆的晋侯对盨铸有两种不同铭文。三件长方形器物的铭文大意为晋侯对为用于狩猎而作的青铜盨，[2] 而椭圆形器物的铭文则提到关于制作祭祀用盨的内容。[3] 马承源根据《集韵》所言之犇与"福"在音韵学上的相似性，视 M92、M1、M2 的晋侯对为《晋世家》中的第五位晋侯厉侯福。[4] 然而，裘锡圭以晋侯青铜器中的犇与盨尊和柞钟铭文中的"对"属于同一个字为依据，相信该古文字可以释为"对"，并推定晋侯对为厉侯福或靖侯宜臼。[5] 这两种说法均与认为 M1 墓主为晋世家第七位晋侯釐侯司徒（前 840—前 823）的 M91/M92 发掘者的看法相悖。

（七）M8[6]/M31[7]

晋侯墓 M8 虽于 1992 年夏天被盗，但仍藏有大量青铜器（1 件鼎，簋、方壶各 2 件；爵、盘、盉、甗各 1 件，2 件甬钟，3 件兔尊）。大部分的青铜器属于西周晚期，而爵被推定为西周早期。M8 共出土 8 件铸有铭文的青铜器，可分为

---

[1] 马承源：《晋侯对盨》，《第二届国际中国古文字学研讨会论文集》，香港：香港中文大学 1993 年版，226—227 页；李伯谦：《晋国始封地考略》，《中国文物报》1993 年 12 月 12 日第 8 版；孙华：《关于晋侯甦组墓的几个问题》，《文物》1995 年第 9 期，51 页。台湾故宫博物院亦藏有推测从 M1 或 M2 所出的晋侯对簋。
[2] 唯正月初吉庚寅，晋侯对作宝尊叞盨，其用田狩，湛乐于原隰，其万年永宝用。另外一件长方形盨由美国华裔收藏家范季融收藏，故长方形盨应该有四件以上。
[3] 唯正月初吉丁亥，晋侯对作宝尊盨，其万年子子孙孙永宝用。
[4] 马承源：《晋侯对盨》，《第二届国际中国古文字学研讨会论文集》，222—226 页。
[5] 容庚编著，张振林、马国权摹补：《金文编》，北京：中华书局 1985 年版，157 页；裘锡圭：《关于晋侯铜器铭文的几个问题》，《传统文化与现代化》1994 年第 2 期，40 页。
[6] 北京大学考古学系等：《天马——曲村遗址北赵晋侯墓地第二次发掘》，《文物》1994 年第 1 期，11—26 页。
[7] 山西省考古研究所等：《天马——曲村遗址北赵晋侯墓地第三次发掘》，《文物》1994 年第 8 期，25—28 页。

两种。各晋侯断簋与晋侯断方壶顶盖铸有铭文，记载着晋侯断制作祭祀用器的内容。李朝远将晋侯之名 ⿰ 隶定为"咎"，而张颔则将其释为"匹"，但根据音韵和意义上的相似性，视其等同于"仇"。"仇"为第十一位国君文侯的名字，故认为M8有可能是晋文侯墓。[1]然而，裘锡圭将其释为断，并推定该字是"斯"的一个异体。[2]

出土于M8的其他铭文还提到晋侯稣（下称"苏"）。[3]在《世本》所载世系里，晋国第八位国君献侯（前822—前812）名苏，故M8发掘者认为晋侯苏与献侯为同一人，也推定墓主为献侯。[4]另外，在M8出土的青铜器中，两件甬钟被确定为上海博物馆所收藏的一套晋侯苏编钟之一部分。此编钟及其铭文将在本书第四章中详细介绍。

晋侯断/苏之夫人墓M31未被盗掘，出土青铜器（3件鼎，2件簋，2件方壶，盘与盉各1件）和玉器等文物，提供了丰富的史料。其中，盉的造型非常别致（两个半蹲的裸人背负扁圆器身，上有圆雕的鸟形盖），备受瞩目（图2-22右）。起初研究者认为在M31未发现带有铭文的器物，但2002年在上海博物馆举行的晋侯墓地相关学术会议上，磨损严重的"盘"被公之于众，学者们从此盘中释读出"令㚤马……□考成侯"之铭文。尤其是，该器物保留着西周中期风格，年代早于M31出土的其他青铜器。此说若确，则该青铜盘远早于M8/M31，属于被推定为M33/

---

[1] 李朝远：《晋侯⿰方座簋铭管见》，香港中文大学中文系编：《第二届国际中国古文字学研讨会论文集》，232—234页；张颔：《晋侯断簋铭文初识》，《文物》1994年第1期，33—34页。
[2] 裘锡圭：《关于晋侯铜器铭文的几个问题》，《传统文化与现代化》1994年第2期，38—39页。
[3] 曲沃县博物馆回收的有可能是与M8所出晋侯苏鼎形成一套的2件晋侯苏鼎（曲沃博物馆：《天马—曲村遗址青铜器绍介》，《文物季刊》1996年第3期，53—54页）。
[4] 《晋世家》记载献侯名为籍，而《索隐》引《系本（世本）》作"苏"（《史记》，1637），故发掘者们指出《晋世家》之"籍"与"苏"二字古音相近，籍可能是苏字之误（北京大学考古学系等：《天马——曲村遗址北赵晋侯墓地第二次发掘》，《文物》1994年第1期，23页）。裘锡圭也同意这一看法，并称M8的两位晋侯为同一人，其名"苏"和"断"分别为"名"和"字"。他还认为青铜器铭文所载之晋侯名字为"字"，《晋世家》所记之晋侯名字为"名"（裘锡圭：《关于晋侯铜器铭文的几个问题》，《传统文化与现代化》1994年第2期，36—39页）。

M32墓主的棋马之器，可以说是合理的看法。再加上从此铭文中可知棋马之父（考）的谥号为成侯，暗示其可能与《晋世家》所载之成侯服人为同一人。[1]在M31墓主背后出土的玉环也带有12字铭文。[2]

M8和M31组墓的附葬车马坑为迄今在中国发掘的西周时期最大的车马坑，东西长22米，南北宽15米。车马坑内车马分开入葬，殉马至少105匹，殉车48辆并分排放置，包括礼仪车、战车、辎重车、生活用车（图2-11）。[3]

（八）M64/M62/M63[4]

图2-11 M8附葬车马坑（晋国博物馆）

位于北赵墓地南排西端的第八组晋侯及其两位夫人墓葬未被盗掘，其资料尤为珍贵。M64和M62均为有一条墓道的甲字形墓，M63为南、北各一条墓道的中字形墓，从中可知墓道数量不只反映墓主人的社会身份，还有可能与墓葬形制的发展演变有关。晋侯墓M64发现大量器物（图2-12），其中，青铜礼器包括5件鼎、4件簋、4件尊、2件方壶，以及盘、匜、簠、爵、觯各1件。此外，还出土戈、剑、箭镞等青铜武器及由8件甬钟组成的编钟一套。

---

[1] 刘绪：《晋文化》，157页。
[2] 李学勤释此铭文为"文王卜曰：我罙唐人弘战贾人"，大意为在克商之前，周占问与唐（晋）人联合攻打位于山西省襄汾县附近的贾人（李学勤：《文王玉环考》，《华学》第1辑，广州：中山大学出版社1995年版，69—71页）。
[3] 吴晓筠：《商周时期车马埋葬研究》，北京：科学出版社2009年版，137页。
[4] 山西省考古研究所等：《天马——曲村遗址北赵晋侯墓地第四次发掘》，《文物》1994年第8期，4—20页。

第二章　从晋侯墓地看西周时期晋的世系与文化的特征　　69

M64出土的青铜器铸有五种不同铭文。其中，两件"晋侯邦父鼎"是为纪念晋侯邦父而铸造的祭祀用鼎。4件簋盖铭记"虢休"为其父（文考）[1]叔氏铸造祭祀用簋。方甗上铸有叔钊父为柏姞作甗的铭文。8件"楚公逆编钟"铭文记述着楚公逆为祭祀先祖，出巡四方，从四方首领得到大量铜后作编钟百组。[2]此铭文不仅为判定一直争论不休的其他楚公逆钟的年代，[3]还为查明西周晚期晋国与楚国之关系提供了重要资料。最后，M64出土的盘铭中出现晋叔家父之名，此名亦见于下一代晋国国君墓M93。

图2-12　M64椁室全景

根据M64出土器物的相对年代，发掘者认为此墓属于西周末期，推定墓主有可能是晋侯邦父，即《晋世家》所载之第九位晋侯"穆侯费王"。M64前一代的晋侯墓M8墓主极有可能是穆侯之父"献侯"，裘锡圭和李学勤等大部分学者认同此说法。[4]

---

[1]　青铜器铭文中常见的"文考"指的是祭祀对象，即对过世父亲的尊称。
[2]　黄锡全、于炳文：《山西晋侯墓地所出楚公逆钟铭文初释》《考古》1995年第2期，170—178页；李学勤：《试论楚公逆编钟》，《文物》1995年第2期，69—72页。"文"作为修饰语，大意为"有文明教养的人"。
[3]　柯鹤立（Constance A. Cook）主张迄今发现的所有"楚公逆钟"之年代无法追溯到春秋以前（Constance A. Cook: "Myth and Authenticity: Decipering the Chu Gong Ni Bell Inscription," *Journal of American Oriental Society*, 113-4, 1993, pp.539-550），而被推定为西周末期的M64所出之楚公逆钟证明其年代可追溯到西周晚期。
[4]　裘锡圭：《关于晋侯铜器铭文的几个问题》，《传统文化与现代化》1994年第2期，41页；李学勤：《晋侯邦父与杨姞》，《中国文物报》1994年5月29日第3版。

图 2-13 杨姞壶（左：高 35.8 cm，口径 12.4 cm）及其铭文（右）（晋国博物馆）

邦父夫人墓之一的 M62，也出土有青铜礼器（3 件鼎，4 件簋，壶、盘、盉、爵、尊、方彝、觯各 1 件）。其中，一部分青铜器尺寸小且形制单一，有可能是用以祭祀的明器，而非实用器。

邦父之另一夫人墓 M63 出土 3 件鼎，2 件簋，2 件壶，2 件方盒，爵、觯、方彝、盘、盉、方座筒形器各 1 件。发掘者将方彝视为明器。有可能是首饰盒的方盒内，放置有大量商代风格动物造型玉器，发掘者认为这些玉器为西周早期的战利品。两件壶盖及壶颈内壁铭文亦有本书第一章所述的杨姞（图 2-13），暗示着 M63 墓主可能与杨国（据说古杨国位于今山西省洪洞县一带）有关。

（九）M93/M102[1]

如同 M63，在中字形墓 M93 也出土了大量青铜器和玉器。M93 随葬青铜礼器有两种：一是明器一组，包括鼎、簋、尊、卣、爵、觯、盘、方彝各 1 件；一是

---

[1] 北京大学考古学系等：《天马——曲村遗址北赵晋侯墓地第五次发掘》，《文物》1995 年第 7 期，22—36 页。

图 2-14　出土于 M93 的列鼎（最大的一鼎，高 36.8 cm，口径 44.6 cm）（晋国博物馆）

实用器一组，包括 5 件鼎，6 件簋，2 件壶，盘、匜、甗各 1 件。古代乐器之编磬和编钟也各出两套，分别由小型 8 件和大型 8 件组成。两件壶上有晋叔家父铸造的铭文。

根据 M93 的大型规模和大量随葬品，发掘者推测此墓为晋侯墓地，而非晋叔家父墓地。M93 所出的 5 件鼎与晋文侯夫人铸造的"晋姜鼎"非常相近（图 2-14、图 5-3 之晋姜鼎），其他器物也带有春秋早期特征，故发掘者推定 M93 墓主为文侯。然亦有以墓主为晋叔，视其为篡位自立的文侯之叔父殇叔的看法。[1]

其夫人墓 M102 为无墓道的长方形土坑墓，在北赵墓地发掘的晋侯夫人墓中规模最小，随葬品最少。如同 M93，夫人墓 M102 所出青铜器亦包括实用器（3 件鼎，4 件簋，盘、匜、壶各 1 件）和明器（鼎、簋、盉、爵、觯、方彝各 1 件），但这些青铜器均无铭文。

---

[1] 李学勤：《〈史记晋世家〉与新出金文》，《学术集林》第 4 卷，上海：上海远东出版社 1995 年版，168 页；黄锡全：《晋侯墓地诸位晋侯的排列及叔虞方鼎补证》，上海博物馆编：《晋侯墓地出土青铜器国际学术研讨会论文集》，234—235 页；吉琨璋："晋叔家父"器和 M93 组晋侯墓的归属》，《古代文明研究通讯》第 29 期，2006 年 6 月，27—30 页。

四、羊舌村晋侯墓地[1]

北赵晋侯墓地发掘工作结束四年多后，山西省考古研究所在其东南方向的曲沃县羊舌村，又发掘了可能属于晋国国君的墓地（图2-15）。北赵晋侯墓地与羊舌村晋侯墓地隔河相望，其间是宽阔的滏河，直线距离4500米。羊舌村墓地自2003年因盗墓被揭晓，2005年7月开始发掘，在盗坑周围发现带两条墓道的中字形大墓三座。在大墓以东70米处，又发现中字形大墓两座（M1/M2）及车马坑，而且近数十年来未被盗掘。

随后，在发掘M1和M2的同时，考古人员还对墓地及周围进行了考古调查，墓地大体范围为东西300米，南北400米，总面积约12万平方米。与北赵墓地不同，整个墓地由大型墓葬和中小型墓葬组成，大型墓主要沿着北部山脉分布。目前已勘探出5座大墓，东部的两座M1和M2为一组，与北赵晋侯墓地同属于异穴并列合葬墓，而西部的3座是否为一组尚不确定。紧靠着大型墓的南面是中小型墓区，其中中型墓葬多有车马坑，具体的布局情况还有待于更详细的探查。

M1和M2与北赵晋侯墓地的M63和M93一样，同属于双墓道中字形大墓，M1墓室呈长方形，面积6.7 m×6.5—6.9 m，台阶状北墓道长15.1米，斜坡状南墓道长26.5米，全墓总长近48.3米。M2规模略小一些，总长39.9米。这组合葬墓是目前山西发现的两周时期最大的墓葬。与北赵晋侯墓地的晚期墓葬相同，墓底也是积石积炭。这组墓向东15米处是一座大型的陪葬车马坑，面积略小于目前最大的北赵晋侯墓地M8陪葬车马坑。

---

[1] 下面关于此墓地的叙述以现存唯一一份简报以及吉琨璋文等资料为依据（《山西曲沃羊舌村发掘又一处晋侯墓地》，《中国文物报》2006年9月29日第2版；吉琨璋：《羊舌 一个千古之谜——曲沃县羊舌墓地的发掘与思考》，山西博物院等编：《发现山西——考古人手记》，太原：山西人民出版社2007年版，97—113页）。

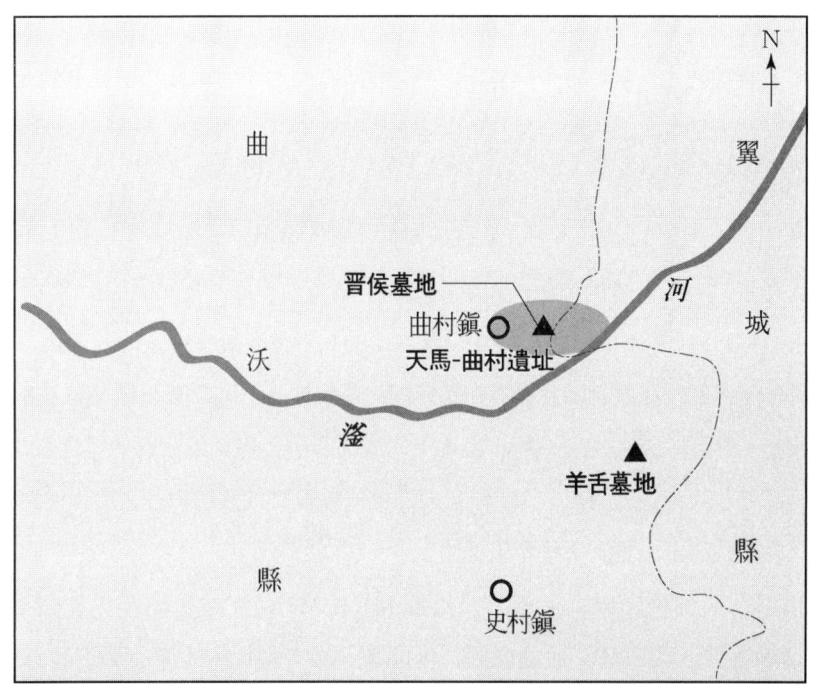

图 2-15　羊舌村墓地位置（上）及墓地 M1、M2（下）（右：M_1，左：M_2）

在 M1、M2 的墓室南部和南墓道上，已经发现和清理了 227 座祭祀坑，祭祀坑之间多有打破关系者，且十分复杂。祭祀坑大部分聚集在可能是男性墓的 M1 周围，可以认为是多次祭祀的结果。可以辨认的牺牲有人、马、牛、羊、狗等，其中人牲 10 人。

两座墓葬地层的证据表明，盗扰的时间不晚于汉代。破坏者是采用大开挖的形式。在墓口上部，盗洞面积占到墓室的一半还多（不是通常见到的小洞），但没有破坏墓壁。M1 椁室内的棺材毁坏，墓主人的头骨被弃置在椁室的西南角，墓主人上身的玉组佩被盗扰且随意抛洒在棺椁间。在棺椁间还残存有石磬、陶鬲等，但几乎没见到铜礼器被盗后的残渣。M1 的情况表明，盗掘发生时椁室还没塌陷，棺的板材结构可能还是好的。M2 椁室内的棺或椁板材被移位弃置，整体被翻腾多次，只在盗扰的土中见到一些零星玉件。

根据以上种种现象，考古人员推测 M1 和 M2 是在建造后不久被盗掘的。而且这种盗掘活动不是普通的盗掘，可能是一种有意识的毁墓行为，也许与复仇有关。

两座墓葬椁室几乎被毁尽，一件青铜礼器也没有剩余，没有任何能确定墓主身份的证据。然而，发掘者根据从周边其他墓葬出土的陶器或青铜器等器物和墓葬形制，认为墓地的时代约为西周晚期到春秋早期。加之，将 M1/M2 与北赵晋侯墓地进行对比和初步分析，确定这是一组两周时期晋国国君及其夫人墓地。M1 墓主人曾被推定可能是挟辅周平王东迁，有周室再造之功的晋文侯。[1] 这一主张的前提是北赵晋侯墓地的最后一座墓 M93 墓主为殇叔而非晋文侯，而认为 M93 墓主为晋文侯的考古人员指出，M1 的墓主可能为昭侯（前 745—前 740）或年代更晚的几位晋侯之一。[2]

---

[1] 吉琨璋：《曲沃羊舌晋侯墓地 1 号墓墓主初论——兼论北赵晋侯墓地 93 号墓主》，《中国文物报》2006 年 9 月 29 日第 7 版。
[2] 马冰：《也谈曲沃羊舌 M1 和北赵晋侯墓地 M93 的墓主》，《中国文物报》2007 年 2 月 2 日第 7 版。此外，也有 M1 墓主为晋文侯之弟、第一代曲沃小宗即成师的看法（田建文：《也论曲沃羊舌墓地 1 号墓墓主》，《中国文物报》2007 年 3 月 30 日第 7 版）。

晋文侯死后，晋国开始了长达 67 年的内战，最后由曲沃小宗取代晋文侯嫡系子孙翼城大宗（见本书第六章），其墓地被毁，和祭祀坑的大量存在，也许与这段历史有关。羊舌村墓地发掘者吉琨璋认为，此墓为翼城大宗墓地，可能是文侯之弟"成师"后代曲沃小宗对 M1 和 M2 进行了破坏行为。[1]

五、北赵晋侯墓的年代与晋的世系

前面以北赵晋侯墓地为主概述了西周至春秋早期的晋国三座墓地，并介绍了重要墓葬的墓主及其相关争议。迄今为止，北赵晋侯墓地所出青铜器铭文，仅有三个名字与《史纪·晋世家》所记晋侯名字相对应（表 2-1）。

表 2-1　青铜器铭文与《史记·晋世家》相印证的晋侯名字

墓　葬	青铜器	铭文上的名字	《晋世家》上的名字
M91/M92	晋侯喜父盘	晋侯喜父之父剌侯	厉侯福
M8	晋侯苏鼎	晋侯苏	献侯籍或苏
M31	盘	晋侯僰马之父成侯	成侯服人

然而，上述三个名字的证据均不完全准确，通过《晋世家》所记载的晋侯世系确定各墓葬的绝对年代和墓主引发不同争议也是难免的。因此，应先围绕各组墓葬所出青铜礼器研究其相对年代。

（一）北赵墓地出土青铜器的相对年代

北赵墓地发掘简报 1995 年发表后，直到 2000 年发现 M114/M113 为止，考古学家把目光聚焦在该墓地所出土的西周晚期青铜器上。因为当时 M114/M113 未被

---

[1] 吉琨璋：《羊舌　一个千古之谜——曲沃县羊舌墓地的发掘与思考》，山西博物院等编：《发现山西——考古人手记》，111—112 页。

发掘，而且被推定为早期的三组合葬墓（M9/M13、M6/M7、M33/M32）的发掘报告也尚未披露，无法断定是否存在能追溯到西周晚期以前的器物。只有参加M9/M13发掘工作的孙华曾主张，这组墓葬出土的一件鼎和其他器物，与推测为穆王（前956—前918）时期的陕西省长由墓出土的器物相似，[1]据此可将墓地的年代上限提高至西周中期。

然而，考古人员通过对可能是年代最早的M114/M113以及在M9/M13出土部分文物的分析，发现其可能属于西周早期至中期的器物。以晋侯墓地M114出土的叔夨方鼎（见图2-4）为例，兽面纹雕于器物表面，属于典型的西周早期青铜器，近似成王（前1042/1035—前1006）时期的传世器物——德方鼎（图2-16），故此物的年代上限可以判定为成王时期。在同一墓葬出土的瓦纹簋看似晚于叔夨方鼎等其他器物，但此物也明显不同于西周中期以后的带有环耳或三短足的瓦纹簋，年代可能是西周早期或偏晚。[2]故此，M114的年代大略可以判定为西周早期康王（前1005/1003—前978）或昭王时期。[3]

其夫人墓M113出土的青铜器大多晚于M114。M113所出的鼎，器身向下倾斜，属于典型的西周早期至中期风格。[4]与"夨方鼎"类似的"叔

图2-16　德方鼎（高24.4 cm，口径14.2 cm）（上海博物馆）

---

[1] 孙华：《关于晋侯稣组墓的几个问题》，《文物》1995年第9期，脚注16。
[2] 李学勤：《谈叔夨方鼎及其他》，《文物》2001年第10期，69页。
[3] 孙庆伟：《晋侯墓地M114年与墓主的推定》，《晋侯墓地出土青铜器国际学术研讨会论文集》，241—242页。
[4] 饶宗颐等（朱凤瀚）：《曲沃北赵晋侯墓地M114出土叔夨方鼎及相关问题研究笔谈》，《文物》2002年第5期，71—72页。

作旅鼎"或其他青铜器也带有西周中期偏早风格,[1]故推定 M113 年代为穆王早期。

在 M114/M113 组发现前,M9/M13 年代被推定为最早,其中所出青铜器大多晚于 M114/M113 所出之器。据朱凤瀚介绍,若 M9 所出 7 件盆鼎确实形制相同而大小相次,属于列鼎,则此墓为西周中期墓葬(参见后述)。其夫人墓 M13 所出的晋侯温鼎(见图 2-7)口沿下有回首龙纹,这也是穆王至恭王(前 917/915—前 900)时期较流行的一种形式。[2] M9 出土的 3 件甬钟亦为西周中期以后的器物,因此判定 M9/M13 合葬墓年代为穆王以后也是合理的。

第三组和第四组合葬墓即 M6/M7 和 M33/M32,因遭严重盗扰,无法得知详情,而 M33 出土的唯一一件青铜器"晋侯僰马方壶"暗示着这些墓葬属于西周中期偏晚时期 [懿王(前 899/897—前 873)至夷王]。因为方壶始见于西周中期后段。[3]

在北赵墓地发掘的西周晚期墓葬中,除第六组墓 M1/M2 之外,四组合葬墓(M91/M92、M8/M31、M64/M62/M63、M93/M102)均有较详尽的报告。这些墓葬出土的器物,不仅体现出西周晚期青铜器形制和纹饰的演进过程,还反映着陕西省周朝腹地所见青铜器组合的新趋势。

在西周青铜礼器的发展过程中最显著的现象,是始见于中晚期的器物组合及形制的变化。就青铜器形制演变而言,饕餮文(兽面纹)进入西周中期后逐渐淡化,随后流行鸟纹;到了西周晚期,重环纹等抽象的几何纹饰成为主流。就青铜器物组合而言,从中期后段开始,在礼器组合中最重要的酒器几乎绝迹,[4] 出现了一些新

---

[1] 饶宗颐等(张懋镕):《曲沃北赵晋侯墓地 M114 出土叔夨方鼎及相关问题研究笔谈》,《文物》2002 年第 5 期,74 页。
[2] 山西省文化局等、上海博物馆编:《晋国奇珍:山西晋侯墓群出土文物精品》,59 页。
[3] Jessica Rawson: *Western Zhou Ritual Bronzes from the Arthur M. Sackler Collections* Volume IIA (Washington D.C.: The Arthur M. Sackler Museum, 1990), p.89;王世民、陈公柔、张长寿:《西周青铜器分期断代研究》,136—139 页。
[4] 《尚书·酒诰》及西周早期的"大盂鼎"铭文记述殷商因酗酒而灭亡,周人汲取教训颁布了禁酒政策。然这一记录是否与酒器在中晚期以后消失有关尚不明确。

的器形，编钟被纳入其中。这一演变延伸至由一定数量组成的礼器标准组合（列鼎制度），体现出西周晚期青铜礼器的规范性。

上述的一系列变化从 1950 年代后期开始引发了考古学家的关注，[1]朱凤瀚也认为这一演化反映了西周晚期贵族的礼制和宗教活动的变革。[2]牛津大学教授杰西卡·罗森（Jessica Rawson）则于 20 世纪 80 年代后期指出，此为西周晚期重要的历史现象。[3]罗森借由上述的新变化以及陕西省扶风县强家村出土的青铜器组合，聚焦于未出现在西周早期青铜礼器而见于中晚期（懿王、孝王、夷王时期）的规范性，将青铜礼器的数量和形制规定等礼制方面的显著变革称为"礼制革命（Ritual Revolution）"。罗泰也根据器物形制和铭文，按年代分析了 1976 年扶风县庄白村一号铜器窖藏出土的 103 件（容器 75 件、钟 28 件）微氏青铜礼器后，得出了相似的结论。罗泰提出了与罗森不同的主张，认为此变化的目的，不是取代，而是加强支配结构，并称之为"改革（Reform）"。[4]他们提出中晚期礼器的如下几个独特变化：

（1）爵、斝、觚、觯、卣、尊等酒器消失。

---

[1] 列鼎最早由郭宝钧提出，他曾于 1935 年参加河南省汲县山彪镇东周遗址发掘工作（郭宝钧：《山彪镇与琉璃阁》上编，北京：科学出版社 1959 年版，41—47、51—52、72—73 页）。到 20 世纪 70 年代末，俞伟超和高明研究周代用鼎制度，指出自西周晚期以来，死后随葬的青铜礼器数量依墓主人生前身份而定［俞伟超、高明：《周代用鼎制度研究》（上）（中）（下），分别刊《北京大学学报》（哲学社会科学版）1978 年第 1 期（184—198 页）、1978 年第 2 期（84—97 页）、1979 年第 1 期（83—96 页）］。酒器消失以及新器物出现也在卢连成或李峰等研究中被提及（卢连成、胡智生：《宝鸡強国墓地》，北京：文物出版社 1988 年版；李丰：《黄河流域西周墓葬出土青铜礼器的分期与年代》，《考古学报》1988 年第 4 期）。曹玮也曾探究西周前后期之交的礼制变化，提出了新器形的生产、酒器的消失、列器的出现以及编钟制度（曹玮：《从青铜器的演化试论西周前后期之交的礼制变化》，《周秦文化研究》编委会编：《周秦文化研究》，西安：陕西人民出版社 1998 年版，443—455 页）。
[2] 朱凤瀚：《中国青铜器综论》，上海：上海古籍出版社 2009 年版，1327 页。
[3] Jessica Rawson: "Late Western Zhou: A Break in the Shang Bronze Tradition," *Early China* 11-12(1985-1987), pp.290-291; Jessica Rawson: *Western Zhou Ritual Bronzes from the Arthur M. Sackler Collections* Volume IIA (Washington D.C.: The Arthur M. Sackler Museum, 1990), pp.93-110.
[4] ［美］罗泰著，吴长青等译：《宗子维城——从考古材料的角度看公元前 1000 至前 250 年的中国社会》，49—67 页。

第二章　从晋侯墓地看西周时期晋的世系与文化的特征　79

（2）大型壶、豆、盨、簠、匜等新器物出现。

（3）方座铜簋等新器形出现。

（4）编钟出现。

（5）形同而大小相次的鼎簋组合出现（鼎为奇数组合、簋为偶数组合）。

（6）明器出现。

西周早期的祭祀等仪式以家族为主且规模小，到了晚期，不仅礼器规模变大，还出现编钟等新器物，注重视听表达的大规模仪式逐渐成为主流。[1]罗森认为，后者可能根据王室所定方式由专职祭司主持。西周早期，礼器的品质和多样性代表身份，而中晚期以后，礼器形制相同，但数量的多寡成为身份的象征，可以窥见当时古人渴望通过仪式来树立社会秩序。[2]罗泰指出，这种新的礼仪规范，反映出在周代贵族社会出现种族分裂的人口统计学现象，意在明确区别大宗和小宗的等级与辈分差异。[3]于是他认为，一般认为孔子因循编次的、周公于西周早期整理的《仪礼》，其内容其实是在西周晚期发生的事情。

基于上述演变，观察北赵墓地的晚期墓葬所出青铜器组合，从表2-2中可见，除了在属于西周晚期的M91、M8和M64发现酒器之外，[4]大多体现出西周晚期的新样式。

---

[1] 夏含夷（Shaughnessy）结合《诗经》诗歌所描写的礼仪活动，观察自西周晚期之后演变成的在群众宾客面前唱颂的仪式，认为《诗经·周颂·有瞽》中的各种乐声以及为先祖神灵和参祭贵客举行的礼仪场面，与罗森主张的礼制革命相一致［Edward L. Shaughnessy: "Western Zhou History," in *The Cambridge History of Ancient China: From the Origin of Civilization to 221 B.C.* ed. by Michael Loewe and Edward L. Shaughnessy (Cambridge: Cambridge University Press, 1999), pp.323-338］。

[2] Lothar von Falkenhausen: "The Waning of the Bronze Age: Material Culture and Social Development, 770-481 B.C.," in *The Cambridge History of Ancient China: From the Origin of Civilization to 221 B.C.* ed. by Michael Loewe and Edward L. Shaughnessy (Cambridge: Cambridge University Press, 1999), pp.433-440.

[3] ［美］罗泰著，吴长青等译：《宗子维城——从考古材料的角度看公元前1000至前250年的中国社会》，55页脚注②、58—72页。

[4] 在M8出土且被推定为西周早期传世器的爵之外，M91和M64所出酒器的图片未被收录在报告中。

表2-2 晋侯墓地出土青铜器之铭文与晋国编年史

	墓葬/区分	青铜器	铸有铭文的青铜器	铭文中的晋侯名字	《晋世家》中的晋侯谥号与名字	推定年代	放射性碳定年法（公元前）[1]
1	M114*[2]	2鼎，1簋，1甗，1鸟形尊，1卣，1觯1方彝（盗）	叔夨方鼎 晋侯鸟尊	晋侯	晋侯（燮）	康－昭王	1000—925
	M113	8鼎，6簋，1甗，猪形尊，2卣，1筒形器	晋侯温鼎			穆王	1020—930
2	M9*	10鼎，1簋，埶，甬钟（报告不详）		?	武侯（宁族）	穆王	930—855
	M13	7鼎，4簋，1甗，1盘……?（报告不详）	晋姜簋				925—855
3	M6*	盗		成侯?	成侯（服人）	共王－懿王	
	M7	盗					
4	M33*	鼎，簋，盂，甗，壶……?（盗掘）		僰马	厉侯（福）剌侯	孝王－夷王	879—830
	M32	盗					
5	M91*	7鼎，5簋，2爵，2甬，1方壶，1圆壶，1盘，1匜，1盂，1尊，1卣，1甗，1豆，7甬钟	晋侯僰马壶 晋侯喜父器	喜父	靖侯（宜臼）858—841 B.C.	厉王	856—816
	M92	2鼎，2盨，2壶，1盘，1盉	晋侯喜父盘 晋侯僰马壶 晋侯对鼎				

[1] Lu Xiangyang et al.: "Data Analysis and Calibration of Radiocarbon Dating Results from the Cemetery of the Marquises of Jin," *Radiocarbon* 43-1 (2001), p.61.
[2] * 代表晋侯墓。

第二章　从晋侯墓地看西周时期晋的世系与文化的特征　81

(续表)

	墓葬/区分	青铜器	铸有铭文的青铜器	铭文中的晋侯名字	《晋世家》中的晋侯谥号与名字	推定年代	放射性碳定年法（公元前）
6	M1*	盗			釐侯（司徒）840—823 B.C.	厉王	833—804
7	M2	盗	晋侯对盨?				
	M8*	1鼎，2簋，1爵，2方壶，3兔尊，1觯，1盉，1盘，16甬钟	晋侯所簋 晋侯苏鼎 晋侯苏编钟	邸/苏	献侯（籍、苏）822—812 B.C.	厉王－宣王	814—799 814—798
	M31	3鼎，2簋，1盉，1盘，1壶					
8	M64*	5鼎，4簋，4尊，2方壶，1盘，1盉，8甬钟	晋侯邦父鼎 休簋 叔钊父方甗 晋叔家父盘 楚公逆钟	邦父	穆侯（费王）811—785 B.C.	宣王	804—791 801—788
	M62	3鼎，4簋，1壶，1爵，1盉，1尊，1方彝，2方盒					
	M63	3鼎，2簋，2壶，1爵，1觯，盉，方彝，1盉，1方座筒形器					
9	M93*	鼎，盨，盉，卣，爵，觯，盘，1壶，2壶，6盨，1甗，1盉，方彝（明器）；5鼎，方彝，16甬钟	晋叔家父壶	晋叔家父	殇叔 784—781 B.C.	幽王－平王	795—772 795—774
	M102	鼎，簋，爵，1盉，1壶，4簋，1盘，1壶					

图2-17 M8出土鼎（晋国博物馆）

M91、M8、M64、M93等晋侯墓地出土的青铜器，与在西周晚期贵族墓发现的青铜礼器基本组合完全符合，包括食器（鼎、簋）、水器（盘、匜或盉）、乐器（编钟）等。值得一提的是，晋侯墓地出现的青铜器组合变迁与发掘者设定的年代排列一脉相承。在M91（爵2件，尊和卣各1件）、M8[爵1件（图2-17）]和M64（尊4件）连续出现的酒器，却在紧跟其后的M62、M63、M93被用于随葬的明器所取代。M62和M63出土的大部分明器为酒器，[1]而在下一代墓葬M93和M102中却发现包括酒器和食器在内的非常定型化的各种明器组合（M93的鼎、簋、爵、觯、方彝；M102的鼎、簋、盉、爵、觯、方彝），可见明器和实用器被划分得很清楚。[2]

因此，应该可以通过随葬明器习俗的演变（从限制性地使用酒器发展到各式各样的明器组合），推论北赵晋侯墓地的年代排列，以及西周晚期祭祀或丧葬体系的演变过程。

下面就根据这一排列来判断一下各墓葬大致的相对年代。李峰指出，以西周

---

[1] M62和M63报告只提及出土哪些明器，而且除M63出土方彝之外，未提供图片。但若考虑到西周晚期其他三座夫人墓（M92、M31、M102）出土的实用器组合只由鼎、簋（或盨）、盘、匜（或盉）、壶组成之事实，M62和M63出土的上述实用器组合以外的其他酒器（M62的爵、尊、觯、方彝，M63的爵、方彝、觯）极有可能是明器。
[2] 从近期发掘的河南省三门峡上村岭虢国墓地出土物也能看到这一变化。M2006随葬5件明器（盉、尊、方彝、爵、觯），其中4件为酒器。而随葬于M2001的明器数量和种类更多（3件鼎、2件簋、3件盘、2件盉、2件方彝、3件尊、2件觯、1件爵）。发掘者认为这些墓葬属西周晚期（河南省文物研究所等：《三门峡上村岭虢国墓地M2001发掘简报》，《华夏考古》1992年第3期，104—113页；河南省文物考古研究所等：《上村岭虢国墓地M2006的清理》，《文物》1995年第1期，4—31页）。河南省平顶山西周晚期应国墓地（M1、M95）的明器亦能见与之类似的变化（河南省文物研究所等：《平顶山市北滍村两周墓地一号墓发掘简报》，《华夏考古》1988年第1期，30—44页；河南省文物研究所等：《平顶山应国墓地九十五号墓的发掘》，《华夏考古》1992年第3期，92—103页）。

晚期的青铜器组合为例，不与盉而与盘成对的水器“匜”中，年代最早的是1975年在扶风县董家村出土的㑞匜（图2-18），而此器年代不可能早于厉王时期。[1]若能接受此说，在北赵墓地首座随葬此器的墓葬M91也有可能属于厉王时期。与M91同一组的M92所出晋侯对鼎（图2-19）亦对此年代提供了有力证据。此半球形青铜器的重环纹为西周晚期常见的青铜器纹饰，与陕西省扶风县出土的“函皇父鼎乙”[2]纹饰相同，可知此为这类青铜器的早期形式。同M91出土的匜相似，晋侯对鼎在北赵墓地所出同类青铜鼎中亦属于最早时期。卢连成和李峰一致认为，此类青铜器最早出现于夷厉时期。[3]这与M91发掘者推定的年代大致相同。

图2-18　㑞匜（高20.5 cm，长31.5 cm）（宝鸡青铜器博物院）

图2-19　M92出土晋侯对鼎（高20.4 cm，口径22.2 cm）（晋国博物馆）

第六组合葬墓M1/M2盗扰严重，但通过多件被证实为此墓地出土的晋侯对鼎，可以推定其年代为西周晚期的特定时期。北赵墓地最早发现盨的墓葬为M92，在M1出土了形制更发达的盨4件以上，因此M1晚于M92的推论也是合理的。

出土于M8/M31的晋侯苏编钟铭文有“王三十又三年”字样，明显属于厉王

---

[1] 李峰：《强家一号墓的时代特点》，《文博》1989年第3期，47页。罗森也认为铭文中依然铭记为盉的“㑞匜”是匜的最早形态，年代推定在西周中期至晚期［Jessica Rawson: *Western Zhou Ritual Bronzes from the Arthur M. Sackler Collections* Volume IIA (Washington D.C.: The Arthur M. Sackler Museum, 1990), pp.713-715］。

[2] 李西兴编：《陕西青铜器》，西安：陕西人民美术出版社1994年版，67页。

[3] 卢连成、胡智生：《宝鸡𢐗国墓地》，474—475页；李丰：《黄河流域西周墓葬出土青铜礼器的分期与年代》，《考古学报》1988年第4期，391、397页。

图 2-20　毛公鼎（左：高 53.8 cm，口径 47.8 cm）（台湾故宫博物院）和 M8 出土晋侯苏鼎（右：高 28 cm，口径 32.7 cm）（上海博物馆）

或宣王时期，因此有助于测算相对年代。笔者认为铭文中与晋侯苏一同率军讨伐今山东地区的周王应该就是厉王，[1] 因此也推定 M8/M31 年代为厉王晚期至宣王早期。加之，M8 出土的晋侯斯方壶也类似于厉王前后期的器物"梁其壶"，也支持这一年代的推定。[2] 迄今为止，发现的 5 件大小相次、呈半球形的晋侯苏列鼎之重环纹，也同于毛公鼎或善夫山鼎纹饰，[3] 比 M92 所出晋侯对鼎的重环纹更加发达（图 2-20）。

第八组合葬墓 M64/M62/M63 的发掘者认为此组墓年代属西周末期，而罗森和卢连成以 M63 出土圆壶等器物为依据，不排除其属春秋早期的可能性。[4] 然而，考虑到东周早期青铜器与西周晚期青铜器几乎无法区分，[5] 此一判断也许过于仓促。

[1] Jaehoon Shim: "Jinhou Su *Bianzhong* Inscription and Its Significance," *Early China* 22 (1997), pp.61–70.
[2] 北京大学考古学系等：《天马——曲村遗址北赵晋侯墓地第二次发掘》，《文物》1994 年第 1 期，28 页脚注 10。
[3] 李西兴编：《陕西青铜器》，68、70 页。
[4] Jessica Rawson: *Western Zhou Ritual Bronzes from the Arthur M. Sackler Collections* Volume IIA (Washington D.C.: The Arthur M. Sackler Museum, 1990), p.441。卢连成也推定 M64/M62/M63 出土青铜器和玉器为春秋早期风格（卢连成：《天马-曲村晋侯墓地年代及墓主考订》，中国考古学会等编：《汾河湾——丁村文化与晋文化考古学术研讨会文集》，143 页）。
[5] Jenny So: *Eastern Zhou Ritual Bronzes from the Arthur M. Sackler Collections,* Vol. III (Washington D.C.: Arthur M. Sackler Foundation, 1995), p.13.

第二章　从晋侯墓地看西周时期晋的世系与文化的特征　　85

图 2-21　晋侯邦父鼎（左：高 28.2 cm，口径 29.2 cm）（晋国博物馆）和小克鼎（右：高 56.5 cm，口径 49 cm）（上海博物馆）

在此合葬墓发现了能否定其属春秋早期的其他器物，如 M64 出土的晋侯邦父鼎可以明显看出类似于西周晚期共和（前 841—前 828）时期的史颂鼎，亦或者宣王统治时期以前的小克鼎（图 2-21）。另外，M64 出土的楚公逆编钟被推定为西周晚期文物，[1] 且若能采纳郭沫若之说，将楚公逆视为宣王时期统治者熊咢，[2] 则 M64/M62/M63 的年代也可以被推测为宣王时期。

最后，对于 M93/M102 为北赵晋侯墓地最晚的一组墓葬，则无异议。如前所述，M93 出土的 5 件列鼎与晋文侯夫人晋姜铸造的晋姜鼎非常相似。其他器物也大多呈西周晚期至春秋早期风格，故此组墓葬年代可以推定为西周与春秋的交替时期［幽王（前 781—前 771）至平王（前 770—前 720）］。

至此为止，我们主要根据青铜器的编年探讨了北赵墓地九组合葬墓的相对年代。墓地发掘工作虽告一段落，除六篇简报之外，尚未出版正式报告，青铜器图片也尚未公开，因此上述相对年代的推定具有局限性。所幸的是，北赵墓地出土的青铜器铭文和文献的记载，弥补了通过器物进行考古学研究的缺陷。

---

［1］高至喜：《晋侯墓出土楚公逆编钟的几个问题》，上海博物馆编：《晋侯墓地出土青铜器国际学术研讨会论文集》，348 页。
［2］郭沫若：《两周金文辞大系图录考释》，上海：上海书店出版社 1999 年版，164 页上。

（二）青铜器铭文上的晋侯与《史记·晋世家》的晋侯

如前所见，大部分的学者不顾铭文上的晋侯之名与《史记·晋世家》的晋侯之名几乎不合之事实，企图使其一致。鉴于此，需最先考虑的问题是《晋世家》所记晋国世系的可信度有多高。因为乍一看北赵墓地出土铭文上的晋侯之名，怀疑《史记》所记西周晋国统治者系谱的可信度反而更为合理。因此，也能充分理解许杰（Jay Xu）对中国学者努力将考古发现的晋侯之名与文献所记之名相对应的做法所提出的尖刻批评。[1]

尽管如此，能否完全漠视《晋世家》所载晋国的世系，也是一个疑问。前面介绍了通过北赵晋侯墓地出土青铜器可以辨别出的《晋世家》所载三名晋侯即成侯、厉侯和献侯。笔者从另一个角度发现，据推测为记述晋国及继承其遗产的战国时期魏国编年史的《竹书纪年》所载晋侯之名与《晋世家》所载之名亦不同。[2]《竹书纪年》于公元前299年被埋藏于魏襄王墓里，直到公元281年才重见天日是众所周知的事实，[3] 据此可以推测司马迁撰写《史记》时未参考此文献。因此，同夏含夷主张，若能相信《今本竹书纪年》，[4] 尽管相合的只有四名［唐叔、穆侯费生（王）、殇叔、文侯］，但也难以断定此文献和《史记》均有记载的晋国统治者的名字完全不可信。[5]

---

[1] Jay Xu: "The Cemetery of the Western Zhou Lords of Jin," *Artibus Asiae,* 56-3/4 (1996), pp.197–199.
[2] 《今本竹书纪年》记载了四位西周时期晋国统治者［唐叔、穆侯费生（王）、殇叔、文侯］的名字。
[3] Michael Loewe ed.: *Early Chinese Texts: A Bibliographical Guide* (Berkeley: The Society for the Study of Early China, 1993), p.43.
[4] Edward L. Shaughnessy: "On the Authenticity of the Bamboo Annals," *Harvard Journal of Asiatic Studies* 46.1 (1986), pp.149–180.
[5] 司马迁在《晋世家》中提到无从知晓晋国前五任统治者（唐叔至厉侯）的年代（《史记》，1636页），因此也难排除这五代晋国世系部分有误的可能性。刘绪指出前五任晋侯时期相当于前七任周王（成王至夷王，共八名周王）时期，因此晋国早期世系可能有缺漏（刘绪：《晋与晋文化的年代问题》，《文物季刊》1993年第4期，84—85页）。吉本道雅认为靖侯之前晋国世系的表达形式（某侯子某某，是为某侯）有别于其他《世家》的常见形式（某侯卒，子某某立），并质疑司马迁在撰写《晋世家》前五任晋侯时，参考的资料有可能不同于撰写其他《世家》时参考的资料（［日］吉本道雅：《史记原始［一］-西周期，东迁期》，《古史春秋》4卷，1987年，61页）。

从这一点看，裘锡圭指出的墓葬出土的"字"和《晋世家》所见之"名"均属晋侯名字的假设颇引人注目（参见本书67页脚注［4］）。晋文侯在《晋世家》被记述为"仇"，而在《尚书·周书·文侯之命》被周平王称为"义和"的文献记载也支持此说法。晋文侯在周平王东迁过程中起到了至关重要的作用（参见本书第五章）。又据史料记载，文侯之父穆侯率军讨伐条戎时，给文侯取了名字叫"仇"。[1] 因此，《晋世家》中的"仇"实为出生后父亲给他取的名，《文侯之命》中的"义和"极有可能是长大以后所取的"字"。[2]

裘锡圭的假说值得充分考虑，[3] 同时笔者进一步在《晋世家》部分晋侯的名字中发现一个非常明显的特征，即第七位国君釐侯"司徒"和第九位国君穆侯"费王"与周王室的关联性。司徒是掌管周王室军队的重要官职，[4] 而与"弼"通用的"费"有"辅弼"之意，故从"费王"名字中可以推测出"辅弼国王"的含义。[5] 这两个名字是不是更近乎长大后被取的"字"而非出生后由父母取的"名"呢？

笔者认为这两个名字有可能是晋侯在周王室担任司徒以后，而且为纪念在随周宣王讨伐千亩和条戎的战役中立下功劳的穆侯（见本书第四章）而命名的誉称。《晋世家》中其他晋侯的名字也有类似倾向，早期晋侯武侯名"宁族"，有"安宁族属"之意；成侯名"服人"，有"使民众臣服"之意。前面提到的文侯名"义和"，亦反映着文侯在周平王东迁时做出的卓越功绩。当然，此现象并没有出现在所有晋侯名字中。然而，考虑到西周晚期周晋间的密切关系，也不能排除上述晋侯之名为

---

［1］《春秋左传正义》，《十三经注疏》1743页（桓公二年）；《史记》，1637页。
［2］屈万里：《尚书文侯之命著成的时代》，《历史语言研究所集刊》第29本（下），1958年，501—506页。据《礼记·曲礼上》所载，古代男子到了二十岁行加冠礼，取字（《礼记正义》，《十三经注疏》1241页）。
［3］李学勤也同意裘锡圭之观点（李学勤：《〈史记晋世家〉与新出金文》，《学术集林》第4卷，166页）。
［4］张亚初、刘雨：《西周金文官制研究》，北京：中华书局1986年版，8页。
［5］费在《晋世家》索隐的注释中为溃或弗，在古代汉语中，弗与弼读音相近。而且同"辅拂"和"辅弼"，在古代文献中，拂和弼可通用，因此裘锡圭推定"费王"此名来源于穆侯辅弼周王之史实（裘锡圭：《关于晋侯铜器铭文的几个问题》，《传统文化与现代化》1994年第2期，41页）。《国语》《左传》《史记》《竹书纪年》等书也记述随周宣王讨伐千亩和条戎的战役中，穆侯起到决定性作用（参见本书第四章）。

周王赐予的可能性。

正因如此，若西周时期已明确区分"名"与"字"，那么，除文侯之外，《晋世家》所记晋侯名字可以推定为近似长大后赐予的"字"，而北赵墓地出土青铜器铭文中的名字极有可能是父母为其子所取的"名"。大部分的晋侯青铜器未提及国君，只记述献给父亲或先祖一事，鉴于此，铭文中使用父母取的原名应该更合乎情理。田建文和谢尧亭也曾研究晋国相关铭文并推定除"子犯编钟"的"子犯"之外，所有名字近似"名"非"字"。[1] 而在《史记》或《竹书纪年》等官方记载上，则很有可能使用谥号以及由周王赐予的近似"字"的誉称。

但此推论只能适用于晋国。除《晋世家》之外，《史记·世家》中西周其他诸侯国统治者的名字看不出任何如同晋侯名字中所含有的意义或意图。这不仅支持吉本道雅关于《晋世家》的基本史料有别于其他《世家》史料的推定（参见本书 86 页脚注 [5]），而且暗示着周王室与晋国的特殊关系。

因此，笔者对晋侯墓葬年代与晋国世系的论点也从晋侯拥有两个名字的假设开始谈起。当然，司马迁承认晋靖侯以前的年代不明确，无法完全排除《晋世家》有误的可能性，但《晋世家》中晋国的基本世系还是有一定的可信度。

在此假设下，北赵墓地出土铭文的晋侯中，只要某几个名字能与《晋世家》所载晋侯相一致，其他墓葬的墓主及年代也能被推定。视 M8 的晋侯苏为《晋世家》所载第八任国君"献侯籍/苏"，大体上没有异议。[2] M91 和 M92 出土的"晋侯喜父盘"铭文记述的是献给被推定为与《晋世家》第五位晋侯"厉侯"是同一人的喜父之父"剌（厉）侯"，因此比 M91 早一代的 M33 墓主极有可能是铭文记载其名

---

[1] 田建文、谢尧亭：《问疑晋侯墓》，上海博物馆编：《晋侯墓地出土青铜器国际学术研讨会论文集》，138 页。子犯编钟铭文参见本书第七章。
[2] 许杰（Jay Xu）主张应颠倒 M8 和 M64 的顺序，并反对将 M8 的晋侯苏视为献侯。但据笔者所知，许杰的主张也存在很大的问题。因为仅依据不完整的简略报告即推断 M64 的相对年代，显得过于仓促，而且他还忽视了分别在晋国最后两位统治者墓地 M64 和 M93 出土的"晋叔家父盘"和"晋叔家父方壶"之重要性。正如在前后相连的墓葬 M33/M91、M92 和 M92/M2 分别出土晋侯僰马和晋侯对铭文，晋叔家父铭文均见于 M64 和 M93，这证明此二墓葬年代存在连续的前后顺序（见表 2-2）。由于普遍认为在北赵墓地，M93 是最晚时期晋国统治者的墓葬，M8 的年代应该明确早于 M64。

为"棴马"的厉侯。加之 M31 出土铜盘铭文称棴马之父为成侯，比 M33 早一代的 M6 墓主可能是成侯服人。因此，M6、M33 和 M8 分别属于成侯、厉侯和献侯。在此基础上，其他晋侯墓葬也能依据前面探讨的相对年代，结合《晋世家》作出以下排列：

M114（晋侯燮）→ M9（武侯宁族）→ M6（成侯服人）→ M33（厉侯福）→ M91（靖侯宜白）→ M1（釐侯司徒）→ M8（献侯籍/苏）→ M64（穆侯费王）→ M93（殇叔）（见表 2-2）

笔者的结论与北赵墓地第五份报告大同小异，[1] 从多组墓葬采集样品进行的放射性碳测年法鉴定的结果也支持这一点。[2]

然而，笔者对 M93 的解释，不同于发掘者将墓主推定为文侯的主张。发掘者似乎不太重视 M64 出土的一件盘和 M93 两件方壶的铸造者晋叔家父的存在。在特定墓葬出土的所有青铜器，尤其是铸有铭文的青铜器，很可能与墓主有一定的关联性。因此，如果说 M93 墓主为晋叔家父的说法是合理的，那么晋叔家父极有可能与穆侯费王（邦父）死后篡夺侄子（晋文侯）君位的"殇叔"为同一人。[3] 殇叔此名有可能是因在位时间较短（四年）而使用的死后庙号，[4] 铭文上使用晋叔而非晋

---

[1] 北京大学考古学系等：《天马——曲村遗址北赵晋侯墓地第五次发掘》，《文物》1995 年第 7 期，36—38 页。
[2] Lu Xiangyang et al: "Data Analysis and Calibration of Radiocarbon Dating Results from the Cemetery of the Marquises of Jin," *Radiocarbon*, 43-1 2001, pp.58—59。考古研究者在北赵墓地采集人骨、马骨、木炭样品 17 件后，提出了经碳 14 测定的三种年代模型。而这三种模型没有很大偏差，故笔者采用表 2-2 中第一种模型年代。
[3] 李学勤：《〈史记晋世家〉与新出金文》，《学术集林》第 4 卷，168 页；黄锡全：《晋侯墓地诸位晋侯的排列及叔虞方鼎补证》，上海博物馆编：《晋侯墓地出土青铜器国际学术研讨会论文集》，234—235 页；吉琨璋：《"晋叔家父"器和 M93 组晋侯墓的归属》，《古代文明研究通讯》第 29 期，2006 年 6 月，27—30 页。
[4] "殇"在《说文》的解释为幼年尤其是 20 岁以前夭折者（《说文解字注》，台北：黎明文化事业股份有限公司 1985 年版，164 页）。《逸周书·谥法》也解释"殇"为未成年而死（《逸周书》，四部备本，6.22 下页）。东汉的第五代皇帝也因为在位第一年死亡而被赐予"殇帝"庙号。

侯这样的称呼，亦有可能与西周早期称呼非属大宗的王室兄弟为管叔、蔡叔、曹叔、成叔、霍叔、康叔、唐叔类似。

因此可以推定，尽管家父（殇叔）篡位自立为晋国统治者，但只要周王室不赐予晋侯这一称号，就不得使用。李学勤观察到M93的夫人墓M102极其简陋，并指出M102墓主可能是殇叔的妻子，文侯袭杀殇叔夺回君位，墓主是在丧失统治者妻子的地位后，M102墓葬才建起的。能证明"晋叔家父＝殇叔"的另一个推测依据，是采集于M93的木炭和马骨经放射性碳测年法鉴定，年代分别为前795—前772年和前795—前774年，与殇叔在位期间（前784—前781）相符，而与前746年死亡的文侯之年代不合。[1]

尽管如此，北京大学考古学家坚持主张M93墓主为文侯的理由在于，虽为篡位君主但被侄子所杀的殇叔，是否可以被埋葬于统治者的墓地。[2]就此可以提出两个观点予以反驳。

第一，正如参与发掘工作的刘绪和徐天进所言，北赵晋侯墓地除M93以外，在墓地正中央发现了墓主有可能是未登上晋侯之位者的中型墓M112。当地考古学家吉琨璋根据该墓出土鼎上的"叔作宝鼎"铭文推定其为晋侯弟弟的墓葬（参见本书55页脚注[2]），但刘绪和徐天进曾提出其墓主可能是未登上晋侯之位而死去的太子。[3]不管跟从哪一主张，M112能够反证只有登上晋侯之位者才能被埋葬在此处的推定，也因此可以推论M93不一定是晋文侯的墓葬。

第二，羊舌晋侯墓地的发现也支持墓主为殇叔之说。在此墓发现之前，被认为北赵墓地年代最晚的墓葬M93，可能是西周晋国最后一位统治者文侯的墓葬。然而，羊舌墓地发掘的M1/M2是迄今发现的晋国统治者墓葬中规模最大的墓葬，而

---

[1] Lu Xiangyang et al: "Data Analysis and Calibration of Radiocarbon Dating Results from the Cemetery of the Marquises of Jin," *Radiocarbon,* 43-1, 2001), p.61.
[2] 李伯谦：《晋侯墓地发掘与研究》，上海博物馆编：《晋侯墓地出土青铜器国际学术研讨会论文集》，21页。
[3] 刘绪、徐天进：《关于天马－曲村遗址晋国墓葬的几个问题》，上海博物馆编：《晋侯墓地出土青铜器国际学术研讨会论文集》，46页。

且学界对其建造年代处于西周和春秋更迭时期尚无异议。考虑到晋文侯在平王东迁过程中所作的贡献（参见本书第五章），亦或者春秋时期开始后第二十五年去世等因素，晋文侯以最大规模被安葬于新墓地的说法反而更加合理。[1]当然在羊舌墓地发掘之后，已有学者指出北赵墓地的M64和M93出土文物的年代差距，或M93和羊舌墓地之M1的连续性问题等疑问，[2]但也似乎很难颠覆此一主张。

最后，就M114出土"叔夨方鼎"及其墓主而言，尽管李伯谦等人主张叔夨即叔虞，而笔者认为将M114墓主视为唐叔虞仍有问题。前面提到M114/M113合葬墓出土的青铜器年代处于西周早期后段或中期前段。分别在M114和M113发现且未在铭文明示其名的晋侯所铸造之鸟尊和温鼎的铭文也能证明这一年代。据《史记·晋世家》记载，从晋国始封君唐叔虞之子燮开始，晋国统治者才被称为晋侯。[3]因此，若能将这两件青铜器铭文所记晋侯视为M114之墓主，则将其认为是燮而非尚未被称为晋侯的唐叔虞更加合理。再加上，此二铭所记晋侯有别于年代更晚的北赵墓地出土铭文中的晋侯，未明示其名，这也跟《晋世家》中的燮无庙号而仅被称为晋侯，与其他诸侯不同的情况一脉相承。

至此，笔者结合青铜器铭文所见晋侯与《晋世家》所记晋侯，推测了北赵晋侯墓地的墓主身份。由于迄今尚未发表关于北赵墓地或羊舌墓地的完整考古报告，此一观点只不过是一种推论。[4]

---

[1] 吉琨璋也无直接证据，但以1.墓葬规模，2.庞大的祭祀规模（M93有14座祭祀坑，M1有227座），3.大型车马坑，4. M64-M93-M1（羊舌）出现的中字形和积石结构等墓葬形制的连续性，5.墓葬规模与文侯功绩符合等作为依据（吉琨璋：《曲沃羊舌晋侯墓地1号墓墓主初论——兼论北赵晋侯墓地93号墓主》，《中国文物报》2006年9月29日第7版）。
[2] 马冰：《也谈曲沃羊舌M1和北赵晋侯墓地M93的墓主》，《中国文物报》2007年2月2日第7版。
[3]《史记》，1636页。
[4] 尤其是，罗泰对这种推论表示怀疑。因为不仅《晋世家》的系谱存在不确定性，而且晋侯墓地出土青铜器的年代下限可以追溯到公元前700年左右。因此他不排除该墓地一直被用到公元前679年曲沃小宗篡夺政权之前的可能性（[美]罗泰著，吴长青等译：《宗子维城——从考古材料的角度看公元前1000至前250年的中国社会》，85—97页）。而由于难以分辨商末周初的青铜器，可能也要考虑西周末期至春秋早期的青铜器也较难明确区分的情况。加之，被推定为春秋时期晋侯墓地的羊舌村墓地的发掘也反证了罗泰的主张。

六、北赵晋侯墓地所见晋文化的特征

1985 年在山西省侯马召开的"晋文化研究座谈会"上,"晋文化"这一新词首次被提了出来,研究晋国的考古学家开始探讨晋的起源、范围、分期等最基本的问题。苏秉琦将山西省晋国地区的新石器时代文化分为三个区系,即西南部、中南部、东南部,主张晋国不仅在东周时期,而且从可追溯到公元前三千年的陶寺文化开始,可被设定为考古学的下层文化。[1] 然而,刘绪指出,晋建立前,山西省西南部早已存在陶寺、东下冯、二里岗等其他文化,因此苏秉琦所追溯的年代不太妥当。而在这三个文化和紧跟其后的西周曲村-天马遗址文化之间难以找到关联性也是事实。因此,刘绪认为"晋文化"的范围大致在文献所载晋国存续的西周时期至战国时期。[2] 在此基础上,刘绪于 2007 年结集出版了梳理当时山西省西南部考古学遗址的《晋文化》一书。

笔者认同刘绪对苏秉琦观点提出的异议,但不同于刘绪,笔者认为将"晋文化"一词适用于曲村-天马遗址,尤其是北赵墓地物质文化时应该慎重。因为包括刘绪在内的众多中国学者也认同,从北赵晋侯墓地出土文物得出的认识,即西周时期晋国贵族文化与陕西省周朝腹地文化大同小异。[3]

当然,曲村-天马遗址,尤其是北赵墓地也非无明显的特征。首先,在陕西省出土的西周陶鬲一般可分为联裆鬲和分裆鬲两种,而曲村-天马遗址出土陶鬲大多属联裆鬲。[4] 李朝远认为北赵墓地最具特色的青铜器为 M114、M113 和 M8

---

[1] 苏秉琦:《谈"晋文化"考古》,文物出版社编辑部编:《文物与考古论集——文物出版社成立三十周年纪念》,北京:文物出版社 1986 年版,52—54 页。王克林也将晋文化分成四个阶段[先晋(陶寺)、早晋(东下冯)、中晋(西周、春秋)、后晋(战国)],似乎支持苏秉琦的主张(王克林:《晋文化研究》,《文物季刊》1989 年第 1 期,3 页)。

[2] 刘绪:《晋与晋文化的年代问题》,《文物季刊》1993 年第 4 期,85—86 页。

[3] 田建文:《山西考古学文化的区系类型问题》,中国考古学会等编:《汾河湾——丁村文化与晋文化考古学术研讨会文集》,131—132 页;吉琨璋:《晋文化考古研究中的几个问题》,中国考古学会等编:《汾河湾——丁村文化与晋文化考古学术研讨会文集》,262—264 页。

[4] 李伯谦:《山西天马-曲村遗址发掘》,《晋文化研究座谈会纪要》,侯马:1985 年 11 月,31 页。

第二章　从晋侯墓地看西周时期晋的世系与文化的特征　93

图 2-22　M63 出土人足青铜器（左：高 9.3 cm，长 19.2 cm；右：高 23.1 cm，口径 9.1 cm）（晋国博物馆）

出土的动物造型尊（如猪尊、鸟尊、兔尊，图 2-6 和 2-23）以及 M63 出土的带有裸体人形足的器物（如立鸟人足筒形器、人足方盒，图 2-22）。他还发现西周晚期青铜器的水器组合由"盘、盉"变为"盘、匜"，而在北赵墓地晚期墓葬中同一时代的合葬墓既有"盘、盉"也有"盘、匜"组合，出土的明器也被视为北赵墓地的特征。[1]

然而，此一特征能否足够成为区分晋国文化与陕西省腹地文化的依据仍是疑问。如前所述，在曲村-天马和陕西省沣西地区流行的陶鬲出土形式虽不同，但在

图 2-23　M114 出土鸟尊（高 39 cm，长 30.5 cm）（晋国博物馆）

[1] 李朝远：《晋侯墓地出土青铜器综览》，上海博物馆编：《晋国奇珍：山西晋侯墓群出土文物精品》，28—33 页。

曲村-天马出土的鬲、盆、豆、尊等陶器与沣西地区几乎毫无差别。[1]而且，侯马上马墓地出土的第一期（西周晚期）陶鬲形制也与沣西地区非常类似。[2]

M114出土鸟尊（图2-23）的形制亦见于被推定为春秋晚期的太原晋国赵卿墓M251出土的鸟尊，[3]故可看作晋国青铜器的特色，但也无法排除殷商晚期始见于南方地区的写实动物纹饰影响到西周早期青铜器制作者的可能性。[4]在陕西宝鸡茹家庄一号墓——弜伯墓（M1乙），也发掘到类似北赵墓地所出动物尊的鸟尊（图2-24）、象尊等文物。发掘者推定该墓葬年代为穆王时期，[5]因此也难以认定这种写实的动物尊就属于晋国的独特文化。

在被推定为春秋早期至中期的闻喜上郭村墓地遗址，也曾出土类似于M63之裸体人背负器身的筒形器与方盒等器物，[6]但这也可以从早在西周时期的其他地区出现的特殊形制方鼎（图2-25）和裸体人背负器身的盘（图2-26）等文物中找到其来源。[7]

图2-24 弜伯墓出土鸟尊（高23 cm，长30 cm）（宝鸡青铜器博物院）

---

[1] 北京大学历史系考古专业山西实习组等：《翼城曲沃考古勘察记》，《考古学研究》第1辑，223页；田建文：《山西考古学文化的区系类型问题》，中国考古学会等编：《汾河湾——丁村文化与晋文化考古学术研讨会文集》，131页。
[2] 山西省考古研究所：《上马墓地》，北京：文物出版社1994年版，173页。
[3] 山西省考古研究所等：《太原晋国赵卿墓》，北京：文物出版社1996年版，52—56页。
[4] Jessica Rawson: *Western Zhou Ritual Bronzes from the Arthur M. Sackler Collections* Volume IIA (Washington D.C.: The Arthur M. Sackler Museum, 1990), pp.38-41.
[5] 卢连成、胡智生：《宝鸡弜国墓地》，293—296、407—412页。
[6] 朱华：《闻喜上郭村古墓群试掘》，《三晋考古》第1辑，101—103页；山西省考古研究所：《闻喜县上郭村1989年发掘简报》，《三晋考古》第1辑，145—146页。
[7] 汪涛：《两周之际的青铜器艺术——以晋侯墓地出土的青铜器为例》，《晋侯墓地出土青铜器国际学术研讨会论文集》，388—391页。许杰（Jay Xu）也认为M63出土的筒形器是在周朝腹地鲜为人知的特殊器物。然而，正如许杰所言，这种特殊性应该被视为"只不过是在恪守周朝标准之下的微小差别"（Jay Xu, "The Cemetery of the Western Zhou Lords of Jin," *Artibus Asiae,* 56-3/4, 1996, p.18）。

第二章　从晋侯墓地看西周时期晋的世系与文化的特征　　95

水器组合也无法看作晋国的独有形制。因为不仅在北赵墓地，被推定为西周晚期的河南省三门峡上村岭虢国墓地和平顶山应国墓地也多见盘盉组合，[1]或盘匜、盘盉组合同时存在。[2]

就明器而言，罗森在 M63 和 M93 观察到曾被本人称为"仿古青铜器replica bronzes（仿照古代器形的青铜器）"的明器以及大量古代玉器。罗森认为"这是陕西省（中心区域的）传统的最后再现"。[3]罗森主张已在周朝腹地消失的习俗在山西省持续保留，并提出西周晚期晋国的丧葬习俗不同于腹地的可能性。

笔者在前面也注意到 M91、M8 和 M64 所用酒器与时代不符，而且在紧接该墓之后的 M62、M63、M93 和 M102 发现了由明器取代的情况，因此不可否

图 2-25　出土于陕西省扶风县的刖人守门方鼎（高 17.7 cm）（宝鸡青铜器博物院）

图 2-26　出土于山东省曲阜鲁国故城的鲁司徒中齐盘（高 10.3 cm，宽 38.6 cm）（曲阜市文物管理委员会）

---

[1] 河南省文物研究所等：《三门峡上村岭虢国墓地 M2001 发掘简报》，《华夏考古》1992 年第 3 期，109 页；河南省文物考古研究所等：《上村岭虢国墓地 M2006 的清理》，《文物》1995 年第 1 期，8 页。
[2] 河南省文物研究所等：《平顶山市北滍村两周墓地一号墓发掘简报》，《华夏考古》1988 年第 1 期，33 页；河南省文物研究所等：《平顶山应国墓地九十五号墓的发掘》，《华夏考古》1992 年第 3 期，95 页。
[3] Jessica Rawson: "Western Zhou Archaeology," in *The Cambridge History of Ancient China: From the Origin of Civilization to 221 B.C.* ed. by Michael Loewe and Edward L. Shaughnessy (Cambridge: Cambridge University Press, 1999), pp.443-446。罗泰主张明器的使用目的在于"象征性地呈现早已废除的早期祭祀习俗的记忆"（Lothar von Falkenhausen: "The Waning of the Bronze Age: Material Culture and Social Development, 770-481 B.C.," in *The Cambridge History of Ancient China: From the Origin of Civilization to 221 B.C.* ed. by Michael Loewe and Edward L. Shaughnessy, Cambridge: Cambridge University Press, 1999, p.474 ）。

认，通过这些文物能够看到罗森所主张的晋文化保守性的观点。然而，有鉴于至今在陕西省几乎没有发掘到具有代表性的西周晚期贵族（包括王室）墓地，所以，仅靠北赵墓地的若干现象，即主张晋文化或其丧葬习俗的独特性似乎有些为时过早。

反而在陕西省一些贵族墓地出土的部分资料显示，明器有可能在陕西省周朝腹地亦被用于埋葬。正如卢连成和胡智生所说，强家村 M1 和上康的 M57[1] 出土的部分明器暗示在西周晚期的陕西省使用明器可能并不罕见。甚至从河南省西周晚期的虢国墓地和应国墓地出土明器亦可以推论，明器有可能在西周晚期统治者墓葬中使用得非常普遍。[2] 就使用大量古代玉器而言，尽管在 M63 和 M93 出土的玉器形制类似于商末周初形制，但亦有玉器表面的纹饰近似西周时期陕西省腹地的观点。[3] 在虢国和应国的西周晚期墓地也发现随葬古代玉器的习俗，该事实为西周晚期中原地区贵族文化的统一性提供了依据。

就北赵墓地出土酒器与时代不符而言，张家坡井（邢）叔墓地 M163 出土的三件酒器（尊、爵、卣盖）值得一提。发掘者推定该墓属懿王或孝王时期，[4] 因此同晋侯墓地一样，这明显与酒器急剧消失的西周晚期常见的青铜器组合形式相矛盾。

尽管如此，北赵墓地 M8 出土的爵（见图 2-17），与井（邢）叔墓地 M163 出土的 3 件酒器看上去的确也是起源于西周早期的器物。[5] 在陕西省迄今发掘的墓地中，规模能与北赵墓地相媲美的，除盗掘一空的周公庙墓地之外，几乎只有井（邢）叔墓地。当然更多材料还有待未来的考古发现。而即使西周晚期禁止酒器制造，井（邢）叔墓地 M163 出土的 3 件酒器，说明了当时上流贵族阶级将流传下来

---

[1] 在这项研究中，该墓包括第五期，即宣王至幽王时期（卢连成、胡智生：《宝鸡强国墓地》，524 页）。

[2] 在晋国，这种明器埋葬习俗持续到春秋早期。在山西省闻喜上郭村发现的两座墓地 M373 和 75M1 分别出土了确实属于明器的簋、壶、甗各 1 件和鼎、簋、方彝、盘、盉各 1 件（朱华：《闻喜上郭村古墓群试掘》，《三晋考古》第 1 辑，105—106 页；山西省考古研究所：《闻喜县上郭村 1989 年发掘简报》，《三晋考古》第 1 辑，135—137 页）。上郭村墓地为春秋早期篡夺晋国统治权的曲沃小宗之墓地（参见本书第六章）。

[3] Jay Xu: "The Cemetery of the Western Zhou Lords of Jin," *Artibus Asiae,* 56-3/4 (1996), p.222.

[4] 中国社会科学院考古研究所沣西发掘队：《长安张家坡西周井叔墓发掘简报》，《考古》1986 年第 1 期，22—27 页。该墓地的其他墓葬均被盗掘。

[5] 同上注所引报告，24 页。

第二章　从晋侯墓地看西周时期晋的世系与文化的特征　97

的酒器用于丧葬的可能性是存在的。这种与时代不符的酒器，亦见于西周晚期陕西省窖藏坑，[1]暗示着直到西周晚期，在上层贵族阶级的祭祀中，酒器仍然持续地使用着。因此，在北赵墓地发现的酒器之使用，也难以被断定为晋文化特性。[2]

最后还需探讨在北赵墓地能找到多少北方文化元素。正如很多学者所

图 2-27　M113 出土双耳罐（高 14.5 cm，口径 10.7 cm）（晋国博物馆）

认定的，早期墓葬 M113 出土的双耳罐和三足瓮分别具有明显的西北部文化与北方文化痕迹（图 2-27）。[3] 随葬于 M13 的立鹿杖首和野猪形带饰也呈现出北方文化的特色。北赵墓地出土的部分裸体人（尤其是 M1 出土的盨上）也能找到北方民族的形象。[4]

即便如此，除此之外，在北赵墓地就难以再找到明显的北方器物了。当然，陕西省周原或宗周地区等地随葬双耳罐、三足瓮和大口尊的墓葬也与北赵墓地一

---

[1] 在陕西省扶风县庄白村窖藏坑发现的微伯时期青铜器可明显看出自西周晚期开始出现的变化，但在其青铜器组合中包括 3 件爵（Jessica Rawson: "Western Zhou Archaeology," in The Cambridge History of Ancient China: From the Origin of Civilization to 221 B.C. ed. by Michael Loewe and Edward L. Shaughnessy, Cambridge: Cambridge University Press, 1999, p.377、435）。

[2] 若酒器直到西周晚期仍限制性地被用于祭祀，那么可以提出当时很明显的酒器消失也可能不一定是所谓的"礼制革命"或"礼制改革"所导致的。这有可能起因于正如《尚书·酒诰》所记载的国家禁酒政策（郭宝钧：《商周铜器群综合研究》，北京：文物出版社 1981 年版，62 页）或技术上的变革。

[3] 商彤流：《从晋侯墓地 M113 出土的青铜双耳罐看晋文化与羌戎的关系》，《晋侯墓地出土青铜器国际学术研讨会论文集》，371—373 页；张童心：《晋与戎狄——由 M113 出土的青铜三足瓮所想到的》，《晋侯墓地出土青铜器国际学术研讨会论文集》，377—378 页；陈芳妹：《晋侯墓地青铜器所见性别研究的新线索》，《晋侯墓地出土青铜器国际学术研讨会论文集》，159—164 页；[美]罗泰著，吴长青等译：《宗子维城——从考古材料的角度看公元前 1000 至前 250 年的中国社会》，233—234 页；Jessica Rawson: "Ordering the Exotic: Ritual Practices in the Late Western and Early Eastern Zhou," Artibus Asiae 73.1 (2013), pp.14-16。M92 也出土 1 件三足瓮。

[4] 汪涛：《两周之际的青铜器艺术——以晋侯墓地出土的青铜器为例》，《晋侯墓地出土青铜器国际学术研讨会论文集》，390 页。

样，同属女人墓地，因此通过这些器物还能推定周与诸侯国的男性贵族和北方女人有婚姻关系，[1]但这一点也难以被看作是晋国的特性。再加上，跟关注这些器物的象征性而非实用性的罗泰一样，[2]罗森推定周朝贵族可能是将这些北方元素纳入了自己的礼仪之中，以彰显拟掌握更远地区的野心。[3]正因如此，商彤流和张童心根据M113出土的双耳罐和三足瓮推定西周时期晋国与戎狄间密切关系的主张似乎就有点勉强。许倬云指晋文化为"戎狄和华夏文化的并置所导致的异质文化"，[4]但有别于此假说，从在曲村-天马遗址发掘的晋侯墓地或者附近的贵族墓地出土的资料中可以看出，除陕西省周朝腹地文化之外，其他文化所带来的影响极其微小。[5]

因此，从山西省北赵墓地出现的文化形式还难以找到能称为西周时期"晋文化"的独特性，反而将晋国的上流阶层文化视为周朝文化的一部分应更加妥当。[6]这与罗泰分析渭河流域东周秦国墓地所呈现的异域元素后，对中国学者普遍使用的"秦文化"概念提出的质疑之说一脉相承。换言之，当时的秦地域文化也应被视为

---

[1] 陈芳妹：《晋侯墓地青铜器所见性别研究的新线索》，《晋侯墓地出土青铜器国际学术研讨会论文集》，157—196页；Maria Khayutina: "The Tombs of the Rulers of Peng and Relationships between Zhou and Northern Non-Zhou Lineages (until the Early Ninth Century B.C.)," *Imprints of Kinship: Studies of Recently Discovered Bronze Inscriptions from Ancient China*, ed. by Edward L. Shaughnessy (Hong Kong: The Chinese University Press, 2016), pp.13-18。

[2] [美]罗泰著，吴长青等译：《宗子维城——从考古材料的角度看公元前1000至前250年的中国社会》，234页。

[3] Jessica Rawson: "Ordering the Exotic: Ritual Practices in the Late Western and Early Eastern Zhou," *Artibus Asiae* 73.1 (2013), p.71.

[4] Cho-yun Hsu and Kateryn M. Linduff: *Western Chou Civilization* (New Haven: Yale University Press, 1988), p.193.

[5] 在晋侯墓地及其邻近的横水墓地、陕西省韩城梁带村墓地出土的覆盖在墓主人尸身上的玉器和玉珠，有可能来源于西北方，而且由晋国主导引进此物（Jessica Rawson: "Ordering the Exotic: Ritual Practices in the Late Western and Early Eastern Zhou," *Artibus Asiae* 73.1, 2013, pp.22-67）。但是，从西周中晚期以后，在多个地区出现了很明显的规范化现象，有学者提出了由周王室主导原料采集和制作的可能性（Peter Hommel & Margaret Sax: "Shifting materials: variability, homogeneity and change in the beaded ornaments of the Western Zhou," *Antiquity* 88, 2014, pp.1224-1226）。

[6] 张崇宁也指出，严格地讲，西周时期所谓"晋文化"的术语并不妥当，真正意义上的晋文化，当源自在春秋晚期侯马铸铜遗址出土的陶范，或太原金胜村M251出土的青铜器（山西省考古研究所：《山西考古四十年》，太原：山西人民出版社1994年版，152、369页）。

周文化圈的下层类型。[1]

七、小　　结

　　北赵晋侯墓地发掘是 20 世纪末中国考古学的重大成果之一，揭开了西周时期晋国上流阶层物质文化的神秘面纱。笔者在本章探讨了围绕北赵墓地的几个最基本的问题。首先，就墓地的年代而言，通过分析各墓出土的青铜礼器演进过程及其组合变迁（尤其是酒器和明器），确定了墓地的年代上限为西周早期，下限为西周末期。与其怀疑北赵墓地出土铭文中晋侯名字和《史记·晋世家》的可信性，不如认同裘锡圭提出的晋侯既有"名"又有"字"的假说。在此基础上，可以推定北赵晋侯墓地的第一座墓葬 M114 墓主为晋侯燮，最后一座墓葬 M93 墓主为殇叔。

　　其次，北赵晋侯墓地发现的晋国上流阶层物质文化与陕西省周朝主流文化几乎没有太大差别。被视为周文化之一部分的北赵墓地文化样式，如同将在本书第四章讨论的"晋侯苏编钟"铭文所记，与西周晚期同周朝关系最亲密的晋国之发展过程一脉相承。因此，应该重新探讨通过与北方戎狄势力的关系来了解晋国发展过程的既有观点。

　　北赵晋侯墓地在 2001 年初 M114/M113 发掘工作结束才现轮廓。在尚未发现周王室墓地的情况下，北赵墓地所呈现的文化形式为西周时期物质文化的系统性研究提供了重要资料。尽管如此，在基于周王室遗址的陕西省西周时期物质文化尚无明确体系的情况下，本章的论点也必然具有一定的局限性。

　　近期在晋国遗址附近的横水与大河口发掘了西周时期其他政治势力的墓葬，下一章将与这些墓葬形制进行对比，期待能进一步了解到晋的特性。

---

[1]［美］罗泰著，吴长青等译：《宗子维城——从考古材料的角度看公元前 1000 至前 250 年的中国社会》，236—268 页。

第三章

西周时代晋周边的势力

一、序　论

继曲村-天马晋国墓地之后，山西绛县横水的倗国墓地和翼城县大河口霸国墓地的考古发掘结果先后于2006年和2011年公之于世，为西周时期的诸侯国以及地区政治格局变迁的进一步研究提供了宝贵资料（图3-1）。其中，横水和大河口墓地出土的青铜器铭文所载国名"倗"与"霸"皆未见于传世文献。而中国史学界

图3-1　横水墓地发掘现场全景

通常称之为倗国（邑）和霸国（邑），[1]并以倗、霸考古发现为基础，对其渊源及与晋国的相对地位问题展开了论述。

本章关注被推断为霸伯墓的"大河口M1和M1017号墓"中随葬青铜礼器的僭越现象，并与以晋、倗为代表的西周早中期墓地进行对比，通过对当时贵族墓葬规制及丧葬礼仪的分析考察，尝试对倗国与霸国的政治性质做出更为明晰的界定，以期为上述问题提供一条新思路。

2004—2008年，考古工作者对距曲村-天马31公里（直线距离）的绛县横水西周墓地进行了大规模发掘，面积高达3万平方米，共计清理墓葬1299座。[2]虽然正式发掘报告尚未出版，但是已公开的考古资料为理解倗国的丧葬礼仪和政治外交关系提供了宝贵资料。[3]据2006年公布的横水西周墓地发掘简报，[4]2005年发现的墓地南北长200米，东西宽150米，共有墓葬300余座。到2006年，在8500平方米墓地中共发掘墓葬191座和车马坑21座（图3-1），有两座大型墓葬M2和M1（倗伯及其夫人毕姬之墓）带一条墓道，出土了不少青铜器和随葬品（图3-2）。除了横水M1号墓的"倗伯偶簋"铭文记载倗伯与"益公（现推定为西周王畿贵族）"关系亲密之外，还有不少青铜器铭文记载了倗伯、倗公、倗孟、倗叔和倗姬，[5]因此，学界一致认为横水是倗氏族群之墓地。

---

[1] 本书使用的术语"国"不是人类学或政治学的"国家（State）"，而是与"邑制国家"相对应的"政治单位"。
[2] 据吉琨璋调查有1271座（吉琨璋：《西周时期的晋南政治格局——从晋、倗、霸说起》，山西省考古研究所编：《有实其积：纪念山西省考古研究所六十华诞文集》，太原：山西人民出版社2012年版，387页），然据李建生调查有1299座（李建生：《新发现的异姓封国研究》，山西省考古研究所编：《有实其积：纪念山西省考古研究所六十华诞文集》，393页）。
[3] 如谢尧亭收集204座墓葬（包括M1和M2）信息对晋西南西周墓葬的定量分析（谢尧亭：《晋南地区西周墓葬研究》，吉林大学2010年博士学位论文，86—130页）。
[4] 参考山西省考古研究所等：《山西绛县横水西周墓地》，《考古》2006年第7期，16—21页；山西省考古研究所等：《山西绛县横水西周墓发掘简报》，《文物》2006年第8期，4—18页；宋建忠等：《发现被历史遗忘的古国——绛县横水墓地发掘记》，山西博物院等编：《发现山西——考古人手记》，75—95页。
[5] 谢尧亭：《简论横水与大河口墓地人群的归属问题》，山西省考古研究所编：《有实其积：纪念山西省考古研究所六十华诞文集》，375—376页。

第三章　西周时代晋周边的势力　　103

图 3-2　倗伯墓（M2：左）和夫人墓（M1：右）
倗伯墓共出土 16 件青铜器，有鼎 3 件，簋、甗、尊、卣、爵、觯、盘、盉各 1 件以及甬钟 5 件。夫人毕姬墓则出土 25 件青铜器，有鼎、簋各 5 件，甗、鬲、盉各 1 件，盘、盉、壶各 2 件，觯 1 件以及甬钟 5 件

　　2011 年，大河口墓地考古简报公布后，[1]学界对倗、霸、晋的研究进一步深化。大河口西周墓地位于临汾翼城县，距曲村-天马东向 21 公里（直线距离），距横水东北方向 42 公里，占地面积达 4 万平方米。自 2009 年开始对墓地进行大规模发掘以来，共发现墓葬 579 座、车马坑 24 座（图 3-3）。虽然已公布的发掘报告篇幅简略（仅包括 M1、M1017 和 M2002），但其内容令人震惊。被推断为西周中期前段的霸伯墓 M1 是一座不带墓道的大型墓，在墓室二层台之四壁发现 11 个壁龛（图 3-4），[2]壁龛内放置漆木器、原始瓷器和陶器等物。此墓室内发现如此

---

[1] 山西省考古研究所大河口墓地联合考古队：《山西翼城县大河口西周墓地》，《考古》2011 年第 7 期，9—18 页。
[2] 壁龛始见于裴李岗文化，多出于大甸子遗址和夏家店下层文化。安阳殷墟和洛阳北窑西周墓葬中也有壁龛墓，但其比例不高。殷墟 1243 座墓葬（发掘于 1958—1961 年和 1969—1977 年）中有 19 座，北窑 348 座墓葬中仅有 5 座设有壁龛（毕经纬：《试谈商周墓葬的几个问题——以山东地区为例》，《考古与文物》2013 年第 3 期，28 页）。据最近考古报告（石鼓山考古队：《陕西宝鸡石鼓山西周墓葬发掘简报》，《文物》2013 年第 2 期，5—12 页），在陕西宝鸡石鼓山商周墓地发现的西周早期贵族墓葬 M3 的二层台有 6 个壁龛，5 个壁龛内出土 31 件青铜礼器（计有鼎、簋、卣各 6 件）。该墓之所以备受关注，是因为随葬品多出于壁龛内，而非见于椁室内。目前，毕经纬等认为壁龛含有一定的族属或特定的葬俗意义，但是我们认为其含义并非仅限于族属层次。

图 3-3　大河口墓地

图 3-4　霸伯墓 M1 发掘现场全景。椁室（下）、椁内青铜器及二层台（中）和壁龛（上）

多的壁龛，为西周墓葬考古中所鲜见。墓椁之内还发现数量庞大的青铜礼乐器，有鼎24件（方鼎2件），簋9件，鬲7件，觯8件，爵6件，卣4件，尊2件，甗、盘、盉、觚、罍、单耳罐及斗各1件；乐器有铜钟、铙、勾鑃各1组共计8件（图3-5）。这些器物基本上皆遵循周朝核心地区之形制，然而随葬青铜器（特别是鼎）数量之多，在已发现的西周墓葬中极其罕见。大部分中国学者认为，西周存在以青铜礼乐器随葬的用鼎制度。[1] 从此观点看，M1所出的青铜礼乐器显然是对周之礼制的僭越。主持翼城大河口西周墓地考古发掘的谢尧亭曾经感叹于M1墓之神秘：

> 特别值得注意的是，共发现了24件青铜鼎，这实在令人有些不可思议。大河口这个地方的地形地貌也不像建都的理想之地，充其量这里也不过就是一个小国的中心而已，一下子出了这么多青铜器，还发现了这么多青铜鼎，不能不令人惊叹。我们知道，在西周早中期，鼎的多少对确定墓主人的身份和地位并不具有决定性意义，但其数量之多着实让人非常意外。[2]

据推测，晚于M1的另一霸伯墓M1017（成墓于西周中期后段）中亦发现大量青铜器：有鼎13件（其中小方鼎5件），簋6件，爵7件，豆4件，壶、尊和卣各计3件，等等（图3-6）。虽然其数量比M1少，但精巧程度则毫不逊色。此墓亦与M1同，未遵从西周核心地区之用鼎数量与组合标准；墓中出土的青铜器霸伯簋

---

[1] 俞伟超、高明：《周代用鼎制度研究》（上）（中）（下），分别刊《北京大学学报》（哲学社会科学版）1978年第1期（184—198页）、1978年第2期（84—97页）、1979年第1期（83—96页）；宋建：《关于西周时期的用鼎问题》，《考古与文物》1983年第1期，72—79页；王世民：《关于西周春秋高级贵族礼制度的一些看法》，文物出版社编辑部编：《文物与考古论集——文物出版社成立三十周年纪念》，163页；宋建：《晋侯墓地浅论》，上海博物馆编：《晋侯墓地出土青铜器国际学术研讨会论文集》，152—154页；曹玮：《关于晋侯墓随葬器用制度的思考》，氏著：《周原遗址与西周铜器研究》，131—140页；谢尧亭：《天马-曲村墓地用鼎簋礼的考察》，曲沃县文物旅游管理中心、曲沃县晋文化研究会编：《晋文化论坛论文集——山西·曲沃曲村-天马遗址发掘30周年》，42页。
[2] 谢尧亭：《发现霸国：讲述大河口墓地考古发掘的故事》，太原：山西人民出版社2012年版，28页。

图 3-5-1　霸伯墓 M1 出土青铜器（食器）
1. 四足圆角方鼎（高 26.5 cm，宽 12.5 cm）
2. 圆鼎（高 26.5 cm，口径 21.8 cm；铭文记载"伯作宝尊彝"）
3. 鼎式簋（高 22 cm，口径 17.8 cm；盖内和器底有铭文"芮公舍霸马两玉金用铸簋"）
4. 鬲（高 17.3 cm，口径 13.7 cm）
5. 簋（高 18.5 cm，口径 23.5 cm）
6. 簋（高 14.3 cm，口径 20.2 cm）

图 3-5-2　霸伯墓 M1 出土青铜器（酒器）
1. 尊（高 31.7 cm，口径 25.3 cm）
2. 罍（高 38.5 cm，口径 16.5 cm）
3. 觯（高 19.8 cm，口径 8.7 cm）
4. 爵（高 19.8 cm）
5. 卣（高 31 cm，口径 17.5 cm；器内放置着一套 7 件酒器；盖内和器底有铭文"燕侯旨作姑妹宝尊彝"）
6. 单耳罐（高 8.5 cm，口径 5.6 cm）

50 字铭文，所记为霸伯与西周中期王室重臣井叔之关系；长达 116 字的尚盂（或霸伯盂）铭文，则详载了周王遣使臣至霸时之聘礼。[1]更为引人注意的是，棺盖板

---

[1]［韩］金正烈：《횡북촌과 대하구：최근 조사된 유적을 통해 본 西周시대 지역정치체의 양상》（横北村与大河口——从近年来的考古研究成果考察西周时期地区性政治体的发展面貌），《东洋史学研究》第 120 辑，2012 年，41—44 页；［韩］宋真：《西周시대 迎宾 의례와 그 성격》（西周时代的迎宾仪礼及其性格），《中国古中世史研究》第 36 辑，2015 年，227—229 页。

图 3-6　霸伯墓 M1017 椁内青铜器发掘情况

上铺满海贝。据发掘者初步估算，至少有二万枚。因为海贝数量太多，现场无法一一提取，所以发掘者把墓室整体提取出来，搬迁到室内，进行实验室考古。[1]笔者对今后调查结果满怀期待。

　　大河口出土的大量文物（包括青铜器等），引发了研究者对霸、晋与倗的政治地位及性质的考证。这些研究主要基于三地的丧葬习俗以及青铜器铭文和传世文献的对照，重点阐述了与周相异的倗、霸之渊源（归属）及其与晋之关系问题。笔者期待，本章对霸伯墓青铜器僭越现象所做的浅析，可为上述问题提供另一条思路。在下一节中，先对此前的研究成果进行梳理。

---

[1] 谢尧亭：《发现霸国：讲述大河口墓地考古发掘的故事》，72—75 页。

二、关于倗国与霸国渊源与地位的论争

对横水和大河口墓地的研究主要从两个方面展开：一是对倗、霸渊源的说法，即其与戎狄或商朝的关联问题；二是倗与霸的政治地位，即对两者是隶属于晋还是政治独立之说法。关于第一个问题，学界主要采用将两个墓地的葬俗与西周代表性的晋国墓地相比较的方法；至于第二个问题，学界在对三处墓地的考古学意义和出土文物进行对照的同时，还考察了传世文献和青铜器铭文的内容。

据表3-1所示，[1]这三处墓地的陶器和青铜器组合无太大差别。由此可见，分占横水与大河口的倗、霸两国在西周开国数十年乃至百余年之后，在物质文明上几乎被周同化了。主持横水和大河口墓地考古挖掘工作的谢尧亭根据横水与大河口墓葬的头向、腰坑等因素，其共性大于差异这一点，判断倗、霸两国为"相同族群的分支"；他还根据两地与曲村-天马晋国墓地在头向及其他葬俗之差异，得出倗、霸两国之族群异于晋国的结论。

表3-1 曲村-天马、横水和大河口西周墓地葬俗对照表

区　分	曲村-天马墓地	横水墓地	大河口墓地
头向	北向、东向为主	西向为主	西向为主
墓道	均无（晋侯及其夫人墓18座）	倗伯、夫人墓以及其他墓葬，共3座	均无
葬式	仰身直肢为主，无俯身葬	仰身葬为主，略有俯身葬	仰身葬为主，无俯身葬
腰坑	极少量	大量	大量
殉人	极少量殉人	大量殉人	无殉人

---

[1] 谢尧亭根据三地墓葬形制，梳理了上述葬俗对照表（谢尧亭：《简论横水与大河口墓地人群的归属问题》，山西省考古研究所编：《有实其积：纪念山西省考古研究所六十华诞文集》，375页）。

（续表）

区　分	曲村-天马墓地	横水墓地	大河口墓地
殉牲	少量殉牲（腰坑和其他部位均有）	大量殉牲（腰坑和其他部位多见）	较多殉牲（大多见于腰坑，其他部位很少）
车马坑位置和方向	位于墓主东侧，绝大多数为东西向	位于墓主东侧，绝大多数为南北向	位于墓主东侧，绝大多数为东西向
柱洞和斜洞	均未发现	有较多柱洞和斜洞	未发现柱洞，一座墓葬有斜洞
主要陶器组合	鬲、鬲罐、鬲盆、鬲罐、鬲豆、鬲盆罐	鬲、鬲罐	鬲、鬲罐、罐、鬲盆罐
主要青铜礼器组合	曲村墓地为鼎、鼎簋、鼎簋甗（鬲）[晋侯墓地为鼎簋甗壶盆匜（盂或盉）]	鼎、鼎簋、鼎簋甗盆盉	鼎、鼎簋、鼎簋甗盆盉

以谢尧亭为代表的大部分学者基本倾向于将倗、霸视为自商代以来居住于山西一带的戎狄之后裔。此类说法，归根结蒂还是源于《左传》《国语》对于割据于晋国地带的戎狄之记载。据《左传》定公四年载："分鲁公以大路、大旗，夏后氏之璜，封父之繁弱，殷民六族"，"分康叔以大路、少帛、綪茷、旃旌、大吕，殷民七族"，"分唐叔以大路、密须之鼓、阙巩、沽洗、怀姓九宗"。[1]

笔者已在本书第一章提及，王国维曾视"怀姓"与春秋时期居住于晋西南的诸狄部族"隗姓"同，提出"怀姓九宗"乃甲骨卜辞中鬼方后裔之说法，并得到诸多学者的广泛认同。由此，中国学界根据传世青铜器倗仲鼎（《集成》2462）铭文所记"倗仲作毕媿媵鼎"，将倗国亦视为"媿（隗）姓"一宗，得出"倗、霸两国为狄人分支"的说法。但是，笔者认为，靠通假字来诠释上古族群的做法，犯了将复杂问题过于简单化、片面化的错误。

正如在曲村-天马晋侯墓地考古资料中寻找与北方民族的紧密联系那样，[2]将

---

[1] 杨伯峻:《春秋左传注》, 1536—1539 页。
[2] 商彤流:《从晋侯墓地 M113 出土的青铜双耳罐看晋文化与羌戎的关系》,《晋侯墓地出土青铜器国际学术研讨会论文集》, 371—373 页；张童心:《晋与戎狄——由 M113 出土的青铜三足瓮所想到的》,《晋侯墓地出土青铜器国际学术研讨会论文集》, 377—378 页。

晋西南之佣、霸两国与戎狄联系起来的思维惯式，还延续到了对横水与大河口墓地的研究中。部分学者指出，大河口 M1 号墓出土的青铜单耳罐和横水 M1、M2003 号墓出土的陶制三足瓮等文物具有北方朱开沟文化的特色，[1] 从而推测佣、霸两国乃甲骨卜辞所记，分据陕北与晋西北的商之敌对势力，即舌方或土方之后裔。[2]

然而此类墓葬出土文物中，具有北方特色的为数并不多。譬如三足瓮，仅出现于北赵晋侯墓地 M113、M92 号墓内；在曲村墓地出土陶器中仅占 0.72% 而已；[3] 在大河口和横水古墓中则占比不足 1%。[4] 可见，我们不能以晋国墓地出土的部分器物具有北方民族特征为由，提出西周时期晋与北方族群之间存在深于通婚的交流关系之说法，[5] 同理，亦不得仅凭借横水与大河口的部分出土文物，推断佣、霸两国的渊源为戎狄。

从横水和大河口墓地中寻找西周之前商文明之特征的尝试反而显得更自然些。学界普遍认为，墓主头向朝西、有腰坑、俯身葬（横水）、殉人（横水）和殉狗等葬俗均属于商之遗习。[6] 从两地出土的较多带有日干名的青铜器铭文，以及西周中

---

[1] 金正烈：《횡북촌과 대하구：최근 조사된 유적을 통해 본 서주시대 지역정치체의 양상》（横北村与大河口——从近年来的考古研究成果考察西周时期地区性政治体的发展面貌），《东洋史学研究》第 120 辑，2012 年，22—25 页。
[2] 李建生：《新发现的异姓封国研究》，山西省考古研究所编：《有实其积：纪念山西省考古研究所六十华诞文集》，396—397 页和 402 页。
[3] 陈芳妹：《晋侯墓地青铜器所见性别研究的新线索》，《晋侯墓地出土青铜器国际学术研讨会论文集》，160 页。
[4] 李建生：《新发现的异姓封国研究》，山西省考古研究所编：《有实其积：纪念山西省考古研究所六十华诞文集》，396 页。2012 年 7 月 12 日，笔者也在侯马工作站查看横水墓地出土陶器，发现其大部分属于典型的西周鬲。
[5] 陈芳妹：《晋侯墓地青铜器所见性别研究的新线索》，《晋侯墓地出土青铜器国际学术研讨会论文集》，159—164 页。
[6] 吉琨璋：《西周时期的晋南政治格局——从晋、佣、霸说起》，山西省考古研究所编：《有实其积：纪念山西省考古研究所六十华诞文集》，388 页；谢尧亭：《简论横水与大河口墓地人群的归属问题》，山西省考古研究所编：《有实其积：纪念山西省考古研究所六十华诞文集》，377—388 页；韩巍：《横水、大河口西周墓地若干问题的探讨》，陕西省考古研究院、上海博物馆：《陕西韩城出土芮国文物暨周代封国考古学研究国际学术研讨会论文稿（二）》，上海：上海博物馆 2012 年 8 月 13—15 日，372—375 页；收入陕西省考古研究院、上海博物馆编：《两周封国论衡——陕西韩城出土芮国文物暨周代封国考古学研究国际学术研讨会论文集》；田伟：《试论绛县横水、翼城大河口墓地的性质》，《中国国家博物馆馆刊》2012 年第 5 期，11 页。

期后段酒器已开始消失这两点来看，大河口青铜礼器组合中仍有较多的酒器，特别是 M1017 有爵 7 件、尊及卣各 3 件和觚 1 件等现象表明，这两处墓地显然保持了商之习俗。大河口 M1 号墓中发现编铙 3 件，这也是商代后期大型墓的普遍现象，然而在西周墓中基本没有发现编铙。[1]

从殉葬、俯身葬和青铜礼器组合而言（表 3-1），将倗、霸两国视为同一族群的推论稍显过分，但是，将倗、霸两国视为在克商之前已被商同化的晋西南土著势力后裔的说法，看似更有重新考量的价值。陈梦家等人通过对商后期甲骨卜辞的研究，发现晋西南地区多数小国与商时友时敌，也印证了上述观点（参见本书第一章第三节）。笔者在本书第一章也对商之最后两代君主帝乙、帝辛时期的甲骨文进行了分析，推论直到商灭亡之前，汾河中下游地区存在甫、缶、戉、望、微、沚、畐、霍、易、丙等亲商小国。因此笔者认为，将割据于晋西北和晋西南汾河流域的商代小国视为戎狄后裔的看法有"以今律古"之嫌，即根据东周时期的天下观来推断商代地区政治格局的错误。2018 年公布的闻喜县酒务头商代贵族墓地，汾河中游的灵石县旌介村商墓和大河口墓地以北 30 多公里处的浮山县桥北墓地，都佐证了这些小国被商所同化的面貌。

西周时期，桥北墓地变得简陋寒酸，规模亦呈急剧下降趋势。这种变化意味着该地区的亲商势力经历了时代巨变。韩巍认为，大河口墓地之年代上限与晋侯墓地中年代最早的晋侯夫人墓 M113/M114 接近，由此提出，正如原封于唐（或易）的唐叔虞在晋侯燮时迁至曲村-天马那样，原在唐国附近的倗、霸两国亦在同一时期迁至晋国附近。[2] 关于横水与大河口墓地的年代，学界基本没有异议。

韩巍的观点与横水、大河口墓地考古研究之第二个主要争论点，即"晋和倗、霸的政治地位"问题也密切相关。目前，学界主流观点认为，倗、霸两国

---

[1] 张明东：《商周墓葬比较研究》，北京大学 2005 年博士学位论文，132—136 页。
[2] 韩巍：《横水、大河口西周墓地若干问题的探讨》，陕西省考古研究院、上海博物馆：《陕西韩城出土芮国文物暨周代封国考古学研究国际学术研讨会论文稿（二）》，上海：上海博物馆 2012 年 8 月 13—15 日，378 页；收入陕西省考古研究院、上海博物馆编：《两周封国论衡——陕西韩城出土芮国文物暨周代封国考古学研究国际学术研讨会论文集》。

第三章　西周时代晋周边的势力　113

是《左传》定公四年所记分于唐叔的"怀姓九宗"。据韩巍的推断，倗、霸两国原为"怀姓九宗"的一支，在叔虞分封于唐时赐给晋国，随着燮父迁至晋地，亦搬迁到其附近。韩巍之说所默认的前提，就是以横水、大河口与晋国都邑相近为依据，将倗与霸视为晋国的组成部分，为晋之采邑[1]或附庸，[2]视两者为臣属关系（如，晋之卿大夫）。横水、大河口墓地规模不及晋侯墓，[3]也为此提供了依据。

但上述见解仍与横水、大河口考古发现相抵触。带有一条墓道的横水 M1、M2 和 M1011 号墓的规模绝不逊于晋侯墓，且大河口 M1 和 M1017 号墓随葬的青铜礼器甚至超越了晋侯墓（虽然其规模不如晋侯墓）。更何况，大河口出土铭文（尚盂和霸伯簋等）显示，霸伯与周王、井（邢）叔等贵族以及燕、芮等姬姓诸侯国都保持着密切关系，这些都印证了霸国之政治独立性。[4]

至于倗，M1 号墓出土的倗伯偶簋铭文亦记载着倗伯与王室重臣益公有紧密往来。据称，横水墓地出土的青铜器中，有些铭文记述了倗与王室通婚，以及倗与芮伯、鲁侯、蔡侯、太保之关系。[5]

---

[1] 张天恩：《考古所见晋南西周国族初探》，曲沃县文物旅游管理中心、曲沃县晋文化研究会编：《晋文化论坛论文集——山西·曲沃曲村-天马遗址发掘30周年》，7—8页；田伟：《试论绛县横水、翼城大河口墓地的性质》，《中国国家博物馆馆刊》2012年第5期，6—11页。
[2] 吉琨璋：《西周时期的晋南政治格局——从晋、倗、霸说起》，山西省考古研究所编：《有实其积：纪念山西省考古研究所六十华诞文集》，388页。
[3] 上海博物馆藏穆王时期冒鼎铭文曰："晋侯令冒追于倗，休，又（有）禽（擒）。"大意为晋侯命令某将追敌，到倗地停止。此亦印证，倗地亦属晋侯管辖。
[4] ［韩］金正烈：《횡북촌과 대하구：최근 조사된 유적을 통해 본 西周시대 지역정치체의 양상》（横北村与大河口——从近年来的考古研究成果考察西周时期地区性政治体的发展面貌），《东洋史学研究》第120辑，2012年，32—46页；黄锦前：《金文所见霸国对外关系考察》，陕西省考古研究院、上海博物馆：《陕西韩城出土芮国文物暨周代封国考古学研究国际学术研讨会论文稿（二）》，上海：上海博物馆2012年8月13—15日，396—413页；收入陕西省考古研究院、上海博物馆编：《两周封国论衡——陕西韩城出土芮国文物暨周代封国考古学研究国际学术研讨会论文集》。
[5] M2022 所出土青铜卣铭文记载"对扬王休"。M2158 出土了鲁侯鼎、芮伯作倗姬簋、太保盉等礼器，其中 M2158∶81 盉铭和 M2158∶84 盘铭（芮伯稽首，敢作王姊盉，其眔倗伯万年，用飨王逆洀）印证墓主与倗伯通婚。（谢尧亭：《简论横水与大河口墓地人群的归属问题》，山西省考古研究所编：《有实其积：纪念山西省考古研究所六十华诞文集》，377—378页、383页脚注 58）。

更何况，北赵晋侯墓地M91号墓出土的伯喜父簋铭文中载有"倗母"，曲村墓地女性墓M6197号出土簋铭文中亦载有"霸伯"之名，[1]这都显示倗、霸两国与晋侯或晋国贵族之间有婚姻关系。因此，学界普遍认可倗、霸两国的政治独立性。譬如持"怀姓九宗说"的吉琨璋和韩巍也没有否认倗、霸两国具有一定程度的政治独立性；主持两地考古挖掘工作的谢尧亭和李建生则将其视为周王治下的独立的异姓封国；[2]而金正烈则认为倗、霸两国与其说是异姓诸侯国，还不如说是独立于周邦、分散在全国的邦。[3]

谢尧亭对"怀姓九宗说"持反对意见。他根据《左传》定公四年杜预所注"怀姓，唐之余民"，[4]认为原为叔虞所统治的该族群随燮父迁于晋地，定居于曲村-天马。《左传》隐公六年："翼九宗、五正、顷父之子嘉父逆晋侯于随，纳诸鄂。晋人谓之鄂侯。"公元前717年，晋国大宗翼（曲村-天马）和小宗曲沃（闻喜）内战时期，晋国翼城怀姓九宗的五正，顷父之子"嘉父"在随邑迎接晋侯，让他居于鄂地，晋人称其为鄂侯。此文中"九宗、五正"应是叔虞分封时所赐予的"怀姓九宗"和"职官五正"（《左传》定公四年），[5]可见，该族群在春秋时期仍居于曲村-天马。谢尧亭对曲村墓葬的头向、随葬青铜器、腰坑和殉狗等进行分析，推断头向朝北的墓主为周人（356座），头向朝东的墓主则为昜（唐）人（怀姓九宗）（242座），头向朝东的墓主为商之遗民（34座）。[6]笔者认为，谢尧亭的

---

[1] 北京大学考古学系商周组等编著（邹衡主编）：《天马-曲村（1980—1989）》第二册，北京：科学出版社2000年版，405—407页。
[2] 谢尧亭：《简论横水与大河口墓地人群的归属问题》，山西省考古研究所：《有实其积：纪念山西省考古研究所六十华诞文集》，376—380页；李建生：《新发现的异姓封国研究》，山西省考古研究所编：《有实其积：纪念山西省考古研究所六十华诞文集》，392—394页。
[3] [韩]金正烈：《횡북촌과 대하구: 최근 조사된 유적을 통해 본 서주시대 지역정치체의 양상》（横北村与大河口——从近年来的考古研究成果考察西周时期地区性政治体的发展面貌），《东洋史学研究》第120辑，2012年，46页。
[4] 杨伯峻：《春秋左传注》，1529页。
[5] 同上注所引书，49页。
[6] 谢尧亭：《晋国早期人群来源和结构的考察》，吉林大学边疆考古研究中心编：《新果集——庆祝林沄先生七十华诞论文集》北京：科学出版社2009年版，342—367页。

论述有其合理的一面。但是，在解读传世文献时，要注意避免"以今律古"，《左传》定公四年记事可能是受了战国天下观的影响，以此来推断上古族群的渊源，可能有所不妥。

从横水、大河口遗址规模和墓葬总数等指标看，倗、霸两国整体国力明显不如晋国。迄今发掘的横水和大河口墓葬总数分别为1300座和1500座，整体规模与侯马市西南部上马墓地相当。[1]罗泰通过分析年代在西周后期至春秋后期的上马墓地，推断上马之人口规模可达晋都之六至十倍。[2]更何况，横水、大河口与上马墓地皆离曲村-天马不远，皆符合《史记·晋世家》"唐在河汾之东，方百里"所述，[3]那么我们就可以将这三个地区都视为位于与晋国初期疆域相近的地方了。[4]

由此陷入如何界定晋和倗、霸两国地位高下的两难境地。上述相对立的两种观点看似各有优缺点："怀姓九宗说"等强调倗、霸隶属于晋的观点，但对于其墓葬中青铜礼乐器的僭越现象则缺乏逻辑说明；同样，认为倗、霸为异姓封国，是独立政体的见解亦只突出逾制，却没有将其置于整个西周或者至少是晋西南政体的丧葬规制这一大框架中去看待。

因此，笔者认为，上述两种观点的关键在于横水和大河口墓地的丧葬礼仪，尤其对大河口青铜礼器僭越现象的正确理解，就是解决该问题的关键所在。下面，将从社会等级的角度，对曲村-天马、横水和大河口墓地出土的大中型墓葬所体现的

---

[1] 山西省考古研究所：《上马墓地》。
[2] [美]罗泰著，吴长青等译：《宗子维城——从考古材料的角度看公元前1000至前250年的中国社会》，147—148页。
[3] 《史记》，1635页。严格来说，"方百里"以晋侯分封于唐时的地理为准，但亦可反映司马迁对晋国初期疆域的理解。
[4] 金正烈认为，晋原封于唐而后燮父迁都于曲村-天马，因此，距离相近，亦与倗、霸两国政治地位无甚联系（[韩]金正烈：〈횡북촌과 대하구：최근 조사된 유적을 통해 본 西周时代 지역정치체의 양상〉（横北村与大河口——从近年来的考古研究成果考察西周时期地区性政治体的发展面貌），《东洋史学研究》第120辑，2012年，48页）。笔者却持与之稍微不同的观点，即横水、大河口墓地年代不早于曲村-天马墓地，可印证倗、霸两国亦在燮父迁都时一同迁去，分别定居于横水和大河口。

主要丧葬形制样态进行对比,以期能为解决该问题提供新的线索。[1]

三、三处墓地的丧葬仪礼:大河口逾制的两面性

绝大多数研究者都认为,墓葬的考古发掘资料反映着墓主及其后人的社会地位。[2] 然而在留下众多墓葬出土资料的商周时代,究竟存在何种统一的丧葬礼仪规范,本身就众说纷纭,莫衷一是。譬如,对于随葬青铜鼎的个数决定墓葬等级的所

---

[1] 虽然在本书中没有着重探讨,但在中国学界有另外一种重要看法:将佣、霸两国解读为传世文献中的国名。对于"佣"的渊源,李学勤和李零认为,佣是传世文献的"鄐"和"冯"(李学勤:《绛县横北村大墓与鄐国》,《中国文物报》2005年12月30日第7版;李零:《冯伯和毕姬——山西绛县横水西周墓M2和M1的墓主》,《中国文物报》2006年12月8日第7版),但张永山持反对立场(张永山:《佣国考》,山西省考古研究所等编:《鹿鸣集:李济先生发掘西阴遗址八十周年·山西省考古研究所侯马工作站五十周年纪念文集》,北京:科学出版社2009年版,228—236页)。对于"霸"的渊源,主要有三种观点:一是"霸"与"柏"通假的看法(冯时:《霸国考》,陕西省考古研究院、上海博物馆:《陕西韩城出土芮国文物暨周代封国考古学研究国际学术研讨会论文稿(二)》,上海:上海博物馆2012年8月13—15日,358—365页;收入陕西省考古研究院、上海博物馆编:《两周封国论衡——陕西韩城出土芮国文物暨周代封国考古学研究国际学术研讨会论文集》);一是"霸"为金文"格"的异体之说(黄锦前、张新俊:《说西周金文中的"霸"与"格"》,武汉大学简帛研究中心简帛网,2011年5月30日);一是否认"霸""格"在金文中通假之说。韩巍认为,在西周金文中,同一个国族采用字形差异很大而字音相近的两个字作为自己的国族名的现象极为罕见,因此,"霸"非为"格"之异体(韩巍:《横水、大河口西周墓地若干问题的探讨》,陕西省考古研究院、上海博物馆:《陕西韩城出土芮国文物暨周代封国考古学研究国际学术研讨会论文稿(二)》,上海:上海博物馆2012年8月13—15日,376页;收入陕西省考古研究院、上海博物馆编:《两周封国论衡——陕西韩城出土芮国文物暨周代封国考古学研究国际学术研讨会论文集》)。谢尧亭则对大河口出土铭文中"霸""格"两字的用法进行全面性的考察,将出土文本中"霸""格"分为A(雨+东/革+月)、B(雨+东+各)、C(格)三类,并发现霸(A)和格(C)有通假之例。谢文进一步提出,佣生簋(《集成》4246)和格伯作晋姬簋(《集成》3952)中的"格伯"皆为"霸伯",且在晋侯铜人铭文中描述为被淮夷所侵而受晋侯相助的格(淮夷伐格,晋侯搏戎)亦是"霸"(谢尧亭:《"格"与"霸"及晋侯铜人》,陕西省考古研究院、上海博物馆:《陕西韩城出土芮国文物暨周代封国考古学研究国际学术研讨会论文稿(二)》,上海:上海博物馆2012年8月13—15日,419—421页;收入陕西省考古研究院、上海博物馆编:《两周封国论衡——陕西韩城出土芮国文物暨周代封国考古学研究国际学术研讨会论文集》)。因为谢尧亭所提出的根据相当可靠,"霸为格"之说似乎值得重视,佣、霸两国之渊源问题,尚待研究查明。

[2] [美] 罗泰著,吴长青等译:《宗子维城——从考古材料的角度公元前1000至前250年的中国社会》,76—80页。

谓"用鼎制度"，很多学者认为自西周初期以来该礼制已大致形成（参见本书105页脚注［1］），而另外一部分学者则认为，同样形制的（大小不同）列鼎（或列簋）组合开始出现于穆王时期，即将西周中期或之后才视为用鼎仪礼规范逐渐确立的时期。[1]当然，持后一种观点的学者亦不否认，西周初期以来墓葬中随葬鼎或簋的个数与墓主身份有关。尽管如此，正如林沄指出的，由于言及用鼎制度的《三礼》内容的片面性甚至相互矛盾之处，以及考古学资料并不完整等因素，试图将周代用鼎制度体系化的尝试，很难摆脱推测和假说之嫌。[2]

因此，宋玲平在梳理山西晋系墓葬后，对周代墓葬制度相关的考古研究提出了以下几点看法：一、正如林沄所指出的，仅靠目前可用的资料很难弄清周代用鼎制度的全貌；二、鼎之用途仍不清楚，难以确定客观标准；三、目前多将列鼎的数量作为判定墓葬等级的标准，然而在列鼎出现之前，亦可将个别鼎的数量作为判断标准；四、仅靠用鼎制度来判断，可能有失偏颇，应当综合考察墓之形制、规模、棺椁制度、用玉、用圭制度、殉车、殉人和殉牲制度等要素。[3]

张明东在分析商周墓葬制度时，也意识到用鼎制度不完善的问题，并认为有无墓道、墓葬形制和墓室规模乃是判断墓主地位的最确凿的根据。[4]古今中外，随葬品的内容、规格、葬俗通常与墓之规模成正比，墓之规模则体现墓主之社会地位和权威。[5]

---

[1] 邹衡、徐自强：《整理后记》，郭宝钧：《商周铜器群综合研究》，207—209页；Jessica Rawson: "Late Western Zhou: A Break in the Shang Bronze Tradition," *Early China* 11-12(1985-1987), pp.290-291；王飞：《用鼎制度兴衰异议》，《文博》1986年第6期，29—33页；曹玮：《从青铜器的演化试论西周前后期之交的礼制变化》，《周秦文化研究》编委会编：《周秦文化研究》，443—455页；杜廼松：《论列鼎制度》，《吉金文字与青铜文化论集》，北京：紫禁城出版社2003年版，276—282页；罗泰：[美]罗泰著，吴长青等译：《宗子维城——从考古材料的角度看公元前1000至前250年的中国社会》，52—55页。

[2] 林沄：《周代用鼎制度商榷》，《林沄学术文集》，北京：中国大百科全书出版社1998年版，192—206页。

[3] 宋玲平：《晋系墓葬制度研究》，10页。

[4] 张明东：《商周墓葬比较研究》，北京大学2005年博士学位论文，38—43页；张明东：《商周墓葬等级序列比较》，《中国历史文物》2010年第1期，36—37页。

[5] [韩]都出比吕志著，古坟文化研究会译：《王陵의 고고학》，果川：진인진2011年版。

然而，在判断西周墓葬等级的分类标准尚未确定，而且西周中后期列鼎制度尚未成熟的情况下，是否存在根据墓主社会地位来决定丧葬礼仪的统一标准呢？在本章节中，将以前述墓葬等级标识为基础，收集尽可能多的与大河口M1和M1017号墓年代相似，且位于半径50公里以内的晋国墓地和横水墓地大中型墓葬的资料，对三个政体的丧葬礼仪进行比较分析。

目前，判别墓地属于中型墓以上的标准也不明确，本书只将随葬品中有两件以上青铜鼎的墓列入分析对象，当然这样的分类也存在争议。本书借鉴宋玲平和张明东的先行研究，主要以墓之形制、墓室规模、棺椁的数量（有无重棺）、有无殉车和车马坑、随葬青铜器的数量和种类等作为指标进行分析。笔者认为殉人、殉牲应属族群固有葬俗，而非身份标识。玉器虽是重要的标识，但因难以划定标准，故将其排除在分析对象之外；而夫妇异穴合葬是西周大墓的常见特征，故将这一指标纳入研究对象。[1]

本书通过上述方法，重新梳理晋西南三个政体的墓葬资料，对西周中后期列鼎制度出现之前是否存在能够判定墓葬等级的统一性指标进行研究，并考察这些指标与青铜礼器数量的关联，进而将结果与同时期其他遗址所呈现的普遍情形进行对比，由此阐明大河口M1和M1017号墓之僭越现象在西周早中期丧葬礼仪制度中的意义。

本章节所关注的大河口M1和M1017号墓的年代分别为西周前期和中期，具体而言，为中期前段（昭王至穆王）和中期中后段（恭王至孝王）。大河口另一贵族墓M2002出土的两件青铜鼎为垂腹，依此推测，该墓葬年代应当晚于M1，当为西周中期。妇人墓M2随葬品中有西周后期鲜见的盉，以及西周中期开始出现的甬钟（1件）。由此推断，两座墓之年代相当接近。[2] 从M2出土甗之铭文（唯正月初

---

[1]［美］罗泰著，吴长青等译：《宗子维城——从考古材料的角度看公元前1000至前250年的中国社会》，135页。
[2] 韩巍：《横水、大河口西周墓地若干问题的探讨》，陕西省考古研究院、上海博物馆：《陕西韩城出土芮国文物暨周代封国考古学研究国际学术研讨会论文稿（二）》，上海：上海博物馆2012年8月13—15日，371—372页；收入陕西省考古研究院、上海博物编：《两周封国论衡——陕西韩城出土芮国文物暨周代封国考古学研究国际学术研讨会论文集》。

吉，霸伯作宝甗，其永用）可知，该器为霸伯所铸，因此无法排除该墓是霸伯夫人墓的可能性。M1034 和 M1033 号墓分别出土青铜鼎 3 件和 1 件，虽然没有发现能推断其年代的线索，但因为大河口墓葬标本有限，本书亦将其作为分析对象。[1]

北赵晋侯墓地中，与大河口 M1 时期相近的，有该墓地年代最早的西周早中期（昭王／穆王）之 M114 和 M113 晋侯与夫人墓，其次是 M13 和 M9 两座夫妇合葬墓。可惜，M114 已被盗，只能通过夫人墓推测其面貌；M9 和 M13 号墓则虽未被盗，但尚无详尽考古报告，只可了解大致情况。晋侯墓地中，与大河口 M1017 年代相近的，即西周中期后段的墓悉数被盗，只能确认其形制和部分墓室规模，故而笔者将列鼎开始出现的西周后期前段的 M91/M92 也列入比较对象之中。[2]

至于晋之贵族所葬的曲村墓地资料，宋玲平基于《曲村-天马》考古报告，[3]对其进行了相当清晰的研究整理，[4]笔者将其论文与考古报告相对比，将三个时期中属于 I～II 期（西周中期）的 8 座中型墓（M6081、M6210、M6195/M6197、M6069、M6231[5]/M6080、M6214）也纳入研究标本，这些墓葬考古发掘情况完好，信息较为确凿完整。

对于横水墓地，则主要参考 M1/M2 号墓葬的考古发掘简报和谢尧亭的博士学位论文中所明示的信息。[6]谢文将共计 204 座墓葬作为分析对象，分成三个时期，年代比较确凿，属于 I 期的有 53 座，II 期有 67 座，III 期有 38 座；随葬青铜器墓葬中 I 期有 7 座，全都随葬 1 件鼎；等级较高的墓葬基本属于 II 期或 III 期。[7]韩

---

[1] 大河口见于山西省考古研究所大河口墓地联合考古队：《山西翼城县大河口西周墓地》，《考古》2011 年第 7 期，9—18 页。
[2] 见于宋玲平的附表 1a 和附表 6（宋玲平：《晋系墓葬制度研究》，66—67 页和 80 页）。
[3] 宋玲平梳理了曲村考古报告中（北京大学考古学系商周组等编著（邹衡主编）：《天马-曲村（1980—1989）》，335—445 页）随葬鼎 3 件以上的墓葬。
[4] 见于宋玲平附表 2a 和附表 8（宋玲平：《晋系墓葬制度研究》，69—70 页和 81 页）。
[5] 宋玲平将 M6231 分类为西周后期墓葬（宋玲平：《晋系墓葬制度研究》，71 页），但 M6231 是 M6080 的合葬墓，应当分类为西周中期墓葬。
[6] 山西省考古研究所：《山西绛县横水西周墓发掘简报》，《文物》2006 年第 8 期，4—18 页；谢尧亭：《晋南地区西周墓葬研究》，吉林大学 2010 年博士学位论文，86—130 页。
[7] 谢尧亭：《晋南地区西周墓葬研究》，吉林大学 2010 年博士学位论文，106 页。

巍亦在横水出土文物（收藏于侯马工作站）的研究报告中，指出以下随葬铜器墓葬的特征：一是随葬品规模较少；二是年代皆晚于西周初期，最早的墓年代在西周前期后段，亦与年代最早的晋侯墓葬（M113/M114 号）相近。随葬青铜器墓葬大部分集中在西周中期（穆、恭、懿王），基本没有年代靠后的墓葬。[1]因此，笔者选择年代至西周中期为止、随葬鼎 2 件以上的 9 座墓（M2158、M2165、M1、M2、M1006、M1011、M2022、M2113、M2056）作为分析对象。笔者在展开具体论述之前先要指出，横水墓地的 M1 和 M2 号墓有相当详尽的考古发掘简报，而谢文所论述的其他墓葬只有比较简略的信息。

如前章所述，晋国墓葬（北赵村和曲村）层次较为分明，国君（晋侯和夫人）与贵族平民分开安置，与此相反，横水和大河口墓地国君（倗伯、霸伯）、贵族与平民一同安置。部分学者据此认为，横水和大河口墓地略呈家族墓地之特征。[2]然而迄今已经发现的西周墓地中，贵族墓葬独立成区的仅有晋侯墓地与 2004 年发掘的周公庙墓地（现被推断为周公家族墓或西周王陵）二例。其他诸侯墓地（琉璃河燕国墓地、辛村卫国墓地等）皆与张家坡井氏家族墓地相同，国君、贵族与平民安置在同一墓域。张明东指出，独立成区的王侯陵墓为晋国大宗所特有，且商周墓地皆呈家族墓特征，并非《周礼·春官》所载的公墓和邦墓之说。[3]西周诸侯国、地区小国和王畿大贵族等政治集团几乎由同一血族构成，因此横水和大河口墓地呈家族墓特征，与其说是该墓地独有现象，还不如说是当时墓地所呈现的普遍情况。

综上所述，笔者将作为研究对象的墓葬主要指标整理如下，见表 3-2。除了前述的墓室面积、棺椁数、有无墓道和殉车、车马坑等，还列出了随葬青铜礼乐器

---

[1] 韩巍：《横水、大河口西周墓地若干问题的探讨》，陕西省考古研究院、上海博物馆：《陕西韩城出土芮国文物暨周代封国考古学研究国际学术研讨会论文稿（二）》，上海：上海博物馆 2012 年 8 月 13—15 日，370 页；收入陕西省考古研究院、上海博物馆编：《两周封国论衡——陕西韩城出土芮国文物暨周代封国考古学研究国际学术研讨会论文集》。
[2] 谢尧亭：《简论横水与大河口墓地人群的归属问题》，山西省考古研究所编：《有实其积：纪念山西省考古研究所六十华诞文集》，374—375 页。
[3] 张明东：《商周墓葬比较研究》，北京大学 2005 年博士学位论文，53 页。

表 3-2 晋国、倗国和霸国墓葬的等级与随葬青铜器对照表

墓号（*女性墓）	（面积）(m²)墓口/墓底[1]	墓道	棺/椁	殉车	车马坑	食器 鼎	簋	鬲/甗	簠	盆	豆	盂	铺	爵	觚	角	尊	卣	觯	斝	方彝	酒器 壶	罍	罐	瓿	斗	水器 盘	盉	匜	乐器 钟	铙	镈	铃	合计
北 M114 盗	23.7/37.4	1	1/1	4	有	2	1									1	2	1	1								1							9？
北 M91	21.8/35	1	1/2	2	有	7	5	2				1	1	2			1	1				2					1	1	1	7				32
北 M92*	25.3/29	1	1/2	无	(有)[2]	2			2																									8
北 M33 盗	24.8/24.8	1	不详	5	有	2	1	1										1										1						6？
北 M9	22.7/？[3]	1	1/1	7	有	8	6										1		1		1						1			4				22？
北 M6 盗	？/？	1	1/1	无	有																													
横 M2158	19/？	无	不详	(有)[4]	有[5]	8	2							4			4	4	1	1		2					1							24
横 M1*	？/23.7	1	1/2	(有)	(有)	5	5	1									1	1	1			2					2	2		5				25
横 M2	16.2/23.4	1	1/2	(有)	(有)	3	1				1			1			1	1									1	2		5				16
大 M1017	17/？	无	不详	无	有	13	6	1		2	2	4	1	7	3		3	3	2		1	1				1	1	1		3			2	58
横 M1011	9~17/？	1	不详	无	有	3	2							2	1		1	1				1												19
北 M113*	13.4/21.84	1	1/1	无	(有)	8	6			1				2					3			1		1	1		1	1		7				28
北 M13*	？/？	1	1/1	无	(有)	5	4															1					1							14
大 M1	13.7/17.4	无	1/1	无	有	24	9	7	1					6	1	1	2	4	8			1		1		1	1	1	1	3	3	2	2	75

[1] 墓室面积取的是墓口和墓底面积的平均值，在数据缺失时，以笔者的判断为准。对墓室面积的正确判断，多需考虑墓室的深度，但是考古发掘报告中相关信息缺失的情况比较普遍。因此，本文没有考虑墓室的深度。
[2] 与 M114/M113 合葬墓，所有晋侯/夫人墓的东边都有一座车马坑。
[3] 刘绪：《晋文化》，北京：文物出版社，2007 年，第 175 页。
[4] 横水墓地中随葬鼎 3 件以上的男性墓和随葬鼎 5 件以上的女性墓中都有殉车（谢尧亭：《晋南地区西周墓葬研究》，第 121 页），因此可以认为本表分析对象中，随葬 3 件鼎以上的几乎所有墓都有殉车。
[5] 据传横水墓地中发现了 21 座车马坑，但没有确实的报告。谢尧亭发现 8 组夫妇合葬墓都有车马坑，而目前还有只随葬 1 鼎和陶器的 1 座墓中有车马坑的情况。因此，他推测墓葬 3 件鼎以上的男性墓基本上都有车马坑（谢尧亭：《晋南地区西周墓葬研究》，第 123 页）。

(续表)

墓号 (*女性墓)	(面积 (m²) 墓口/墓底	墓道	棺/椁	殉车	车马坑	鼎	簋	鬲	甗	盨	盆	豆	盂	铺	爵	觚	角	尊	卣	觯	斝	方彝	觥	壶	罐	瓮	斗	盘	盉	匜	钟	铙	铎	铃	合计
北 M32 盗*	13/16.5	1	1/1	无	(有)																														
北 M7 盗*	?/?	1	1/1	无	(有)																														
曲 M6081	12.7/14.1	无	1/1	无	无	4	2								1			1	1	1								1							12
曲 M6231	11.3/13.4	无	1/1	无	有	2	2	2	1						1			1	1	1				1											12
大 M2*	8.7/14.6	无	1/2	无	不详[1]	3	1		1		1							1										1	1		1				9
曲 M6195	10.6/12	无	1/1	无	有	3	2	1	1																										7
曲 M6210	10.6/9.8	无	1/1	无	有	3	2	1							1			1	1	1															11
横 M2165	9-17/?	无	不详	(有)	有	4	8	3																			1								17
横 M1006	9-17/?	无	不详	(有)	有	3	4		1						2	1		1	1	1	1			1							1				18
横 M2022	9-17/?	无	不详	(有)	有	3	2	2							1	1		1	1	1	1														13
曲 M6080*	8.6/10.4	无	1/1	无	(有)	2	2	2	1																										5
大 M2002	4.6/10.8	无	1/1	无	不详	3	3	2	1																			1	1		1				11
曲 M6197*	7.1/7.3	无	1/1	无	(有)	2	2	2																											6
曲 M6214*	7.3/7.1	无	1/1	无	无	2	2	1	1									1	1	1															9
横 M2113	7-8/?	无	不详	无	不详	2	2																												4
横 M2056	7-8/?	无	不详	无	不详	2	1																												3
曲 M6069*	6.4/?	无	1/1	无	无	3	1	1											1	1															8
大 M1034	4.83/5.9	无	1/1	无	不详	3	2																	1											5
大 M1033*	4.64/5.4	无	1/1	无	不详	1	1																												2
大 M1	13.7/17.4	无	1/1	无	有	24	9	7	1						6	1		2	4	8				1	1		1	1	1		3	3	2		75
长子口	59.7/45.36	2	1/2	无	不详	22	3	2	2						8	8	2	5	6	5		3		2	1		4	1	1		6				85

[1] 大河口墓地发现了24座车马坑，相当多大中型墓的东侧设有车马坑（山西省考古研究所大河口墓地联合考古队：《山西翼城县大河口西周墓地》，第10页），但是没有更明确的报告。

的清单。以墓室的面积大小为序，罗列了曲村-天马、横水、大河口的主要墓葬，因为墓葬规模是在决定其等级方面最没有异议的指标。由此，墓的规模大小和随葬青铜礼器的数量之间的关系也就一目了然。表 3-2 最左列的墓的编号前标出的"北""横""大"和"曲"分别为北赵晋侯墓地、横水墓地、大河口墓地和曲村晋国贵族墓地的简称，"盗"为发掘前已经被盗的墓葬。

在对表 3-2 所列出的指标进行详述之前，有必要先看一下张明东的研究。他对到 2000 年年中为止发掘的大部分西周主要墓葬的资料进行过比较分析，并将其归为 5 个等级，见表 3-3。[1]

表 3-3 张明东所作西周墓葬等级表

等级	特 征	例
1	带四条墓道的墓葬	周公庙[2]
2	带两条墓道或者一条墓道的墓葬	诸侯墓：辛村卫侯墓、北赵晋侯墓等
3	无墓道；墓室面积 10—50 m² 之间；3 鼎 2 簋的食器、酒器和水器组合	王室重臣或者诸侯国卿大夫：周原庄李 M9、曲村 M6081
4	无墓道；墓室面积 4—10 m² 之间；鼎和簋为主（极少数 3 鼎 2 簋墓，大多未达这一指标）	中小贵族
5	无墓道；墓室面积在面积 4 m² 以下；一般不随葬青铜礼器；陶器为主	低级贵族或平民

以上述划分作为参考，将张明东未列入研究范围的横水和大河口墓地的案例，按表 3-2 的顺序与晋墓葬进行比较考察：首先，表 3-2 着重强调的大河口 M1 和 M1017 号墓之墓室面积。M1017 的墓底面积未详，大致比横水大型墓葬横 M2158、横 M1/ 横 M2 略小或者相近，较张明东所归入第二等级之晋侯墓（表 3-2 的北 M114、北 M91、北 M33 和北 M9 等）而言，规模确实要小，[3] 似与晋侯异穴合葬，

---

[1] 张明东：《商周墓葬等级序列比较》，《中国历史文物》2010 年第 1 期，39—40 页。
[2] 学界对周公庙墓地的等级有所争论，但笔者认为张明东是因为 10 座四墓道大墓，将其归为第一级。
[3] 晋侯墓 M1（27.8/32.4 m²）、M8（25.2/37.2 m²）、M64（36.3/34 m²）和 M93（32.1/34.6 m²）的年代稍晚于 M91，但器规模远超过大 M1 和大 M1017。

低一等级之妇人墓[1]（表3-2的北M113、北M32和北M79等）不相上下，然其仍大于张明东划分的第三等级之曲村晋国贵族墓（表3-2的曲M6081、曲M6231和曲M6210等）。综上，仅就墓室面积而言，大河口M1和M1017号墓难以划入张明东所划分的第二等级或第三等级，而是介于两者之间。

横水最大墓葬M2158不带墓道，但倗伯墓（M2和M1011）及其夫人墓（M1）皆有1条墓道。横M1、横M2和横M1011虽然墓室规模小，但仍可归为张明东划分的第二等级。因为，大部分学者将墓道作为衡量商周墓葬等级的重要指标，[2]且此三墓与晋侯墓同，皆为夫妇合葬（M1011报告不明确，但M1和M2确属合葬墓）、重棺椁结构，有殉车、车马坑以及成套的青铜礼乐器，充分满足第二等级的标准。墓葬等级低于前三墓的横M2165,[3]横M1106和横M2022可与曲M6081、曲M6210、M6231相媲美，墓室规模（9—17平方米）和青铜礼器组合（食器、酒器与水器）亦与张明东第三等级相符。而横M2113和横M2056可与曲M6197和曲M6214相媲美，其墓室规模和随葬青铜器亦与张明东划分的第四等级相符。

横水墓地与晋国墓地相同，基本符合张明东的西周墓葬等级划分体系。曲村和横水墓葬（曲M6081、曲M6195、曲M6080、横M1、横M1011和横M1006等）随葬青铜鼎和青铜簋皆遵从西周中期趋于成熟的列鼎制度，[4]且青铜器数量与墓室规模基本成正比。可见，横水与北赵-曲村晋国墓地在墓葬礼制方面同大于异。当然，横M2158号墓等级如何划分[5]（有8鼎和大量青铜器却不带墓道）、青铜器数量与组合不均，以及倗伯（横M2和横M1011号墓）和夫人墓（横M1）规模和礼

---

[1] 张明东将妇人墓亦分为第二级，但其他学者基本都认为晋侯墓和妇人墓之间存在差距（宋建：《晋侯墓地浅论》，上海博物馆编：《晋侯墓地出土青铜器国际学术研讨会论文集》，154页；曹玮：《关于晋侯墓随葬用制度的思考》，《周原遗址与西周铜器研究》，136—138页；谢尧亭：《晋国早期上层社会等级的考察》，《文物世界》2008年第1期，15页；[美]罗泰著，吴长青等译：《宗子维城——从考古材料的角度看公元前1000至前250年的中国社会》，135—137页）。
[2] 欧美学者亦视其为政治特权的象征（至少截止春秋时期）（[美]罗泰著，吴长青等译：《宗子维城——从考古材料的角度看公元前1000至前250年的中国社会》，129—130页）。
[3] 横M2165号墓出土鼎3件和簋8件，超过张明东的第三级标准，但没有出土酒器。
[4] 宋玲平：《晋系墓葬制度研究》，69页；李建生：《新发现的异姓封国研究》，山西省考古研究所编：《有实其积：纪念山西省考古研究所六十华诞文集》，393—394页。
[5] 目前，横M2158号墓的正式报告尚未出版，仍难以下定论。

器数量亚于晋侯墓的原因等问题仍待查明。

这是否暗示了地理位置相邻晋、倗的两个政体在西周早中期就共遵上述墓葬规范？换言之，两地是否存在相同的丧葬礼仪的可能性？当然，即便不是如部分学者所主张的，西周后期在确立起青铜礼器标准（列鼎制）的同时，国家实施了统一的礼仪制度的改革，至少当地存在社会礼仪规范的可能性还是很高的。

大河口两座大型墓葬与同时期的晋侯、倗伯墓大不相同。具体而言，大河口M1、M1017号墓皆不带墓道，无殉车，夫妇不合葬，而且 M1 非为重棺（M1017号墓的棺椁结构尚无法确认）[1]，不满足张明东的第二级别标准。如果这两处墓地也包括在张明东的研究对象之内，则应该被归入第三等级。尽管如此，两座墓葬随葬的青铜礼乐器数量大大超过了第二等级标准。

但问题在于其他大河口墓葬与曲村、横水第三等级以下的墓葬相似，唯独在两座大型墓方面体现了差异。表 3-2 所列的大 M2 和大 M2002 号墓，其墓室的规模和青铜礼器组合大致与张明东划分的第三等级的标准相符；大 M1034 和大 M1033 号墓从规模和青铜器组合来看也符合第四等级。大 M2001 和大 M1034 在青铜礼器组合方面，与大 M1、大 M1017 大不相同，其 3 鼎 2 簋组合可视为受西周列鼎制度影响。发掘者也从横水和大河口墓葬中观察到了西周中期的列鼎制度。[2]

虽然大河口的资料尚未完全公开，但笔者很难相信，地理相近的霸国遵从异于晋、倗两国的丧葬礼仪。因此，随葬大量青铜鼎的大 M1 和大 M1017（分别随葬鼎24 件和 13 件）也应当在晋、倗、霸三国共同的礼制框架下去理解。

同时期的晋侯墓（北M114）遭到严重盗掘，无法推断其完整面貌。但从其配偶之墓北 M113（8 鼎 6 簋）和后代晋侯墓的用鼎（7 鼎 6 簋或 5 鼎 4 簋）来看，北

---

[1] 大 M2 号墓（有可能是霸伯夫人墓）则采用重棺。若正在进行实验室考古的大 M1017 号墓与大 M2 号墓有关系的话，也会采用重棺。
[2] 李建生：《新发现的异姓封国研究》，山西省考古研究所编：《有实其积：纪念山西省考古研究所六十华诞文集》，393—394 页。

M114 至少有 8 鼎以上礼器。尽管如此，其青铜礼器总数远不如大 M1 或大 M1017。

在已发掘的西周墓葬中，随葬青铜礼乐器方面能与大 M1 相媲美的仅有 1997 年发掘的河南省鹿邑太清宫长子口墓葬一座（出土青铜铭文中有"长子口"一名）。[1] 此墓年代为西周早期，带两条墓道，墓主被推断为宋之始祖"微子启"（图 3-7）。墓中发现的青铜礼乐器多于大 M1（75 件），共计 85 件（参考表 3-2 最下行与大 M1 的对照）。具体而言，青铜鼎有 22 件（包括方鼎 9 件，少于大 M1 的 24 件），商代酒器的核心组合爵和觚各有 8 件，核心乐器编铙亦有两套 6 件（图 3-8），青铜礼乐器的组合和数量都保留商代核心地区安阳的豪华气度。对此，长子口考古发掘者表示，该墓出土青铜器中没有发现西周成王以后的器形。[2] 此墓出土的簋与宜侯夨簋极其相似，且鬲、卣等器物亦呈现西周早期至西周中期的特色。[3]

年代略早于 M1 号墓的长子口墓丧葬礼仪，可为我们理解大河口的"僭越"现象提供重要的线索。长子口墓厚葬青铜礼乐器的现象在西周墓葬中极为罕见，且学界普遍认为这是继承了商代的习俗。那么，大河口的两座墓葬大 M1 和大 M1017 之厚葬，也可从相同的语境中去理解。[4]

随葬器物仅次于大 M1 和长子口墓的陕西省宝鸡茹家庄西周中期强伯墓 M1 乙室，有鼎 8 件（方鼎 3 件）和簋 5 件等，共计 42 件。[5] 未被盗的晋侯墓随葬器物数量也徘徊在 30—35 件之间，还不及大 M1 和长子口墓的一半。可见，大 M1 的"僭越"程度之高。大河口墓不仅在青铜礼器数量，还在礼器组合方面呈现与其他

---

[1] 河南省文物考古研究所等编：《鹿邑太清宫长子口墓》，郑州：中州古籍出版社 2000 年版。
[2] 同上注所引书，208 页。
[3] Li Feng: *Landscape and Power in Early China: The Crisis and Fall of the Western Zhou, 1045－771 B.C.* (Cambridge: Cambridge University Press, 2006), p.76.
[4] 湖北省随州叶家山西周墓葬群的 M111 大墓（曾侯墓）出土器物亦可与大 M1 号墓相媲美。据相关介绍（湖北省文物考古研究所：《随州叶家山西周墓地第二次考古发掘的主要收获》，《江汉考古》2013 年第 3 期，3—6 页），此墓有一条墓道，墓室规模甚大（墓口长 13.08—13.48 米、宽 10.10—10.28 米，墓底长 8.08—8.22 米、宽 5.58—5.96 米，为西周墓规模），发现鼎 20 件和簋 12 件等大量青铜器。但是，因其正式报告尚未公布，不予以探讨。
[5] 茹家庄 M1 大墓有一条墓道，墓室规模达 44.1 平方米（卢连成、胡智生：《宝鸡強国墓地》，271—309 页）。

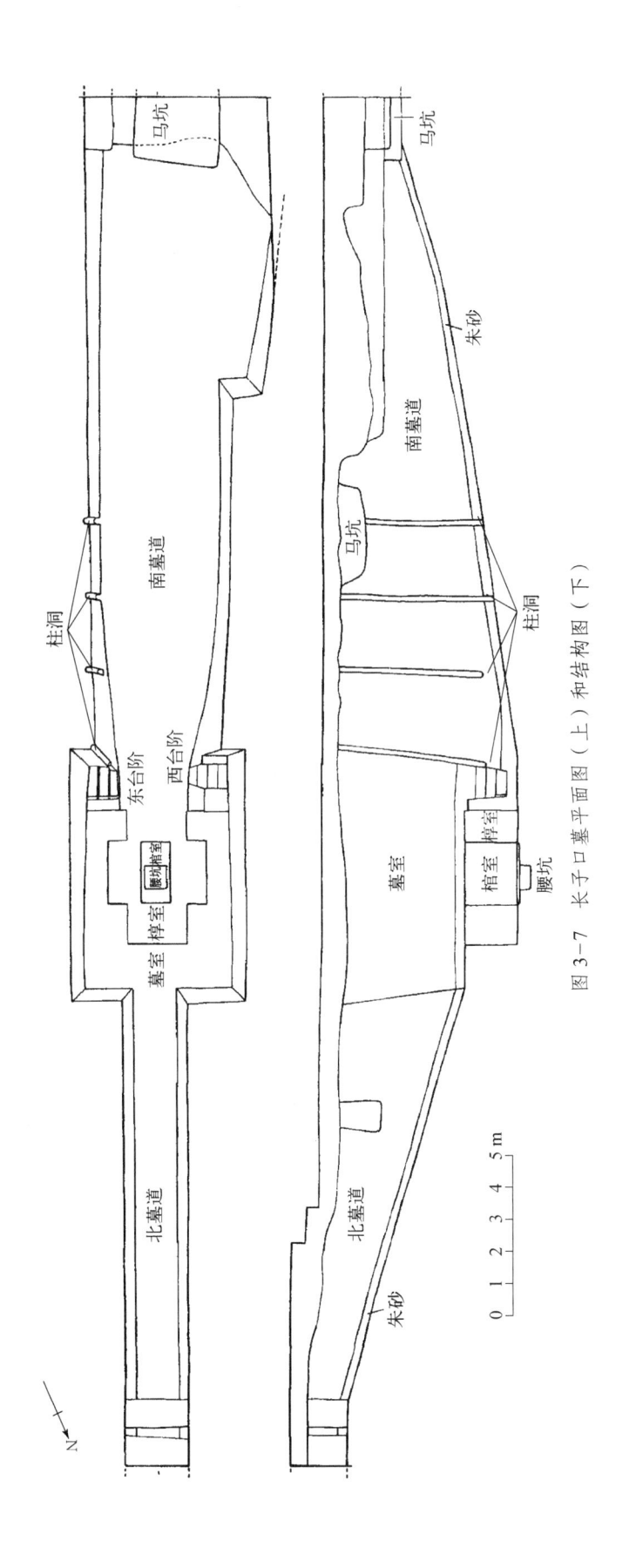

图 3-7 长子口墓平面图（上）和结构图（下）

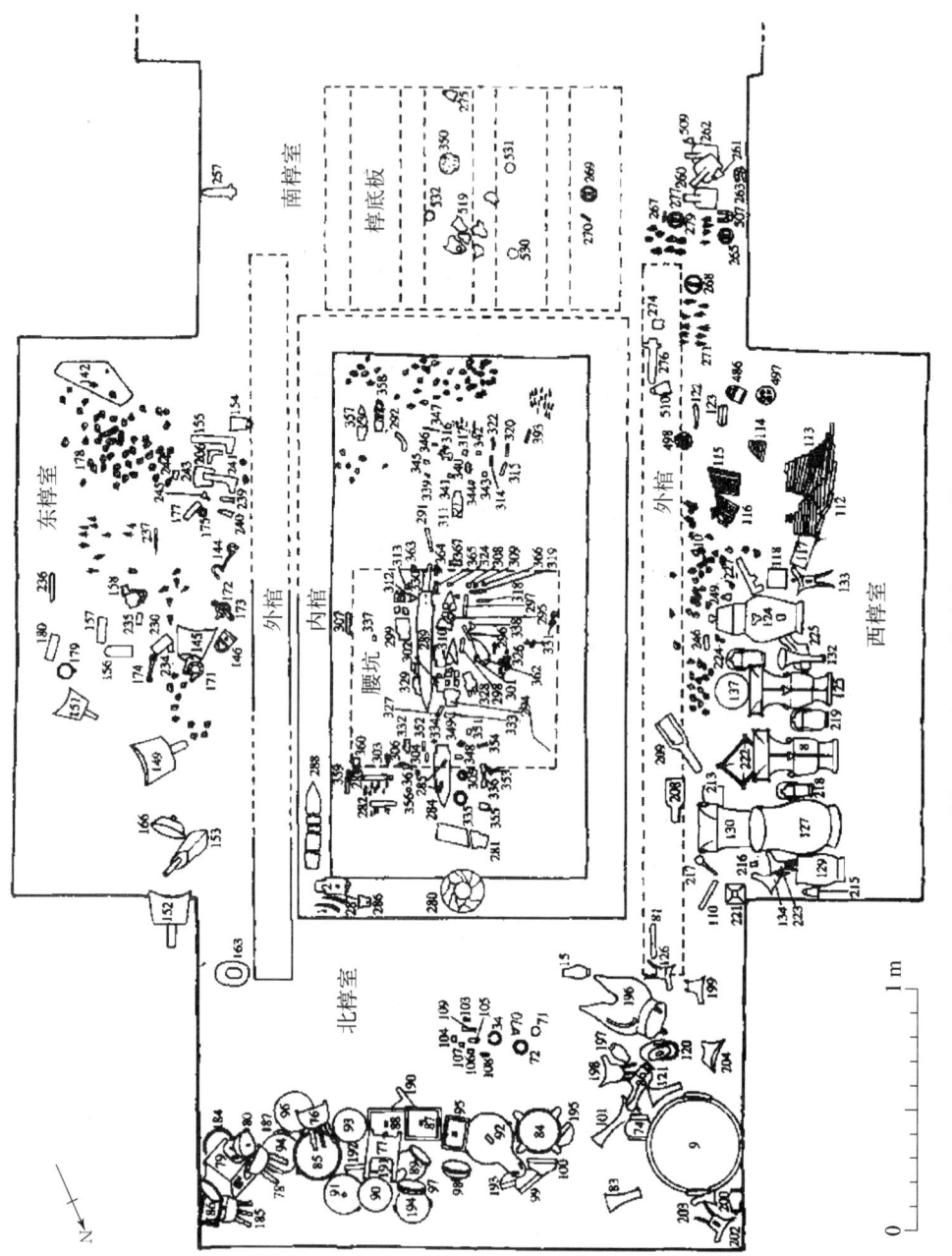

128　晋国霸业——从晋之分封到文公称霸

图3-8　长子口墓随葬品出土情况

西周中期墓不同的特征。西周中后期后，酒器在青铜礼器中的地位被食器取代，在丧葬礼仪中逐渐被忽略，唯独大河口墓葬中重视酒器（尤其是大 M1017 号墓），[1] 如此"逆潮而行"，看似只能从秉持商代礼仪的观点才得以解释。

而另一方面，从长子口墓葬的其他指标来看，有两个墓道、墓室规模大（59.7/45.36 平方米）、重椁重棺等，大河口的墓葬完全难以望其项背。这使得大河口的僭越现象更显突出，同时其内在所包含之限制也展露无余。换言之，长子口墓的规模与厚葬符合商周交替之际，皈依周的商王室最高贵族的身份，因而显得非常自然，而大 M1 和大 M1017 的厚葬与其墓的规模和形制显得极不相称。这种"僭越"现象是否能简单地理解为某个强大政体的首领的逾制？如果更加深入进行推导的话，那么从这种不相称中，是否存在这样的可能性，即被商同化的某个政体后裔，在被纳入周天子麾下，经过了几代人之后，仍存在保持本族的遗习和自主性的热切愿望呢？那么，其规模和厚葬之间的不相称是否能认为是这种热切愿望妥协后的产物呢？换言之，霸的两代首领及其后人是不是在墓的形制和规模上采用了比自己地位低一级的等级标准，从而试图抵消青铜礼器厚葬的逾制呢？又或者在墓葬的建造过程中，显露于外的规模无法违反周的礼仪规范，而在其内部异常华丽的壁龛以及随葬的青铜礼器上则可以无所顾忌呢？如此大规模的青铜器，至少在两处墓葬建成之时，霸如果没有强大的政治经济实力是不可能做到的。

综上所述，大 M1 和大 M1017 的考古资料所体现出的两面性，有可能化解各派学者对倗、霸、晋三国政治地位所提出的"附属"和"独立"之争。至少两代霸伯在建造两座墓葬时，霸国还拥有一定的独立性，以至于在随葬青铜礼器上可以逾制，但不得不接受晋或周王室的监督和管理，故而在其墓葬的形制和规模方面仍遵循周之礼制（或采用低于墓主地位的标准）。霸之发展历程有可能代表了商周交替

---

[1] 大河口两墓略显被西周同化的特征：1. 对食器的重视（出土簋 9 件、鬲 7 件），2. 重要商代酒器觚的总数突减，3. 出土西周典型器物盨和豆。但从整体组合方面看，仍与商代礼制有不少共性。

之时地方小国的普遍情形。我们能够从横水和大河口丧葬礼制之不同，推断地理相近的倗、霸两国发展历程中同中有异，异中有同，倗国比较顺从周天子，霸国却保持相对的政治独立性，同理，天下小国为周所同化的历程也不会完全相同。

笔者认为，以"晋之采邑或附庸""怀姓九宗"和"异姓封国"等"不是从属就是独立"的传统思路去解释倗、霸两国的政体性质问题，容易陷入无谓之争。赵伯雄、松井嘉德和金正烈等基于西周金文研究所提出的概念，即"散在于周邦之天下的万邦或他邦"的概念，[1] 对于解释倗、霸两国的性质更为合理。笔者认为，倗、霸两国至少在西周早中期的一段时期，仍与周保持一定距离，其政体性质类似于"乖伯簋"(《集成》4331) 铭文所记之"他邦"。因此，倗伯和霸伯之"伯"既指"长子"义，又指"邦伯"义。[2]

从此观点看，晋与倗、霸两国的关系及其作用更为明确。从直线距离看，晋与倗、霸二国相距不远。但是，自晋国（曲村）步行至倗国（横水），必须绕过紫金山，即便在交通发达的今天，最短路程亦超过 70 公里。[3] 据"晋侯苏编钟"铭文所载西周后期周王和晋侯远征鲁西平定夷族的内容，当时周军一天行军 10 公里左右（参考本书第四章）。[4] 由此推算，自晋步行至倗，越过紫金山可能需要两三天，绕过紫金山则需要七天。从现在的道路情况来看，自曲村至大河口（霸国）道路也相隔 30 多公里，西周时期估计需要步行一两天。考虑到周代人口密度低，周天子委以晋侯管理倗、霸等周边政体之任，保持政治稳定，也是相当自然的事情。其他周的封国也与晋国相同，理应分封于邦国相对密集的地区。

---

[1] 赵伯雄：《周代国家形态研究》，长沙：湖南教育出版社 1990 年版，13—40 页；[日] 松井嘉德：《周代国制の研究》，东京：汲古书院 2002 年版，30—31 页；[韩] 金正烈：《邦君과 诸侯：금문 자료를 통해 본 서주 국가의 지배체제》(邦君与诸侯——从金文资料看西周国家的支配结构)，《东洋史学研究》第 106 辑，1—49 页。
[2] 金正烈：《横北村과 大河口：최근 조사된 유적을 통해 본 西周时代 地域政治体의 양상》(横北村与大河口——根据金文资料考察西周时期国家统治结构)，《东洋史学研究》第 120 辑，2012 年，47—49 页。
[3] 自古以来一直沿用至今的 532 县道，总长仅为 45 公里，但因其越过紫金山，地形相当险峻。古时走此道路，恐怕很不容易。
[4] Jaehoon Shim: "Jinhou Su *Bianzhong* Inscription and Its Significance," *Early China* 22 (1997), p.56.

第三章　西周时代晋周边的势力　131

总之，"周有天下"后，倗、霸等晋西南邦仍然具有一定的自主性，最后为周邦[1]诸侯晋所吞并。其中，霸归属于晋的年代比较明显。因为，大河口墓地到西周后期呈现明显衰退趋势，随葬大量青铜器的墓葬（如大 M1 和大 M1017）完全消失，可见霸国在西周后期被晋国吞并。[2]

四、小　结

本章对横水和大河口西周墓地考古发掘所引起的一些问题进行了考察。学界对倗、霸两国政治地位普遍采取"隶属"或"独立"的简单看法。笔者认为，两座大型墓葬（大 M1 和大 M1017）僭越周之丧葬礼制反映出霸国的政治地位的复杂性。更进一步，从礼制不对称中可窥得，被商所同化的土著政体在商周交替之际，逐渐融入了周之天下的过程。

谢尧亭认为，山西省西南地区有不少西周遗址，[3]如洪洞县永凝堡，长子县西旺村，闻喜县上郭村和官庄村，长子县景义村，芮城县城关乡柴村和坑头村，侯马市上马村，平陆县枣园村，浮山县桥北村，临汾庞杜，黎城县西关村，河津市山王村，稷山县三交村，新绛县冯古庄以及绛县雎村等。除此之外，还有 100 余处遗址正待考古发掘。西周时期，山西省西南地区（尤其在晋核心地区曲村－天马一带）周邑的分布可见一斑。问题是这些邦邑的政治取向究竟如何。据甲骨文记载，山西省西南地区的政体在商王武丁时期征伐后基本都被商所同化。灵石旌介村和浮山县桥北村、闻喜酒务头的墓葬出土的典型商式青铜器和葬俗也证实了

---

[1] 西周铭文中没有发现晋自称为邦的例子。到春秋时期，晋姜鼎（《集成》2826）、晋公盆（《集成》10342）、国差罐（《集成》10361）中才发现自称为晋邦之例。
[2] 谢尧亭：《简论横水与大河口墓地人群的归属问题》，山西省考古研究所编：《有实其积：纪念山西省考古研究所六十华诞文集》，378 页。
[3] 谢尧亭：《晋南地区西周墓葬研究》，吉林大学 2010 年博士学位论文，1—2 页；谢尧亭：《简论横水与大河口墓地人群的归属问题》，山西省考古研究所编：《有实其积：纪念山西省考古研究所六十华诞文集》，374、381 页脚注 18。

这一史实。

笔者由此推论，武王克商后，山西省西南地区仍有亲商反周情绪。周公之所以伐冀（或唐），并封叔虞于冀，是为了让其在该地控制亲商残余势力。叔虞平定该地后，周天子封叔虞之子燮父（觐公簋中的冀伯）为晋侯（曲村－天马），纳其为周邦，巩固了对山西西南地区的统治权。此时，迁至晋国一带的倗、霸两国走上了不同的发展路径。横水墓地考古发现和倗伯墓（西周中期）横 M2 号墓出土的肃卣铭文[1]证实，倗国此时或早已被周同化。肃卣铭文大意为"肃之兄伯赐肃仆六家，命肃自行从庶人中逮捕，被捕六家庶人与肃争讼。周王下命卑叔、再父、亡父判决肃违反王命，并重新赐肃仆以补偿之。肃辅佐周王东征"，显示周王已可左右倗国讼事，且末尾所记"肃有（佑）王于东征，[2]付肃于成周"亦证实倗已为周所同化。

目前，学界对倗、霸两国的渊源和唐（冀）的位置，众说纷纭。[3]笔者认为浮山县桥北村商周墓地考古发掘为此问题提供了线索。桥北村五座墓葬都有一条墓道，墓室规模较大（以规模最大的 M1 为例，墓口达 21.8 平方米，墓底达 22.6 平方米[4]），墓道中的殉车和车马坑证实墓主之高贵身份，腰坑、殉狗和殉人则呈现商之礼制。此墓葬被盗掘，因而无法确认随葬青铜礼器的详细内容，但其基本特征都反映在横水和大河口墓葬之中，并且出土青铜器铭文记载族徽"先"与甲骨文贞人"先"不无关系。[5]由此推论，倗、霸族群可能是居住在汾河流域族群的后裔。当然，甲骨文中尚未发现倗、霸二字，但上古国名往往起源于后代，譬如晋国的

---

[1] 白（伯）氏易（赐）肃仆六家，曰："自择于庶人。"今厈（厥）仆。我兴，邑竞谏。钼芰衰昔。大宫静王。卑（俾）叔、再父、亡父复付肃，曰："非令（命）"曰："乃兄夗（既）鼻（畀）女（汝），害义。敢禹令尚（赏）女（汝）。"肃有（佑）王于东征，付肃于成周。

[2] 李建生：《新发现的异姓封国研究》，山西省考古研究所编：《有实其积：纪念山西省考古研究所六十华诞文集》，402 页；董珊：《山西绛县横水 M2 出土肃卣铭文初探》，《文物》2014 年第 1 期，50—55 页。

[3] 有些学者认为，唐原在桥北一带（田建文：《"启以夏政、疆以戎索"的考古学考察》，吉林大学边疆考古研究中心编：《庆祝张忠培先生七十岁论文集》，327 页；桥北考古队：《山西浮山桥北商周墓》，《古代文明》第 5 卷，393—394 页；马保春：《晋国历史地理研究》，129—130 页）。

[4] 桥北考古队：《山西浮山桥北商周墓》，《古代文明》第 5 卷，351 页。

[5] 孙亚冰、林欢：《商代地理与方国》，357—358 页。

"晋"起源于燮父移居之地的晋水。[1]

最后，我们还应注意横水和大河口墓地出土的铜器铭文很少提及晋国。倗伯偁簋、叔卣、尚盉以及霸伯簋等铭文都对周王和益公、井（邢）叔等王畿贵族以及与其他封国的关系有所记载，但对晋却仅简单提及通婚关系而已。笔者认为，此与晋国作为周王室之诸侯的政治取向有关。下一章节，将从晋国军事史方面入手，讲述晋国发展历程与政治取向的变化。

---

[1]《史记正义》据《括地志》引《宗国都城记》载"唐叔虞之子燮父徙居晋水旁"，又引《毛诗谱》载"叔虞子燮父以尧墟南有晋水，改曰晋侯"(《史记》, 1636页)。

第四章

从战争金文看西周时代晋国的发展

一、序　论

具体记述晋等西周诸侯国（封国）内部发展情况的传世文献几乎没有。西周金文也是除了与诸侯国有关的战争等特殊情况以外，其他内容都比较肤浅片面。因此一般性叙述西周时期诸侯国的发展面貌不可避免地存在局限性。

尽管如此，最近开始出现根据西周金文推测诸侯国内部情况的研究。尤其是，李峰（Li Feng）在《西周的政体：中国早期的官僚制度和国家》中用一个章节的篇幅介绍了西周国家的另一根支柱"地方封国及地方政府"。[1] 他虽然也承认原始资料的局限性，但尝试考察了西周国家的重要组成部分即封国由何构成，如何运营其政府，以及与西周中央王室的关系等问题。

首先，李峰在其著述中将诸侯国命名为"地方封国"即"regional state"，理由在于，除周王行使的"统治权sovereignty"之外，诸侯国具备作为"国家"必备的所有条件，虽有点含糊不清，但可以使用"state"这一概念。通过西周早期的"宜侯夨簋"（《集成》4320）和"克罍"（《集录》[2] 987）等分封铭文,推定各封国以征服者即诸侯为中心，由移民以及土著族群构成的邑聚集而成。他认为，诸侯在自己的封域之内享有行政、军事等权利，但这些权利是周王赏赐的，因此从理论上来

---

[1] Li Feng: *Bureaucracy and the State in Early China: Governing the Western Zhou* (Cambridge: Cambridge University Press, 2008), pp.235-270.
[2] 以下《集录》指的是《近出殷周金文集录》。

讲,有可能存在权利被没收的前提。

就政府的构成而言,他通过诸侯国铭文发现不仅有相当于王室重要官职"三有司"的司土或大司工等行政职务,也设有书记职务(即作册)、掌管王室业务的膳夫等职务。此外,他还注意到不见于周王室的高层行政职务"太宰"和王室为监督诸侯而派遣的"监"等职务。再加上这些官职仍见于春秋时代,故推测西周诸侯国在执行中央政府赋予的政治和行政功能的同时,仅缩小了其结构特性。当然,虽远不及周王室的发展水平,但封国基本上也具备国家功能,是一个缩小复制版的政治及行政组织。

就与周王室的关系而言,李峰首先重点关注的是晋侯墓地时代最早的墓葬M114所出"叔夨方鼎"(《集录二编》320)铭文中在成周出席大祭典一事。此器物是为纪念晋始祖唐叔虞或第二任国君燮出席周王主持之祭典而铸。李峰在其著述中一同列举了与之类似的西周早期其他诸侯国之铭文,从分别记述邢侯和燕侯到宗周朝见周王的麦方尊(《集成》6015)和燕侯旨鼎(《集成》2628)铭文可知,诸侯国与周王室来往频繁。最后,他通过相当多的战争金文,强调了周王室和诸侯国之间密切的军事关系。他还下定结论:诸侯国虽拥有与周王同等的行政权和军事权,但非独立王国,而是从事王室义务的西周国家代理人(agent)。因此李峰将西周国家表述为"权力代理的亲族邑制国家(delegatory kin-ordered settlement state)"。[1]

李峰尽可能地根据当时可参考的诸侯国相关铭文进行了实证性研究,与既有研究大不相同。尤其是,他提出的周王任命官职的册命金文中记载的西周中期以后官僚制之特性,以及以邑为基础结合该社会之族属秩序的折衷模型所提供的重要意义。尽管如此,他所得出的诸侯国为中央政府缩小复制版的结论,与既有研究相差无几。他甚至还提示因资料的局限而难以一般化的风险,并承认其对诸侯国政府结

---

[1] Li Feng: *Bureaucracy and the State in Early China: Governing the Western Zhou* (Cambridge: Cambridge University Press, 2008), pp.294-298.

构的研究是未来有待进一步探讨的试论。[1]

笔者也认为，以目前可参考的资料来探明诸侯国整体结构或发展情况存在着相当大的局限性。因此本章节在探究西周时期晋国发展情况时，与其承担其风险，不如将重点放在李峰也同样关注的军事关系上。因为在关于诸侯国的青铜器铭文中，内容最丰富的战争金文在一定程度上可为实证研究提供支持。为此，需先了解西周王国的军事力量构成。

二、西周军事力量构成与王权的特点

西周军事史研究大体上一直聚焦于被推断为周王室军队的"西六师"和"殷八师"。[2] 20世纪60年代，于省吾和杨宽围绕其性质展开了争论，分别提出军事屯田制和乡遂制之不同见解。对于西周军事力量的构成，大部分学者同意西六师和殷八师作为强大的王室常备军而存在，设定了以王室为中心的系统性的一元化军事体制。[3]

然而，这一立论应以颇具组织化的行政或官僚体制作为其前提。这也是对西周官僚制的发展持怀疑观点的白川静，推定当时军队也是以氏族为基础的理由。[4]吕

---

[1] Li Feng: *Bureaucracy and the State in Early China: Governing the Western Zhou* (Cambridge: Cambridge University Press, 2008), p.249.
[2] 于省吾：《略论西周金文中的"六自"和"八自"及其屯田制》，《考古》1964年第3期，152—155页；于省吾：《关于〈论西周金文中六自八自和乡遂制度的关系〉一文的意见》，《考古》1965年第3期，131—133页；杨宽：《论西周金文中"六自""八自"和乡遂制度的关系》，《考古》1964年第8期，414—419页；杨宽：《再论西周金文中"六自"和"八自"的性质》，《考古》1965年第10期，525—528页；叶达雄：《西周兵制的探讨》，《台大历史学报》1979年第6期，1—16页；徐喜辰：《周代兵制初论》，《中国史研究》1985年第4期，3—12页；陈恩林：《试论西周军事领导体制的一元化》，《人文杂志》1986年第2期，71—76页；李学勤：《论西周金文的六师、八师》，《华夏考古》1987年第2期，206—210页；王贻梁：《"师氏"、"虎臣"考》，《考古与文物》1989年第3期，61—76页。
[3] 陈恩林：《先秦军事制度研究》，长春：吉林文史出版社1991年版，51—67页；Li Feng: *Bureaucracy and the State in Early China: Governing the Western Zhou* (Cambridge: Cambridge University Press, 2008), pp.77-83。
[4] [日]白川静：《金文通释》，神户：白鹤美术馆1962年版，第13辑。63、726、734页。

建昌也从相似的角度，认为被很多学者作为基本素材的《周礼》所暗示的西周有体系的军事制度，是春秋时代以后，诸侯间竞争导致军事力量增强的产物，反映了东周以后的情况。他还指出，除西周王室的常备军之外，诸侯与族属的军队也有可能发挥了重要的作用。[1]

笔者在《金文所述的西周军事力量结构与王权》的论文[2]曾批评将理解西周国家和王权的关键——军事史研究，侧重于以可信度受质疑的《周礼》纪事为基础的制度上，并且还围绕不被大部分研究者关注的60多件战争金文，通过对实际参战者和势力的分析，探索了组成西周军队的成分和几个特性。

第一，见于战争金文的实际参战者或势力大体上可分成三种：（1）王与王室的专业军队；（2）公、伯、师等官吏在内的王畿内权势者军队；（3）王畿以外的诸侯军队。值得一提的是，记述周王参战的金文占30%，但提及六师和八师等常备军的金文只有3件。被推定为专业军事组织的师氏或虎臣的参战内容，在60多件金文中也仅有5件，占比不大，甚至在铭文中还常见王公依靠以族长之名标示的特定族属军队，其意义为何？即使考虑到金文具有为凸显个人而记事的特性，但王室专业军队的参战频率如此之低，这让人怀疑迄今研究者皆认同的说法，即强大无比的王室常备军是否真正存在。

第二，需探讨强大常备军之说的起源即军事方面的专业性。李峰与大部分的中国学者皆指出，为彰显西周政体的官僚制特点，当时有可能出现文官与武官的功能分化。他根据记录特定个人官职任命仪式的众多册命金文，分析了负责引导受命者接见周王的类似监护人的"右者"和受命者均来自类似行政单位的案例，其所展开的论证引人注目。[3]举例而言，右者为司土或司工的，赐给受命者的职务与民间行政有关；右者为西周中晚期权势者穆公、武公和司马井伯的，大部分被赐予军事方

---

[1] 吕建昌：《金文所见有关西周军事的若干问题》，《军事历史研究》2001年第1期，91—93页。
[2] [韩]沈载勋：《금문에 나타난 西周 군사력 구성과 왕권》（金文所述的西周军事力量结构与王权），《中国史研究》第41辑，2006年，1—77页。
[3] Li Feng: *Bureaucracy and the State in Early China: Governing the Western Zhou* (Cambridge: Cambridge University Press, 2008), pp.119—134.

面的职务。因此主张当时的人事体系有文武之分。

然而,仔细探究李峰所分析的册命金文,就会发现这一主张需重新考虑。就李峰所提及的穆公,虽有参与军事职责的赏赐,但哉簋(《集成》4255)记述哉被任命掌管王室籍田的司土,其右者为穆公。司马井伯也同穆公一样与军事相关职务有关,但将其记述为右者的利鼎(《集成》2804)和七年趞曹鼎(《集成》2783)铭文记载他分别参与了内史和宰之任命。司马井伯在永盂(《集成》10322)和五祀卫鼎(《集成》2832)中也被记载曾涉及土地赐予或纠纷事宜。[1]因此,即使认定穆公和司马井伯在与军事相关的册命上发挥了重要作用,但他们有涉及文官行政的事实告诉我们,文武功能分化在西周时期仍是遥远的事情。这从时常能见到的属于文官职位的有司或史参战的内容、[2]与武官职位有关的师某或师氏担任军事以外的多种职务中也可见一斑。受王册命的高层官僚可能几乎都有一支自己族属的军队。

第三,形成西周军队的联合性及其根基的"重层性私属关系"。[3]从迄今为止已公布的西周战争金文中可以看到,由单一军队组织的军事力量实属罕见。即便与周王一起出击的很多个人中,一部分可能属于常备军,但将大部分的人视为族邑之长也许更合理。虽亦有周王联合诸侯作战的情况,但很有可能受王命的公不仅派出自己和王室的军队,还动员有私属关系且具备军事力量的族属联合作战。特定地区

---

[1] [韩] 沈载勋:《金文에 나타난 西周 군사력 구성과 왕권》(金文所述的西周军事力量结构与王权),《中国史研究》第41辑,2006年,56—59页。
[2] "史"在簋鼎(《集成》2740)、员卣(《集成》2731)、五年师旋簋(《集成》4216)、史密簋(《集录》489)等铭文记载中曾参加战役,"有司"在簋鼎(《集成》2740)、戒簋(《集成》4322)等铭文中也有同样记述。
[3] "私属"一词从《左传》借用。宣公十七年(前592年),晋景公为使齐顷公参与其会盟,派郤克出使齐国。坐在帷幕中观看的齐顷公母亲嘲笑郤克的瘸腿,郤克大怒,发誓要报复,回国后请求晋景公攻打齐国。晋景公不许,郤克则请求派其"私属"出击。杜预将私属解释为"家众",杨伯峻将其理解为家族私兵(杨伯峻:《春秋左传注》,771—772页)。当然,西周战争金文所示的公等权势者以及听从其命令参战的个人或族属之间是否存在血缘关系并不明确,也不太清楚如同《左传》中的"私属"是否具有私有的概念。然而,若至少能将其视为由私人关系结成的同质集团,用"私属"来表述也无妨。笔者将见于西周晚期禹鼎铭文的武公和禹之关系视为私属关系的典型例子,而朱凤瀚将其解释为家主(君)和家臣的关系(朱凤瀚:《商周家族形态研究》,天津:天津古籍出版社2004年版,348页)。

的首长"伯"也会率领王室军队或由自己的私属组成的军队。受王命率军远征的师某等王室官僚也曾率领自己的军队和王室军队，并与征伐地附近的诸侯等亲周势力组成联合军。笔者认为基于"重层性私属关系"的军事力量之联合性，能为理解西周王和国家特性提供重要的线索。

第四，是否存在一元化的军事体制。笔者在前文中也曾强调，西周时期既不存在强大无比的常备军，也无文武之分，这可以被视为当时不存在一元化军事体制的依据。但这一脆弱性并不一定能成为否认西周时期存在一元化军事体制的依据，反而从大部分的战争金文中可以看到，几乎在西周整个时期，除局部战役之外，周王在所有重要战役中皆掌握了主导权。另外，周王有可能根据战场位置调整军事力量构成，在与王畿相近的猃狁等西北侧战场主要派遣权势者或由其私属组成的单一军队；而长期远征淮夷或东夷时，则派遣多个族属的军队或诸侯国军队组成联合军。周王的常备军或专业军队大部分只被用于东方远征。因此可以推测尽管周王未具备非常强大的常备军，但他站在以王畿内多个权势者和王畿外诸侯为中心的"重层性私属关系"之顶点，扮演了统帅的角色。这种保持圆满状态的私属关系可能在西周的军事力量运用方面起到了至关重要的作用。当然，在整个西周时期，应该没有形成按照一元化且统一的军事构成体系来运用军事力量，而且根据周王的力量或发展历程来看，一元化会有程度上的不同。即便如此，从战争金文所记载的军事力量构成可以推测，直至西周晚期宣王时，虽不严格但应该存在持续运用以王室为中心的一元化的军事力量。

笔者认为尽管不存在强大的常备军，但应该保持了周王作为顶点的一元化军事体制。这一折衷的观点为解决围绕西周王权性质的争议提供了线索。此争议在 1970 年由最先对西周国家使用"帝国（Western Chou Empire）"之称的顾立雅（Herrlee G. Creel）所引发。顾立雅根据金文，将西周君主推断为具有强大力量的帝国统治者即皇帝（emperor）。[1] 对此，吉德炜（David N. Keightley）在对顾立

---

[1] Herrlee G. Creel: *The Origins of Statecraft in China: Volume One The Western Chou Empire* (Chicago: University of Chicago Press, 1970), pp.x-xi.

雅著作的书评中提出反驳，指出西周君主只不过是薄弱联盟的"多位统治者之第一人（primus inter pares）"。[1] 与吉德炜同为研究古代中国的西方权威学者夏含夷（Edward. L.Shaughnessy）之反驳意见认为，周王统治广大范围一事并没有确凿的证据。他认为从作为西周史原始资料的金文中只能窥见，周王室只在都城（今陕西省与河南省部分地区）积极确保了统治权。因此有别于大部分的中国学者，[2] 夏含夷假设西周未具备能有效统治广大区域的发达的政府结构，并推测周王的权威也未延伸到黄河中下游流域。[3]

　　针锋相对的不同主张都有优缺点，而这对理解离中央集权制还相当遥远的西周时期而言，可能是一种很自然的现象。周王远征东夷或淮夷一事仍见于西周晚期金文，近期发现的西周中晚期引簋铭文记载了周王掌握齐国军队即齐师一事（见后述），由此可知，吉德炜和夏含夷低估了王室的力量。顾立雅也认定西周的官僚制或行政力量不足以率领帝国，并将其著作中讨论西周国家性质的最后一章标题定为"西周之两难"。[4] 因此，李峰探讨多方面的论点后，承认西周国家的这一局限性，并提出能囊括王与诸侯国的折衷之说即"权力代理的亲族邑制国家"。李峰为强调西周的官僚制特点而断定了强大常备军的存在，这与笔者的理解相悖。当然，笔者也不否认西周王室拥有比诸侯国或其他地区政体相对更强大的军事力量。依笔者来看，鉴于西周军事力量的联合性更明显于常备军的存在，笔者对西周军事力量构成的折衷解释也不一定与李峰的主张相矛盾。而这种军事联合的另一重要支柱就是诸侯国军队。

---

[1] David N. Keightley: "Review for Creel's *The Origins of Statecraft in China*", *Journal of Asian Studies* 30.3 (1970), pp.655-658.
[2] 尤其是，杨宽指出西周王朝有卿事寮和太史寮之分，具备相当发达的政府结构（杨宽：《西周史》，上海：上海人民出版社1999年版，313—371页）。
[3] Edward L. Shaughnessy: "Historical Geography and the Extent of the Earliest Chinese Kingdoms," *Asia Major* 3rd ser., 2.2 (1989), pp.13-22; Edward L.Shaughnessy: "Western Zhou History," *The Cambridge History of Ancient China: From the Origin of Civilization to 221 B.C.* ed. by Michael Loewe and Edward L. Shaughnessy (Cambridge: Cambridge University Press, 1999), pp.311-313, 317-319.
[4] Herrlee G. Creel: *The Origins of Statecraft in China: Volume One The Western Chou Empire* (Chicago: University of Chicago Press, 1970), pp.417-443.

三、诸侯国军事力量的运用与晋的特殊地位

（一）西周前期的状况与晋的角色

在迄今发现的战争金文中，有诸侯国参战记录的西周早期金文并不多，目前仅有被推定为穆王以前的诸侯参战铭文3件，以及虽不是战争金文，但能推测诸侯国相关角色的铭文1件。其原因有可能在于诸侯国参战频率较低，而更大的可能是与青铜器和铭文铸造能力有关。最近在王畿以外地区发现了相当多的西周青铜器，由此几乎可以确定，封国或地区政体拥有能自行铸造青铜器的作坊。[1]即便如此，这些地区发掘的青铜器总数，仍无法与周王室中心地——周原等陕西省一带发现的青铜器数量比拟。闵厚基最近基于计量学对出土于中国各地的带有铭文的西周青铜器进行了分析，研究结果显示，其中心地陕西省约有1031件，河南省448件，山西省137件，山东省134件。[2]除周王室的中心地陕西省与河南省之外，晋国所在地山西省出土最多，但也仅为陕西省出土数量的13.2%。

在此基础上，首先分析一下年代被推定为康王至昭王时期的鲁侯尊（《集成》4029）之铭文（图4-1）。

---

[1] [日]松丸道雄：《西周青铜器中の诸侯制作器について：周金文研究，序章その二》，《西周青铜器とその国家》，东京：东京大学出版会1980年版，137—182页；Li Feng: "Literacy Crossing Cultural Borders: Evidence from the Bronze Inscriptions of the Western Zhou Period (1045-771 B.C.)," *The Museum of Far Eastern Antiquity* 74, (2002), p.239. 当然，迄今为止尚未发现能够查明在封国铸造青铜器的具有陶范等物的青铜器作坊遗址。但是最近主导被推定为西周中晚期至春秋中期莱国遗址的山东省龙口市归城城址考古调查的李峰指出，在此过程中发现一件陶范（私人联系，2011年11月3日）。关于归城城址的发掘资料可参见中美联合归城考古队：《山东龙口市归城两周城址调查简报》，《考古》2011年第3期，30—39页。
[2] [韩]闵厚基：《西周시대의 宗周와 그 주변》（西周时期宗周及其附近），《中国古中世史研究》第40辑，2016年，70—71页；[韩]闵厚基：《西周王朝의 晋，豫，燕 지역의 封建：山西，河南，河北，北京，辽宁，天津，内蒙古 지역 유지와 명문 출토지 분석》（西周王朝晋、豫、燕的封建：山西、河南、河北、北京、辽宁、天津、内蒙古遗址铭文），《东洋史学研究》第134辑，2016年，5页，16页；[韩]闵厚基：《西周시대의 山东：有铭 青铜器 출토지 분석을 통해본 山东 지역 封建》（西周时期的山东：根据有铭青铜器出土地分析探讨古代山东地区的封建），《历史学报》230辑，2016年，72页。

第四章　从战争金文看西周时代晋国的发展　　143

图 4-1　鲁侯尊（左：高 22.2 cm，口径 20.7 cm）及其铭文（右）（上海博物馆）

唯王令明公遣三族伐东或，在㳄，鲁侯又（有）囻工（功），[1]用作旅彝。

有人提出铭文中的两个主体明公和鲁侯为同一人。[2]然而，有鉴于同一时期的令方彝（《集成》9901）铭文记载王命周公子明公（或明保）在王畿内担任重要官职，[3]所以被推定为王畿高层官吏的明公和治理鲁国的周公后裔鲁侯明显是不同人物。[4]因此，在奉王命随中央官吏或权势者明公参加的战役上，鲁侯建立了功勋，如此解释可能更加合理。铭文中的地名"㳄"目前尚无明确观点，但从"伐东或"

---

[1] 如下注所示，铭文中有"囻工"一字。郭沫若将"囻"解读为"过"，并解释为"过功"即"优越的战功"（郭沫若：《两周金文辞大系图录考释》，11 上—11 下页），但其含义并不明确。然将"工"视为"功"不存在分歧，因此可以确定鲁侯不管以何种方式在该区域立下了功劳。
[2] 郭沫若：《两周金文辞大系图录考释》，11 上页。《殷周金文集成》也称为"明公簋"，但应该将作器者视为在明公率军出征的东国战役上建立功勋的鲁侯。白川静也指出根据铭文的解读，称其为鲁侯簋更妥当，但因其以"明公簋"闻名，故使用旧称（[日]白川静：《金文通释》，神户：白鹤美术馆 1962 年版，第 3 集，13，140 页）。过去的研究者仅依据铭文推定此器为簋，但收购此器的上海博物馆根据实物确定其为尊（陈佩芬：《夏商周青铜器研究》西周篇，上海：上海古籍出版社 2004 年版，136 页）。
[3] 王命周公子明保（明公）尹三事四方，受卿事寮……。
[4] 陈梦家：《西周铜器断代》，北京：中华书局 2004 年版，24 页；[日]白川静：《金文通释》，神户：白鹤美术馆 1962 年版，第 3 集，13，136—137 页。

的王命中可以推测，极有可能是位于山东省西部距离鲁国不远之处。鲁侯尊可能是为纪念鲁侯同周王室派遣的明公军队"三族"出征讨伐邻近地区建功立业而铸造的。西周早期的铭文较短，仅靠这21字铭文很难推论这次战役的具体情形。尽管如此，下文将要详细叙述的西周晚期战争金文，亦能反映从周王、王畿权势者（明公或其军队）到邻近战场的诸侯（鲁侯）的指挥体系。有可能是受王命由王室派遣的明公率领其军队，并指挥鲁侯，主持了这场战役。[1]

1978年，河北省元氏县西张村出土的器物，其铭文引人注目。在可能属于昭王时期的西周墓葬中，除成套的青铜器9件之外，还发现了臣谏簋（《集成》4237），作器者为臣谏。铭文记载邢侯在名为"軧"的地区，对被称为"戎"的敌军发起了战斗。西周金文中的"戎"，与其说是指称西方特定族属的专有名词，不如说是统称敌人的普通名词。[2]邢侯击退戎后命令谏守护此地，臣谏用皇辟（意为有威严的君主）称邢侯，可见其有可能是邢侯的私属（图4-2）。[3]铭文中值得一提的是，通过其中的"从王……"句子中可以推测，邢侯对臣谏的命令是在周王室的命令体系下完成的。[4]就此战役的战场"軧"之地理位置而言，李学勤论证今流经西张村附近的"槐水"相当于《汉书·地理志》"元氏县"中所称之古代泜水，并推定铭文中的"軧"之地名来源于泜水。[5]西张村位于被推定为邢国都城的今邢台以北约70公里处，故可解读为邢侯受王命击退出现在距离其

---

[1] 李峰也从鲁侯尊（明公簋）铭文注意到中央权力和地方势力为攻击边疆敌人而合作的事实（Li Feng: *Landscape and Power in Early China: The Crisis and Fall of the Western Zhou, 1045-771 B.C.*, Cambridge: Cambridge University Press, 2006, p.313）。
[2] 沈载勋：《「周书」의 "戎殷" 과 西周 金文의 戎》（《周书》的"戎殷"与西周金文的"戎"），《东洋史学研究》第92辑，2005年，14—32页。
[3] 唯我大出于軧，邢侯搏戎，徣令臣谏以□□亚旅处于軧，从王□□。臣谏曰："拜手稽首，臣谏□亡母弟引庸（乃）又长子□，余券皇辟侯令肆服，［作］朕皇文考宝尊……。"
[4] Li Feng: *Bureaucracy and the State in Early China: Governing the Western Zhou* (Cambridge: Cambridge University Press, 2008), p.265.
[5] 李学勤、唐云明：《元氏铜器与西周的邢国》，《考古》1979年第1期，58—59页。李峰也认为"軧"位于距离发现西周墓葬的西张村不远之地（Li Feng: *Landscape and Power in Early China: The Crisis and Fall of the Western Zhou, 1045-771 B.C.*, Cambridge: Cambridge University Press, 2006, p.68）。

第四章　从战争金文看西周时代晋国的发展　　145

图 4-2　臣谏簋（左：高 13.1 cm，口径 17.3 cm）及其铭文（右）（河北省文物研究所）

封地不远处的戎，同时让其私属臣谏守护此处。虽然铭文中未提及王室派军一事，但臣谏簋铭文记载邢侯参战，从周王主持出征的观点来看，与鲁侯簋铭文的样式应相差不大。

　　然而，位于山西省西南部曲沃-翼城一带的晋国却呈现不同的面貌。1991 年上海博物馆收购的穆王时期的昌鼎铭文记载了晋侯命令昌追击敌军，至距离晋国都城以南 25 公里处的绛县横水地区之佣。晋侯赏赐俘获追击对象而建功的昌，昌作器以纪念（图 4-3）。[1]这可以推测如同臣谏簋铭文所记邢侯与臣谏之关系，晋侯是命令其私属昌，防御临近封地之佣[2]或镇压该地骚乱的。然而值得一提的是，该铭文只字未提周王。笔者曾通过此铭文推定，诸侯可以在临近封地的有限地区独自作战。[3]迄今再未发现记录诸侯未受王命而独自作战的铭文，但诸侯国独自执行局部战争任务的可能性极高。

---

[1] 唯七月初吉丙申，晋侯令昌追于佣，休有禽。侯蔑昌皋冑，冊，戈，弓，矢束，贝十朋。兹休用作宝簋，其子子孙孙永用（马承源：《新获西周青铜器研究二则》，《上海博物馆集刊——建馆四十周年特辑》第 6 期，上海：上海古籍出版社 1992 年版，153—154 页）。
[2] 金正烈：《횡북촌과 대하구：최근 조사된 유적을 통해 본 西周时代 지역정치체의 양상》（横北村与大河口——从近年来的考古研究成果考察西周时期地区性政治体的发展面貌），《东洋史学研究》第 120 辑，2012 年，30 页。
[3] 沈载勋：《金文에 나타난 西周 군사력 구성과 왕권》（金文所述的西周军事力量结构与王权），《中国史研究》第 41 辑，2006 年，52—53 页。

图 4-3　冒鼎（左：高 30.8 cm，口径 27.8 cm）及其铭文（右）（上海博物馆）

2007 年，孙庆伟发表的鼓（韦）甗（《集录二编》126）铭文虽非参战纪事，但在探讨西周早期晋国角色方面有重要的参考价值。[1] 该器是 2000 年发掘北赵晋侯墓地 M114 时，据之前因盗掘而被炸毁的墓葬中出土的数十件铜器残片修复而成，现藏于北京大学。器物内部铸有铭文，其中可识别的有 43 字。笔者在本书第二章提及晋侯墓地时曾推定，M114 的年代约为西周早期昭王前后时期，墓主为晋国第二任统治者燮父。首先看一下经复原的铭文（见图 2-5）。

唯十又二月，王命南宫伐虎方之年。[唯] 正月既死霸庚申，王在宗周，王□□鼓使于鋚（繁），赐贝 [五] □。[鼓] 扬对王 [休]，用作□□□ [彝]。子子 [孙孙] 永□□□。

上述铭文可能与《竹书纪年》"昭王十九年"南征，即伐楚纪事有关，而昭王

---

[1] 孙庆伟：《从新出鼓甗看昭王南征与晋侯燮父》，《文物》2007 年第 1 期，64—68 页。下面关于韦甗铭文的论点均引用此文，不另外说明。

第四章　从战争金文看西周时代晋国的发展　　147

时期的众多铭文均记载了这场战役。[1]其中，王命南宫讨伐南方虎方的史实亦见于中方鼎（《集成》2751）铭文，孙庆伟和李学勤将该场战役理解为昭王十九年伐楚前一年，为远征南方准备的过程。[2]韦甗铭文中，王命韦的"正月"是王命南宫的十八年正月，还是翌年十九年正月不得而知。[3]不管如何，昭王派韦至名为繁的地区执行了重要任务，韦圆满完成了该工作。韦被派遣的繁也许是班簋（《集成》4341）、晋姜鼎（《集成》2826）、戎生编钟（《集录》27—34）、曾伯霁簠（《集成》4631）、繁粱之金剑（《集成》11582）等铭文中所提及的繁汤或繁阳。当时繁阳既是通往淮水地区的南北交通枢纽，又是青铜的集散地，一般都推定其位于今河南省南部新蔡县一带。[4]故有可能昭王在正式讨伐楚国之前，将韦派遣到繁，保卫以繁阳为中心的交通要道并事先防备后方威胁。[5]

孙庆伟认为该铭文中的韦可以理解成被推定为M114墓主的晋国第二任诸侯燮父之字，故视燮父和韦为同一人。李学勤则指出当前此问题尚难断言，但可以推测韦是晋人。[6]晋侯墓地所出青铜器铭文上的诸侯名与《史记·晋世家》所记之名不合已是众所周知的事实，而且亦有将其分别视为字和名之观点，[7]因此尚不能完全排除孙庆伟的推定。

正因如此，若能将晋侯墓地所出铭文中的韦视为与晋有关的人物，即便韦甗铭文非战争纪事，该器也能为研究晋国在西周昭王时期扮演的角色提供重要的资料。被推定为晋国都城的山西省西南部曲沃-翼城地区距离繁阳所在地河南省新蔡县，

---

[1] 基于昭王南征相关金文的军事活动参见沈载勋：《금문에 나타난 서주 군사력 구성과 왕권》（金文所述的西周军事力量结构与王权），《中国史研究》第41辑，2006年，12—16页。
[2] 李学勤：《论䱭甗铭及周昭王南征》，《通向文明之路》，北京：商务印书馆2010年版，108页。
[3] 孙庆伟认为十八年，而李学勤以文献或古文字没有大事记被颠倒的情况为由，认为十九年更妥当。
[4] 沈载勋：《戎生编钟과 晋姜鼎铭文 및 그 历史의 意义》（戎生编钟和晋姜鼎铭文及其历史含义），《东洋史学研究》87，2004年，26—28页。
[5] 李裕杓：《新出铜器铭文所见昭王南征》，朱凤瀚主编：《新出金文与西周历史》，上海：上海古籍出版社2011年版，277—278页。
[6] 李学勤：《论䱭甗铭及周昭王南征》，《通向文明之路》，108—111页。
[7] 裘锡圭：《关于晋侯铜器铭文的几个问题》，《传统文化与现代化》1994年第2期，38—39页。笔者在本书第二章反过来提出有可能铭文中的名字为"名"，《晋世家》等传世文献中的名字为"字"。

以今天的最短距离计算超过 600 公里（见图 5-5）。于是从该铭文可以推论，晋侯或属于晋的人物受王命在比诸侯国活动范围更广泛的地区执行了任务。

穆王以前记录诸侯国参战内容的铭文数量并不多，故在此基础上得出一般化的结论存在风险。尽管如此，从铭文中可知鲁国和邢国受王命在封地附近参加了战役。晋则在封地附近独自开展军事活动的同时，受王命执行了远征任务，这与其他诸侯国不同。下面了解一下西周晚期诸侯国的参战状况。

（二）西周后期诸侯国的参战状况

关于西周史的大部分概论书或专业研究书籍都将西周中晚期描述为衰退期，原因是宗法或封建秩序的弱化导致王室和诸侯国间的关系变得疏远。[1]即便如此，直到西周晚期，在某种程度上，周王室依然拥有对诸侯国的统治力。[2]笔者在前面也提出以王室为中心将诸侯国编入其中的一元化军事体系虽不严谨，但存在其一直维持到西周晚期的可能性，近期发现的记载诸侯国参战史实的西周晚期战争金文也证明了此点。

在这些金文中，首先需要注意的是西周中晚期的史密簋（《集录》489）和师寰簋（《集成》4313），这两篇铭文均记载了包括今山东省地区诸侯国在内的地区政体参战事件。

> 唯十又一月，王令师俗，史密曰，"东征"。敆南夷卢，虎会杞夷，舟夷，雚不坠，广伐东或（国），齐师、族徒、遂人乃执图宽亚。师俗率齐师、遂人，

---

[1] 杨宽：《西周史》，839—843 页；Edward L.Shaughnessy: "Western Zhou History," *The Cambridge History of Ancient China: From the Origin of Civilization to 221 B.C.* ed. by Michael Loewe and Edward L. Shaughnessy (Cambridge: Cambridge University Press, 1999, pp.328-332; Li Feng: *Landscape and Power in Early China: The Crisis and Fall of the Western Zhou, 1045-771 B.C.*, (Cambridge: Cambridge University Press, 2006), pp.91-92、108-121；［日］贝塚茂树、伊藤道治著，［韩］裴真永、林大熙译：《중국의 역사：선진시대》（中国历史：先秦时代），首尔：慧眼 2011 年版，208—224 页。

[2] 金正烈：《서주 국가의 지역정치체 통합 연구》（西周地方政治体综合研究），首尔：书耕文化社 2012 年版，195—201 页。

第四章　从战争金文看西周时代晋国的发展　　149

图 4-4　史密簋（左：高 11.65 cm，口径 20.5 cm）及其铭文（右）（陕西省安康博物馆）

图 4-5　师寰簋（左：高 27 cm，口径 22.5 cm）及其铭文（右）（上海博物馆）

左周伐长必。史密右率族人、釐（莱）伯、僰、尿，周伐长必，获百人，对扬天子休，用作朕文考乙伯尊簋。子子孙孙其永宝用。

　　王若曰："师寰叔！淮夷繇我帛晦臣，今敢搏厥众暇，反厥工吏，弗速我东鄀（国），今余肇令女率齐师、曩、釐、僰、尿、左右虎臣，征淮夷，即質厥邦兽，曰冀，曰絭，曰铃，曰达。"师寰虔不象，夙夜卹厥将旗，休既有工，折首执讯无谋徒驭,殴孚士,女,羊,牛,孚吉金。今余弗暇组,余用乍朕后男鰍尊簋,其万年子子孙孙永宝用享。

上述两篇铭文因较多的相似性备受学者注目。尤其是,这两篇铭文均有远征作战以扭转东方乱象之记述,所记军事力量构成体系也很相近。史密簋铭文记载了周王命令师俗和史密两人,由师俗率领齐师和遂人,史密率领族人和釐(莱)伯、僰、尸,左右夹攻被推定为南夷集结地之长必。师寰簋铭文记载了周王命令师寰率领齐师、冀、釐(莱)、僰、尸、左右虎臣攻击淮夷。两铭文中受王命的师俗、史密和师寰为王室权势者兼官吏,他们所率领的军队中,遂人、族人(史密簋)和左右虎臣(师寰簋)很有可能是由他们管辖的王畿地区军队。[1] 其他军队除师寰簋铭文的冀之外完全一致,而其中的齐师、釐(莱)伯、僰、冀确实在西周晚期位于山东省,[2] 应视为地区政体的军队。史密簋铭文中与史密一同受王命的师俗在其他铭文中被记载为王室的高层官吏(见后述),两铭文的战役是由受王命的中央权势者率领齐国等山东省地区政体参战的。

然而,此二铭文也存在差别,让周朝东方地区陷入混乱的出击对象分别为南夷和淮夷,而且学者对铭文的年代也存在分歧。李学勤根据两铭文的相似性,认为其战役的攻击对象一致,时期也相近。也就是说,史密簋铭文中肇乱者"南夷"之卢和虎的位置可能位于今安徽省淮水南侧庐江一带,并推测南夷和淮夷为同一地区,仅名称不同。李学勤基于铭文上的师俗与懿王和孝王时期器物——五祀卫鼎(《集成》2832)、永盂(《集成》10322)和师晨鼎(《集成》2817)铭文所记王室重要官吏"师俗"或"伯俗父"为同一人的看法,将史密簋的年代推定为孝王时期,故认为记录类似战役的师寰簋之年代亦不晚于下一代周王即夷王早期。[3]

---

[1] 沈载勋:《金文에 나타난 西周 군사력 구성과 왕권》(金文所述的西周军事力量结构与王权),《中国史研究》第41辑,2006年,47—49页。
[2] 沈载勋:《商周 청동기를 통해 본 冀族의 이산과 성쇠》(从商周青铜器看冀族的离散与盛衰),《历史学报》第200辑,2008年,405—407页。
[3] 李学勤:《史密簋铭所记西周重要史实》,《走出疑古时代》,沈阳:辽宁大学出版社1994年版,170—177页。

第四章　从战争金文看西周时代晋国的发展　　151

然而，只在西周中晚期的竞卣（《集成》5425）、猷钟（《集成》260）和无㠱簋（《集成》4225）铭文中出现过三次的南夷位置较难断定。徐中舒虽然推定金文中的南夷或淮夷为南淮夷的简称，[1]但张懋镕推定南夷为江汉地区的蛮夷，还以记载相似内容的史密簋和师袁簋铭文将敌人分别记载成南夷和淮夷为由，视其为不同地区的族属。[2]最近发现的应侯视工簋盖铭中，淮夷亦被称为淮南夷或南夷（见后述），记录同一战役的"应侯视工鼎"（《集录二编》323）铭文也记载同一出击对象为南夷，故徐中舒的主张较为合理。

从此点来看，李学勤将史密簋和师袁簋铭文中的南夷和淮夷视为同一出击对象的主张看似更为妥当。然而此推定存在两个问题。第一，李学勤等多名学者指出，史密簋铭文中被记述为攻击对象的南夷之集结地"长必"可能为《左传》定公四年中成王赐予鲁公的"殷民六族"之一长勺，并视其位置为今山东省一带。[3]史密簋所记战争源于南夷在东方的侵略，因此该推定具有说服力。然而，师袁簋所记战役是因不来朝贡的不敬之举而对淮夷据点进行的远征，所以将两篇铭文的战役视为针对同一地区或对象有些勉强。

第二，认为两篇铭文之征伐对象相同的李学勤之说，看似可以作为将师袁簋的年代推定为夷王的依据，但这亦能通过新的证据予以反驳。在史密簋出土前，学界一般皆认为师袁簋为西周晚期宣王时期的器物。[4]因为袁鼎（《集成》2819）和袁盘（《集成》10172）被推定为晚期器物，而其册命金文中的袁可能与师袁为同一人。白川静等部分学者将这两个器物推定为夷王时期，[5]但自从 2003 年在陕西省眉县杨家村发现确实属于宣王时期的四十二年和四十三年逨鼎（《集录二编》328—329）

---

[1] 徐中舒：《禹鼎的年代及其相关问题》，《考古学报》1959 年第 3 期，61 页。
[2] 张懋镕：《西周南淮夷称名与军事考》，《人文杂志》1990 年第 4 期，又收入氏著：《古文字与青铜器论集》，北京：科学出版社 2002 年版，168 页。
[3] 王辉：《史密簋释文考地》，《人文杂志》1991 年第 4 期，101—102 页；李仲操：《再论史密簋所记作战地点——兼与王辉同志商榷》，《人文杂志》1992 年第 2 期，100—101 页；李学勤：《史密簋铭所记西周重要史实》，《走出疑古时代》，175 页。
[4] 郭沫若：《两周金文辞大系图录考释》，146 下页；马承源主编：《商周青铜器铭文选（三）》，北京：文物出版社 1988 年版，307 页；陈佩芬：《夏商周青铜器研究》（西周篇下），466 页。
[5] ［日］白川静：《金文通释》，第 29 辑，178、613 页。

后，这一观点再也站不住脚了。因为这两件述鼎铭文记载着身份为记录册命之作册的"史减"，在袁鼎和袁盘铭文上也出现身份为作册的同一人物"史减"，因此这两件述鼎应被视为宣王时器。鉴于此，可能由同一人物"袁"铸造的师袁簋亦属宣王时期的观点应该更合理。[1]

正因如此，史密簋和师袁簋铭文所记东方地区政体参与的战争分别在孝王和宣王时期发起，其攻击对象也分别为南夷和淮夷这两场不同战役的看法应更合理。当然，在这两场战役上，山东省地区的政体发挥了重要作用，因此这两战场应该距离山东省不远。从这两篇铭文中可以看出，自孝王至宣王时期，包括中央和地方的军事力量动员体系有机相连，故可以设定"王→中央权势者（师俗、史密、师袁）或其军队→包括诸侯国在内的地区政体（齐、異、釐（莱）、僰、尸）军队"的指挥体系。

与这两篇铭文类似的指挥体系亦见于2006年公布的柞伯鼎（《集录二编》327）铭文（图4-6），柞伯鼎被推定为西周晚期厉王时期器物，铭文大意为：王畿权势者虢仲对柞伯下达命令，率领蔡侯包围攻击与淮夷成一派的昏邑，因为昏国大肆侵犯南方边境。[2]蔡相当于从中原至淮水流域的路口，今河南省上蔡县。宣王时期的驹父盨盖（《集成》4464）铭文记载了驹父以周王派遣的使臣身份，一路经过南方诸侯至淮夷地区向大小邦传递王命，完成任务后返回的地点，被记述为南方诸侯国

---

[1] 典型的西周晚期三足簋——师袁簋器形与颂簋（《集成》4334）极其相近（王世民、陈公柔、张长寿：《西周青铜器分期断代研究》，90页），而由"颂"铸造且带有同一铭文的颂鼎和颂簋之年代为宣王时期的观点成为主流（马承源主编：《商周青铜器铭文选（三）》，302页；Edward L. Shaughnessy: *Sources of Western Zhou History: Inscribed Bronze Vessels*, Berkeley: University of California Press, 1991, p.285；夏商周断代工程专家组：《夏商周断代工程1996—2000年阶段成果报告（简本）》，北京：世界图书出版公司2000年版，34页）。笔者曾在此前撰写的文章提出中师袁簋的年代应与史密簋类似的主张（沈载勋：《金文에 나타난 西周 军事력 구성과 왕권》（金文所述的西周军事力量结构与王权），《中国史研究》第41辑，2006年，49页），因出现更明确的证据，故修改之。

[2] 唯四月既死霸，虢仲命柞伯曰："在乃圣祖周公，䜌又共于周邦。用昏无及广伐南或，今汝其率蔡侯左至于昏邑。"既围，命蔡侯告征虢仲……（朱凤瀚：《柞伯鼎与周公南征》，《文物》2006年第5期，67—73页）。关于器物介绍和铭文释解参见沈载勋：《柞伯鼎과 西周 후기 전쟁금문에 나타난 왕과 제후의 군사적 유대》（浅论《柞伯鼎》和西周后期战争金文中的周天子与诸侯之间的军事关系），《中国古中世史研究》第29辑，2013年，225—231页。

第四章　从战争金文看西周时代晋国的发展　　153

图 4-6　柞伯鼎（左：高 32 cm）和铭文（右）（中国国家博物馆）

之一"蔡国"。[1] 可见在西周晚期，在与淮夷异邦间的关系中，蔡国发挥了前阵基地的角色。据柞伯鼎铭文所载，蔡侯受到被推定为王室权势者虢仲之私属"柞伯"的指挥，在史密簋或师寰簋铭文中亦能见到与之类似的指挥体系。[2] 也就是说，包括齐国在内的山东省亲周政体也同蔡侯那样，在王室命令体系下，在其据点附近的战役中发挥了从属作用。

史密簋和师寰簋铭文中最引人注目的就是齐师的存在，两篇铭文均记载了被推定为齐国军队的齐师听从中央派遣官吏的指挥。而最近在齐国都城山东省临淄（淄博市）西北 50 公里处的高青县陈庄西周城址[3] 内 M35 墓发现了两件引簋，其铭文也提到齐师（图 4-7）。M35 为单墓道甲字形大墓，年代在西周中晚期。除引簋外，还随葬有其他青铜器，但目前尚未获知出土器物的准确数量。迄今仅公布器底及器盖铭文的引簋带

---

[1] 唯王十又八年正月，南仲邦父命驹父即南者侯，率高父见南淮夷。厥取厥服堇夷俗，彖不敢不敬畏王命逆见我，厥献厥服。我乃至于淮，大小邦亡敢不□具逆王命。四月，还至于蔡，作旅盨。驹父其万年，永用多休。
[2] 沈载勋：《柞伯鼎과 西周 后期 战争金文에 나타난 왕과 제후의 군사적 유대》(浅论《柞伯鼎》和西周后期战争金文中的周天子与诸侯之间的军事关系)，《中国古中世史研究》第 29 辑，2013 年，228—237 页。
[3] 山东省文物考古研究所：《山东高青县陈庄西周遗址》，《考古》2010 年第 8 期，27—34 页；山东省文物考古研究所：《山东高青县陈庄西周遗存发掘简报》，《考古》2011 年第 2 期，3—21 页。

有窃曲纹和凤鸟纹，是典型的西周中晚期方座簋，这与M35年代相吻合。引簋铭文记载着一段耐人寻味的史事。[1]

> 唯正月壬申，王格于共大室。王若曰："引，余既命汝，更乃祖虩（总）嗣（司）齐师。余唯申命汝，赐汝彤弓一、彤矢百、马四匹。敬乃御毋败绩。"引拜稽手，对扬王休，同□追，俘兵。用作幽公宝簋，子子孙孙宝用。

图4-7 引簋铭文

上述铭文记载了西周中期共王在宗庙对"引"进行的册命。被推定为M35墓主的"引"于西周中晚期，奉王命继承先祖的职位统领齐师，并获得相当丰厚的赏赐。[2]周王一再命令"引"不要有败绩，而他成功地执行了军事任务。因此对该铭文中的齐师和军事相关性毫无疑问，但对齐师确切的性质有两种观点，一为"齐国的军队"，一为见于西周金文的"军事基地"即某师（地名＋师）。关于陈庄城址的性质，有薄姑说（齐国都城为薄姑之说）、封邑说和军事城堡说。笔者通过该城址呈现的部分军事特性（城的密闭性、城壕、饲养马匹的痕迹等）曾认同"军事城堡说"，即魏成敏等人主张的将齐师的性质确定为军事基地，[3]但尚无明确的结论。

---

[1] 以下关于铭文的释读参见沈载勋：《서주사의 새로운 발견：산동성 고청현 진장 서주 성지와 引簋 명문》（西周历史的新发现——山东省高青县陈庄西周城址和引簋铭文），《史学志》第43辑，2011年，12—15页。

[2] 李学勤指出"引"得到的赏赐类似于《尚书·文侯之命》和《左传》"僖公二十八年"中分别由周平王和周襄王赐予晋文侯和晋文公的赏赐，故推定"引"的身份能与诸侯相媲美（李学勤：《高青陈庄引簋及其历史背景》，《文史哲》2011年第3期，119页）。

[3] 魏成敏：《陈庄西周城与齐国早期都城》，《管子学刊》2010年第3期，110、114页。关于陈庄城址性质的论点参见沈载勋：《서주사의 새로운 발견：산동성 고청현 진장 서주 성지와 引簋 명문》（西周历史的新发现——山东省高青县陈庄西周城址和引簋铭文），《史学志》第43辑，2011年，16—20页。

第四章 从战争金文看西周时代晋国的发展　155

尽管如此，上述铭文最引人注目的是周王任命王畿内的人物"引"，[1]统领位于齐国领地内（或附近）的——齐国军队、王室或齐国的军事基地——齐师。对该册命的不同理解可能对既有西周晚期王权的认识带来很大变化，而围绕该册命的解释尚存较大分歧。李学勤认为《史记·周本纪》中齐哀公被周夷王处以烹刑，是因为当时王室和齐国之间的矛盾使周王不得不干涉齐国内政所致，并称其为特殊现象。[2]其前提可能是西周中晚期的王权不足以掌握封国。然而，朱凤瀚和李伯谦等人视其为西周君主直到中晚期以后仍然拥有封国军事首脑任命权的证据。[3]也就是说，尽管西周王朝在中晚期逐步衰落，但对封国依然保有相当大的影响力。

迄今为止，唯有引簋铭文具体记述了周王室对诸侯国军事行政的主导权，因此很难以对此一般化。尽管如此，也难以否定该铭文内容至少与前述战争金文的特征——诸侯国军队直到西周晚期一直从属于王室的命令体系——相合。西周王室之对诸侯国拥有的强大军队统帅权显然持续至两者间关系逐渐疏远的晚期。近期被发现且收录于《首阳吉金》的应侯视工簋盖铭（图4-8）表明，即使没有王室派遣人员进行指挥，诸侯亦能直接受王命参战执行任务，这意味着西周晚期也存在以周王为中心的一元化军事体系。

　　唯正月初吉丁亥，王若曰："应侯视工，㦰，淮南夷毛敢薄厥众鲁，敢加兴作戎，广伐南国。"王命应侯征伐淮南夷毛。休克翦伐南夷。我孚（俘）戈，余弗敢沮。余用作朕王姑單姬尊簋。姑氏用赐眉寿永命。子子孙孙永宝用享。

---

[1] 迄今为止尚未发现关于诸侯国内传递册命的铭文。而且有学者认为引簋铭文的册命语句"更乃祖嬲嗣齐师"中的嬲为"兼"或"并"，由此可以推测"引"除了掌管齐师以外，在王畿内还担任其他职责。
[2] 李学勤：《高青陈庄引簋及其历史背景》，《文史哲》2011年第3期，120页。
[3] 李学勤等：《山东高青县陈庄西周遗址笔谈》，《考古》2011年第2期，24、26页。

图 4-8　应侯视工簋（左：高 23.1 cm，口径 19.2 cm）及其盖铭文（右）（首阳斋）

被推定为厉王时期的西周晚期典型三足簋——应侯视工簋盖铭文记载了应侯受王命进行征讨，以应对淮夷🜲在南方的侵略。经考古研究证明，应国位于今河南省平顶山市西北侧薛庄乡一带。推测为淮夷一支的🜲，其位置难以确定，但若位于河南省南侧或安徽省以西淮水附近，该铭文中的应侯也同柞伯鼎铭文中的蔡侯一样，在西周晚期处于征伐南方势力的前锋线。[1]

正因如此，通过西周中晚期战争金文可以推定山东省齐国、河南省中南部的应国和蔡国等诸侯国在王室命令体系下发挥的军事作用。他们主要在其封地附近镇压异族的叛乱，有时还会进攻异族据点发挥尖兵作用，这些均有可能是依王命而行的。这与西周早期鲁侯尊和臣谏簋所记鲁侯与邢侯听从中央命令在其封地附近参战的情况类似，可见诸侯国在整个西周时期发挥的军事作用变化不大。与早期的其他诸侯国不同，晋国曾走出其封地附近，在全国执行军事任务。那么，晋在西周晚期担任了何种军事角色？

---

[1] 关于应侯视工簋盖铭及其参战状况参见沈载勋：《응후시공 청동기들의 연대 및 명문의 연독 문제》（浅论应侯视工青铜器的年代以及铭文的连读问题），《中国古中世史研究》第 28 辑，2012 年，11—16 页。

（三）西周后期晋的军事角色

在第三章，我们通过西周中期临近晋国的霸国统治者墓地所出大量青铜礼乐器探讨了在一定程度上保持独立性的地区政体之两面性。尤其是，在横水和大河口墓地发现的倗伯偶簋、肃卣、尚盂、霸伯簋等铭文显示，该地区政体首领倗伯和霸伯不仅与周王或益公、井（邢）叔等王畿权势者，还与其他封国积极展开了交流。[1]值得一提的是，当时山西省西南部的主导势力"晋国"在此一交流中基本上没有发挥明显的作用。晋侯墓地出土青铜器铭文也与横水或大河口出土铭文不同，大部分只简单记述"晋侯某作……"。这很难说与诸侯国"晋"的角色无关，亦可以作为低估晋国地位和角色的依据。

然而，从1996年公布的晋侯苏编钟（《集录》35—50）铭文可知，晋国于西周晚期不仅发挥了明显的军事作用，与王室的关系也很密切。该器物的特别之处不仅在于铭文，还在于出土过程。

1992年6月，由北京大学考古学系和山西省考古研究所联合组成的考古队在曲村-天马遗址完成北赵晋侯墓地M1和M2第一次考古发掘工作[2]后不久，M8大型墓葬遭盗掘。此时被盗器物（多为青铜器）出现在香港、台湾和日本等地。联合考古队尽快从10月中旬开始进行了第二次抢救性发掘，并发现包括M8在内的多座大型墓葬。就在此刻，上海博物馆在香港的一家古玩肆购得疑似被盗的甬钟14枚（图4-9）。甬钟上共刻铭文超过300字，记录了晋侯稣（下称"苏"）随名字不详的周王于王三十三年远征东夷的内容。联合考古队的第二次发掘于1993年1月结束，此时在M8又发现其他器物以及小型甬钟两枚（图4-10）。[3]这两

---

[1] 金正烈：《횡북촌과 대하구：최근 조사된 유적을 통해 본 서주시대 지역정치체의 양상》（横北村与大河口——从近年来的考古研究成果考察西周时期地区性政治体的发展面貌），《동양사학연구》第120辑，2012年，32—49页。
[2] 北京大学考古系等：《1992年春天马——曲村遗址墓葬发掘报告》，《文物》1993年第3期，11—30页。
[3] 北京大学考古学系等：《天马——曲村遗址北赵晋侯墓地第二次发掘》，《文物》1994年第1期，20—22页。

图 4-9 藏于上海博物馆的晋侯苏钟（1 号钟高 49 cm）

图 4-10 M8 出土晋侯苏钟（16 号钟高 22.3 cm）（山西博物院）

枚小钟铭文不仅与上海博物馆购回的 14 枚钟铭文相合，而且均非采用铸造（cast）方式，而是在青铜器上刻凿（carved）而成。[1] 由此确定 M8 出土的两枚甬钟与上海博物馆购入的 14 枚为同一套，同时证明了藏于上海博物馆的甬钟也出自北赵晋侯墓地 M8 墓葬。[2] "晋侯苏"亦见于 M8 出土的其他铭文，而且根据《世本》的世系，晋国第八任诸侯"献侯"名为苏，因此将晋侯苏视同献侯，并推定 M8 墓主为献侯不存在分歧。

---

[1] M8 出土的两枚甬钟铭文分别为"年无疆子子孙孙"和"永宝兹钟"（北京大学考古学系等：《天马——曲村遗址北赵晋侯墓地第二次发掘》，《文物》1994 年第 1 期，20 页）。从常见于青铜器金文句尾的句子可知，两枚小钟为全套 16 枚编钟的最后两个（15 号和 16 号）。
[2] 在 M8 亦出土晋侯苏鼎。

第四章　从战争金文看西周时代晋国的发展　159

全套共 16 枚的编钟为 20 世纪最后十年里中国重要的考古发现之一。编钟上的长篇铭文在多方面提供了不见于史书记载的宝贵资料，如西周晚期军事活动、历法、年代记、周王室与晋的关系等。该铭文还让人对《史记》所载这段历史的准确性提出质疑，在史料学上具有重要意义。此外，见于铭文的西周君王（厉王或宣王）为哪一个尚未得出确凿结论。[1]

晋侯苏编钟上共刻有铭文 355 字，其中重文 9 字，合文 7 字。铭文如下（"【】"内数字为钟件依次排列数，"（）"内数字为干支序数）：

【1】唯王卅又三年，王亲遹省东或（国）南或（国）。正月既生霸，[2] 戊午（55），[3] 王步自宗周（陕西省西安）。二月既望，癸卯（40），王入各成周（河南省洛阳）。二【2】既死霸，壬寅（39），[4] 王𠊱往东。三月方死霸，王至于荤，

---

[1] 朱启新：《不见文献记载的史实——记上海博物馆抢救回归的晋国青铜器》，《中国文物报》1994 年 1 月 2 日第 3 版；邹衡：《论早期晋都》，《文物》1994 年第 1 期，29—32、34 页；裘锡圭：《关于晋侯铜器铭文的几个问题》，《传统文化与现代化》1994 年第 2 期，35—41 页；李学勤：《晋侯苏编钟的时、地、人》，《中国文物报》1996 年 12 月 1 日第 3 版；王占奎：《周宣王纪年与晋献侯墓考辨》，《中国文物报》1996 年 7 月 7 日第 3 版；王占奎：《晋侯苏编钟年代初探》，《中国文物报》1996 年 12 月 22 日第 3 版；王恩田：《晋侯苏钟与周宣王东征伐鲁——兼说周、纪年》，《中国文物报》1996 年 9 月 8 日第 3 版；马承源：《晋侯苏编钟》，《上海博物馆集刊》第 7 期，上海书画出版社 1996 年版，1—17 页；王世民等：《晋侯苏钟笔谈》，《文物》1997 年第 3 期，54—66 页；刘启益：《晋侯苏编钟是宣王时铜器》，《中国文物报》1997 年 3 月 9 日第 3 版；李伯谦：《晋侯苏钟的年代问题》，《中国文物报》1997 年 3 月 9 日第 3 版；孙华：《晋侯苏/𣄰组墓的几个问题》，《文物》1997 年第 8 期，27—36 页；夏商周断代工程专家组：《夏商周断代工程 1996—2000 年阶段成果报告（简本）》，22—24 页；David S. Nivison and Edward L. Shaughnessy: "The Jin Hou Su Bells Inscription and Its Implications for the Chronology of Early China," *Early China* 25 (2000), pp.29-48。
[2] 既生霸、既望、既死霸，以及后面的初吉是指基于月相的记时术语。虽有争议，但主流观点认为，初吉是月牙刚出现的日子，即每月初一至七/八；既生霸是月半的日子，月亮开始放射光芒，即初八/九至十五；既望是月圆的第二天，即每月十六日至二十二/二十三日；既死霸亦为月半，月亮光芒开始暗淡，即每月二十三/二十四日至二十九/三十日。其概念类似于今天的一个星期。方死霸指月亮开始消失的那一天，极有可能是每月的最后一天。
[3] 戊午日（55）是六十干支历法中的第五十五天。从上述的正月既生霸戊午日（55）至二月既望壬寅日（39）为 60−55+39=44 日。
[4] 壬寅（39）比在铭文中位于其前的癸卯（40）早一天，因此马承源认为铭文中的二月癸卯和壬寅两个日干是当时的刻手倒置所致（马承源：《晋侯苏编钟》，《上海博物馆集刊》第 7 期，1996 年，14 页）。因为类似情况常见于其他西周青铜器铭文上。张培瑜和裘锡圭认定马承源之说有其可能性，然或推定前面的癸卯有可能是辛卯（28 日）或癸巳（30 日）的误字（王世民等：《晋侯苏钟笔谈》，《文物》1997 年第 3 期，62、65 页）。笔者根据马承源之主张将两者对调后进行了释读。

分行。王亲令晋侯苏：率乃师左洎濩北洎□，伐夙（宿）夷。晋【3】侯苏折首百又廿，执讯廿又三夫。王至于匎（郓）城，王亲远省师，王至晋侯苏师，王降自车，立南向，【4】亲令晋侯苏：自西北隅敦伐匎城。晋侯率厥亚旅小子或人先陷【5】入，折首百，执讯十又一夫。王至【6】淖淖列列夷出奔。王令晋侯苏：【7】率大室小臣【8】车仆从，【9】捕逐之。晋侯折首百又一十，执讯廿夫；大室小臣车仆折首百又五十，执讯六十夫。王唯返归，在成周公族整师【10】宫。六月初吉，戊寅（15），旦，王各大室，即位，王令膳夫曰：召晋侯苏。入门立中廷。王亲锡驹四匹。苏拜稽首，受驹以【11】出，返入，拜稽首。丁亥（24），旦，王御于邑伐宫。庚寅（27），旦，王各大室。司工扬父入右晋侯苏。王亲齎晋侯苏秬一卣，【12】弓矢百，马四匹。苏敢扬天子丕显鲁休，用作元鯀锡钟，用昭各前=【13】文=人=（前文人，前文人）其严在上，翼在下，鼗鼗【14】橐橐，降余多福，苏其万【15】年无疆，子子孙孙【16】永宝兹钟。

晋侯苏编钟铭文具体叙述了周王远征东方的过程，为研究西周晚期军事史提供了详尽的资料。西周晚期的禹鼎（《集成》2833）、多友鼎（《集成》2835）等部分铭文记载了淮夷或玁狁和周王朝之间的战事，但任何一篇铭文的详尽程度都远不及晋侯苏编钟。

据铭文所载，周王从宗周（西安）出发到成周（洛阳）共耗时 44 天［一月戊午日（55）至二月壬寅日（39）］。考虑到自古以来留存至今的西安至洛阳路线长度约为 430 公里，可以推测当时周王军队一天行军 10 公里左右。[1] 周王在成周停留

---

[1] 被推定为铸于西周昭王时期的青铜器"令彝"（《集成》9910）铭文记载周公子明保于八月丁亥（24 日）从宗周出发，十月癸未（21 日）抵达成周，耗时 56 天走完同一路线（郭沫若：《两周金文辞大系图录考释》，5—6 页）。考虑到晋侯苏编钟铭文暗示亟需攻击东方反周势力的紧急情况，12 天之差在可理解的范围内。西方古代军事史研究大体推测，公元前 1500 年左右的埃及或比其更晚的罗马军队一天平均行军 25 公里（Gerard, Gertoux: *Moses and the Exodus Chronological, Historical and Archaeological Evidence*, lulu.com, 2015, p.109），但这会因军队的规模、远征距离、地形、路况等因素而异，因此难以和中国的情况进行比较。

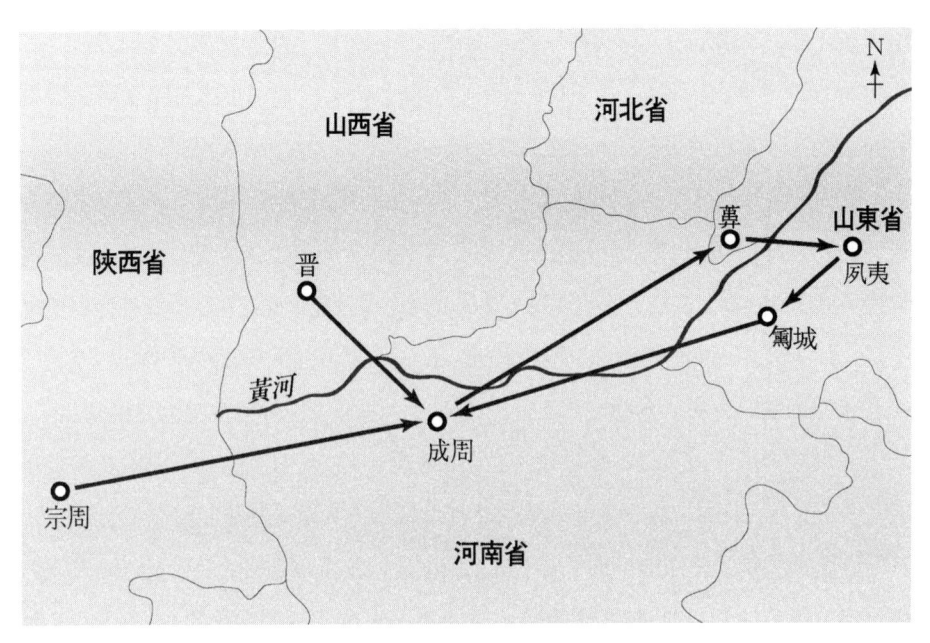

第四章　从战争金文看西周时代晋国的发展　161

图 4-11　基于晋侯苏编钟铭文推测的行军路线图

一天后[1]再往东进军，时隔 35 天［二月既死霸的第一天（23 日或 24 日）至三月的最后一天（方死霸）］抵达其最后一个军事基地"蕞"。周王在此巡视部队后，向晋侯下达了命令。蕞的地理位置尚存争议，但正如马承源等大部分学者推定，若夙（宿）夷位于今山东省西部东平县，[2]而且周王行军速度同前述，蕞亦可能位于洛阳以东约 350 公里处的山东省西部某一地点。洛阳至河南省和山东省边界约为 300 公里（图 4-11）。

周王命令晋侯苏攻击夙（宿）夷的作战计划内容详细，还包括具体行军路线。周王跟随击退夙（宿）夷的晋侯抵达设于匍城外围的基地。根据军队的远征路线以及匍和郓在音韵学上的相似性，大部分学者接受马承源指出的匍城位于今郓城之东的观点。[3]洛阳至郓城距离约为 410 公里。周王占据匍城后，在距离今郓城不远之

---
[1] 当然若根据马承源之假说对调第一个和第二个干支，就会与之相合。
[2] 马承源：《晋侯苏编钟》，《上海博物馆集刊》第 7 期，1996 年，14 页。
[3] 同上注。

渼列展开最后一场战役并取得了胜利。据铭文所示，周王和晋侯苏于五月底返回成周，而考虑到他们从最后一个地点返回成周用时40天左右，可推测铭文所记战役时间大致为四月初至四月二十日左右。

铭文记载晋侯苏受王命率其军队亚旅、小子和戈人成功打下匍城。周王又命令晋侯继续追击奔走的渼列夷，晋侯便率其军队、大室小臣和车仆追击之。由于下文分别记述了晋侯的战功，以及大室小臣和车仆的战功，可推测这两支军队应被视为周王室所属。晋侯和周王军队在这场战役一共斩首480人，俘获114人，共计594人。

东方远征结束后，五月底周王返回成周，六月初一于师宫赏赐给晋侯驹四匹。周王于十二天后的庚寅日，在邑伐宫又向晋侯苏行赏（酒、弓、矢、马）。西周金文几乎不见周王因战功两次隆重赏赐的事件。晋侯苏为歌颂周王而铸造了编钟。

晋侯苏编钟铭文详细记录了周王从宗周出发，镇压东方骚乱后，返至成周，赏赐晋侯苏等长达五个半月的全过程。若加上周王从成周返回宗周的45天，可推测当时的周王室在今山东省西部完成战争任务约需7个月的时间。

该铭文还记有展开军事远征的具体日程和日期，不仅有助于理解当时的历法，还能重新定义日历。[1]将铭文中的日期代入天文学家梳理的《中国先秦史历表》，[2]推定出征年份为公元前846年（厉王三十三年）和公元前809年（宣王三十三年），但尚未得出明确结论。由李学勤主持的"夏商周断代工程"认为厉王年间的说法可靠，但多年钻研西周纪年的美国学者倪德卫（David S. Nivison，1923—2014）和夏含夷（Edward L. Shaughnessy）坚持宣王年间的说法。[3]笔者认为仅靠不完整的历

---

[1] 关于晋侯苏编钟铭文的日历参见 Jaehoon Shim: "Jinhou Su *Bianzhong* Inscription and Its Significance," *Early China* 22 (1997), pp.58-60。

[2] 张培瑜：《中国先秦史历表》，济南：齐鲁书社1987年版；张培瑜：《三千五百年历日天象》，郑州：大象出版社1997年版。

[3] 夏商周断代工程专家组：《夏商周断代工程1996—2000年阶段成果报告（简本）》，22—24页；David S. Nivison and Edward L. Shaughnessy: "The Jin Hou Su Bells Inscription and Its Implications for the Chronology of Early China," *Early China* 25 (2000), pp.29-48。关于他们的主张论据及其驳论参见沈载勋：《발을 잘라 신발에 맞추기：하상주단대공정 서주 기년의 허와 실》（削足适履——夏商周断代工程西周纪年研究的虚与实），金庆浩等：《하상주단대공정：중국 고대문명 연구의 허와 실》（夏商周断代工程：中国古代文明研究的虚与实），66、69—70、87—89页。

表或铭文中的日期，很难论定此问题。笔者为此还研究了《国语》《竹书纪年》《史记》述的宣王三十二年远征鲁国的记录。鲁国都城曲阜位于晋侯苏编钟铭文所记战场之东。若宣王三十二年伐鲁的文献记载可靠，从常识上看会产生岂能连续两年征战七个月以上的疑问。事实上，不仅在史籍中无从查考连续两年远征东方的记录，《竹书纪年》还记载着宣王三十三年主持的其他远征记录，故笔者认为晋侯苏钟所记为厉王三十三年的说法更妥当。[1]

晋侯苏为讨伐山东西部的夷人而率军加入战役，可能从其据点山西省西南部的曲村－天马地区前往成周今洛阳地区后与周王军队会合。当时至成周的路线可能有两条：一是往东南侧经由垣曲和济源（A 路线），[2]一是往南侧经由三门峡（B 路线），至山东省东平县，今天的最短距离即 A 路线约达 630 公里，B 路线达 700 公里。在前面的战争金文中提到其他诸侯主要在封地附近参加战役，而晋侯苏则与之不同，的确走出封地附近，率军参加了远征任务。这与韦簋铭文中的人物"韦"的角色相似。

晋侯苏编钟铭文中，晋的军事角色有一个特别之处，即晋侯不仅率领其军队（亚旅、小子、戈人），还受王命统领周王军队（大室小臣和车仆）。此点从铭文的后半段分别记述晋侯和被推测为周王军队的大室小臣及车仆之战功中可以确定。这让人想起史密簋、师寰簋和柞伯鼎铭文中，受王命主持战役的王室派遣之官吏或权势者（虢仲、师俗、史密、师寰）的角色。也就是说，这暗示晋的军事角色有别于受中央派遣官吏指挥的其他诸侯。

在北赵晋侯墓地遭盗掘而于 2002 年公布的晋侯铜人（《集录二编》968）铭文也为晋国较特殊的军事角色提供了有力支持（图 4-12）。

---

[1] 关于晋侯苏编钟铭文的年代参见 Jaehoon Shim: "Jinhou Su *Bianzhong* Inscription and Its Significance," *Early China* 22 (1997), pp.61-70。
[2] 自古以来，有可能通过贯穿中条山的轵道（始于今济源附近的轵县）从洛阳前往位于汾河流域的晋国都城曲村－天马地区（Li Feng: Li Feng 2006, *Landscape and Power in Early China: The Crisis and Fall of the Western Zhou, 1045-771 B.C.*, Cambridge: Cambridge University Press, 2006, pp.83-84），但轵道需途经地形险峻的中条山和涑水，西周人是否经常路经此道需谨慎判断。

164　晋国霸业——从晋之分封到文公称霸

唯五月，淮夷伐格。晋侯搏戎，获厥君夙师，侯扬王于兹。

该器物由一位香港收藏家私藏，高17.2厘米，重0.83千克，为赤身裸体，双手反绑的跪坐人像。自颈、胸至膝部刻有铭文21字，大意为淮夷攻击名为"格"之地，晋侯助格反击淮夷，歼灭敌人（戎），擒获淮夷君王。最先介绍该器物的苏芳淑（Jenny So）和李零提出，该器物可能是被擒获的淮夷君王形象。[1]周王朝与淮夷之战大多发生于西周晚期厉王和宣王期间，故推定其年代为西周

图 4-12　晋侯铜人（左）及其铭文（右）

晚期，不存在分歧。然而，苏芳淑和李零指出通过铭文难以确定"格"的位置，但李学勤推定格与晋相近，有可能是曾出土战国时代"格氏"陶文的河南省郑州附近荥阳北部张楼村一带。[2]如本书第三章116页脚注［1］所言，最近部分研究者指出"霸"与"格"通假的可能性，认为晋侯铜人中的"格"为临近晋国的大河口霸国。

然而，根据西周战争金文所载，与淮夷作战的战场从未指向河南省中部以北地区，[3]因此将遭淮夷进攻的"格"视为距离淮水较近的周朝南方即河南省中南部应

---

[1] 苏芳淑、李零：《介绍一件有铭的"晋侯铜人"》，上海博物馆编：《晋侯墓地出土青铜器国际学术研讨会论文集》，411—413页。
[2] 李学勤：《晋侯铜人考证》，《中国古代文明研究》，上海：华东师范大学出版社2005年版，120—121页。
[3] 被推定为穆王时期器物的彧方鼎Ⅱ（《集成》2824）和彧簋（《集成》4322）铭文记录着淮戎的侵略和对夷的攻击，裘锡圭推测彧簋铭文中的淮夷侵略地"棫林"为今河南省中部的叶县（裘锡圭：《说彧簋的两个地名："棫林"和"胡"》，《考古与文物丛刊》第2辑，1983年，5—6页）。

该更顺理成章。从晋国据点山西省西南部的曲村-天马至河南省中部，以今天的最短距离计算也超过400公里。即使接受李学勤的推定，曲村-天马至荥阳若走A路线约为300公里，B路线也达370公里，着实不短。这种距离难以把"格"看作在晋国附近，故可依此证明晋国与大多只在封地附近作战的鲁、邢、齐、蔡、应等其他诸侯国不同，曾受王命参加了远程战役。

前述的晋侯苏编钟和晋侯铜人铭文暗示，晋国有别于其他诸侯国，扮演了全方位的角色。然现存战争金文并不多，难以据此得出一般化的结论。接下来可通过传世文献中的周王室和晋之关系，了解晋国在西周晚期成为周王室亲信的发展情况。

四、西周后期王室侧近势力晋的发展

（一）周王室与山西省西南部

据《今本竹书纪年》记载，在西周第三位君主康王九年之时，唐徙居晋地，修筑华丽的宫殿，周康王便派使者责备其铺张浪费。[1]这应该是关于晋国第二任诸侯燮父移封至晋以后的纪事。由此还能推定晋在西周早期拥有足以修筑华丽宫殿的雄厚财力，[2]而这几乎是唯一能查证的西周早期晋国发展情况的记录。

西周晚期之前，传世文献中几乎不存在关于晋国有意义的记载，只能通过基于零碎资料推定的山西省西南部其他诸侯国之存在，间接推测晋国的发展情况。笔者根据清代顾栋高的"春秋列国爵姓及存灭表"，[3]了解到西周至春秋早期位于山西省的晋国以外的9个诸侯国（表4-1）。

---

[1] 九年，唐迁于晋，作宫而美，王使人让之（《竹书纪年》，四部备要本2.3下页）。
[2] 洪安全：《春秋的晋国》，台北：加新水泥公司文化基金会1972年版，26页。
[3] （清）顾栋高：《春秋大事表》，北京：中华书局1993年版，563—608页。

表 4-1　西周至春秋早期位于山西省的诸侯国列表

国　名	姓	位　置	灭　亡
杨	姬	洪洞	为晋所灭。年代不详。
魏	姬	芮城	公元前 661 年，为晋所灭。
荀	姬	新绛	周武公时，为晋所灭。[1]
郇	姬	临晋	为晋所灭。年代不详。
贾	姬	襄汾[2]	周武公时，为晋所灭。[3]
虞	姬	平陆	公元前 655 年，为晋所灭。
耿	姬	河津	公元前 661 年，为晋所灭。
霍	姬	霍州	公元前 661 年，为晋所灭。
黎	不详	黎城	公元前 594 年，为耿所灭，由晋重建。

如表 4-1 所示，上述诸侯国几乎在春秋早期皆为晋所灭。西周时期，山西省存在很多姬姓诸侯国。近期取得的山西省考古研究成果也证明此点，如从洪洞永凝堡和芮城柴村出土之青铜器和物质文化可知，杨国和魏国也同晋国一样很大程度上受到陕西省周朝腹地文化的影响。[4] 将在本书第六章论述的曲沃小宗据点闻喜上郭村所出西周晚期典型青铜器"荀侯匜"和"贾子匜"，极有可能是晋国灭亡荀国和贾国后获得的战利品。[5]

此外，1979 年在潞城潞河村出土的"虞侯政壶"证明了西周晚期虞国在今山西省真实存在。[6] 迄今在山西省西南部发现的众多西周遗址[7]亦说明这些诸侯国当

---

[1] 陈槃：《春秋大事表列国爵姓存灭存譔异》，228 页。
[2] 顾栋高认为贾位于陕西省蒲城，但贾国被晋国灭掉，故采纳程发轫之看法（（清）程发轫：《春秋左氏传地名图考》，台北：广文书局 1967 年版，120 页）。
[3] 陈槃：《春秋大事表列国爵姓存灭存譔异》，229 页。
[4] 戴尊德、刘岱瑜：《山西芮城柴村出土的西周铜器》，《考古》1989 年第 10 期，906—909 页；山西省考古研究所：《山西考古四十年》，143—144 页。
[5] 李学勤：《东周与秦代文明》，63 页；朱华：《闻喜上郭村古墓群试掘》，《三晋考古》第 1 辑，105 页。
[6] 张希舜主编：《山西文物馆藏珍品·青铜器》，太原：山西人民出版社 1995 年，62 页，铭文 130。
[7] 谢尧亭：《晋南地区西周墓葬研究》，吉林大学 2010 年博士学位论文，1—2 页；谢尧亭：《简论横水与大河口墓地人群的归属问题》，山西省考古研究所编：《有实其积：纪念山西省考古研究所六十华诞文集》，374 页、381 页脚注 18。

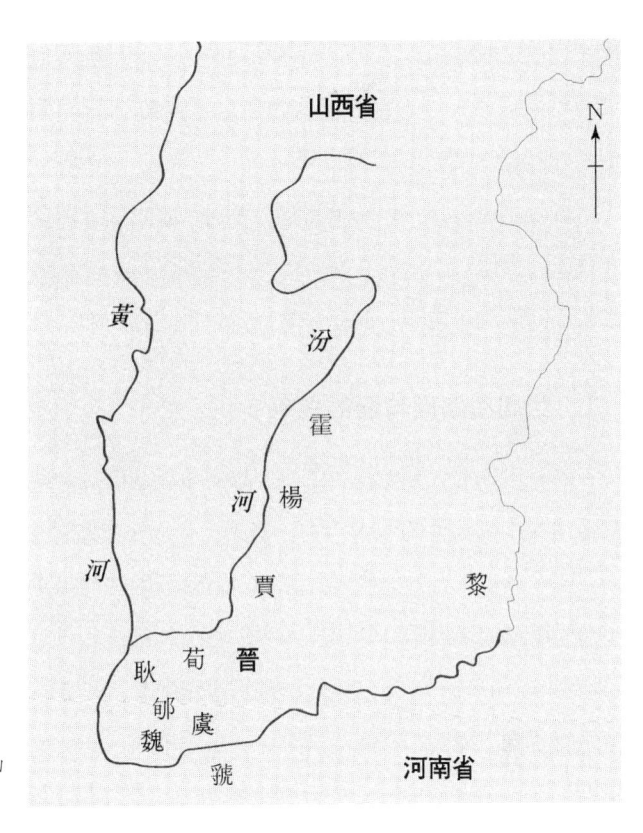

第四章　从战争金文看西周时代晋国的发展　　167

图 4-13　西周时期位于山西省的诸侯国

时确实存在。值得一提的是，除了有可能是唯一的非姬姓诸侯国"黎"之外，诸侯国的位置均被推定在汾河流域（图 4-13）。

这些诸侯国何时分封几乎找不到相关记录。然而，1999 年北京保利艺术博物馆开馆时公布的戎生编钟（《集录》27—34）铭文记载了春秋早期人戎生之先祖"宪公"于穆王时期受封在王畿以外地区（兹外土）即山西省西南部。[1] 2003 年陕西省眉县杨家村出土的四十二年逨鼎（《集录二编》328—329）铭文"余建长父侯于杨"，记载了宣王在汾河流域之分封，亦暗示此地其他诸侯国存在至西周晚期的可能性。西周君王在山西省西南部集中封建杨国等姬姓诸侯国的事实，让人想起周

---

[1] 沈载勋：《戎生编钟과 晋姜鼎 铭文 및 그 历史的意义》（戎生编钟和晋姜鼎铭文及其历史含义），《东洋史学研究》第 87 辑，2004 年，6 页。

族在迁居陕西省周原之前的先周时期曾定居此处的假说。[1]甚至通过同姓诸侯国的分封可以推测，周王室可能认为与东方诸侯国不同，应将与陕西省来往方便的此地[2]视为直接统治的对象。[3]

通过上述观点可以理解晋侯苏编钟和晋侯铜人铭文中记载的晋侯之大范围军事角色或与周王室的亲密关系。虽然无法知晓是否能将晋国如此强大的角色适用于王畿附近的其他诸侯国，但迄今为止，除晋国以外难以找到其他诸侯国的相关资料。

（二）西周后期周与晋的关系

春秋时期的大国——晋国——很有可能从西周时期开始，已具备了远胜于附近其他诸侯国或政体的强大势力。当然，与周王室相近但未超出规格的统治者墓地，以及明示周王与晋侯之密切关系的"晋侯苏编钟"铭文皆表明，晋国是一个对周王室忠心耿耿的诸侯国。从铭文中可以看出，晋侯苏宛如王畿官僚统率了周王的军队（大室小臣和车仆）。不仅如此，周王也曾亲赴晋侯苏的阵地，还向大获全胜的晋侯苏进行了两次隆重的赏赐。当时晋国虽处于周王的命令体系下，但从铭文可知晋国在西周晚期已发展成一支相当强大的势力。这一推论亦可通过传世文献得到证明，并为从新的角度考察当时晋国的发展状况提供了重要的线索。

《史记·周本纪》载第七位君主懿王时期，周朝开始衰落，有人写诗讽刺他，

---

[1] 钱穆：《周初地理考》，《古史地理论丛》，28—42 页；Edward L. Shaughnessy: "Historical Geography and the Extent of the Earliest Chinese Kingdoms," *Asia Major* 3rd ser., 2.2 (1989), pp.3–13。

[2] 古代的山西省西南部有黄河支流——汾河和渭河流经，水路发达，交通方便［田世英：《历史时期山西水文的变迁及其与耕、牧业更替的关系》，《山西大学学报》（哲学社会科学版）1981 年第 1 期，33 页；李广洁：《先秦时期山西交通述略》，《晋阳学刊》1985 年第 4 期，48 页；Li Feng: *Landscape and Power in Early China: The Crisis and Fall of the Western Zhou, 1045–771 B.C.*, Cambridge: Cambridge University Press, 2006, p.83］。

[3] 沈载勋：《영웅중심 역사서술의 그늘：文公 패업의 실질적 토대로서 献公의 재발견》（从英雄人物谈历史之暗影——晋国霸业的奠基者：晋献公），尹乃铉编：《동아시아의 지역과 인간》（东亚地区和人类），首尔：知识产业社 2005 年版，269—272；Li Feng: *Landscape and Power in Early China: The Crisis and Fall of the Western Zhou, 1045–771 B.C.*(Cambridge: Cambridge University Press, 2006), p.87。

《汉书·匈奴传》亦有类似记录。[1]《礼记·郊特牲》说:"觐礼,天子不下堂而见诸侯;下堂而见诸侯,天子之失礼也。"但从第九代君主夷王开始,出现了失礼的现象。郑玄将其解释为"时微弱,不敢自尊于诸侯"。[2]因此大部分学者主张从西周中期至晚期懿王、孝王和夷王统治时期,周王室已经十分衰落。

上述三位君王之后是时局一片混乱的厉王时期,此时与南淮夷频发的战事,考虑到金文多记胜仗而不记败仗的特性,[3]可能进一步加剧了周王室的衰落之势。导致14年共和行政的周厉王奔彘(推定为今山西省介休县附近)事件对周王的权威来说,又是一个重要的转折点。该事件折射出西周晚期自相矛盾的周王地位。一方面,周王的权威十分衰落以至于受到贵族或封建诸侯的挑战。另一方面,即使王室的权威已失去稳定性,但诸侯亦不可贸然挑战王位。周王室依然在西周晚期统率诸侯国的军队,可以被视为与王室衰落相悖的现象,但也需考虑掩盖负面事件的金文之特性。不仅如此,考虑到诸侯国大多参加其附近地区的战役,反映的有可能是诸侯国与王室共同的利害关系,因此难以断定军事上的纽带是与周王室的衰落相矛盾的现象。反而因这种含糊不清的情况,在紧接厉王之后的宣王时期,频遭戎或玁狁等边疆势力发动的战争,尽管宣王为恢复王室的权威付出了心血,[4]但诸侯国可能已经不再一味听从周王的命令了。

晋侯苏编钟铭文也应从这一历史脉络中去解读。位于今山东省西部由夙(宿)夷牵头的东方势力趁王室衰落发动了叛乱,而厉王或宣王不得不联合被推定为晋献侯的苏果断进行长期的军事远征。在邻近战场的齐或鲁等东方诸侯消极参战的战场上,晋侯苏在周王指挥下发挥了主导作用。这暗示着当时的晋国有别于东方诸侯国,与周王室保持了密切关系。

同样,献侯子穆侯讨伐条戎和千亩的军事远征亦证明西周晚期周与晋的密切关

---

[1]《史记》,140 页;《汉书》,3744 页。
[2]《礼记正义》,《十三经注疏》1447 页。
[3] Edward L. Shaughnessy, *Sources of Western Zhou History: Inscribed Bronze Vessels* (Berkeley: University of California Press, 1991), p.176.
[4] 宣王三十二年伐鲁之战应该是很好的例子。

系。联合宣王作战的两场战争在《左传》《国语》《竹书纪年》《史记》和《后汉书》等史籍中的描述略有不同。下面就来细看一下。

首先,《左传》桓公二年记载穆侯的军事远征如下:

> 晋穆侯之夫人姜氏以条之役生太子,命之曰仇。其弟以千亩之战生,命之曰成师。[1]

司马迁在《史记·晋世家》详细记述了同一件事:

> 穆侯四年,取齐女姜氏为夫人。七年,伐条。生太子仇。十年,伐千亩,有功。生少子,名曰成师。[2]

《竹书纪年》则从不同角度进行了叙述:

> (周宣王)三十八年,王师及晋穆侯伐条戎、奔戎,王师败逋。三十九年,王师伐姜戎,战于千亩,王师败逋。[3]

《国语·周语上》和《史记·周本纪》也记载千亩之战于宣王三十九年爆发。[4]《竹书纪年》记载讨伐条戎和千亩的两场战争为连续两年发起,但《后汉书·西羌传》记伐条之战发生于宣王三十六年。[5]这一时差与《晋世家》所记穆侯七年伐

---

[1]《春秋左传正义》,《十三经注疏》1713 页。
[2]《史记》,1637 页。
[3]《竹书纪年》,四部备要本,2.10 下。
[4]《国语》,1.22 页;《史记》,144 页。
[5]《后汉书》,北京:中华书局 1959 年版,2871—2872 页。《西羌传》可能大部分是根据《竹书纪年》撰写,朱右曾和王国维在重新梳理《古本竹书纪年》时,根据《西羌传》确定了伐条之战的年代(方诗铭、王修龄:《古本竹书纪年辑证》,上海:上海古籍出版社 1981 年版,57—58 页)。

条之战、穆侯十年远征千亩相一致。基于此，应该可以认定晋穆侯联合周宣王于三十六年伐条，在宣王三十九年参与千亩之战。[1]

如同晋侯苏编钟所提及的东方远征，从这两场战争中可知晋国是西周晚期支持周王室的亲信。条戎和千亩自古以来被推定位于今山西省。[2] 上述的《国语》《周本纪》和《竹书纪年》等史籍记载军事远征由周王主导，这说明即便是在临近晋国的山西省发起的战争，主导权也是在周王手中而非由晋侯掌握。

尽管如此，在这两场战争中，《竹书纪年》所记周王军队战败后逃亡的负面记录引人注目，因为这反映了当时周王室势力的衰落。[3] 然而，《晋世家》记载晋穆侯在第二场战争即千亩之战立下战功并给以后出生的儿子取名"成师"。可见在周与晋联合发动的千亩之战中，晋国反而发挥了主导作用。[4] 通过《竹书纪年》所载千亩之战后的另外两场战争，亦能提供窥见周王室衰落和晋国发展的例子。宣王四十年，晋国在汾隰击退了北戎，但在宣王四十一年，周王军队败于申。[5]

《竹书纪年》和《史记·赵世家》记载周王室主要官吏亡命晋国的如下内容，从另一种观点说明当时晋国的势力逐渐强盛：

> 宣王四十三年，王杀大夫杜伯，其子隰叔出奔晋。[6]
>
> 自造父已下六世至奄父，曰公仲，周宣王时伐戎，为御。及千亩战，奄父脱宣王。奄父生叔带。叔带之时，周幽王无道，去周如晋，事晋文侯，始建赵氏于晋国。[7]

---

[1] 裘锡圭：《关于晋侯铜器铭文的几个问题》，《传统文化与现代化》1994年第2期，37—38页。
[2] 《左传》桓公二年杜预注，条戎与千亩分别位于晋地和介休县（《春秋左传正义》，《十三经注疏》1743页）。杨伯峻认为条戎位于安邑镇以北约30公里的鸣条冈（杨伯峻：《春秋左传注》，92页）。
[3] 《周本纪》亦记载周王军队在千亩之战遭遇大败。
[4] 钱穆：《西周戎祸考》下，《古史地理论丛》，158页。
[5] 四十年……晋人败北戎于汾隰，四十一年，王师败于申（《竹书纪年》，四部备要本，2.10上）。
[6] 《竹书纪年》，四部备要本，2.10下。
[7] 《史记》，1780页。

《墨子·明鬼》篇也引用现已失传的《周之春秋》提及杜伯之死。墨子云：杜伯无辜被周宣王杀死，杜伯死后三年，成为鬼魂拿红色的弓箭，张弓射死与诸侯打猎的宣王。[1]学者围绕这段故事聚焦的是宣王之死或周王权威的衰落，[2]但这亦折射出晋国在当时的重要性。1899年，杜伯铸造的五件西周晚期青铜器在西安大雁塔附近出土，暗示着杜伯可能是当时周王室的高层官僚。[3]《竹书纪年》所记杜伯子亡命晋国的事实说明，晋国于宣王在位末期已发展成为足以离开周地投奔的避难处。《史记·赵世家》所提及的"叔带之父奄父"也是随宣王出征的御马官，为专管天子车舆的重要官职，与周王室关系密切，[4]但叔带因周幽王荒淫无道，离开周王朝到了晋国，侍奉晋文侯。叔带一家投奔晋国亦代表晋国已在西周晚期具备能与周王室相抗衡的雄厚实力。

五、小　　结

从山西省西南部曲村-天马遗址西周时期晋侯墓地所见青铜礼器随葬样式可知，晋国统治者恪守了周王室上流社会的文化与规范。[5]与强调晋国与北方异族戎狄间存在密切关系的看法不同，很难找到西周时期晋国文化的独立性。尤其是，从晋地附近的霸国统治者墓地所见青铜礼乐器随葬样式的破格性，反而让坚守周王朝

---

［1］《墨子》，四部备要本，8.2上—8.2下。
［2］李西兴：《关于周宣王之死的考证》，《西周史论文集》下，陕西省博物馆编：西安：陕西人民教育出版社1993年版，966—976页；Edward L.Shaughnessy: "Western Zhou History," The Cambridge History of Ancient China: From the Origin of Civilization to 221 B.C. ed. by Michael Loewe and Edward L. Shaughnessy (Cambridge: Cambridge University Press, 1999), p.348.
［3］吴镇烽：《周王朝接纳异族人才初探》，《西周史论文集》下，817页。
［4］《史记·赵世家》记载叔带先祖造父也以穆王的御马官而闻名。由统治者亲信担任御马官为当时的惯例。例如，在公元前632年让晋国成就霸业的城濮之战上，荀林父担任负责驾驶国君戎车的御戎，后成为晋国权势者［《春秋左传正义》，《十三经注疏》1823页（僖公二十八年）］。
［5］［美］罗泰著，吴长青等译：《宗子维城——从考古材料的角度看公元前1000至前250年的中国社会》，127—129页。

规范的晋国更加突显。因为尽管霸国或倗国与周王室或其权势者积极展开交流的迹象非常明显，但从遗址的规模上看，其政体实力与晋国相比确实相差甚远。[1] 晋国之所以在与王室或其他封国的直接交流方面不见踪影，与其说是无角色可演，不如同李峰所推定，有可能与晋国在山西省西南部作为王室代理人被视为理所当然的角色有关。晋国似乎在整个西周时期，作为以王室为中心的周邦成员，认真扮演了自己的角色。

能够考察西周时期晋国及其他诸侯国内部发展情况的史料寥寥无几。本章为大致了解晋国的发展情况，采用间接的方式探讨了战争金文。西周国家虽引进了初级阶段的官僚制度，但因其源于族属社会，建立具备军事专业性的有系统的常备军体系必然存在局限性。如同王畿内不同族属利用"重层性私属关系"的公或伯等多个权势者的军事力量，诸侯国的军队也是构成西周王国军事力量的重要部分。

在整个西周时期，诸侯国的军队主要在受王命指派的中央权势者或官吏的指挥下，参加封地附近的战役，但也有呈现不同面貌的晋国这种例外。昭王时期韦甗铭文中，名为韦的晋人被派至距离其封地 600 公里以上的今河南省南部，参加了远征楚国的筹备工作。西周晚期的晋侯苏编钟铭文亦记载，晋侯随王征讨山东省夷的内容。除了铭文所记晋侯的军事远征，晋侯统领王室军队的内容暗示晋国有别于其他诸侯国，扮演了与中央权势者或官吏类似的角色。此外，尽管西周晚期因周王室衰落而出现东方诸侯国离叛的可能性，但晋国却呈现出发展成为王室亲信的面貌。此推论亦能通过传世文献获得确证，宣王甚至在被推定为晋国以北之山西省一带发起的战役上，率领晋穆侯主持了战争。宣王战败，但穆侯大获全胜，甚至在处于一片混乱的西周末期，众人可以离弃周王室而投奔晋国，从中可以推测晋国已逐渐发展成一支强大的势力。

---

[1] 这也与前面提到的冒鼎铭文中横水倗国受晋侯保护的内容相合。

第五章

周王室东迁与晋文侯

一、序　论

西周晚期，晋国辅佐周王室，为征伐东方和北方之敌立下大功，逐渐发展成为山西省西南部的核心政体。献侯与穆侯故去后，穆侯之弟"殇叔"篡位自立。西周晚期诸侯国所蔓延的君位争夺战，[1] 即可佐证西周王室对诸侯国的影响力相当衰微，诸侯国君亦不受周王室控制。晋国殇叔自立四年后，穆侯的长子太子仇率其徒袭殇叔而立，史称文侯。我们认为，晋文侯在平王东迁期[2] 发挥了重要作用。

实际上，传世文献对平王东迁的记录相当简略，不乏相互矛盾之处。譬如，《史记》有意忽略晋文侯，而《竹书纪年》却相当重视文侯在平王东迁过程中的作

---

[1]《史记·齐太公世家》："哀公时，纪侯谮之周，周烹哀公而立其弟静，是为胡公。胡公徙都薄姑，而当周夷王之时。哀公之同母少弟山怨胡公，乃与其党率营丘人袭攻杀胡公而自立，是为献公。献公元年，尽逐胡公子，因徙薄姑都，治临菑。九年，献公卒，子武公寿立……二十六年，武公卒，子厉公无忌立。厉公暴虐，故胡公子复入齐，齐人欲立之，乃与攻杀厉公。胡公子亦战死。齐人乃立厉公子赤为君，是为文公，而诛杀厉公者七十人。"《史记·宋微子世家》："丁公申卒，子湣公共立。湣公共卒，弟炀公熙立。炀公即位，湣公子鲋祀弑炀公而自立，曰'我当立'，是为厉公。"《史记·楚世家》："熊渠卒，子熊挚红立。挚红卒，其弟弑而代立，曰熊延。熊延生熊勇。"《史记·卫康叔世家》："四十二年，釐侯卒，太子共伯馀立为君。共伯弟和有宠于釐侯，多予之赂；和以其赂赂士，以袭攻共伯于墓上，共伯入釐侯羡自杀。卫人因葬之釐侯旁，谥曰共伯，而立和为卫侯，是为武公。"此外，李孟存与常金仓还指出，前 825 年曹戴伯弑幽伯而立（李孟存、常金倉：《晋国史纲要》，15 页）。

[2] "东迁期"一词，为吉本道雅所提出的术语。吉本先生认为周东迁并非发生于公元前 770 年的一次性事件，而是从西周灭亡（前 771）到春秋始点（前 722）的一系列的过程。[日] 吉本道雅：《史记原始 [一]-西周期，东迁期》，《古史春秋》第 4 卷，1987 年，59—81 页；同作者：《中国先秦史の研究》，京都：京都大学学术出版会 2005 年版，76—96 页。

用。由此，古史学界在晋文侯对中原政治事务的影响方面，有过不少争论。甚至，不少学者质疑[1]经史学家大多拟定的西周灭亡和平王东迁的年代。

近年公布的《清华大学藏战国竹简（贰）》[2]收录的周初至战国初期史事的编年体史书《系年》为填补先秦史的空白，提供了宝贵的材料。本章将考察《系年》刊布以来学界的研究成果，并结合《文侯之命》《晋姜鼎》和《戎生编钟》等文献，探讨春秋初期晋国的发展，以及晋侯作为保护周王室屏障的作用。

二、围绕东迁出土文献与传世文献的二重奏

《清华简》总数量约为2500枚，其中《系年》有138枚。《系年》全编为23章，内容多与历史有关，是一种编年体的史书，所记史事上起西周之初，下至战国前期，可谓楚国史书。此简原无编题，但它有纪年记录，文本体例亦类似于《竹书纪年》，故而暂时定名为《系年》。简文中出现的君号，年代最晚的是第二十三章记载的楚悼王，因此整理者认为此简制作于楚肃王（前380—前370）至楚宣王（前369—前340）在位时期。[3]赵平安指出《清华简》无字残片样品碳14年代测定结果显示，此简制作于公元前305±30年，与整理者的判断相当接近。[4]

学界对《系年》的文献性质有所争论。廖名春、许兆昌和齐丹丹认为，从体例

---

[1] 董书业：《春秋史》，香港，太阳书局1946年版，13—14页；王玉哲：《周平王东迁乃避秦非避犬戎说》，《天津社会科学》1986年第3期，49—52页；宋新潮：《骊山之役及平王东迁历史考述》，《人文杂志》1989年第4期，75—79页；吉本道雅：《周室东迁考》，《东洋学报》第71卷，第3—4号，33—55页；晁福林：《论平王东迁》，《历史研究》1991年第6期，8—23页；王雷生：《平王东迁年代新探——周平王东迁公元前747年说》，《人文杂志》1997年第3期，62—66页；Li Feng: *Landscape and Power in Early China: The Crisis and Fall of the Western Zhou, 1045–771 B.C.* (Cambridge: Cambridge University Press, 2006), pp.193–278。
[2] 清华大学出土文献研究与保护中心编，李学勤主编：《清华大学藏战国竹简（贰）》，上海：中西书局2011年版。
[3] 同上注所引书，135页。
[4] 赵平安：《〈楚居〉的性质、作者及写作年代》，《清华大学学报》（哲学社会科学版）2011年第4期，33页。

而言《系年》应是具有纪事本末体性质的早期史著。[1]陈伟认为"《系年》是一部纪事本末体的史书或是'纪事本末体雏形'的史著",进而推论《系年》类似于铎椒为楚威王傅所编《春秋》的四十章精编本《铎氏微》,[2]属于战国晚期改作史书的楚国文化的产物。[3]尤锐(Yuri Pines)则认为《系年》有别于其他战国文献,不含教训、意识形态内容,属于简史(a brief informative history)。[4]

《系年》所载,大体与《竹书纪年》《左传》《国语》同,但也有不少内容足以补充传世文献的空白。例如,《系年》第二章内容与传世文献差异较大,引起了学术界广泛的关注。本章在详细解读《系年》所记平王东迁内容之前,先梳理《史记》和《竹书纪年》等传世文献所记载的平王东迁过程。

(一)西周灭亡东迁的疑问

司马迁对上古史观的形成确有举足轻重的影响力。据《史记·周本纪》所记,西周覆灭与东迁史事如下:

> 幽王二年,西周三川皆震。伯阳甫曰:'周将亡矣……(中略①)。'是岁也,三川竭,岐山崩。三年,幽王嬖爱褒姒。褒姒生子伯服,幽王欲废太子。太子母申侯女,而为后。后幽王得褒姒,爱之,欲废申后,并去太子宜臼,以褒姒为后,以伯服为太子。周太史伯阳读史记曰:'周亡矣。'(中略②)。褒姒不好笑,幽王欲其笑万方,故不笑。幽王为烽燧大鼓,有寇至则举烽火。诸侯悉至,至而无寇,褒姒乃大笑。幽王说之,为数举烽火。其后不信,诸侯益亦不至。幽王以虢石父为卿,用事,国人皆怨。石父为人佞巧善谀好利,王用

---

[1] 廖名春:《清华简〈系年〉管窥》,《深圳大学学报》(人文社会科学版)2012年第3期;许兆昌、齐丹丹:《试论清华简〈系年〉的编纂特点》,《古代文明》2012年第2期。
[2]《史记·十二诸侯年表》:"铎椒为楚威王傅,为王不能尽观《春秋》,采取成败,卒四十章,为《铎氏微》。"
[3] 陈伟:《清华大学藏竹书〈系年〉的文献学考察》,《史林》2013年第1期,43—48页。
[4] Yuri Pines: "Zhou History and Historiography: Introducing the Bamboo Manuscript Xinian." *T'oung Pao* 100.4-5 (2014), p.323.

之。又废申后，去太子也。申侯怒，与缯、西夷犬戎攻幽王。幽王举烽火征兵，兵莫至。遂杀幽王骊山下，虏褒姒，尽取周赂而去。于是诸侯乃即申侯而共立故幽王太子宜臼，是为平王，以奉周祀。平王立，东迁于雒邑，辟戎寇。

司马迁关于西周覆灭与东迁史事的记述，是据被认为是战国时期的著作《国语》和其他传世文献而编撰的。上文援引《国语·周语上》所言自然灾害，开始记述西周覆灭之历程（包括中略①），继述幽王正妃申国人申后的来历，以及周覆灭之罪魁祸首，即褒姒与虢国人石父。司马迁就此援引《郑语》褒姒故事，在（中略②）中说明褒姒为人的同时，据《吕氏春秋·慎行论》撰出类似于伊索寓言"牧童和狼"的褒姒传说。李峰指出，司马迁在这里视褒姒为西周覆灭之元凶，冠以祸国殃民的恶名，进而创造出一种破坏性女性的形象。[1] 上文还强调虢国人石父对西周覆灭之作用。据《国语·晋语一》记载，幽王与虢石父联合，驱逐太子，以形成"幽王＝褒姒＝虢石父"与"太子宜臼的外家申国、缯和犬戎"（也称"西戎"）相对峙的局势。申侯为外孙之废位激怒，联合缯、犬戎进攻幽王，追到骊山（今西安以东）而杀幽王，于是，诸侯立宜臼为平王于申。《郑语》与《晋语一》也有申侯联合军杀死幽王之记载。最后，司马迁以"平王立，东迁于雒邑"极其简单的句子来结尾。在《周本纪》所记西周覆灭与东迁史事中，删除为司马迁所恶女化的褒姒故事，就可整理为如下内容：

（1）幽王宠爱妃子褒姒，立伯服为太子（废掉申后之子，太子宜臼）。
（2）幽王和虢石父之乱政。
（3）申侯为外孙宜臼之废位激怒，联合缯国和犬戎而杀死幽王。
（4）诸侯在申拥立平王继位。

---

[1] Li Feng: *Landscape and Power in Early China: The Crisis and Fall of the Western Zhou, 1045-771 B.C.* (Cambridge: Cambridge University Press, 2006), pp.200-201.《吕氏春秋》仅记"幽王欲褒姒之笑，因数击鼓"，却无"数举烽火"之事。

（5）避戎东迁于洛邑（成周）。

《周本纪》并无记述幽王被杀年代与东迁年代，然而司马迁在《十二诸侯年表》言，两者分别在公元前771年与前770年（平王元年），以形成"东迁＝公元前770年"之历史观。[1]司马迁在《秦本纪》与《卫世家》记述秦襄公（前777—前766）和卫武公（前812—前758）辅佐平王之功，[2]却忽略了晋文侯（前780—前746）之功绩，只提"文侯十年，周幽王无道，犬戎杀幽王"一句，此与《竹书纪年》《左传》及《系年》所记晋文侯史事形成明显反差。

下面再来看看，形成传统东迁历史观的另一重要文献《竹书纪年》。《竹书纪年》一书于公元281年在汲郡（今河南省）魏襄哀王冢（前318—前296）同其他竹简一起出土。自出土后十年以来，就有由荀勖与和峤考订释义的"初释本"，由卫恒和束皙考证整理的"考证本"，即所谓"原本《竹书纪年》"由此传世。然而，随着时间的推移，此书渐渐散佚，到宋代基本失传。现今最古旧的是明代范钦天一阁藏本（所谓《今本竹书纪年》），被钱大昕、朱右曾和王国维等清儒斥为伪书。因此，由朱右曾和王国维等人搜辑中世纪文献材料中援引的《竹书（汲冢）纪年》内容而编辑成书的《古本竹书纪年》更受重视。倪德卫和夏含夷等西方学者为解释西周的纪年问题，对《竹书纪年》的真伪问题进行过深入研究，并指出《今本竹书纪年》记载虽颇有遗漏，但其内容大致与原文相近。[3]《今本》所记西周覆灭与东迁史事如下（《竹书纪年》，2.11a—12b）：

---

[1]《史记》，532页。
[2] 同上注所引书，179、1591页。
[3] Michael Loewe ed: *Early Chinese Texts: A Bibliographical Guide*, (Berkeley: The Society for the Study of Early China, 1993), pp.37-47; David S. Nivison: *The Riddle of the Bamboo Annals* (Taipei: Airiti Press, 2009), pp.3-11; Edward L. Shaughnessy: *Rewriting Early Chinese Texts* (Albany: State University of New York Press, 2006), pp.185-256。（此书中译本：《重写中国古代文献》，周博群等译，上海：上海古籍出版社2012年版）。李峰通过《今本》和《古本》对照研究指出，《古本》在大量引用过程中语有增损，有所改动，《今本》则忠实辑佚，更接近于真正的古本 (Li Feng: *Landscape and Power in Early China: The Crisis and Fall of the Western Zhou, 1045-771 B.C.*, Cambridge: Cambridge University Press, 2006, pp.347-354)。

（幽王）三年，王嬖褒姒。

五年，王世子宜臼出奔申。

八年，王锡司徒郑伯多父命。王立褒姒之子曰伯服，为太子。

九年，申侯聘西戎及鄫。

十年，春，王及诸侯盟于太室。秋九月，桃杏实。王师伐申。

十一年春正月，日晕。申人、鄫人及犬戎入宗周，杀王及郑桓公。犬戎杀王子伯服。执褒姒以归。申侯、鲁侯、许男、郑子立宜臼于申，虢公翰立王子余臣于携。

（平王）元年辛未，王东徙洛邑。锡文侯命。晋侯会卫侯、郑伯、秦伯，以师从王入于成周。

二十一年，晋文侯杀王子余臣于携。

《今本》记载不仅补充了《周本纪》所言的四个进程［"（2）幽王和虢石父之乱政"除外］，且包含《周本纪》没有的重要内容（加下划线者）。司马迁所言西周覆灭史事偏重于褒姒故事，仅记申联合军攻击幽王，然《今本竹书纪年》亦记申联合军攻击幽王之前的一系列史事：幽王宠爱褒姒；太子宜臼逃亡申国（五年）；立伯服为太子（八年）；申侯联合西戎与鄫（缯）（八年）；幽王组织诸侯会盟于太室之后，出现不吉祥的自然现象，然幽王却不顾，进攻申国（十年）。李峰据上述内容认为，幽王十一年申联合军进攻宗周是反攻，即幽王在数年之紧张关系和对峙下进攻申国，之后申联合军才反击幽王。[1]《周本纪》记太子宜臼所立，不记所立之诸侯为何人，然《今本竹书纪年》明记平王为申侯、鲁侯、许男和郑子所立（幽王十一年）。[2]

---

[1] Li Feng: *Landscape and Power in Early China: The Crisis and Fall of the Western Zhou, 1045–771 B.C.* (Cambridge: Cambridge University Press, 2006), pp.218–219.

[2] 若将郑子视为郑国之君或郑国贵族，郑桓公死于幽王被杀之年，这不合乎常理。我们认为，因曾（鄫）字和郑字金文字形相近而导致误记的可能性也不可排除在外。

《今本》与《史记》说法之最大差别在于，平王被立时，虢公翰立王子余臣于携的相关记载。上文所记立余臣之人为虢国人，此与《周本纪》中虢国人石父辅佐幽王与褒姒之说相吻合，可知当时虢国在亲幽王——反平王派势力中占较大比重。《今本》所记与《史记》同，言及周东迁在公元前770年（元年），亦言卫、秦公之功绩，然《今本》所记郑伯和晋文侯之功与《周本纪》记载不合，着重记述晋文侯受平王之命所作功绩（元年）。上文所记"郑伯"当即与幽王一同被杀的"郑桓公（前806—前777）"之子"武公（前770—前744）"，也可能与本书180页脚注［2］所指的郑子同，言及武公在其父为平王派所杀一年后竟改为辅佐平王东迁，此说法实不合乎常理。《今本》记载中，晋文侯之功绩较为详尽，尤其是，其在平王二十一年（前750年）杀王子余臣于携之说，值得一考。此外，《今本》与《史记》不同，将幽王死后二十一年视为"二王并立"之局势。

怀疑《今本》真伪的学者更为信任《古本竹书纪年》，然而《古本》所记西周覆灭与东迁史事与《今本》大同小异。由范祥雍修正王国维著《古本竹书纪年辑校》而制的《古本竹书纪年辑校订补》记述如下：[1]

（晋文侯）七年，幽王立褒姒之子伯服以为太子。<u>平王奔西申。</u>

九年，幽王十年，九月，桃杏实。

十年，<u>伯盘与幽王俱死于戏。先是，申侯、鲁侯及许文公立平王于申。幽王既死，而虢公翰又立王子余臣于携。周二王并立。</u>

二十一年，<u>携王为晋文侯所杀。</u>

除"七年，幽王立褒姒之子伯服以为太子"外，上文是整理《左传》昭公二十六年孔颖达疏中援引《汲冢书纪年》的部分而编制的。如下划线文字所示，《古本》言及《史记·周本纪》没有的说法，明记"二王并立"，可知，总体上其说

---

[1] 范祥雍：《古本竹书纪年辑校订补》，上海：上海人民出版社1962年版，34—35页。

法与《今本》相当接近。但是，《古本》与《今本》也有不同之处。首先，两本纪年方式不同。《古本》以晋文侯纪年，而《今本》以幽王、平王纪年，故而产生平王奔申、晋文侯杀余臣（《古本》谓"携王"）年代差别问题。尤其是，后者的差别相当大，《今本》记其为"平王二十一年（前750年）"，然《古本》记其为"晋文侯二十一年（前760年）"；其次，两本所记地名与人名亦有不同。据《古本》所记，平王所奔之处不是申而是西申，《古本》称"伯服"为"伯盘"，以及在列举立平王的诸侯时，排斥郑子；最后，《古本》所记与《史记》《今本》不同，将立平王提早到幽王与伯盘死亡之前的某一时间段，引起部分学者的重视（见本书195页脚注［3］）。但是，"先是"一词并非孔疏所引《竹书纪年》原文，而是注释家所添加的，[1]所以其说法即不甚妥当了。

虽然今本与古本记载有上述差别，但是若将《今本》记载与《古本》相合的部分，以及《古本》没有记录而《今本》和《史记·周本纪》却有记录的说法作为可信史料的话，从《竹书纪年》记载中可以得出如下史事：

（1）幽王宠爱褒姒（公元前779年）。

（2）太子宜臼奔于申（西申）（《今本》谓公元前777年，《古本》则谓公元前773年）。

（3）拥立伯服（伯盘）为太子（公元前774年）。

（4）申联合犬戎和缯（公元前773年）。

（5）幽王进攻申国（公元前772年）。

（6）申、缯、犬戎联合军进攻宗周，杀死幽王、伯服；申侯、鲁侯、许男（文公）拥立平王于申；虢公翰拥立余臣于携（公元前771年）。

---

[1] Li Feng: *Landscape and Power in Early China: The Crisis and Fall of the Western Zhou, 1045−771 B.C.* (Cambridge: Cambridge University Press, 2006), pp.220−221；陈伟：《清华大学藏竹书〈系年〉的文献学考察》，《史林》2013年第1期，47页。

（7）平王东迁：晋文侯、郑伯（武公）、[1]卫伯（武公）、秦伯（襄公）之辅佐（公元前 770 年）。

（8）晋文侯杀死携王（余臣）(《今本竹书纪年》为公元前 760 年，《古本竹书纪年》为公元前 750 年）。

综合《史记》《今本竹书纪年》和《古本竹书纪年》而编制的西周覆灭与东迁历程，较之于《周本纪》记载更为整齐，然此说法仍无法排除下列重大疑问：

首先，太子宜臼所奔的申国以及犬戎等的位置问题。清儒崔述根据传统说法认为，申国位于今河南省南部之南阳，并提出应当位于今陕西省西北部的犬戎不可与申国联合之说，[2]获得多数学者的支持。[3]但是，李峰根据《古本竹书纪年》记载，考察《山海经·西山经》所记申山和申水而提出，西周时期有位于南阳的南申，还有位于平凉泾水（甘肃）的西申。李峰还根据发现于西安附近的吕季姜壶（《集成》9610）和出自甘肃灵台（泾水流域）的吕姜簋（《集成》3348）铭文，考证西周时期吕（据《国语·郑语》所记，吕国与申国一同抵抗幽王）亦在西申附近，以反驳崔述的主张。[4]然而，即使我们都承认太子宜臼逃奔之地为"西申"，也无法排除所有的相关疑问。陈槃指出，据《今本》和《古本》记载，立平王于申的诸侯只有南阳附近的诸侯，如鲁（今山东省，曲阜）和许（今河南省，许昌），[5]此说法仍不合乎吉本道雅的陕西省西北之说。[6]当然，这些诸侯是否支

---

[1] 晋文侯和郑伯对于周平王东迁之功虽不出现于《古本》和《史记》，但《国语·周语中》曰："我周之东迁，晋、郑是依。"《左传》隐公六年亦曰："我周之东迁，晋、郑焉依。"
[2] 顾颉刚编：《崔东壁遗书》，246—247 页。
[3] 钱穆：《西周戎祸考》上，《古史地理论丛》，151—156 页；蒙文通：《周秦少数民族研究》，上海：龙门联合书局 1958 年版，21 页；王玉哲：《周平王东迁乃避秦非避犬戎说》，《天津社会科学》1986 年第 3 期，49 页；宋新潮：《骊山之役及平王东迁历史考述》，《人文杂志》1989 年第 4 期，75—76 页。
[4] Li Feng: *Landscape and Power in Early China: The Crisis and Fall of the Western Zhou, 1045-771 B.C.* (Cambridge: Cambridge University Press, 2006), pp.221-231.
[5] 陈槃：《春秋大事表列国爵姓存灭譔异》，145 页。
[6] [日] 吉本道雅：《周室东迁考》，《东洋学报》第 71 卷，第 3—4 号，1990 年，40—43 页；同作者：《清华简系年考》，《京都大学文学部研究纪要》第 52 卷，2013 年，12 页。

持立宜臼为王也未能明朗。

其次,司马迁所排斥的内容,即王子余臣(携王)为何人、晋文侯所立之功如何。关于携王,《左传》昭公二十六年云:"至于幽王,天不弔周,王昏不若,用愆厥位。携王奸命,诸侯替之,而建王嗣,用迁郏鄏。"从《史记》所征引的文献资料来看(引用了《左传》诸多材料[1]),司马迁亦当参考了《春秋左传》,然其记述西周覆灭与东迁史事却全依赖于《国语》记载,而《国语》无余臣(携王)相关记录,可见司马迁有可能是因为其无法证实余臣为何人而排斥"二王并立"说。由此而言,《竹书纪年》与《左传》中"携王"相关记录应当难以被否定。不过,王晖指出,上文还隐含周平王为诸侯所立在携王废位后之意,故而也不能据此认为"二王并立"为是。[2]总之,不仅《周本纪》遗漏携王的问题尚未得解,而且《竹书纪年》所记"二王并立"的问题仍未能明朗。此外,还有许多问题仍然悬而未决,如携究竟何在,携确否指地,王子余臣乃何人之子,《竹书纪年》所记携王被杀是在平王二十一年(前760年)还是在文侯二十一年(前750年),司马迁为何忽略晋文侯之功,等等。

最后,周东迁历程与年代问题。《史记》所记与今古两本《竹书纪年》所言同,记平王东迁在公元前770年。据《史记》与《竹书纪年》所言,平王得益于申、犬戎和鄫(缯)的辅佐,立于申(或西申),而其即位第二年,竟在晋、秦、卫和郑等其他诸侯的护卫下,将王室东迁到成周,对此已有些学者提出过质疑意见。[3]笔者也曾经关注过《今本竹书纪年》所记郑武公在其父亡后一年已改为辅佐平王东迁之说,实有许多可怀疑之处。《史记·郑世家》有可能是因为考虑到此问题,就排斥郑武公之功,然《国语》与《左传》却明记"我周之东迁,晋、郑

---

[1] 金德建:《司马迁所见书考》,上海:上海人民出版社1963年版,106—111页。
[2] 王晖:《春秋早期周王室王位世系变局考异——兼说清华简〈系年〉"周无王九年"》,《人文杂志》2013年第5期,79页。
[3] 晁福林:《论平王东迁》,《历史研究》1991年第6期;王雷生:《平王东迁年代新探——周平王东迁公元前747年说》,《人文杂志》1997年第3期;[日]吉本道雅:《周室东迁考》,《东洋学报》第71卷,第3—4号,1990年。

焉依",故而郑国之功亦难以被否定。那么,郑国如此改为辅佐平王,是否是需要相当长时间的呢?

正因如此,自古以来就有不少人提出有关东迁年代的种种说法。如唐代陆淳和宋代沈括等人主张鲁惠公(前768—前723)三年说(前766年);据王红亮研究,清代梁玉绳则在《史记志疑》指出,平王为诸侯所立于申后,先平定叛乱,再将国都东迁到洛邑,并依此推论《十二诸侯年表》"平王元年"是"平王五年"的误记。[1]以上所引《左传》文字也显示,西周覆灭与东迁是"幽王失去王位(被杀)⇒携王夺位⇒诸侯剿灭携王,拥立平王⇒东迁"的历史进程。有些学者据此提出将东迁推迟到剿灭周携王以后的说法,如公元前760年(晁福林)、公元前747年(王雷生)和公元前738年(吉本道雅)说。虽然这些学者所提出的年代仍不可直接接受,但是,视东迁为一系列史事所使然的看法还是值得探讨的。

西周覆灭与东迁之谜的成因,归根究底还是在于古代文献记录的稀缺与散佚,所幸,最近公布的史书《系年》,因其内容完整且成书时间亦早于《史记》和《竹书纪年》,为解释西周覆灭与东迁之谜可提供宝贵线索。但在另一方面,新史料所带来的新谜团,也亟待解决。接下来,我们将检讨《系年》对西周覆灭与东迁的记述。

(二)《系年》中的东迁:谜团的解决

《系年》全篇共分23章,综述从西周到战国的历史:第一章至第四章聚焦于周王室衰落与诸侯兴起,概述西周历史;第五章至第二十三章则以晋、楚争霸为主,详述春秋—战国历史。以下综述西周覆亡与东迁的部分,乃第二章前2/3的部分("【 】"内为竹简编号)(图5-1):

周幽王取妻于西繻(申),生坪(平)王=(王。王)或叔〈取〉孚(褒)人之女,是孚(褒)念(姒),生白(伯)盘。孚(褒)念(姒)辟(嬖)于王=

---

[1]《史记志疑》,309页;王红亮:《清华简〈系年〉中周平王东迁的相关年代考》,《史学史研究》2012年第4期,105页。

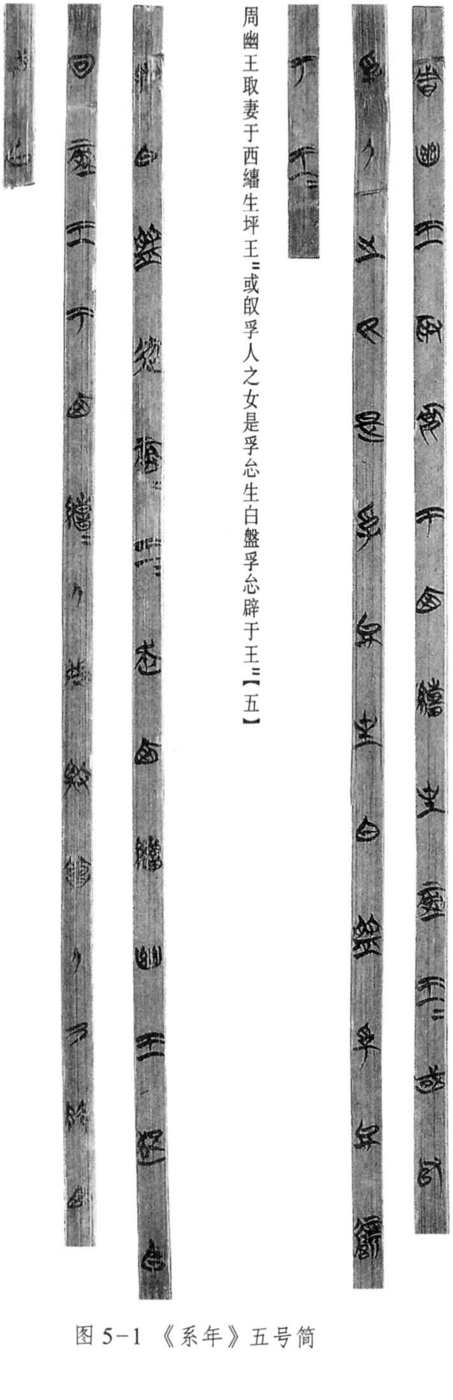

周幽王取妻于西繡生坪王〓或叡孚人之女是孚忌生白盤孚忌辟于王〓【五】

與白盤达坪〓王〓走西繡幽王起自回坪王于西繡〓人弗敡曾人乃降西戎以【六】

图 5-1 《系年》五号简

(王。王)[五]与白(伯)盘达(逐)坪=王=(平王,平王)走西繻(申)。幽王起自(师),回(围)坪(平)王于西繻=(申,申)人弗畀(畀),曾(缯)人乃降西戎,以[六]攻幽=王=(幽王,幽王)及白(伯)盘乃灭,周乃亡。邦君者(诸)正乃立幽王之弟舍(余)臣于虢(虢),是嶲(携)惠王。[七]立廿=(二十)又一年,晋文侯戴(仇)乃杀惠王于虢(虢)。周亡王九年,邦君者(诸)侯女(焉)问(始)不朝于周,[八]晋文侯乃逆坪(平)王于少鄂,立之于京自(师)。三年,乃东遷(徙),止于成周。晋人女(焉)问(始)启[九]于京自(师),奠(郑)武公亦政(正)東方之者(诸)侯。[1]

《系年》所记西周覆亡与东迁,正如《周本纪》与《竹书纪年》记载,篇幅不长,内容简略,然而,如画线文字所示,还包含着重要的新内容。首先,根据以上引文概括西周覆亡与东迁的历程如下:

(1)幽王取妻于西申,此妻生平王。

(2)幽王宠爱褒姒,驱逐平王。

(3)平王出奔到西申。

(4)幽王进攻西申。

(5)申联合缯、西戎进攻西周,杀死幽王与伯盘;周覆灭。

(6)邦君、诸正在虢拥立幽王之弟余臣为携惠王。

(7)携惠王即位后第二十一年,晋文侯仇,在虢杀死携惠王。

(8)"周亡王九年",邦君、诸侯不朝于周,晋文侯在少鄂迎平王,并立平王于京师。

(9)三年后,东迁至成周。

(10)晋、郑扩大势力。

---

[1]此文释读是笔者对《清华大学藏战国竹简(贰)》139—140页释文稍加修改而成的。

（1）至（7），与《周本纪》及《竹书纪年》记载大同小异，并为解释周东迁的几个疑问提供了线索。首先，关于平王所奔之地，其外家"申"，上文记其为"西申"（同《古本竹书纪年》），为釐清崔述首发质疑的申国位置这一问题提供了线索。崔庆明指出，此记述与1981年在南阳西周晚期古墓出土的仲偁父簋铭（《集成》4189）所记"南申伯太宰仲偁父"相吻合。[1]据《诗经·崧高》所云，[2]被宣王分封于谢（今南阳一带）的申伯也许与"南申"有关，然《系年》所记与《古本竹书纪年》所载同，就证实平王首次逃奔之地为西申（今陕西省西北部）。尽管如此，仍有些问题未能明朗：如《竹书纪年》所记"申侯，鲁侯，及许文公立平王于申"，有东方诸侯支持拥立平王之说，有不少可疑之处；《系年》里首次出现的地名"少鄂"以及不同于其他文献的说法（详后述）。

其次，《周本纪》和《今本》记褒姒之子为伯服，而《系年》所记与《古本》同，称之为"伯盘"，此与《左传》昭公二十六年孔颖达疏[3]引束晳云"伯服古文（《汲冢纪年》）作伯盘"相吻合。

第三，上文不仅涉及《竹书纪年》所记王子余臣，还明记其为幽王之弟，解决了携王之谜。"立幽王之弟余臣于虢"，与《今本》和《古本》所记虢公翰立余臣之说同，以确认虢在反平王势力中的地位与影响力。朱凤瀚指出，"是携惠王"可释之为携王有惠字善谥。[4]关于简文中"携"字，大部分学者视之为地名，并认为其地在发现西周末期—春秋初期虢国古墓的河南省三门峡一带。[5]"邦君诸正"，整理者释"正"为"长"，认为是诸侯之意，可知，除虢公以外，还有诸多势力支持拥

---

[1] 崔庆明：《南阳市北郊出土一批申国青铜器》，《中原文物》1984年第4期，15页。
[2]《毛诗正义》，《十三经注疏》565页。
[3]《春秋左传正义》，《十三经注疏》2114页。
[4] 朱凤瀚：《清华简〈系年〉所记西周史事考》，第四届国际汉学会议，台北：中研院2012年6月20—22日。
[5] 刘国忠认为，携字古有"贰"义，携王可释为余臣非嫡系之贬称（刘国忠：《从清华简〈系年〉看周王东迁的相关史实》，"简帛·经典·古史"国际论坛，香港：香港浸会大学2011年11月30日）。但是《竹书纪年》中出现的地名携，以及《系年》"邦君诸正乃立幽王之弟余臣于虢，是携惠王。立廿又一年，晋文侯仇乃杀惠王于虢"，后文省略携字，可见，携字为地名的可能性较大。

立携王。

第四，上文所记与《今本》及《古本》所载同，携王为晋文侯所杀于"二十一年"，然上文记述立携惠王后紧接着记"立二十又一年"，此当解释为"携王二十一年"。《系年》所记与《竹书纪年》所载同，言携惠王在幽王、伯盘被杀之时被立于虢。那么，我们完全可以认为，此事发生在公元前770年，携惠王元年则为公元前770年。李学勤指出，《系年》所记携惠王为晋文侯所杀应当在公元前750年，此与王国维所主张的《古本》所记晋文侯二十一年（前760）说较远，更合乎《今本》所记平王二十一年说。[1]当然，《系年》所记携惠王二十一年（前750年）是否符合平王二十一年的问题仍须进一步研究证实。

如（8）和（9）所示，《系年》所记立平王及东迁史事与《周本纪》及《竹书纪年》所载不同，此问题将在本章第四节重点探讨。然而，这一部分也为解决前述两个谜团提供了线索：《系年》所记"立之于京自（师）。三年，乃东徙，止于成周"与《周本纪》及《竹书纪年》所记东迁在幽王被杀、西周覆亡之次年说不合，这让我们怀疑传世文献纪年有所错漏，进而让我们重新评估视东迁为一系列史事所组成的进程的说法。

最后，《周本纪》与今、古两本《竹书纪年》相互矛盾的"二王并立"问题。这一问题取决于（8）"周亡王九年"的解释。也就是说，正如包括笔者在内的多数学者所说，释之为"携王死后，无王九年"，则意味着"有九年的阙位，之后拥立平王继位"，那么"二王并立"说就完全被否定。《系年》记载可颠覆传世文献记载及其产生的历史认识，因此，已有不少学者提出过不同的看法。

（三）重写东迁期历史：少鄂与"周亡王九年"

据《竹书纪年》所记，周东迁为："幽王被杀（前771年）⇒ 拥立平王于申，拥立余臣（携王）于携（前771年）⇒ 平王东迁（前770年）⇒ 晋文侯杀

---

[1] 李学勤：《清华简〈系年〉及有关古史问题》，《文物》2011年第3期，71页。

死携王（前760年或前750年）"的历程。《系年》所记幽王被杀而立携惠王于虢，二十一年携王为晋文侯所杀，与《竹书纪年》所载无甚差别，然言及"周亡王九年，邦君诸侯焉始不朝于周，晋文侯乃逆平王于少鄂，立之于京师。三年，乃东徙，止于成周"，此史事是以往无法得知的；"晋人焉始启于京师"，正如《竹书纪年》所记，隐含晋文侯在平王东迁时立功之意，此说在传统文献中亦无记载。

笔者在探讨"周亡王九年"这一素有争议的话题之前，先对"少鄂"与"京师"这两个有争议的地名进行检讨。首先，"止于成周。晋人焉始启于京师"里的"京师"，学术界一致认为是指"成周"；"晋文侯乃逆平王于少鄂，立之于京师"，整理者认为，这里少鄂应指《左传》隐公六年所涉及的今山西省乡宁县以南之鄂，即云："翼九宗、五正、顷父之子嘉父逆晋侯于随，纳诸鄂。晋人谓之鄂侯。"[1] 关于晋文侯立平王之京师，整理者认为，此应指宗周。[2] 总之，平王（宜臼）不知是如何从西申再奔到鄂，然而居在晋国的平王在宗周被立之后，过了三年，将王都东迁到成周。

西周鄂国究竟在哪里，历来有所争论。因为从晋国"鄂"到宗周之路相当遥远，部分学者提出晋地亦有京师的说法。董珊根据晋公盆（《集成》10342）、晋姜鼎（《集成》2826）铭文，推定晋地亦有京师。[3] 陈连庆和吉本道雅则综合晋姜鼎相关研究结果，认为铭文中的京师当即宗周与成周。[4]《诗经》与《左传》等先秦传世文献所讲的京师，学术界一致认为是指周王都所在的宗周（丰镐）或者成周（洛邑）。吉本道雅认为，若将《系年》中京师释为今山西省西南之地，则与后句"东徙止于成周"自相矛盾。换言之，若平王的确是从晋国国都"翼"（今曲沃县-翼城县）迁都到洛阳的，则不应记其为"东徙"而应记为"南徙"，这样才与其他

---

[1] 杜预注曰："鄂，晋别邑。"（杨伯峻：《春秋左传注》，49页）
[2] 清华大学出土文献研究与保护中心编，李学勤主编：《清华大学藏战国竹简（贰）》，139页。
[3] 董珊：《读清华简系年》，复旦大学出土文献与古文字研究中心网站，2011年12月26日。
[4] 陈连庆：《晋姜鼎铭新释》，《古文字研究》第13辑，1986年，189—201页。吉本道雅：《清华简系年考》，《京都大学文学部研究纪要》第52卷，2013年，16页。

文献记述相合。[1]《左传》僖公二十六年云："与之阳樊、温、原、攒茅之田。晋于是始启南阳。"[2]可知，文公获阳樊、温、原、攒茅之田（今洛阳东北新乡一代的）被视为"启南阳"。

正如整理者所言，"立之于京师"的京师当即宗周，那么，"王于少鄂"之少鄂也不一定是指山西省一带。[3]笔者赞同吉本道雅的观点，不应排除少鄂指南阳之鄂的可能性。[4]首先，鄂位于山西省说初见于《括地志》（638年），但是《元和郡县志》（813年）和《太平寰宇记》（10世纪末期）不采纳此说。见于《汉书·地理志》的鄂，学者皆推定位于湖北随州或武汉或河南南阳一带。李学勤曾指出，随州羊子山出土铜器佐证，截至西周中期，鄂（噩）是作为伐楚南巡之基地。[5]据禹鼎铭文记载，西周后期，鄂侯驭方率夷人反周，禹擒获驭方，鄂亦受重大损失。此时，鄂国从随州迁徙至其他地区。随州附近，基本没有发现晚于西周后期的鄂国铜器，与此相反，南阳夏饷铺鄂国墓地出土大量鄂侯和夫人噩姜所铸青铜器，[6]佐证鄂国在西周后期迁徙至《汉书·地理志》南阳郡西鄂县。[7]

前面，笔者已提到《竹书纪年》所记"平王奔西申"与"鲁侯，及许文公立平王于申"有自相矛盾之嫌，然《古本竹书纪年》却对平王逃奔之地与所立之地有明确区分，分别记为"西申"与"申"。徐少华根据《诗经·崧高》认为，西周中晚

---

[1]［日］吉本道雅：《清华简系年考》，《京都大学文学部研究纪要》第52卷，2013年，16页。
[2] 杨伯峻：《春秋左传注》，433页。
[3] 除鄂地亦见于山西省外，我们还有两个理由不排除山西省说：一是，西周后期晋国根据其军事力量与周王室形成密切关系；一是，厉王所奔之"彘"也位于乡宁附近的汾河一带。
[4]［日］吉本道雅：《清华简系年考》，《京都大学文学部研究纪要》第52卷，2013年，16页；Jae-hoon Shim: "The Eastward Relocation of the Zhou Royal House in the *Xinian* Manuscript: Chronological and Geographical Aspects," *Archiv Orientalni* 85.1 (2017), pp.74—85。
[5] 李学勤：《由新见青铜器看西周早期的鄂、曾、楚》，《文物》2010年第1期，41—42页。
[6] 目前，南阳鄂国墓地考古报告还没有正式公布，但是，鄂侯为女所铸嫁壶之盖上有铭文曰"噩侯作孟姬滕壶"。因为西周后期噩侯簋（《集成》3929）铭文曰"噩侯作王姞滕簋"，过去学界普遍认为噩是姞姓国。但是，年代略晚的南阳青铜器铭文却说噩是姬姓国。这一问题还需要学界的进一步讨论。总之，春秋初期，南阳噩（鄂）也与晋一样，同为姬姓国，让我们发现南阳鄂可能会与晋鄂侯有关系。
[7]《汉书》，1564页。

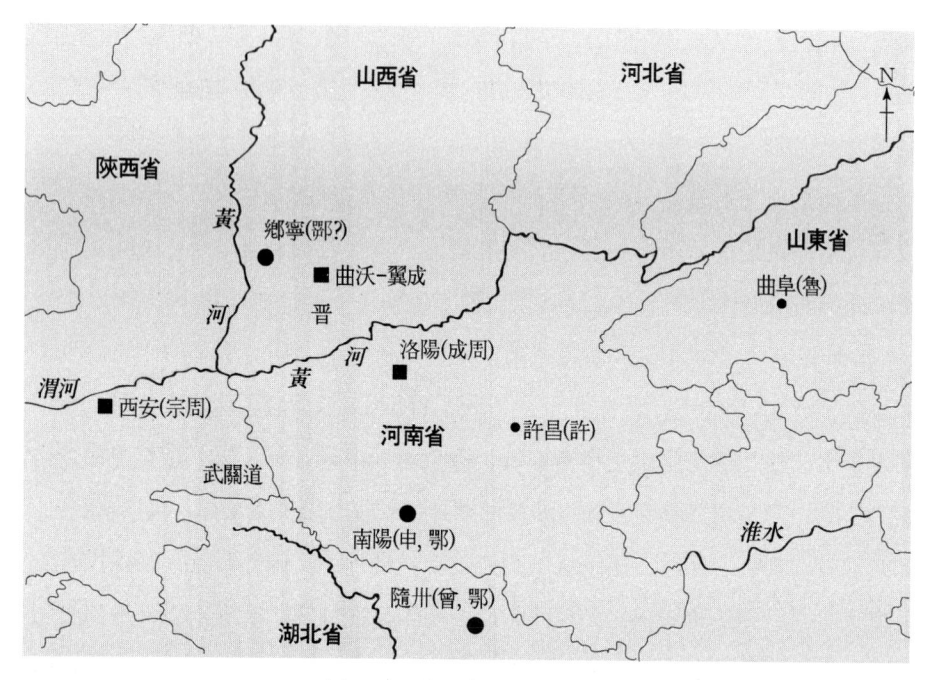

图 5-2 少鄂位置相关地图

期南阳之申（仲偁父簋里的南申）是攸关南疆安全的重要地方，并且南申是因为起源于西申，继续与西申保持良好关系。[1]正如吉本道雅所推论，[2]我们根据南申与鄂相距不远的地理特征，能不能树立这样一个假设：平王逃奔西申后，在经历幽王进攻、幽王与伯盘一同遇害以及携惠王为虢公所立的混乱之中，再逃到较为安全的南阳之申而被立。（图5-2）

这一假说能够协调《竹书纪年》所记鲁、许等诸侯立平王说以及《系年》所记平王为晋文侯所立于京师之前居鄂说。西周中晚期，鄂国与周王室的关系此一时彼一时，对平王来说，这样的政治环境，更为合适。[3]当然，目前没有直接证据

---

[1] 徐少华：《从叔姜簋析古申国历史与文化的有关问题》，《文物》2005年第3期，67页。
[2] 吉本道雅：《周室东迁考》，《东洋学报》第71卷，第3—4号，1990年，40页。
[3] Jae-hoon Shim: "An Ever-contested Poem: The *Classic of Poetry's* 'Hanyi' and the Sino-Korean History Debates," *Journal of Asian Studies* 71.2 (2012), p.492.

可证实平王从西申移至南申说。关于平王东迁，《左传》有两种不同记录：隐公六年（公元前717）云"我周之东迁，晋郑焉依"；襄公十年（公元前563）则云"瑕禽曰：昔平王东迁，吾七姓从王，牲用备具。王赖之，而赐之骍旄之盟，曰：世世无失职"。[1] 学术界曾经普遍认为，前述两个史事发生在幽王被杀而平王东迁的公元前770年。不过，据《系年》所记，将东迁视为由一系列史事组成的历史进程的话，则可做不同解释：[2] 将《左传》隐公六年所言的东迁视为《系年》所记，携惠王被杀而由宗周迁至成周的东迁；将《左传》襄公十年所云、因物资紧缺而受贵族帮助的紧急东迁，视之为《竹书纪年》所记，为立于（南）申而由西（西申）迁至东（南申）的东迁。徐少华还提出，西周晚期已有经过武关道直接通往南阳之鄂与宗周的路线，[3] 此说也支持上述假设。[4]

《诗经·国风·王风·扬之水三章》分别云："不与我戍申""不与我戍甫"和"不与我戍许"。对此三章有两种不同的解释：《毛诗序》云"刺平王也。不抚其民而远屯戍于母家，周人怨思焉"；[5] 屈万里则认可傅斯年的解释而认为，《国风·王风·扬之水三章》是位于南阳的申、吕等国开始受到楚国压力的桓王、庄王时期的著作。[6] 若有更多证据证明将《王风》诗句与平王结合的汉代解释是对的，则此三章诗句也是可证实平王与南阳地区关系密切的重要线索。

关于少鄂问题，笔者认为上述解释比较符合其他相关条件，但也不能轻易断言何者为是。其实，少鄂位置问题在一定程度上与"周亡王九年"的解释有关系。近来，学术界对"周亡王九年"的看法大致分为如下三种：第一，以李学勤为代表的

---

[1] 杨伯峻：《春秋左传注》，983页。
[2] 吉本道雅指出，"东迁"在《左传》中见三次，有的专指迁至洛邑（成周），还有的泛指从关中迁至中原（[日]吉本道雅：《周室东迁考》，《东洋学报》第71卷，第3—4号，1990年，37页）。
[3] 徐少华：《周代南土历史地理与文化》，武汉：武汉大学出版社1994年版，26页。
[4] 申、吕和缯（鄫）皆在陕西省西北和南阳占有领地的可能性也会与此有关。李峰认为，西周晚期位于陕西省中心地的虢和郑皆在河南省黄河流域占有根据地，此与前三国情形相近（*Landscape and Power in Early China: The Crisis and Fall of the Western Zhou, 1045–771 B.C.*, Cambridge: Cambridge University Press, 2006, pp.204–210）。
[5] 《毛诗正义》，《十三经注疏》331页。
[6] 屈万里：《诗经释义》，台北：中国文化大学出版部1980年版，102页。

整理者所言,"周亡王九年,应指幽王灭后九年",也即公元前762年;第二,包括笔者在内的学者所言,"携惠王死后无王之周",也即公元前741年;[1] 第三,王红亮释"亡王"为"亡国之君",即释之为"周幽王九年",亦即公元前773年。[2] 据"立之于京师。三年,乃东徙"之记载,三种看法的东迁分别在公元前759年、738年和770年。

上述三种看法都各有问题。但是,结合此段简文上下文的意思,持幽王灭后九年说的李学勤和持幽王九年说的王红亮都不能否认,第二种说法是最顺应文义的。据《系年》所记,"幽王被杀,(西)周覆灭⇒惠王拥立与被杀⇒平王拥立与东迁"是一系列的历史进程。陈民镇认为,《系年》记述史事不以时间为序,故而有些史事看似混杂在一起,但归根究底是以史事为中心的。[3] 上文记西周覆灭与东迁为相互连贯的史事,故而"周亡王九年"及其下句,不应视之为李学勤或王红亮所主张的插入式叙事结构。换言之,上文先记携惠王被杀,继记"周亡王九年",故而"亡王"之主体当即携惠王。朱凤瀚认为,简文记幽王死后继位的携王以惠字善谥,并记携王为多数诸侯(邦君诸正)所立,可知简文承认携惠王是合法的继承人。[4] 由此推论,第一、第三说法的必然前提,《竹书纪年》所记二王并立,并非简文之必然要求。

李学勤与王红亮等之所以视"亡王"的主体为幽王,[5] 是考虑到由《十二诸侯

---

[1] 复旦大学出土文献与古文字研究中心读书会(陈剑)2011,《〈清华(二)〉讨论记录》,复旦大学出土文献与古文字研究中心网站,2011年12月23日;华东师范大学中文系战国简读书小组:《读〈清华大学藏战国竹简(贰).系年〉书后(一)》,武汉大学简帛研究中心简帛网,2011年12月29日;刘国忠:《从清华简〈系年〉看周王东迁的相关史实》,"简帛·经典·古史"国际论坛,香港:香港浸会大学2011年11月30日;王晖:《春秋早期周王室王位世系变局考异——兼说清华简〈系年〉"周无王九年"》,《人文杂志》2013年第5期;[日]吉本道雅:《清华简系年考》,《京都大学文学部研究纪要》第52卷,2013年等。

[2] 王红亮:《清华简〈系年〉中周平王东迁的相关年代考》,《史学史研究》2012年第4期。

[3] 陈民镇:《〈系年〉"故志"说——清华简〈系年〉性质及撰作背景刍议》,《邯郸学院学报》2012年第2期,50页。

[4] 朱凤瀚:《清华简〈系年〉所记西周史事考》,第四届国际汉学会议,台北:中研院2012年6月20—22日。

[5] 李学勤:《由清华简〈系年〉论〈文侯之命〉》,《扬州大学学报》(人文社会科学版)2013年第2期,50页;王红亮:《清华简〈系年〉中周平王东迁的相关年代考》,《史学史研究》2012年第4期,103页。

年表》等确立的晋文侯在位年代（前780—前746），换言之，因为携惠王被杀的时间是晋文侯二十一年（前750年），若释"周亡王九年"为携惠王九年，晋文侯立平王之年则超出其在位时间，即公元前741年。

李学勤等整理者与王红亮所说也有其合理的一面，然因其执着于以《十二诸侯年表》为代表的传世文献的权威，似乎相对轻视了《系年》之文义。若在比司马迁著《史记》早250多年的《系年》著作时代，有《春秋》等"单国编年纪"以及《系年》等综合性的"诸国编年纪"之类史书，[1]那么，当时很可能存在《十二诸侯年表》所根据的材料以外的其他文献。即便如此，他们之所以提出第一[2]和第三[3]说法，是因为他们过于重视与传统历史认识的统一性。

正如执着于传世文献就有碍于解释出土文献，围绕《系年》所记东迁之激烈争论则显示，否定由传世文献所确立的历史认识的难度有多高。关于"周亡王九年"的解释，第二说法最符合文义，然此与《十二诸侯年表》之体系相冲突：据简文所记，立平王在公元前741年、东迁在公元前738年不仅超出晋文侯在位年代，亦与《史记》及《竹书纪年》所记护卫平王东迁的秦襄公（前777—前766）、卫武公（前812—前758）和郑武公（前770—前744）的在位年代不合，故而一旦承认简文所记，就应当颠覆传统历史认识。这样的结果的确是很难接受的。

持"携王死后九年"看法的学者也在细节上有所区分：王晖承认《系年》之可信性，主张须调整春秋初期诸侯之世系与周王在位年代的传统体系，并提出公元前770—前750年为携惠王世系纪年、公元前749—前741年为阙位期间以及公元前

---

[1]［美］夏含夷：《原史：纪年形式与史书之起源》，"简帛·经典·古史"国际论坛，香港：香港浸会大学2011年11月30日。
[2] 整理者所论"幽王死后九年"说（前762年）可以解决重要年代问题，但这与《系年》前行记载的"邦君诸正乃立幽王之弟余臣于虢，是携惠王"自相矛盾。因此，曾参加《清华简》整理工作的刘国忠也不支持此说（刘国忠：《从清华简〈系年〉看周王东迁的相关史实》，"简帛·经典·古史"国际论坛，香港：香港浸会大学2011年11月30日）。
[3] 王红亮的说法虽然合乎《史记》《竹书纪年》的公元前770年之说，但依此观点，平王被拥立于幽王在位九年（前773年）。王氏还根据《古本竹书纪年》中的"先是"，主张平王在幽王和伯盘未被杀的公元前773年已被拥立于申，同年晋文侯辅佐平王重新立于京师（王红亮：《清华简〈系年〉中周平王东迁的相关年代考》，《史学史研究》2012年第4期）。但是，王氏所论"先是"和平王拥立过程尚未获得学界的普遍认可。

740—前720年为平王世系纪年之说；[1]刘国忠和吉本道雅则注重简文与传世文献的矛盾，暂且保留对《系年》的认可。[2]

围绕周王室东迁谜团，《系年》与《史记》《竹书纪年》等传世文献之争究竟何去何从，尚不清楚。然而笔者不揣固陋，贸然试图协调两者，基于《系年》记载重编周王室东迁之历程如下：

太子宜臼因幽王宠爱褒姒而废位，奔至其外家，今陕西省西北部之西申，申、犬戎联合军与周王室之战致使幽王遇害，太子宜臼在此混乱之中，奔至南阳之（南）申，被鲁、许等势力立为平王，之后不知从何时起，平王居鄂。《周本纪》与《竹书纪年》记此立平王在公元前771年，这是以申为首的亲平王派势力应对反平王派立携惠王于虢的结果。据《系年》所记，多数势力（邦君与诸正）支持立携惠王于虢，与此相反，支持平王立于申之势力，看似为数不多。无论如何，由以申为首的平王派与以虢为首的携惠王派势力所主导的政局，由此而始。《史记》之所以不记晋文侯之功，有可能是因为晋国等东方诸侯迄此仍持观望态度。此时，自西周晚期以来就与周王室保持密切关系的晋国，在位君主晋文侯渐渐成为亲平王派核心势力之一。据《左传》隐公元年[3]与《史记·郑世家》[4]所记，公元前760年郑武公娶于申，显示双方开始和谐。迄此，郑国亦入亲平王派，出现晋、郑两国主导的亲平王派与以虢为首的携惠王派争霸的局面，直到公元前750年，携惠王为晋文侯所杀，晋国由此主宰天下。西方诸侯国秦，或在《秦本纪》所记文公十六年（前750），或在《今本竹书纪年》所记平王十八年（前753），讨伐西戎于岐山，取回周国故土，得益于此，拥立平王于京师（宗周）的环境逐渐成熟。携惠王被杀后，平王势力仍未强大，故而邦君与诸正不朝于周，于是乎，晋、郑与秦国经九年的筹

---

[1] 王晖：《春秋早期周王室王位世系变局考异——兼说清华简〈系年〉"周无王九年"》，《人文杂志》2013年第5期，81页。
[2] 刘国忠：《从清华简〈系年〉看周王东迁的相关史实》，"简帛·经典·古史"国际论坛，香港：香港浸会大学2011年11月30日；[日]吉本道雅：《清华简系年考》，《京都大学文学部研究纪要》第52卷，2013年，16页。
[3]《春秋左传正义》，《十三经注疏》1715页。
[4]《史记》，1759页。

备，到公元前741年，邀请仍居于南阳少鄂的平王到宗周而立之为王，此乃重新确认平王继位之举措。迄此，似乎以携惠王为王室正统的《系年》作者才承认平王为合法之王。平王被拥立于宗周后，过了三年，从政局不稳定的宗周东迁到近于晋、郑等国的成周。

三、传世文献中的晋文侯

春秋时期的起点（前770）至鲁国史书《春秋》的起点（前722），可谓"历史之空洞"。司马迁对平王在位的51年历史（前770至前720），简单概括曰："平王之时，周室衰微，诸侯彊并弱，齐、楚、秦、晋始大，政由方伯。四十九年，鲁隐公即位。五十一年，平王崩。"[1]

《国语·郑语》对晋文侯等诸侯的兴起，有较为详尽的记述：

> 幽王八年而桓公为司徒，九年而王室始骚，十一年而毙。及平王之末，而秦、晋、齐、楚代兴，秦景、[2]襄于是乎取周土，晋文侯于是乎定天子，齐庄、僖于是乎小伯，楚蚡冒于是乎始启濮。[3]

《史记》与《国语》皆重视平王在位期间晋、秦、齐、楚四诸侯的兴起，且两书对西周东迁前后的记述基本一致。但司马迁对四诸侯的记述有所忽略，相对强调平王在东迁时的角色。譬如《国语》所记"晋文侯于是乎定天子""齐庄、僖公于是乎小伯""楚蚡冒于是乎始启濮"三诸侯之业，皆没有在《史记》中出现。《秦本纪》虽提及秦襄公在平王在位时期之功绩，但此亦与《国语》所记"取周土"不

---

[1]《史记》，149页。
[2] 据韦注"景"当为"庄"，景公是襄公父庄公之误记。
[3]《史记》，179页。

同，而是尊周室、轻诸侯（平王封襄公为诸侯，赐之岐以西之地）。《晋世家》所载文侯之纪事亦与《秦本纪》同，尊周室、轻诸侯，故而内容极其简略。

《史记·晋世家》：

> （殇叔）四年，穆侯太子仇率其徒袭殇叔而立，是为文侯。文侯十年，周幽王无道，犬戎杀幽王，周东徙。而秦襄公始列为诸侯。三十五年，文侯仇卒，子昭侯伯立。[1]

可见，《史记·晋世家》完全忽略文侯之事迹，此与《竹书纪年》《系年》及《国语》记载形成明显反差。魏国史官所作《竹书纪年》和楚国史官所作《系年》皆详记文侯"杀携惠王"等功绩，司马迁所依赖的《国语》亦记载"平天子"之业，然《晋世家》却对文侯之功绩，视而不见，闻而不闻，实在令人深感怀疑。罗凤鸣曾经提出，因魏国为三晋之一而其史书《竹书纪年》对晋国之记述的可靠性还不如《史记·晋世家》。[2]但在文侯功绩问题上，罗凤鸣的说法看似无济于事了。

笔者认为，《史记·晋世家》对文侯之记载与司马迁对《尚书·文侯之命》之解读，有密切的关系。《今文尚书》所载《文侯之命》因其与毛公鼎（《集成》2841）等西周晚期册命之言极其相近，学界对其真实可靠性予以认可。[3]

《文侯之命》：

> 王若曰："父义和！丕显文、武，克慎明德，昭升于上，敷闻在下；惟时上帝，集厥命于文王。亦惟先正克左右昭事厥辟，越小大谋猷罔不率从，肆先祖怀在位。呜呼！闵予小子嗣，造天丕愆。殄资泽于下民，侵戎我国家纯。即

---

[1]《史记》，1637—1638页。
[2] Susan Weld: "Covenant in Jin's Walled Cities: The Discoveries at Houma and Wenxian," (Ph.D. Dissertation: Harvard University), p.132.
[3] Michael Loewe ed: *Early Chinese Texts: A Bibliographical Guide* (Berkeley: The Society for the Study of Early China), p.380.

我御事，罔或耆寿俊在厥服，予则罔克。曰惟祖惟父，其伊恤朕躬！呜呼！有绩予一人永绥在位。父义和！汝克绍乃显祖，汝肇刑文、武，用会绍乃辟，追孝于前文人。汝多修，扞我于艰，若汝，予嘉。"

王曰："父义和！其归视尔师，宁尔邦。用赉尔秬鬯一卣，彤弓一，彤矢百，卢弓一，卢矢百，马四匹。父往哉！柔远能迩，惠康小民，无荒宁。简恤尔都，用成尔显德。"

赞颂文武两王的首段格式与西周晚期册命全文相近，部分术语（如"前文人"等）与尾段的赏赐（赉）皆为西周晚期金文中常见的形式。由此推论，原为铸刻铭文之文句，后来收入《尚书》的可能性，不能完全排除。[1]文中虽含册命成分，但主要是"王"对义和多次相助（汝多修）的赞赏。尾段"其归视尔师，宁尔邦"之句，明示"义和"为有邦有土之诸侯，但义和究竟是何人，学界素有争议。[2]

首先，《书序》曰："平王赐晋文侯秬鬯、圭瓒作《文侯之命》。"[3]然而《史记·周本纪》《晋世家》以及西汉刘向《新序·善谋》[4]却视之为周襄王锡命文公而作（前632年，晋文公败楚于城濮时所赐）。[5]司马迁之所以排斥《书序》之说，而记述周襄王赐文公之礼后引《文侯之命》之句，[6]恐怕是其历史观所使然。

东汉以来，不少经学家，如汉郑玄、魏王肃与唐司马贞等人却从《书序》之说。[7]司马贞《史记索隐》云：《尚书·文侯之命》是平王命晋文侯之语，今此乃襄王命文公重耳，代数悬隔，学者合讨论之。刘伯庄以为天子命晋同此一词，尤非

---

[1] 笔者指出，《诗经·大雅·江汉》后段显示钟鼎文特征，《大雅·韩奕》也在一定程度上保留了金文的特征 (Jae-hoon Shim: "An Ever-contested Poem: The *Classic of Poetry's* 'Hanyi' and the Sino-Korean History Debates," *Journal of Asian Studies* 71.2 (2012), pp.476-479、489-495)。
[2] 《文侯之命》的年代问题，可参看屈万里：《尚书文侯之命著成的时代》，《历史语言研究所集刊》第29辑，1958年，499—500页。
[3] 《尚书正义》，《十三经注疏》253页。
[4] 《新序》，四部备要本，9.2上页。
[5] 《左传》僖公二十八年记载，襄王策命晋侯重耳为侯伯。笔者将在本书第七章详细介绍相关内容。
[6] 《史记》，1666—1667页。
[7] 《尚书正义》，《十三经注疏》253页。

也。"现代著名经史学家杨筠如还用下列《左传》《国语》西周东迁的记载,对《书序》予以佐证。[1]

  《左传》隐公六年曰:"周桓公言于王曰:'我周之东迁,晋、郑焉依。'"[2]
  《国语·晋语四》曰:"吾先君武公与晋文侯,戮力一心,股肱周室,夹辅平王。"[3]
  《左传》宣公十二年曰:"昔平王命我先君文侯曰:'与郑夹辅周室,毋废王命!'"[4]

杨筠如还重视《左传》僖公二十八年所载"郑伯傅王,用平礼也",杜预注曰:"以周平王享晋文侯仇之礼,享晋侯。"[5]

继杨氏之后,屈万里基本上解决了此问题。[6] 屈氏经文献考察发现,"义和"为晋文侯仇之字,[7] "父"为周王对姬姓诸侯的尊称;《文侯之命》所载,王位继承、外族入侵等史事,不符合襄王时期历史记载,更符合平王时期;襄、平两王之赐物亦不同等。屈氏由此推论,《文侯之命》为平王在晋文侯杀携王时所锡命而作。李学勤则根据《系年》所载(携惠王二十一年为文侯所杀)而推论,此命于晋文侯三十一年(前750年)所作。[8]

《文侯之命》所作之年代,尚未明确,但此文所载,耐人寻味。笔者认为,文中"父义和!其归视尔师,宁尔邦"极其重要。此句暗示,晋文侯于京师辅佐平王,定天子后回国。《晋姜鼎》与《戎生编钟》详载了春秋早期晋侯作为保护周室

---

[1] 杨筠如:《尚书覈诂》,西安:陕西人民出版社1959年版,312—313页。
[2] 《春秋左传正义》,《十三经注疏》1731页。《国语·周语中》也记载有相近内容。
[3] 《国语》,350页(《晋语四》)。
[4] 《春秋左传正义》,《十三经注疏》1881页。
[5] 同上注所引书,1825页。
[6] 屈万里:《尚书文侯之命著成的时代》,《历史语言研究所集刊》第29辑,1958年,501—511页。
[7] 笔者亦在本书第二章指出,传世文献中的晋侯名异于青铜铭文的现象。
[8] 李学勤:《由清华简〈系年〉论〈文侯之命〉》,《扬州大学学报》(人文社会科学版)2013年第2期,50页。

的屏障而作的功业。

四、戎生编钟与晋姜鼎铭文中的晋

晋姜鼎为北宋吕大临《考古图》所著录，北宋中期出土于今陕西韩城，其器型类似于北赵晋侯墓地M93号出土的5件列鼎（图2-14）。[1]笔者在本书第二章，将M93号墓推定为"晋穆侯卒，其弟殇叔自立，太子仇出奔"之殇叔。晋姜鼎铭文有121字，内容如次（图5-3）：[2]

> 隹九月丁亥，晋姜曰：余隹嗣朕先姑，君晋邦。余不叚妄宁，经雝（雍）明德，宣邲我猷，用绍（召）匹辪（台）辟，每（敏）扬厥光烈。虔不坠，鲁覃京师，乂我万民，劼遣我赐（锡）卤贵（积）千两。勿废文侯景令（命），俾

图5-3 晋姜鼎（左）和铭文（右）

---

[1] 北京大学考古学系等：《天马——曲村遗址北赵晋侯墓地第五次发掘》，《文物》1995年第7期，37页。
[2] 详见［韩］沈载勋：《戎生编钟과 晋姜鼎 铭文 및 그 历史의 意义》（戎生编钟和晋姜鼎铭文及其历史含义），《东洋史学研究》第87辑，2004年，10—12页。

串（贯）通弘，征繁汤原，取厥吉金，用作宝尊鼎，用康柔绥怀远迩君子。晋姜用祈绰绾眉寿，作疐为极，万年无疆，用享用德，畯保其孙子，三寿是利。

吕大临在《考古图》释晋姜为文侯之妻"齐姜"，至今尚无异说歧见。铭文中"余唯嗣朕先姑，君晋邦"之句与《左传》《史记》所载同，穆侯、文侯之妻，皆为齐姜。[1]铭文还记述了晋姜之功业，然在青铜器中，为诸侯夫人铸鼎，以颂功业，极其罕见。"嗣朕先姑，君晋邦"一句还说明，两代夫人政治地位相当之高。其实在春秋时期，女性参政，并非罕见，譬如献公之妃，骊姬之乱政以及襄公卒后，穆嬴[2]立其子为君等。

若不怀疑晋姜鼎铭文的可信性，那么，也没有理由不相信春秋早期晋姜之功业。铭文列举晋姜两大功业——治理百姓于京师（鲁覃京师，乂我万民）、尊文侯命伐繁汤原而取金［勿废文侯景令（命），俾串（贯）通弘，征繁（鯀）汤原，取厥吉金］，[3]这与《文侯之命》所载（文侯辅佐平王于京师）同，佐证晋侯治理京师，协助周王定天下。

北京保利艺术博物馆藏戎生编钟（《集录》27—35）1组8件，共有154字，铭文内容与晋姜鼎较近，可以对读（图5-4）：[4]

唯十又一月乙亥，戎生曰：休辝皇祖宪公，桓桓趩趩，启厥明心，广经其猷，臧再穆天子肃灵，用建于兹外土，逷司蛮戎，用軙不廷方。至于辝皇考邵伯，爰爰穆穆，懿肃不諎，绍匹晋侯，用龏王命。今余弗叚废其显光，对

---

[1]《春秋左传正义》，《十三经注疏》1743页（桓公二年）；《史记》，1637页。
[2]《春秋左传正义》，《十三经注疏》1845页（文公五年）。
[3] 关于《晋姜鼎》的年代，主要有文侯在位及文侯死后两说。因为铭文有谥号，应当视之为文侯死后（［日］白川静：《金文通释》，第35辑，201、91页）。但是，郭沫若在《两周金文辞大系图录考释》指出，春秋中期之前没有谥法，铭文中有无谥号并非推定制作年代的标准（郭沫若：《两周金文辞大系图录考释》，229上页）。利簋（《集成》4131）、长由盉（《集成》9455）和五祀卫鼎（《集成》2832）铭文分别生称武王、穆王和共王，因此，陈连庆认为晋姜鼎亦在文侯在位时期所铸（陈连庆：《晋姜鼎铭新释》，《古文字研究》第13辑，196页）。
[4] 详见［韩］沈载勋：《戎生编钟과 晋姜鼎 铭文 및 그 历史的 意义》（戎生编钟和晋姜鼎铭文及其历史含义），《东洋史学研究》第87辑，2004年，4—9页。

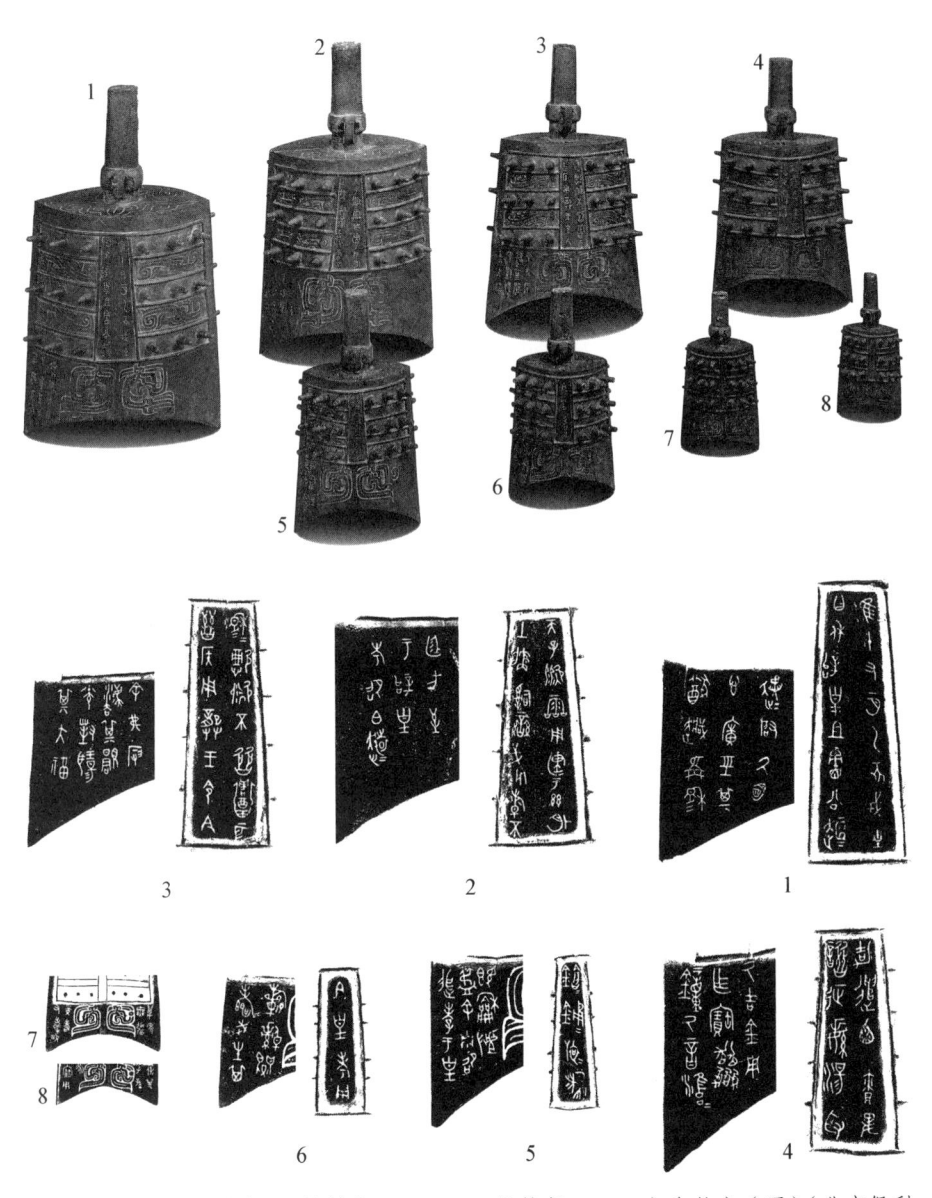

第五章 周王室东迁与晋文侯 203

图 5-4 戎生编钟（上：1 号钟高 51.7 cm，8 号钟高 21.4 cm）和铭文（下）（北京保利艺术博物馆）

扬其大福。嘉遣卤责（积），俾谱征繇汤，取厥吉金，用作宝协钟。厥音雍雍。鎗鎗鏽鏽，殷殷庶庶，既龢且淑。余用卲追孝于皇祖皇考，用祈绰绾眉寿。戎生其万年无疆，黄耇又耋，畯保其子孙永宝用。[1]

戎生编钟铭文具体阐述了皇祖宪公之功德。献公为穆王所封于王畿之外，替周王室控制非周政体（蛮戎），吞并反周之邦，至于戎生之父（邵伯），乃奉周王命，辅佐晋侯。戎生继父业，得益于邵伯所遣卤责（盐和粮草），[2] 伐繇汤，取吉金，铸宝钟一组。李学勤由此推论，穆王赐封戎生之地，至此时便属于晋国。[3] 我们根据铭文所载（戎生与晋侯关系密切）而推定，献公所奉之地有可能在今曲沃县或翼城县附近。

学界对戎生编钟的铸造年代，主要有两种说法。

第一种，春秋早期之说。王世民根据器型推定为西周晚期至春秋早期，[4] 王子初则根据音乐学分析，判断这套编钟应为西周、春秋之际的遗物。[5] 现在，学界普遍认为戎生编钟的内容和问题都近于晋姜鼎。[6] 李学勤则经考察发现，戎生编钟所载"征繇汤，取厥吉金"之事与晋姜鼎所记"征繁汤原，取厥吉金"同，进而推论两器均铸于昭侯时期同年不同月乙亥日（晋姜鼎铸于九月乙亥日，戎生编钟则铸于

---

[1] 保利艺术博物馆编著：《保利藏金：保利艺术博物馆精品选》，广州：岭南美术出版社1999年版，117—128页。
[2] 裘锡圭：《戎生编钟铭文考释》，《保利藏金：保利艺术博物馆精品选》，370页。
[3] 李学勤与张亚初将西周铭文所见"某生"读作"某甥"，认为戎生就是戎人的子弟（李学勤：《戎生编钟论释》，保利艺术博物馆编著：《保利藏金：保利艺术博物馆精品选》，376页；张亚初：《两周铭文所见某生考》，《考古与文物》1983年第5期，83—89页）。
[4] 王世民：《戎生编钟》，《保利藏金：保利艺术博物馆精品选》，128页。
[5] 王子初通过鉴定发现，戎生编钟均无音梁设施（音梁设施初见于春秋时期），但四—八号钟内唇有调音锉磨的痕迹，反映了后代钮钟的特征，因此其作器年代应在春秋初期（王子初：《戎生编钟的音乐学研究》，《保利藏金：保利艺术博物馆精品选》，379—383页）。
[6] Mattos亦指出，自东周开始，周王室的影响力日趋削减，各方诸侯纷纷开始采用独有的词句（Gilbert L. Mattos: "Eastern Zhou Bronze Inscriptions," ed. by Edward L. Shaughnessy, *New Sources of Early Chinese History: An Introduction to the Reading of Inscriptions and Manuscripts*, Berkeley: The Society for the Study of Early China, p.120）。

十一月乙亥日）。据张培瑜的中国先秦史历表，[1]昭侯在位期间，九月和十一月皆有乙亥日的，仅有公元前740年，由此李学勤认为两器铸造年代为公元前740年。[2]

第二种，西周中晚期之说。马承源认为"至于辞皇考邵伯，爱爱穆穆，懿肃不諼，绍匹晋侯，用龔王命"句的"龔王"非为动宾结构而指周共王，释之为"已故之父（皇考）邵伯奉共王之命"，并将"休辞皇祖宪公"句的"皇祖"释为"祖父"，即戎生之祖父"宪公"为周穆王所分封，其父"邵伯"奉共王之命，辅佐晋侯。[3]裘锡圭则以"龔"字为动词，释之为"奉王命"之义。笔者也赞同李学勤和裘锡圭的看法。但是，裘锡圭亦与马承源同，将"皇祖"释为"祖父"，认为邵伯是懿王至夷王或是孝王至夷王时的人物。裘锡圭还根据器型和书体特征，推定其铸造年代为厉王中期至晚期。[4]

马承源和裘锡圭之所以推定其铸造年代为穆王前后时期，是因为他们都将"皇祖"释为祖父。但是，金文文献中有不少表示尊敬义的皇祖和皇考用例，有的表示锡命对象，有的表示祭祀对象。西周中期之前，其形式主要是"文祖""文考"二例，但到西周中期后，皇祖和皇考也开始并用。据马承源的研究，先秦文献中皇祖有太祖之义，然而在金文中皇祖和文祖皆为皇考及文考（已故之父）的尊长。[5]但是，我们在西周金文中不难发现皇祖不表示祖辈的用法，[6]在春秋金文中也有皇祖

---

[1] 张培瑜：《中国先秦史历表》，535页。
[2] 李学勤：《戎生编钟论释》，保利艺术博物馆编著：《保利藏金：保利艺术博物馆精品选》，377页。
[3] 马承源：《戎生钟铭文的探讨》，保利艺术博物馆编著：《保利藏金：保利艺术博物馆精品选》，364页。
[4] 裘锡圭：《戎生编钟铭文考释》，保利艺术博物馆编著：《保利藏金：保利艺术博物馆精品选》，365—366页、374页。
[5] 马承源主编：《商周青铜器铭文选（三）》，212页（无叀簋注三）。
[6] 陕西省眉县杨家村遗址出土宣王时器逨盘铭文所列的七位祖先中，逨的父辈皆称为"皇考"，祖辈则称"皇亚祖"，祖辈的先祖皆称为"皇高祖"。金文中列举几代先祖时，经常以"亚祖"称作器者的祖辈。此亦见于史墙盘（《集成》10175）和痶钟（《集成》247）铭文。逨盘铭文还以"皇祖考"统称全部受赞颂者。可见，此文中"皇祖"是除父（考）以外的六位祖先。孙大伟亦指出，常见于西周金文的"皇祖"不仅指祖辈，还是对始祖到祖辈的尊称（David Sena: "What's in Name? Ancestor Appellations and Lineage Structure as Reflected in the Inscription of the Qiu ban,""中国上古史：历史编纂学的理论与实践"国际学术研讨会会议论文集，上海：上海大学古代文明研究中心等，2004年1月7—10日）。1977年，出自扶风县豹子沟的西周晚期器南宫乎钟（《集成》181）铭文曰"先祖南公、亚祖公仲必父之家"，其文末还记有此器是以皇祖南公和亚祖公仲之名所铸。若文末的亚祖是指祖父，以皇祖为称的先祖南公应是作者者南宫的始祖。

表示太祖或先祖之义的用法。[1]

笔者认为，戎生编钟的皇祖和皇考皆可释为"太祖"，故而"邵伯"亦非穆王时期的人物。据晋侯苏编钟所载，晋侯苏、穆侯时期，晋国已发展成周王室的核心势力之一，此亦可佐证邵伯"绍匹晋侯"一事。据裘锡圭的考察，[2]戎生编钟与晋姜鼎有不少共性：一、行文方面，皆先记时，接着以"器主曰"开头，然此形式仅见于东周器铭；二、字形方面，"明""外"二字"月"旁的外框一笔收尾时皆异常上挑，此写法亦见于晋姜鼎"月"字和"明"字的"月"旁。我们根据钟铭行文与字形特征，将其铸造年代拉到春秋早期。

由此可见，邵伯和戎生在位时间应拉到西周晚期至春秋早期。当然，笔者不同意李学勤根据戎生编钟与晋姜鼎共同出现的"征繇汤"一事而推论，两器铭文所载征繇汤而取金为同一事件。晋文侯仇卒，曲沃小宗日趋强盛，威胁晋（翼）宗室，至公元前740年，晋昭侯被与曲沃桓叔勾结的潘父所弑杀。此年，晋能否征伐繇汤而取金，尚有不少疑问。现在虽难推定，两器铭文所载征繇汤为同一战役，但是，戎生钟铭的晋侯很可能是晋文侯。[3]

晋姜鼎和戎生钟铭为研究晋国早期历史提供了重要线索。晋侯在京师治理万民（鲁覃京师，乂我万民）之言佐证，周王室东迁至成周后，出现相当混乱的形势，因而晋侯至京师，定天子。接着记述的征繇汤战役为何事，晋姜在京师的角色如何等问题仍待查明，但是最起码我们从中可以了解到春秋早期晋侯与平王的密切关系。

至于征繇汤取金问题，曾伯霥簠（《集成》4631）铭文、1974年发掘于洛阳

---

[1] 春秋中晚期器晋公盆（《集成》10342）曰："我皇且（祖）虩（唐）公（膺）受大命，左右武王。""受命而辅佐武王"的唐公应是晋国始祖唐叔虞。另外一件春秋中期器秦公簋（《集成》4315）曰："丕显朕皇且（祖），受天命鼎宅禹迹，十又二公，在帝之坯。"文中"皇祖"亦是秦国始祖。

[2] 裘锡圭：《戎生编钟铭文考释》，保利艺术博物馆编著：《保利藏金：保利艺术博物馆精品选》，366页。

[3] 详见沈载勋：《戎生编钟과 晋姜鼎 铭文 및 그 历史의 意义》（戎生编钟和晋姜鼎铭文及其历史含义），《东洋史学研究》第87辑，2004年，15—23页。

的"繁汤之金"战国铜剑[1]皆佐证,鯀汤是东周时期重要青铜产地之一。如前章所述,西周中期韦甗、班簋(《集成》4341)铭文都记述鯀为征伐南方的重要根据地。

那么,这些铭文所记"鯀汤"究竟何在?《左传》襄公四年:"四年春,楚师为陈叛故,犹在繁阳。"[2]杜预注曰:"前年,何忌之师侵陈,今犹未还。繁阳,楚地,在汝南鮦阳县南。"陈位于今河南省淮阳一带。阳、汤二字,仅偏旁不同(阜旁、水旁),用于地名两字互通,因此不少学者将繁阳与鯀汤视为同一地区,进而推定繁阳故城在于今河南省新蔡县北部(图5-5)。[3]据悉,新蔡县为蔡平侯(前533—前522)移封之地,位于其原封地(上蔡县)东南约80公里处。[4]由于很多青铜铭文都记载有取金于鯀汤之事,我们很容易误以为该地就是青铜原料的产地。不过,新蔡县北部地区(鯀汤)并没有大规模铜矿。李学勤和马承源指出,在西周时期,鯀汤很可能是运输来自湖北大冶(铜绿山)、江西瑞昌、安徽铜陵等铜矿生产的铜和锡的交通枢纽。[5]

据柞伯鼎和驹父盨盖(《集成》4464)铭文所载,蔡地是征伐淮夷的战略要地,尤其柞伯鼎还曾记载虢仲令柞伯率蔡侯伐淮夷之事。《后汉书·南蛮西南夷列传》亦载,"平王东迁,蛮遂侵暴上国。晋文侯辅政,乃率蔡共侯击破之"。[6]因为蔡共侯在位仅仅二年(前761—前760),伐蛮战役应发生于公元前761至前760年。吉

---

[1] 洛阳博物馆:《河南洛阳出土"繁阳之金"剑》,《考古》1980年第6期,489页。
[2] 《春秋左传正义》,《十三经注疏》1931页。
[3] 屈万里:《曾伯黍簠考释》,《历史语言研究所集刊》第33辑,1962年,334页;杨伯峻:《春秋左传注》,931页;谭其骧:《中国历史地图集》第1册,北京:地图出版社1982年版,29—30页。
[4] 陈槃:《春秋大事表列国爵姓存灭譔异》,25页。
[5] 李学勤:《戎生编钟论释》,保利艺术博物馆编著:《保利藏金:保利艺术博物馆精品选》,377页;马承源:《戎生钟铭文的探讨》,保利艺术博物馆编著:《保利藏金:保利艺术博物馆精品选》,364页。
[6] 《后汉书》,2831页。从春秋时期开始的公元前770年算起,到范晔编撰《后汉书》,有千年之隔,其间晋文侯南征史事不见记载。但是,据毕汉思的研究,《后汉书》的史料还是相当可靠的(Hans Bielenstein: "Restoration of Han Dynasty," *Bulletin of the Museum of Far Eastern Antiquities* 26, 1959, 40-44)。从此段记述前后皆根据先秦文献的特征来看,此段亦根据失传已久的上古文献写成的可能性很大。

图 5-5 缑汤位置图

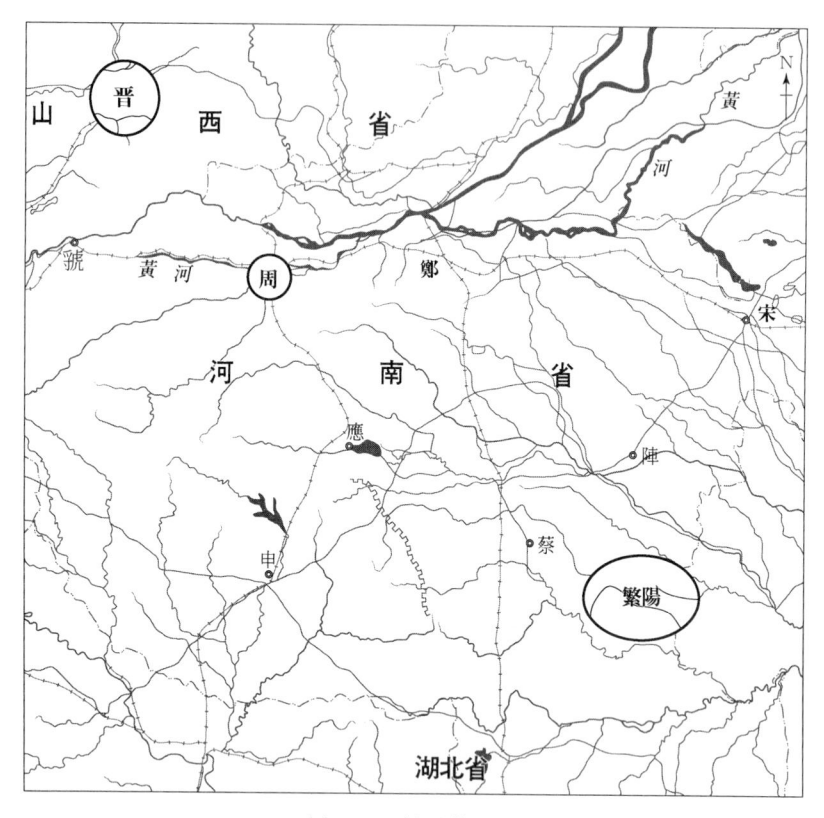

本道雅[1]认为，此与晋姜鼎所载"伐繇汤"同，但范晔所称"蛮"是后来产生的术语，即指西周晚期金文中常见的淮夷之一。

西周晚期师寰簋记载了伐淮夷取吉金之战役，驹父盨盖亦载"见南淮夷"而"畏至于蔡"之史事，但此与《后汉书》不同，皆为奉王命行事。柞伯鼎所载"在乃圣祖周公繇有共于周邦"亦印证，虢仲曾奉周王之命，令柞伯征伐淮夷。西周晚期青铜铭文与春秋早期铭文同样印证，晋文侯时期，晋侯代理周王室征伐南方。

商周时代铸造的精美华丽铜器可印证，"器奉仪礼"是贯穿国家和贵族社会的

---

[1][日]吉本道雅：《周室东迁考》，《东洋学报》第 71 卷第 3—4 期，1990 年，43 页。

重要机制。[1]刘莉和陈星灿进一步认为,早在二里头和二里岗时代(商代初期),确保青铜原料的安全和供应是国家形成和发展的重大因素之一。[2]西周时代,青铜器的重要性是不言而喻的。"鉌"和"鉌汤"常见于西周和春秋青铜铭文,也印证了这一点。晋姜鼎和戎生编钟所载,晋侯主持征鉌汤取金之事告诉我们,鉌汤之地到平王东迁之际,脱离了周王室管辖。这一时期,晋文侯替代周王室,征伐此地,确保青铜原料的安全和供应。这样文侯作为保护周王室屏障的功业,亦记载于不同文献。

五、小　　结

古代文献对"西周灭亡与平王东迁"一事的记载极其简略,甚至对一些具体环节的记述存在矛盾之处。2011年公布的战国时期楚国史书《系年》为解决这一未解之谜提供了重要线索。正如不少学者怀疑《史记》所载平王东迁于公元前770年之说,而《系年》却详细地记载了其为一系列事件的历程。

幽王宠爱褒姒,废太子宜臼,太子奔于其外家西申(今陕西西北),随即幽王进攻申国,而为申、缯、犬戎联合军所杀(前771年),次年(前770年)虢公翰拥立幽王之弟余臣于携,太子宜臼则逃至南申(今河南省南阳)即位,史称周平王。但是,古代文献对春秋初期"二王并立"的记述不尽相同,对携惠王在位的二十年,几无记述,可谓历史之空洞。此时,晋文侯辅佐平王,杀携惠王,九年后(前741年),在少鄂迎平王,并立平王于京师,三年后(前738年),平王东迁至成周。

《文侯之命》记载了晋文侯在平王东迁过程中的功业,晋姜鼎与戎生编钟则记

---
[1] [美]罗泰著,吴长青等译:《宗子维城——从考古材料的角度看公元前1000至前250年的中国社会》。
[2] Li Liu and Xingcan Chen: *State Formation in Early China* (London: Duckworth, 2003).

载了晋侯治理京师（成周）、伐鯀汤取金之功。《后汉书》对于公元前761年和前760年晋侯率蔡侯伐蛮（非周政体）的记载亦可佐证，晋文侯扮演了保护周王室的角色。

但是，我们需要注意《系年》的记述与《十二诸侯年表》相矛盾的问题。据《系年》记载，《后汉书》所载公元前761年至前760年的南征应当属于平王东迁之前的战役。另一方面，据《十二诸侯年表》，晋文侯卒于公元前746年，但《系年》却记载晋文侯迎平王于公元前741年，到公元前738年辅佐平王东迁至成周。

那么，应该如何解决这些问题呢？现在我们有几个选项。第一，否认《十二诸侯年表》；第二，否认《系年》的年代，只采取其记载政体变动过程的框架；第三，否认《系年》记载。

笔者也是基于这三个假设，试图化解传世文献和出土文献之间的矛盾，但仍有许多问题尚待解决。自古以来，历代注释家、经史学家都没有解决的这一问题，将怎样才能得以解决呢？这不禁让我想起后现代主义历史学的命题——十全十美的史料是不存在的，历史叙述是历史家所编制的话语。

古代文献对晋文侯的叙述极其简略，甚至不乏矛盾。但我们综合考察传世文献和出土文献后，即可发现晋文侯继承祖、父二代作为王室亲信的角色，进而辅佐周平王东迁，保护周王室。《今本竹书纪年》所载晋之伐韩（前757年），[1]也佐证春秋早期晋国的发展。但是，晋文侯故去后，晋国即陷入长达67年的内乱，晋国在周朝中央的政治舞台上暂时消失了，到晋献公攻虢时，才重新见于《春秋》。[2] 晋国从长期内乱中强盛，还能够称霸天下，这一悖论式的发展历程，实在是太吸引人了。

---

[1]《竹书纪年》，四部备要本，2.12下页。关于韩在何地，学界尚无定论。顾栋高在《春秋大事表》中指出，韩位于陕西省东南的韩城。但是，卫文选、李孟存和常金仓则以之为山西省西南的河津市北一带（卫文选：《晋国灭国略考》，《晋阳学刊》1982年第6期，97页；李孟存、常金倉：《晋国史纲要》，25—26页）。

[2]《春秋左传正义》，《十三经注疏》1791页（僖公二年）。

第六章

春秋初晋国的新发展：
曲沃小宗与上郭村青铜器

一、序　　论

西周灭亡与周王室东迁导致春秋早期出现混乱局面，其特征可以说是各诸侯国围绕君位继承的斗争。以多种形式出现的权力斗争不仅对各国的发展情况，而且对春秋时期的政局带来了深远影响。

晋国自春秋中期以来发展成为名副其实的强国，但在春秋初期却陷入了比任何一个国家都更严重而且长期的混乱。在周王室东迁过程中立下大功的晋文侯于公元前746年故去后，其子昭侯于公元前745年封叔父成师（桓叔）于曲沃。然此分封导致翼城晋宗室（大宗）和曲沃小宗间长达67年的内战，使晋不得不消失在当时的中原政治舞台上。曲沃小宗弑杀好几代翼城晋侯后，于公元前679年，第三代统治者武公（前679—前677）被周釐（僖）王（前682—前677）封为新的晋国诸侯。一场小宗取代大宗的胜利之后，晋国在晋武公子献公（前677—前651）时期势力急剧膨胀，重登中原政治舞台，终于在晋文公（前636—前628）时期成就霸业。

很多学者将67年内战解释为晋国历史的衰落期，且不大关注曲沃小宗的崛起及其历史意义。他们大部分认为晋国为争夺霸权的发展始于献公时期。[1]正如罗凤

---

[1] 童书业：《春秋史》，167—168页；洪安全：《春秋的晋国》，45—48页；李孟存、常金仓：《晋国史纲要》，20—33页。

鸣（Susan Weld）恰当地指出，[1]目前对晋国内战的现有解释似乎习惯性地反映了晋国宗室的观点。

从另一方面来看，北赵晋侯墓地的考古发掘亦表明晋国已在西周晚期发展成周王朝的亲信，而且前章所述的文侯在东迁过程中做出的巨大贡献，也折射出晋国成为春秋早期中原强国之一的面貌。此外，20世纪80年代在被推定为曲沃小宗根据地的闻喜上郭村墓地出土的青铜器的新发展样式，让考古学家从不同角度看待雄心勃勃的曲沃小宗主导的晋国内战。因为站在曲沃小宗的观点来研究这一时期的晋国历史，足以说明当时可能是非常重要的时机。

晋侯墓地考古成果呈现的西周时期晋国发展情况表明，当时晋国文化深受陕西省周朝腹地文化的影响，而非具有独特的区域性。尤其是，尽管很多学者假设当时晋国与北方戎狄有着十分密切的关系，但在西周时期的晋国物质文化中难以发现北方文化的痕迹。因此与其将晋国的上流阶层文化指称为"晋文化"，不如将其视为"周朝文化的一部分"更为恰当。

然而，上郭村墓地所出青铜器呈现的春秋早期曲沃小宗的文化样式，好似折射出长期内战大获全胜的野心，显现出与北赵晋侯墓地大不相同的面貌。大部分的春秋早期青铜器承袭西周传统，与西周晚期器物几乎难以分辨，但上郭村青铜器的几个明显特征足以引人注目。研究山西省遗址的考古学家认为，从春秋晚期侯马铸铜遗址出土的陶范或太原金胜村赵卿墓（M251）出土的青铜器可以找到真正意义上的"晋文化"，而上郭村青铜器也呈现出其征兆。

如果说翼城宗室和曲沃小宗之间长达67年的权力斗争是了解晋国发展进程的关键所在，首先需根据《左传》《史记》和《竹书纪年》的记载探讨内战的过程及其历史含义。不仅如此，还要通过上郭村青铜文化的新样式考察篡夺晋国统治权甚至将晋国发展成霸权国家的曲沃小宗之面貌。

---

[1] Susan Weld: "Covenant in Jin's Walled Cities: The Discoveries at Houma and Wenxian," (Ph.D. Dissertation: Harvard University, 1990), p.134。Weld指出，当时的考古学资料与文献记载不同，指明了晋国为掌握霸权的崛起，但她未具体提及相关考古学资料。

二、到公元前 7 世纪中叶中原的历史状况

周王室在东迁之后，得益于诸侯国的拥护，在一定程度上保持了稳定的状态，但周王权威已经衰落，只在名分上维系了统治范围被缩小至成周（洛阳）一带王畿之统治者的地位。据《左传》所载，郑武公和庄公（前 743—前 701）担任周王室卿士，为辅佐周王扮演了重要角色。[1]然而，周、郑之间的密切关系似乎在周平王晚年出现了恶化。《左传》对公元前 720 年（隐公三年）的历史纠葛描述如下：

> 郑武公、庄公为平王卿士。王贰于虢，郑伯怨王。王曰："无之。"故周郑交质。王子狐为质于郑，郑公子忽为质于周。王崩，周人将畀虢公政。四月，郑祭足帅师取温之麦。秋，又取成周之禾。周、郑交恶。[2]

周平王东迁时，得到晋文侯和郑武公的大力帮助，而晋国在晋文侯死后陷入内战，周平王开始倚重郑国，到了晚年，不知为何却器重虢公。郑庄公为此恼怒，周平王就和郑国交换了人质。周平王死后，周王室遵照遗嘱想赐给虢公与郑庄公同样的地位，而郑国因此对周王朝发动了袭击。公元前 717 年，郑庄公首次朝觐周天子时，新继位的周桓王因记恨郑国在王畿内抢夺谷物而对他不加礼遇。[3]公元前 707 年，周王室剥夺郑庄公的职位，郑庄公从此便不去朝觐，于是周王带领诸侯联军讨伐郑国。郑国得胜后，郑庄公曾有一段时间在各诸侯国中占据了主导地位。

在上述引文中，周平王晚年倚重虢国一事引人注目。当时虢国的情况，在考古学上可通过三门峡上村岭虢国墓地得以查明。据《左传》载，公元前 715 年，虢

---

[1]《春秋左传正义》，《十三经注疏》1723 页（隐公三年）、1734 页（隐公九年）；秦进才：《郑庄公小霸述评》，《河北师院学报》1986 年第 1 期，147—155 页。
[2]《春秋左传正义》，《十三经注疏》1723 页。
[3] 同上注所引书，1731—1732 页（隐公六年）；《史记》，1760 页。

公忌父首次担任与郑庄公一样的周桓王卿士。[1]《左传》还记载公元前707年爆发周、郑之战时，虢国统治者虢公林父在率领蔡国和卫国军队讨伐郑国的过程中发挥了主导作用。[2]本书上一章讲到虢国拥立携惠王，站在了反对周平王的前线，而虢国的这种态度转变有可能成为春秋早期郑国的重要转折点。周平王晚年，晋国陷入内战，郑国自然而然地在中原政治中独占鳌头，也许周平王为确保有替代晋国的势力，拉拢了与洛阳的王畿邻近的虢国。50年前拥立携惠王，将自己逼入绝境的政治对立已经不成问题了。至其子周桓王继位，为牵制郑国确实倚重了虢国。[3]《左传》记载了自此至公元前655年虢国覆灭，虢国帮助周王室执行的多项任务。[4]

郑与虢皆为与王室同族的姬姓国，其根据地位于陕西省周朝腹地，西周晚期已在成周附近的河南省荥阳和三门峡等地确保了新的根据地。许倬云（Choyun Hsu）曾推定在整个西周时期处于周王室管辖之下的多个政体或族属，皆流行由西（陕西省）往东（河南省）迁居的过程。[5]西周晚期，西北境强敌"玁狁"的持续进攻导致陕西省腹地局势不稳的情况应该更加快了这种趋势。不仅在政治而且在文化方面占优的周朝腹地各种面貌的政体或族属，在向成周附近移居的过程中，由郑或虢等从腹地移居而来的势力主导政局也许是自然而然的事情。[6]

然而，他们掌控主导权的局面并未持续很久。公元前701年，郑庄公去世后，

---

[1]《春秋左传正义》，《十三经注疏》1733页（隐公八年）。
[2] 同上注所引书，1748页（桓公五年）。
[3] 童书业：《春秋史》，136—137页；Cho-yun Hsu: "The Spring and Autumn Period," in *The Cambridge History of Ancient China: From the Origin of Civilization to 221 B.C.* ed. by Michael Loewe and Edward L. Shaughnessy (Cambridge: Cambridge University Press, 1999), p.552。
[4] 周王室干预晋国内战时，虢国辅佐王室发挥了主导作用。公元前673年，王子颓发动叛乱时，虢叔杀死王子颓，送惠王返回朝中［《春秋左传正义》，《十三经注疏》1774页（庄公二十一年）；《史记》，151页］。
[5] Cho-yun Hsu and Katheryn M. Linduff: 1988, *Western Chou Civilization* (New Haven: Yale University Press, 1988), p.163.
[6] 关于西周晚期由西往东移居之后的东迁之历史含义参见 Li Feng: *Landscape and Power in Early China: The Crisis and Fall of the Western Zhou, 1045-771 B.C.* (Cambridge: Cambridge University Press, 2006), pp.141-232；沈载勋：《상주시대의 이민과 국가：동서 화합을 통한 절반의 중국 형성》（浅论商周时代的移民与国家——东西合一，形成半个中国），《东洋史学研究》第103辑，2008年，37—43页。

第六章　春秋初晋国的新发展：曲沃小宗与上郭村青铜器　215

两个儿子之间发生权力斗争，郑国也从此淡出了历史的中央舞台。据《史记》记载，当时卫、宋和齐等多个诸侯国同郑国一样，围绕君位继承陷入了大大小小的斗争。[1]公元前7世纪前期的二十年间，欠缺独霸中原的领导者。在霸主尚不明确的情况下，宋、卫、郑、鲁等中原国家相互斗争。在此过程中，齐、秦和楚等周边大国吞并周边小国，逐渐发展成为地区性国家。而且除了戎狄之外，楚国等各种非周朝势力已对中原国家构成强大的威胁。

平定该乱局的是山东的齐国。在企图扩张势力的周边政体中，齐僖公和齐襄公已从公元前8世纪后期开始统率东方国家。[2]公元前685年，齐桓公（前685—前643）击败其兄公子纠，登上齐国君主之位。据《左传》记载，齐桓公于公元前679年号召宋、陈、卫、郑于甄地会盟，首次称霸。[3]与此同时，周王的权威日趋衰微，以至于周惠王（前677—前652）在公元前675年面临其弟王子颓之乱，遭受卫、宋、燕联合军的攻击。[4]公元前667年，甄地会盟十二年后，周惠王派遣召伯廖赐命齐桓公，因卫国于八年前助王子颓之乱而要求齐国进攻卫国。[5]齐桓公作为"王的代理人（agent）"被授予能采取军事行动的特权，[6]并打出"尊王攘夷"的旗号，成为中原的首位霸主。齐国于上一个世纪从未干预在中原发生的剧烈变化，

---

[1]《史记》，1485—1486、1593—1594、1623、1638—1640页。
[2] 关于齐桓公以前齐国统治者的角色参见[日]吉本道雅：《春秋齐霸考》，《史林》第73卷2号，1990年，87—101页。
[3]《春秋左传正义》，《十三经注疏》1771页（庄公十五年）。学者认为当时齐国崛起的原因有：位于主要贸易路线上的地缘政治优势、能在中原周围之外膨胀的广袤大地、盐等丰富的天然资源等（王阁森等编：《齐国史》，济南：山东人民出版社1992年版，174—178页）；Cho-yun Hsu: "The Spring and Autumn Period," in *The Cambridge History of Ancient China: From the Origin of Civilization to 221 B.C.* ed. by Michael Loewe and Edward L. Shaughnessy (Cambridge: Cambridge University Press, 1999), p.554。
[4]《春秋左传正义》，《十三经注疏》1773页（庄公十九年）；《史记》，151、1551、1594页。
[5]《春秋左传正义》，《十三经注疏》1781页（庄公二十七年）。
[6] Sydney Rosen: "Changing Concept of the Hegemon in Pre-ch'in China," in *Ancient China: Studies in Early Civilization*, edited by David T. Roy and Tsuen-hsuin Tsien (Hong Kong: The Chinese University Press, 1978), p.104. 本书第四章里李峰在说明西周诸侯国时使用的agent（代理人）概念已于20世纪70年代后期由Rosen适用于齐桓公。但依笔者的理解，两者相差甚远。李峰所指"代理人"是在受封地附近执行有限的区域任务，而Rosen所指"代理人"的角色覆盖全境。

而却于春秋早期在周朝诸侯国中成为首位霸主，显得不可思议。然其霸权只覆盖中原东部。西方强国——晋和秦从未参与齐桓公所主导的会盟。半个世纪过去后，周王室的亲信——晋国继承了齐国的霸权。但与齐国不同，晋的霸权扩大到中原全境。

三、晋国内战的推移

据《史记》《左传》和《竹书纪年》记载，公元前745年，晋文侯之子晋昭侯将叔父桓叔（成师）封于曲沃。[1] 目前尚无详细解释分封原因的文献资料，而《左传》就此记述如下：

> 惠之二十四年，晋始乱，故封桓叔于曲沃。

据《十二诸侯年表》记载，鲁惠公二十四年为公元前745年，因此晋国的混乱应该始于晋文侯死亡之后。上述引文紧接的是晋大夫师服的议论，他说穆侯在讨伐条戎和千亩之战后给两个儿子所取的名字很奇怪。即被赐予"文侯"谥号的太子取名为代表仇敌的"仇"，其弟取名意在出师得胜的"成师"，此时已经预感了晋国会发生祸乱。如同穆侯死后四年间篡夺君位的殇叔，文侯死亡之时，成师（桓叔）似乎也建立了足以攻伐侄子昭侯夺位自立的势力。[2] 昭侯已不得不承认

---

[1]《史记》，1638页；《春秋左传正义》，《十三经注疏》1744页（桓公二年）；《竹书纪年》，四部备要本，1.12下页。

[2] 据《左传》和《晋世家》记载，晋国的韩氏始祖韩万于公元前709年曾辅佐曲沃小宗武公攻杀翼城宗室（见表6-1）。《史记·晋世家》集解注释说，韩万是桓叔的儿子，庄伯的弟弟（《史记》，1639页）。相信此注释属实的研究认为晋国成功伐韩之后，晋文侯将其赐给弟弟成师（桓叔）（杨伯峻：《春秋左传注》，97页；卫文选：《晋国灭国略考》，《晋阳学刊》1982年第6期，97页；李孟存、常金仓：《晋国史纲要》，36页）。加之，上郭村墓地的发掘者将部分墓葬的年代追溯至西周晚期。这暗示着曲沃小宗在昭侯分封之前就在此地确保了根据地。

叔父的独立性，[1]因此该分封亦有可能代表晋国的分裂。当时其他国家并没有经历长期的权力斗争，但晋国直到公元前 679 年曲沃武公获胜，饱经了史无前例的漫长内战。

《左传》《史记》和《竹书纪年》均详细记述了长达 67 年的晋国内战。这三种文献记录的内战过程大体一致，但在细节上有所不同。因此我们首先根据这些文献按年表整理了内战过程（表 6-1）。

表 6-1 《左传》《史记》《竹书纪年》所记晋国内战过程

年代 （公元前）[2]	《左传》	《史记·晋世家》	《竹书纪年》
745	晋始乱，故封桓叔于曲沃，靖侯之孙栾宾傅之。	封文侯弟成师于曲沃，曲沃邑大于翼……成师封曲沃，号为桓叔。靖侯庶孙栾宾相桓叔。桓叔是时五十八矣，好德，晋国之众皆附焉。	晋封其弟成师于曲沃。
739	晋潘父杀昭侯以纳桓叔，不克。晋人立孝侯。	晋大臣潘父弑其君昭侯以迎曲沃桓叔。桓叔欲入晋，晋人发兵攻桓叔。桓叔败，还归曲沃。晋人共立昭侯子平为君，是为孝侯。诛潘父。	晋潘父弑其君昭侯，纳成师，不克。立昭侯之子孝侯。晋人杀潘父。
731		曲沃桓叔卒，子鱓代桓叔，是为曲沃庄伯。	晋曲沃桓叔成师卒，子鱓立，是为庄伯。
724	曲沃庄伯伐翼，杀孝侯。翼人立其弟鄂侯。	曲沃庄伯弑其君晋孝侯于翼。晋人攻曲沃庄伯。庄伯复入曲沃。晋人复立孝侯子郄为君，是为鄂侯。	晋曲沃庄伯入翼弑孝侯。晋人逐之，立孝侯之子郄，是为鄂侯。
719			十月，庄伯以曲沃叛伐翼，公子万求翼。荀叔轸追之，至于家谷。[3] 翼侯焚曲沃之禾而还。

---

[1] 洪安全：《春秋的晋国》，38 页；李孟存、常金仓：《晋国史纲要》，17 页。
[2] 该年表之年代依据《十二诸侯年表》。
[3] 王国维重编的《古本竹书纪年》将此事列入庄伯八年（前 724 年或前 723 年）(《古本竹书纪年辑校》，《王国维遗书》12，上海：上海古籍出版社 1983 年版，11 上页）。

（续表）

年代（公元前）	《左传》	《史记·晋世家》	《竹书纪年》
718	春，曲沃庄伯以郑人、邢人伐翼。王使尹氏、武氏助之，翼侯奔随。六月，曲沃叛王。秋，王命虢公伐曲沃，以立哀侯于翼。	鄂侯六年卒。曲沃庄伯闻晋鄂侯卒，乃兴兵伐晋。周平王[1]使虢公将兵伐曲沃庄伯，庄伯走保曲沃。晋人共立鄂侯子光，是为哀侯。	王使虢公伐晋之曲沃。晋鄂侯卒，曲沃庄伯复攻晋，立鄂侯子光，是为哀侯。
717	翼九宗五正顷父之子嘉父逆晋侯于随。纳诸鄂，晋人谓之鄂侯。		
716		曲沃庄伯卒，子称代庄伯立，是为曲沃武公。	曲沃庄伯卒，子称立，是为武公。尚一军。
715			芮人乘京，荀人、董伯皆叛曲沃。翼侯伐曲沃，大捷。武公请成于翼，至桐庭以还。[2]
710	哀侯侵陉庭之田。陉庭南鄙启曲沃伐翼。	晋侵陉庭。	
709	曲沃武公伐翼，次于陉庭，韩万御戎，梁弘为右。逐翼侯于汾隰，骖絓而止，夜获之，及栾共叔。	陉庭与曲沃武公谋，伐晋于汾旁，虏哀侯。晋人乃立哀侯子小子为君，是为小子侯。曲沃武公使韩万杀所虏晋哀侯。曲沃益强，晋无如之何。	曲沃获晋哀侯，晋人立哀侯子为小子侯。
707			冬，曲沃伯诱晋小子侯杀之。
706		曲沃武公诱召晋小子杀之。周桓王使虢仲伐曲沃武公，武公入于曲沃，乃立晋哀侯弟缗为晋侯。	王命虢仲伐曲沃，立哀侯弟缗于翼为晋侯。
705	冬，曲沃伯诱小子侯，杀之。		

---

[1]《史记》上的"平王"当为"桓王"之误写。《竹书纪年》将此事列入桓王二年。
[2]《今本竹书纪年》将此事列入前719年。然武公遭受翼侯攻击后请求在翼议和，故同《古本竹书纪年》，此事应该发生于前716年武公继位以后。

(续表)

年代 （公元前）	《左传》	《史记·晋世家》	《竹书纪年》
704	春，灭翼。冬，王命虢仲立晋哀侯之弟缗于晋。		春，灭翼。
703	秋，虢仲、芮伯、梁侯、贾伯伐曲沃。		
679		曲沃武公伐晋侯缗，灭之，尽以其宝器赂献于周釐王。釐王命曲沃武公为晋君，列为诸侯，于是尽并晋地而有之。	曲沃武公灭晋侯缗以宝献王，王命武公以一军为晋侯。
678	王使虢公命曲沃伯以一军为晋侯。		
677		武公代晋二岁，卒。与曲沃通年，即位凡三十九年而卒。	武公灭荀，以赐大夫原氏黯，是为荀叔。[1]

年表上的内容不仅对古代中国史书的形成过程，而且对各文献的性质提供了有趣的线索。《左传》和《竹书纪年》对于晋国的权力斗争撰有独立记载的内容，而《史记》所记内容主要来源于《左传》。不过有趣的是，《史记》中公元前731年、前716年、前679年的记录在《左传》找不到相应的内容，反而与《竹书纪年》相通。如前章所述，《竹书纪年》出土于281年，比司马迁（约前145—前86）所在时代大约晚400年，因此他确实对该文献一无所知。尽管如此，这两种文献内容的相似性代表司马迁在撰写《史记》时有可能存在类似《竹书纪年》的资料。[2] 司马迁在叙述晋国内战史的同时，同《左传》一样，还追加个人见解，对事件进行了详述。

这三种文献关于内战的前二十年记录几乎没有分歧。就公元前745年桓叔分封一事，《左传》和《竹书纪年》只有简略记述，但《史记·晋世家》记录当时曲沃小宗的情况，补充了前两种文献资料的不足。司马迁说：曲沃的邑大于晋的都城翼，

---

[1]《今本竹书纪年》将此事列入公元前707年。然《左传》记述荀侯直到前703年仍为联合讨伐曲沃的势力之一，故《古本竹书纪年》的年代更加妥当。
[2] 亦或者正如很多学者怀疑《竹书纪年》原本失传及后人重编，无法排除编辑者根据《史记》重编《竹书纪年》相关部分的可能性。

桓叔施行德政，晋国的百姓（晋国之众）都来归附他。三种文献均记载公元前739年，晋大夫潘父弑杀晋昭侯而迎接曲沃桓叔入晋都为国君。然晋人制止桓叔入晋，杀死潘父，拥立昭侯之子为晋侯（即孝侯）。公元前731年，桓叔死亡，其子庄伯继位。庄伯在位第八年，发兵攻打翼城，弑杀晋孝侯。然晋人（或《左传》中的翼人）又把庄伯逐回曲沃，立孝侯子（或《左传》中的弟）为下一代晋侯（即鄂侯）。在晋国内战中一直支持翼城宗室，阻止曲沃篡夺君位的晋人之角色尤为引人注目，[1] 罗凤鸣反而指出《史记》中晋人对曲沃小宗的态度存在矛盾。也就是说，晋国之众都归附曲沃桓叔，而晋人持续阻止桓叔与庄伯的君位篡夺，保护翼城宗室。[2] 这一矛盾暗示当时存在两种群体：一为想在翼城维持以大宗为主之旧秩序的群体（即晋人），一为如同潘父企图接受曲沃小宗之新秩序的群体（即晋国之众）。无论如何，当时曲沃小宗的势力已胜过翼城宗室，但篡夺晋国的统治权却经历了一段相当长的时间。

之后，晋国的权力斗争变得愈加复杂。有别于另外两种文献，《竹书纪年》记载公元前719年，翼城和曲沃轮番攻击对方。曲沃抢先发动攻击，但被公子万和荀叔轸击退，翼侯（晋侯）作为报复焚烧了曲沃的庄稼。[3]《今本》和《古本》均记录同年翼侯攻打曲沃，因此该记录相当可靠。亦有别于另外两种文献，《竹书纪年》记载了公元前715年翼侯发起攻击。该战役给曲沃带来了相当大的冲击，以至于新的统治者武公请求在翼议和。可见，晋国的内战并非由曲沃单方面主导。

公元前718年，周王室首次干涉晋国的权力斗争。《左传》关于此事的记载与另外两种文献稍有不同。《史记》和《竹书纪年》叙述了鄂侯的死亡以及庄伯对翼城发起的攻击。当时，周桓王指令虢公攻击庄伯，拥立鄂侯之子为晋侯（即哀侯）。而《左传》关于此事的记述更加详细。公元前718年春，曲沃庄伯联合郑人和邢人攻打

---

[1] 这可以视为常见于《左传》的国人。杜正胜认为国人与传统上被称为"士"的群体相似，推定其为居住于周代城邦内的强大势力之分族，可能是城邦军事力量的根基（杜正胜：《古代社会与国家》，475—477页）。

[2] Susan Weld: "Covenant in Jin's Walled Cities: The Discoveries at Houma and Wenxian," (Ph.D. Dissertation: Harvard University, 1990), p.131.

[3] 同上注所引文，p.133之脚注28。

第六章　春秋初晋国的新发展：曲沃小宗与上郭村青铜器　　221

翼城，周桓王派王畿贵族尹氏和武氏出兵协助翼侯逃到随地。六月，曲沃小宗叛王，周王在秋天命令虢公攻打曲沃，在翼地立哀侯为晋君。《左传》还记载了次年即公元前717年，翼城大夫嘉父到随邑迎接晋侯，让他居住在鄂地，晋人因此称他为鄂侯。

　　《左传》提到周桓王干涉晋国内政一事。杨伯峻等大部分注释家将表6-1所引《左传》"王使尹氏、武氏助之"中"之"的对象视为曲沃庄伯、郑人和邢人，理解为桓王最初协助的是攻打翼城的曲沃小宗。[1]这种理解看似符合文脉，但是否符合当时的历史情况则是个问题。继周平王之后即位才两年的周桓王协助曲沃小宗违反宗法，攻打相当于其父之监护人"晋文侯"之后裔即翼城大宗的可能性应该很低，而且实际上在67年的内战期间，周王一直支持翼城大宗。竹内照夫认为"之"的对象不是前一句的主语，而是宾语"翼"，依此解释成周王协助的对象不是曲沃而是翼城，[2]这一理解明显更符合文脉和历史脉络。[3]

　　目前比较普遍的观点是认为鄂侯逃生的随与鄂位于今山西省介休和乡宁，但正如本书前一章关于《系年》的论述，笔者认为鄂应该是周平王东迁时逃生的少鄂，位居河南省南阳附近。"随"也被推定为与南阳地区相近的湖北省随州附近。[4]从上表《左传》公元前718年记录中亦可知，与晋国一同主导春秋早期政局的郑国，叛离翼城宗室而支持曲沃小宗，暗示郑国的政治立场与联合虢国支持翼城的周王背道而驰。

　　公元前716年，曲沃庄伯去世，其子"称"继位，为曲沃武公。据《竹书纪年》所载，公元前715年，位于晋国附近山西省西南部的芮、荀、董等诸侯国反叛曲沃，同年翼城取得大胜，这可以说是得益于周桓王和周边诸国的协助。这亦暗示着周王与位居山西省西南部的政体在政治方面有着与翼城宗室类似的利害关系，想必他们一定期望继续维持由翼城宗室主导的旧秩序。据《竹书纪年》记载，荀国在

---

[1] 杨伯峻：《春秋左传注》，45页。
[2] ［日］竹内照夫：《春秋左氏传（上）》，《全释汉文大系》4，东京：集英社1974年版，41页。
[3] 在《左传》出现十多次的"助之"用例中，以哀公十一年的"甲戌，战于艾陵，展如败高子，国子败胥巢，王卒助之，大败齐师"之注释为例，杜预认为王卒所"助之"的对象为前面的宾语即胥门巢（杨伯峻：《春秋左传注》，1663页），这为上述解释提供支持。
[4] 关于鄂和随之具体位置的讨论参见 Jae-hoon Shim: "The Eastward Relocation of the Zhou Royal House in the *Xinian* Manuscript: Chronological and Geographical Aspects," *Archiv Orientalni* 85.1 (2017)。

公元前719年又协助翼城击退了曲沃庄伯。

然而,这三种文献均记述翼城得胜六年后,曲沃小宗再次出兵伐翼,在汾河流域俘获晋哀侯。据《左传》和《史记》记载,公元前709年,曲沃武公为进攻翼城而与陉庭[1]合谋,这两种文献又记述在前一年的公元前710年,翼城军队攻打了陉庭。《史记》和《竹书纪年》记载了晋哀侯战败被俘,晋人共立其子(小子侯)为晋侯。司马迁在《史记》中叙述晋哀侯被杀一事并对此做了评论:"曲沃益强,晋无如之何。"

这三种文献还记录了曲沃小宗杀死翼侯(小子侯),周王命令虢仲攻打曲沃,哀侯之弟缗被立为晋侯等事件。然而,三种文献关于上述事件的年代相差甚大。在《史记》中该系列事件均发生于公元前706年,而《竹书纪年》和《左传》分别记述为公元前707年至前706年、前705年至前704年。年代虽不同,但值得一提的是,周王与虢国均被记述为翼城宗室的协助者。同样,根据《左传》记载,公元前703年,虢、芮、梁、荀、贾再次攻打曲沃小宗。尽管如此,《左传》和《竹书纪年》均记载翼城于公元前704年覆灭,公元前8世纪末,曲沃小宗逐步巩固了对翼城宗室的绝对优势。

这三种文献都没有记录公元前7世纪前二十年的权力斗争。据《史记》和《竹书纪年》所载,曲沃武公在公元前679年弑杀晋侯缗,贿赂周王室后,终于成为新的晋侯。[2]《左传》也提到翌年向武公传递王命的虢公之重要角色。《竹书纪年》记

---

[1]《史记集解》曾引贾逵将陉庭注解为位居翼城南侧郊外(鄙)的邑名(《史记》,1639页)。
[2] 公元前704年以后,曲沃小宗取得了绝对优势且周王室日渐衰微,即便如此,曲沃武公直到公元前679年得到周王认可后才坐稳了晋国的君位。甚至《竹书纪年》和《史记》均记载了晋武公为了能受王命而用珍宝器物贿赂周王这类似乎有点不切实际的内容。正如南宋学者严粲恰当地指出〔(南宋)严粲:《诗辑》,岭南术古宫刊本,1877年,1121下—1122上页〕,晋人为维护翼城宗室而不断做出的努力为此提供了答案。三种文献均记载晋人有效防御了曲沃小宗的攻击。因此,未经晋人的认可,任何一位曲沃统治者都应该无法夺得晋国君位。从这一点来看,尽管周王室日薄西山,但对武公下达的王命能发挥相当大的作用,至少能象征性地让晋人接受曲沃小宗的合法性。《左传》还记载了关于公子州吁杀害卫国君主的类似事件。公元前719年,州吁也面临卫人的反弹,为得到桓王的认可而做出了努力。当然,州吁朝觐周天子以失败告终,最终被卫人所杀〔《春秋左传正义》,《十三经注疏》1725—1726页(隐公四年)〕,但从该事件中可知王室的认可具有相当重要的象征意义。

载晋武公获得认可后，在公元前677年吞并了邻近的姬姓政体荀国。除本书前章所言文侯伐韩之外，就此拉开了晋国在公元前7世纪征服周边政体的序幕。晋国的第一个讨伐对象为根据文献记载三次联合出兵攻打曲沃（《竹书纪年》前719年和前715年，《左传》前703年）的荀国，其实不足为奇。位居今山西省新绛县的荀国是距离晋国都城曲沃-翼城最近的国家（见图4-13）。贾国也极有可能与荀国在同年被晋所灭，因为根据《左传》贾国是公元前703年攻打曲沃的联合军之一，而且其根据地临汾也距离晋国都城很近。[1]如本书第四章所言，在曲沃小宗上郭村墓地出土的青铜器为来自荀国和贾国的战利品。晋武公在推动晋国发展成地区性国家的同时，开始吞并了周边政体。据《竹书纪年》所载，晋武公还拒绝参与由齐桓公在公元前678年主导的会盟。[2]

然而，晋武公代翼后两年就去世，其子献公实现了对周边政体的征伐和晋国的发展。曲沃小宗的胜利让晋国发展成先进势力，推动了献公时期的大力变革，最终在公元前7世纪后期成为中国第一强国。

四、侯马遗址与上马墓地

为理解曲沃小宗上郭村的青铜文化特征，首先需研究周边的其他晋国遗址。20世纪90年代已发表考古发掘报告的侯马铸铜遗址、太原金胜村大墓（M251）和上马墓地等山西省重要遗址为研究东周时期的晋国提供了宝贵的资料。[3]

其中，侯马铸铜遗址的发掘说明晋国青铜文化于公元前585年至前403年在晋国最后一个都城"新田"达到鼎盛时期。尤其是，在铸铜遗址发现的用来铸造青

---

[1] 陈槃：《春秋大事表列国爵姓存灭譔异》，228页。
[2] 《竹书纪年》，四部备要本，2.15上页。
[3] 山西省考古研究所：《侯马铸铜遗址》；山西省考古研究所等：《太原晋国赵卿墓》；山西省考古研究所：《上马墓地》。

图 6-1 侯马铸铜遗址发掘现场

铜器的大量陶范和陶模栩栩如生地呈现出当时晋国青铜器铸造工艺的发展变化（图 6-1）。李夏廷、贝格雷（Robert Bagley）和苏芳淑（Jenny So）指出侯马青铜器最明显的变化是饕餮纹等传统纹饰的再现（图 6-2），抽象色彩淡出、生动活泼的写实动物纹（图 6-3），被作为绘画主题以及北方草原地区神兽的狮鹫（Griffin）或多种动物形象结合的形式（图 6-4）等。[1] 这种变化证明当时复古潮流再现，以及晋国与北方草原地区积极展开了文化交流。

下图的狮鹫为出土于乌克兰第聂伯罗彼得罗夫斯克（Dnepropetrovsk）的公元前 4 世纪黄金剑鞘上的纹饰（藏于乌克兰基辅历史博物馆）。大约从公元前 10 世纪开始，在中亚草原地区流行该样式。下图的兽尊收藏于台北故宫博物院，被推定为出土于晋地的公元前 5 世纪器物。

在侯马铸铜作坊可以发现另一个重要特征，即青铜器铸造技术的变化。贝格

---

[1] Jenny So: *Eastern Zhou Ritual Bronzes from the Arthur M. Sackler Collections,* Vol. III (Washington D.C.: Arthur M. Sackler Foundation, 1995), p.38; Institute of Archaeology of Shanxi Province: *Art of the Houma Foundry* (Princeton: Princeton University Press,1996), pp.14-17, 72-74.

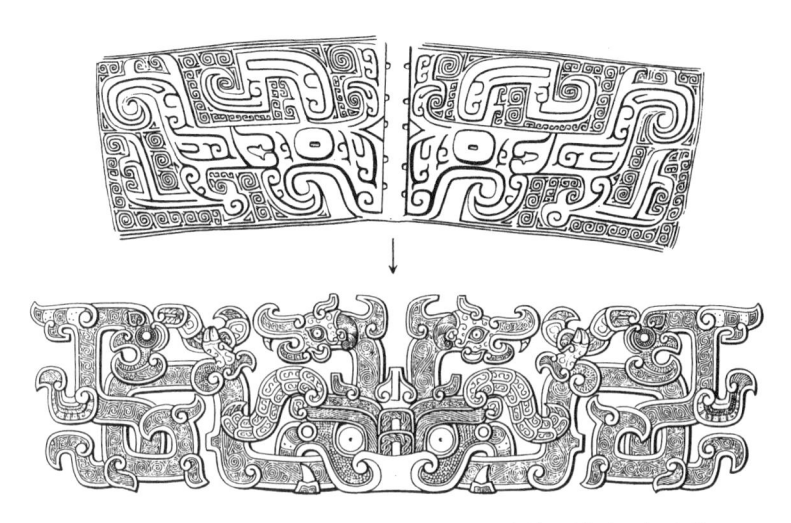

第六章 春秋初晋国的新发展：曲沃小宗与上郭村青铜器 225

图 6-2 商代晚期的饕餮纹（上）与侯马陶模纹样（下）比较

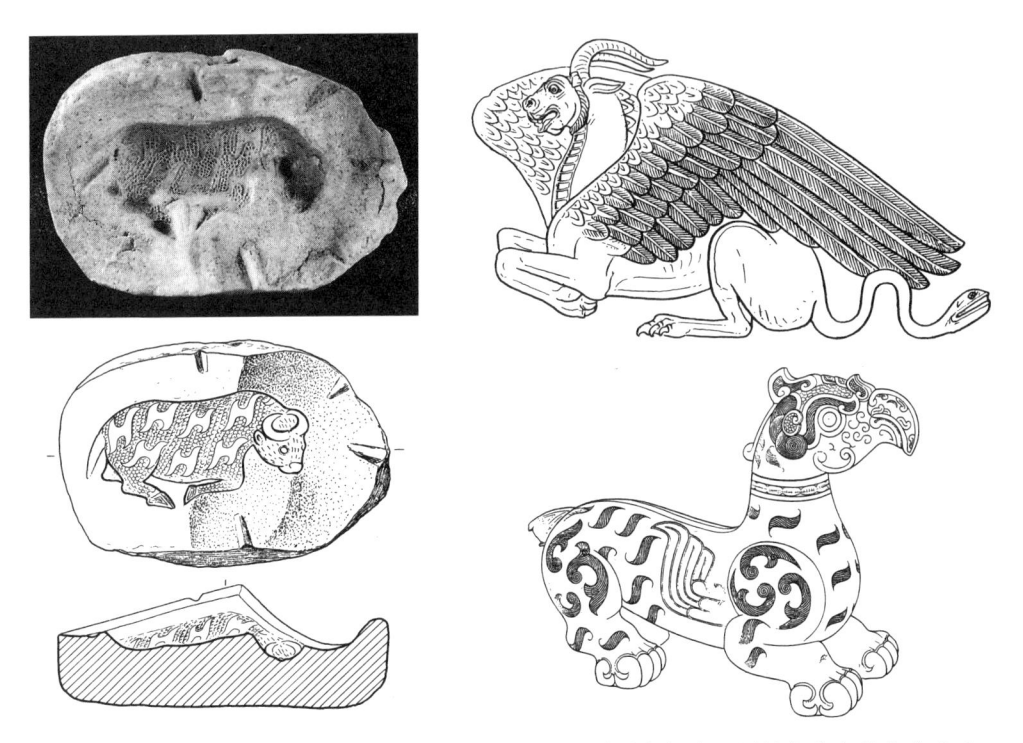

图 6-3 生动写实的侯马动物纹陶模（9 cm×6 cm）

图 6-4 狮鹫（上）和晋国风格的鸟首兽尊（下：高 19 cm，长 65 cm）

雷详细比较了出土于侯马的陶范和 20 世纪 20 年代在山西省北部浑源地区发现的青铜器纹样，并主张春秋中期已开发用花纹块（pattern blocks）在青铜器表面压印出各种花纹的技术。[1] 此前的青铜器使用单一陶范和陶模铸成，而出现于侯马青铜器的新技术能够重复压印各种复杂的纹饰，可以说是开创大批量生产之新纪元的划时代的变化。得益于贝格雷出色的研究，可证实在山西省发现、年代被推定为公元前 6 世纪至前 5 世纪的青铜器（尤其是浑源李峪和太原金胜村）大部分在侯马铸成。

在西周时期的北赵晋侯墓地和春秋中晚期的侯马铸铜遗址之间，能够弥补晋国青铜器发展空白期的遗址除将在后文介绍的上郭村墓地之外还有上马墓地。上马墓地位居侯马铸铜遗址以南不远处，在此发现被推定为公元前 9 世纪至前 5 世纪的保存较完好的 1387 座墓葬，但只在少数的中大型墓葬中发现青铜礼器。上马墓地所出青铜器与同一时期的上郭村墓地器物相比，两者样式相近，但品质却相形见绌。[2] 再加上，尽管在上马墓地出土的部分器物带有北方文化的痕迹，但主要青铜礼器如鼎等的样式承袭了西周的传统风格。因此，相较于同一时期的上郭村墓地青铜器，在上马墓地难以发现鲜明的区域特色。

尽管如此，在上马墓地完整发掘出长达约 400 年的同一共同体成员的墓葬，堪称中国考古学史上划时代的考古发现。罗泰（Lothar von Falkenhausen）采用统计学方式分析了呈现在该墓地的各种面貌，并提出在本书第二章提到的关于人口问题、社会等级和性差等别出心裁的假说。[3]

---

[1] Robert Bagley: "What Bronzes from Hunyuan Tell Us about the Foundry at Houma," *Orientation* 1995 (January), pp.46–54.
[2] Falkenhausen, Lothar von: "The Waning of the Bronze Age: Material Culture and Social Development, 770–481 B.C.," in *The Cambridge History of Ancient China: From the Origin of Civilization to 221 B.C.* ed. by Michael Loewe and Edward L. Shaughnessy (Cambridge: Cambridge University Press, 1999), p.485.
[3] [美] 罗泰著，吴长青等译：《宗子维城——从考古材料的角度看公元前 1000 至前 250 年的中国社会》，141—183 页。

五、上郭村墓地

从 1974 年开始，在山西省西南部闻喜县往东南方向 5 公里处的上郭村大型墓地进行了五次发掘工作，发掘了超过 70 座的西周末期至春秋中期墓葬（见图 0-1）。因缺乏系统性的发掘，故至今依然缺乏对该墓地整体轮廓或正确编年的认识。令人惋惜的是，相当多的墓葬在考古发掘前已被盗扰，所出青铜器十分稀少。尽管如此，在春秋早期曲沃小宗的根据地——闻喜上郭村出土的青铜器为研究晋国青铜器发展史提供了十分珍贵的资料。闻喜距离侯马西南方向约 30 公里，位于成周（洛阳）至晋国都城即今侯马与曲沃-翼城路线的重要路口上。据唐代司马贞的《史记索隐》记载，汉武帝将河东之县名"曲沃"改为闻喜。[1]

在上郭村发掘的部分大型墓葬可与北赵墓地的西周晋侯墓葬相媲美。例如，1974 年发掘的 M55、M56、M375 等墓葬已遭盗掘，不明详情，而上端面积分别为 6.4 m×4.8 m、5.9 m×4.4 m、6.3 m×4.8 m，[2] 与晋侯大型墓葬相似，可以推测此为曲沃小宗统治集团的墓葬。M55 亦同晋侯墓葬，皆属积石积炭墓。然而，这些与晋侯墓葬不同，没有墓道，故墓主可能是未被封为诸侯的人。

1976 年在修建水库时有古墓被掘开，在此发现两座车马坑，但由于发掘情况不详，出土于哪座墓葬不得而知。[3] 1989 年在上郭村北部发现东西走向的古城墙，此是否为曲沃小宗的城墙至今亦不明。[4] 上郭村出土的青铜器承袭了陕西省周朝腹地的传统，但也带有明显的区域特色。

---

[1]《史记》，1638 页。《汉书·地理志》"河东郡"提到闻喜县，本注："武帝元鼎六年（前 111 年）行过，更名。"应劭注曰："武帝于此闻南越破，改曰闻喜。"（《汉书》，1550—1551 页）。曲沃的准确位置尚存分歧，但春秋早期的曲沃确实位居今闻喜地区（李学勤：《东周与秦代文明》，34 页；Susan Weld: "Covenant in Jin's Walled Cities: The Discoveries at Houma and Wenxian," Ph.D. Dissertation: Harvard University, 1990, pp.136-137）。
[2] 朱华：《闻喜上郭村古墓群试掘》，《三晋考古》第 1 辑，99 页。
[3] 山西省考古研究所：《1976 年闻喜上郭村周代墓葬清理记》，《三晋考古》第 1 辑，124—125 页。
[4] 山西省考古研究所：《闻喜县上郭村 1989 年发掘简报》，《三晋考古》第 1 辑，139 页。

图 6-5　上郭村 M57（左）和 M7（右）出土带流鼎（山西博物院）

（一）独特的青铜器

在上郭村出土的青铜器中，因造型奇特而最受瞩目的青铜器当属带有流口的带流鼎或匜鼎。迄今为止，上郭村出土的青铜鼎中，此类青铜器占一半以上（21 件中有 11 件），可见此为当时曲沃小宗根据地最常使用的青铜器（图 6-5）。其中，1974 年 M57 出土的带流鼎，高 6.3 厘米，带有窃曲纹和垂鳞纹，被推定为春秋早期的青铜器，盖面中间立一兽钮，十分引人注目。[1] 1989 年 M7 出土的带流鼎，高 9.5 厘米，亦有垂鳞纹和重环纹，盖面铸有两只蜷曲身子的猴子。[2] 2000 年北京保利艺术博物馆收藏的青铜器中也有纹饰和造型非常类似的带流鼎一件，高 11.6 厘米（图 6-6）。杜迺松将该

图 6-6　收藏于北京保利艺术博物馆的带流鼎

---

[1] 朱华：《闻喜上郭村古墓群试掘》，《三晋考古》第 1 辑，101 页。
[2] 山西省考古研究所：《闻喜县上郭村 1989 年发掘简报》，《三晋考古》第 1 辑，142 页。

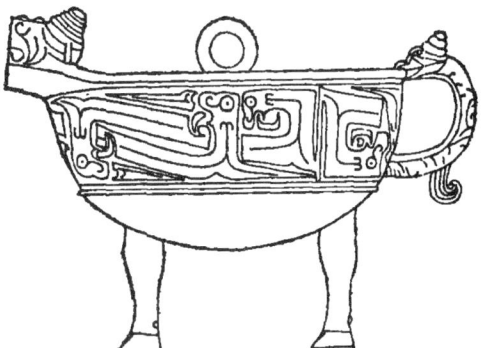

第六章　春秋初晋国的新发展：曲沃小宗与上郭村青铜器　　229

图 6-7　贺家村（左：高 17.5 cm，口径 20.4 cm）（陕西历史博物馆）和临沂（右：高 21.6 cm，口径 23.6 cm）出土带流鼎

器物命名为"虎首流鼎"，推定为春秋中期产自侯马一带的器物。[1]

类似的鼎上带有流口的青铜器亦在陕西省贺家村、[2] 山东省临沂（图 6-7）、[3] 河南省三门峡[4] 以及上马（图 6-8）[5] 等地发现。然而这些地区出土数量极少，可见除上郭村之外的其他地区使用带流鼎是个例外。此类青铜鼎，在作为晋地之一部分的与上郭村同期的上马墓地，以及同期位于邻近地区的三门峡上村岭虢国墓地，都只出土过一件。其中，年代最早的贺家村带流鼎为西周懿王

图 6-8　上马出土带流鼎（高 6.5 cm）（山西博物院）

---

[1] 保利艺术博物馆编著：《保利藏金（续）：保利艺术博物馆精品选》，广州：岭南美术出版社 2001 年版，164—169 页。
[2] 陕西省博物馆等：《陕西岐山贺家村西周墓葬》，《考古》1976 年第 1 期，32—33 页。
[3] 临沂市博物馆：《山东临沂中洽沟发现三座周墓》，《考古》1987 年第 8 期，702 页。
[4] 中国科学院考古研究所编：《上村岭虢国墓地》，北京：科学出版社 1959 年版，17 页。
[5] 山西省文物管理委员会侯马工作站：《山西侯马上马村东周墓葬》，《考古》1963 年第 5 期，230 页，图版壹之三。

至厉王时期，[1]故可知带流鼎始见于西周晚期。

值得一提的是，贺家村出土的带流"荣有司俑鼎"高17.5厘米，口径20.4厘米，大小与普通鼎相同。临沂出土的带流鼎高21.6厘米，口径23.6厘米，也是普通鼎大小。而包括上马和上村岭出土品在内的其他带流鼎高大多为10厘米左右或更小，且造型精致。[2]因此有别于包括贺家村和临沂所出带流鼎在内的普通鼎，上郭村的小型带流鼎的用途与之大有不同，并非炖煮肉类。部分学者推测该小型器物可能是用来盛放肉酱的器皿，但因带有流口，亦有可能是酒器或水器。然由于其体积太小，应不得仓促判断该器物的用途。[3]无论如何，这些器物的功能确实跟与普通鼎大小相同的贺家村早期带流鼎不同。

在上郭村还发现可能与小型带流鼎成对的其他器物。1989年在M27与小型带流鼎一同出土的高9.1厘米的"龙纹錾"，从其大小、精致度、纹饰、肩部的兽面纹中可知其用途与带流鼎相同。该器物在其他地区几乎不见踪迹，应是由三足瓮演变而来的晋国土著青铜器。[4]1976年在修建水库时发掘的一件高10.4厘米的豆（或铺），报告中虽不见详情，但其大小和纹饰与前述的錾类似。[5]在M33与小型带流鼎一同出土的高9.5厘米的盂（或盆）和6.1厘米的匜，也都属于类似的青铜器（图6-9）。[6]

---

[1] 李峰：《黄河流域西周墓葬出土青铜礼器的分期与年代》，《考古学报》1988年第4期，391页。
[2] 上村岭虢国墓地的年代（西周末期至春秋早期）在很大程度上与上郭村墓地一致，因此在两地出土的带流鼎应属同一时期的器物。然由于发现带流鼎的上马M14被推定为春秋中期墓葬，有些学者视该带流鼎为春秋中期器物（张希舜主编：《山西文物馆藏珍品·青铜器》，69、130页）。不过，该带流鼎上的窃曲纹、垂鳞纹和重环纹为流行于西周晚期至春秋早期的纹饰。加之，该器物的形制和纹饰与年代上限被推定为西周晚期的上郭村M57所出带流鼎相似，故属于同一时期的可能性极大。笔者考虑到上马与上村岭离上郭村较近，而且这两地所出青铜器中带流鼎只有一件，不排除这些青铜器也是在上郭村铸造的可能性。
[3] 保利艺术博物馆编著：《辉煌璀灿青铜艺术》，北京：保利艺术博物馆2002年版，41页。
[4] 中国青铜器全集编纂委员会编：《中国青铜器全集》（8），北京：文物出版社1995年版，图版128，图版说明35。
[5] 同上注所引书，图版36，图版说明11。
[6] 山西省考古研究所：《闻喜上郭村1989年发掘简报》，《三晋考古》第1辑，143页；张希舜主编：《山西文物馆藏珍品·青铜器》，54页。

第六章　春秋初晋国的新发展：曲沃小宗与上郭村青铜器　　231

图 6-9　上郭村出土小型青铜器　1. 龙纹盉　2. 豆（或铺）　3. 盂（或盆）　4. 匜

据笔者了解，迄今为止，其他地区几乎未见出土这种特殊的小型青铜器。[1]在精致度方面，这与北赵晋侯墓地、上村岭虢国墓地、平顶山应国墓地等地发现的小型明器显然不同。这些小到足以放在手掌上的小型青铜礼器有可能是组成一套被用于特定的祭祀仪式，但要得出合理的结论仍然需要更多的资料。不过能确定的是，这些器物极有可能是西周晚期至春秋早期的一段时间在曲沃小宗的铸铜

---

[1] 在1999年发表的上村岭国君夫人墓"梁姬墓"（M2102）挖掘到类似的小型青铜器两件，即高11.5厘米的梁姬罐和高8.4厘米的凹弦纹罐。发掘者将该墓葬年代定为西周晚期之末期（河南省文物考古研究所等：《三门峡虢国墓》，北京：文物出版社1999年版，上卷251、313页；图版下卷，彩版27-3和28-1）。对这两器物与曲沃出土青铜器的相互关系暂不仓促定论。

图 6-10　刖人守囿挽车（高 8.9 cm，长 13.7 cm）（山西博物院）

作坊铸成。[1]

  在上郭村发现的三件长方形青铜盒子尽显曲沃小宗精巧的小型青铜器铸造工艺。其中，1989 年 M7 墓葬出土了除盖面有立体猴形钮的带流鼎之外，还出土大小差不多的"刖人守囿挽车"，这可谓曲沃小宗青铜铸造技术的结晶（图 6-10）。该器物前有两只卧虎抱四个小轮，后有一对大轮，车身两侧伏一对小虎，四角置不知名字的动物，箱盖正中有四只鸟和一只蹲猴，器物右侧装饰有饲养禽兽的囿苑守门人即"刖人"。可打开的车盖上有四个可灵活转动的小鸟。正中有一蹲坐的猴形钮，提起猴身便可打开厢盖。生动逼真的立体动物形象尤为引人注目。在上郭村遭盗掘的 M49 和 M374 也各出土一件青铜盒子（图 6-11）。除 M49 所出盒子的底部为人形器足之外，这些盒子的造型都大同小异。在北赵晋侯墓地 M63 也出土了底

---

[1] 虽然该墓地尚未完整地发掘，但迄今为止在上郭村多座墓葬发掘到这些小而精致的青铜器时，几乎没有发现其他形制的青铜器。这些青铜器的年代上限大多被推定为西周晚期，因此有学者指出这些青铜器存在的时期早于曲沃小宗将今闻喜地区定为根据地的时期。然而，西周晚期至春秋早期的青铜器难以根据器形或纹饰准确地断代属于常识。就算认定其年代为西周晚期，正如前文所述，若考虑桓叔从西周幽王二年（前 780 年）继位的文侯在位期就开始于曲沃地区建立根据地的可能性，那么就没有明显的理由否认这些小型青铜器属于曲沃小宗。因此不管年代为何时，曲沃小宗将其根据地建立在上郭村以后铸造这些青铜器的说法更符合逻辑。

第六章　春秋初晋国的新发展：曲沃小宗与上郭村青铜器　　　233

图 6-11　上郭村 M49（左：高 8.7 cm，长 10 cm）和 M374（右：高 6 cm，长 10.3 cm）出土方盒形青铜器（山西博物院）

部为人形器足的类似器物，发掘者称其为"方盒"。[1]和出土上述青铜盒子的上郭村墓葬一样，M63 的年代亦被推定为西周末期至春秋早期之间。

该器物最耐人寻味的部分是右侧门扉上像守门人一样嵌着受刖刑左脚被砍去的裸体刖人（见图 6-10）。刖刑是古代中国仅次于死刑的一种刑罚。也许长相凶恶的他们曾在君主管辖的特定区域担任守门人职务。车身装饰着各式各样的动物形象，描述的似乎是宫廷附近饲养动物的囿苑。

苏芳淑和汪涛推定这些方盒形器物起源于西周中晚期常见于陕西省的造型别致的温器即"刖人守门方鼎"（见图 2-25）。[2]尤其是，汪涛根据装饰"刖人守囿挽车"器身的"回首夔龙纹"和浮雕的"凤鸟纹"，推定该器物的年代上限为西周中期。然而，若能将该青铜方盒视为最早也是从西周晚期开始出现在晋国曲沃地区的小型青铜器之一种，汪涛的推论也许过于仓促。同一墓葬中与刖人守囿挽车一起出

---

[1] 山西省考古研究所等：《闻喜县上郭村 1989 年发掘简报》，《三晋考古》第 1 辑，147 页。
[2] Jenny So: *Eastern Zhou Ritual Bronzes from the Arthur M. Sackler Collections,* Vol. III (Washington D.C.: Arthur M. Sackler Foundation，1995), p.28、p.74 之注 104；汪涛：《两周之际的青铜器艺术——以晋侯墓地出土的青铜器为例》，《晋侯墓地出土青铜器国际学术研讨会论文集》，388—389 页。周永珍发现 5 件温器，其中图 2-25 的"刖人守门方鼎"出土于陕西省扶风县庄白村（周永珍：《西周时代的温器》，《考古与文物》1981 年第 4 期，31—32 页）。

土的带流鼎盖顶上的猴形装饰，与该青铜盒子盖顶正中的猴形装饰类似。即便不考虑这两器物出土于同一墓葬，也能推测为同一时期的器物。铸有猴形装饰的青铜器中，至今尚未发现可追溯到西周中期的器物。再加上，该带流鼎器身上的垂鳞纹和重环纹是到了西周晚期以后才出现的纹饰。因此即使刖人守囿挽车上的纹饰呈现西周中期的特征，但据此推定该器物年代为更早时期，恐怕也有点勉强。笔者认为，刖人守囿挽车与同出土于曲沃小宗地区的其他小型青铜器，铸造年代为西周末期至春秋过渡期或春秋早期。

不管如何，铸于上述温器上的立体动物雕塑或刖人雕塑与刖人守囿挽车等上郭村出土的青铜盒子十分类似。然而上郭村的方盒形青铜器在大小或用途上与用于烹饪的温器截然不同。正如罗泰质疑上郭村方盒形青铜器在祭祀仪式上的用途，[1]这些器物应该没有被当作礼器来使用。苏芳淑反而推定其为玩具的一种。[2]与之相关，北赵晋侯墓地 M63 墓葬出土一件方盒形器物，锈蚀和残缺相当严重，但方盒内盛满各种动物形象的玉器，[3]暗示着这种方盒形器物可能是保管装饰品等贵重物品的首饰盒。[4]在晋侯墓地发现方盒形器物的 M63 墓主为晋侯夫人即女性的推论也支持这一点。

在中国的其他地区，至今尚未发现任何一件方盒形青铜器。因此毋庸置疑，如同上郭村出土的带流鼎及精巧的小型青铜器，方盒形器物也是反映春秋早期曲沃小宗之区域性的独特青铜器。这种独特的青铜器到底为何开始出现于西周末期至春秋早期的上郭村，是一个有趣的研究课题。也许很突然，但从这些小型青铜器在携带

---

[1] Falkenhausen, Lothar von: "The Waning of the Bronze Age: Material Culture and Social Development, 770–481 B.C.," in *The Cambridge History of Ancient China: From the Origin of Civilization to 221 B.C.* ed. by Michael Loewe and Edward L. Shaughnessy (Cambridge: Cambridge University Press, 1999), p.482.

[2] Jenny So: *Eastern Zhou Ritual Bronzes from the Arthur M. Sackler Collections,* Vol. III (Washington D.C.: Arthur M. Sackler Foundation, 1995), p.74 之注 105。

[3] 山西省考古研究所等：《天马——曲村遗址北赵晋侯墓地第四次发掘》，《文物》1994 年第 8 期，15 页。

[4] 李学勤也曾提出类似看法（李学勤：《中国青铜器概说》，北京：外文出版社 1995 年版，153 页）。

方面的便利性可以联想到重视机动性的北方游牧文化，这一推论还与出现在上郭村青铜器的另一个特征，即受北方草原文化影响明显的写实主义一脉相承。

（二）北方草原文化的因素

上郭村方盒形器物和带流鼎上的部分动物雕塑呈现出写实形象，被认为是侯马青铜器的重要特征之一。伊思·雅各布森（Esther Jacobson）对中国古代艺术上出现的自然主义（naturalism）或写实主义（realism）提及如下观点：

> 所谓自然主义是指，比起幻想更偏好事实，进而排除破例的理想化或浮夸，原封不动地传达自然现象的态度。那么，中国必定从公元前6世纪开始对动物形象出现了新的自然主义。[1]

雅各布森根据1923年在山西省北部浑源县李峪村发现的青铜器提出了中国的自然主义。前面论及贝格雷提出浑源青铜器均为侯马铸铜作坊铸造的主张。然而，自然主义是在广袤的欧亚草原地区从公元前两千年代至公元前一千年代出现的最突出的艺术特征，因此雅各布森认为体现在浑源青铜器的自然主义理应源于北方草原地区。[2]这与李夏廷提出的写实主义始见于侯马陶范和陶模的观点相合。[3]

然而，上郭村发现的两件带流鼎盖顶上立有栩栩如生的动物形象和两只蹲坐的猴（见图6-5），证明自然主义的出现有可能追溯到比侯马更早的上郭村时期。此外，刖人守囿挽车上端的各种写实性动物形象也证明了这一点（见图6-10）。年代与上郭村带流鼎相同的上马带流鼎盖顶上的动物形象也非常写实（见图6-8）。同样极有可能是在晋地铸造、今收藏于保利艺术博物馆的带流鼎盖顶上的动物形象

---

[1] Esther Jacobson: "Beyond the Frontier: A Reconsideration of Cultural Interchange Between China and Early Nomad," *Early China* 13 (1988), p.218.
[2] 同上注所引文，pp.218-220。
[3] Institute of Archaeology of Shanxi Province: *Art of the Houma Foundry* (Princeton: Princeton University Press, 1996), pp.14-16.

（见图6-6）不仅写实生动，其翅膀雕塑尤为显眼。由此联想到带翅膀的神兽即狮鹫形象，李夏廷曾指出其为见于侯马青铜器的北方草原动物主题（见图6-4）。[1]

雅各布森主张写实主义起源于北方草原地区，若能接受此说，上郭村青铜器不仅在晋国与非周朝势力即戎狄间的关系，而且在与北方草原地区的交流方面占据重要位置。如本书第一章所述，从山西省西北部横跨黄河，覆盖陕西省东北部的高原地带，从商代晚期开始已存在集安阳式与北方式于一体的青铜文化——李家崖文化。[2] 然而，到了西周时期，在山西省却找不到所谓戎狄文化的踪迹。如前所述，有别于自西周以来晋国与戎狄间有着密切关系的既有假说，北赵晋侯墓地的考古成果也不见晋国与北方的文化关联性。正因如此，山西省考古学家田建文同雅各布森皆根据被推定为公元前6世纪中叶的上马M13和M2008所出两件北方青铜器（鍑与銎斧），主张春秋晚期以后在山西省开始出现北方草原文化因素。[3]

尽管如此，除了上郭村出土青铜器所呈现的写实主义，在被推定为春秋前中期的76M1发掘的一件北方式铜鍑暗示晋国与北方草原地区的文化交流可能出现于更早时期。[4] 同样被推定为春秋前中期的M372所出两件带钩也确实来源于游牧传统，证明了上述推论。[5] 上郭村发掘者还认为在春秋早期76M4出土的鼎上的草绳状把手（耳）和突出部位属于常见于北方式鍑的特征。[6] 然而与田建文不同，上马墓地发掘者亦指出从与春秋前中期相近的上马第二、第三期开始出现了北方文化因素。[7]

有鉴于此，至少难以否认春秋早期曲沃小宗的文化样式出现了北方草原文化的因素。这与捷克汉学家雅罗斯拉夫·普实克（Jaroslav Prusek）的研究相合，他

---

[1] Institute of Archaeology of Shanxi Province: *Art of the Houma Foundry* (Princeton: Princeton University Press, 1996), p.16.
[2] Emma C. Bunker: *Ancient Bronzes of the Eastern Eurasian Steppes: From the Arthur M. Sackler Collection* (New York: The Arthur M. Sackler Foundation, 1997), pp.22-25.
[3] 田建文：《侯马上马墓地M13、M2008出土的北方式青铜器》，《考古》1993年第2期，167—168页。
[4] 山西省考古研究所：《1976年闻喜上郭村周代墓葬清理记》，《三晋考古》第1辑，137页。
[5] 朱华：《闻喜上郭村古墓群试掘》，《三晋考古》第1辑，108页。
[6] 李夏廷：《浑源彝器研究》，《文物》1992年第10期，61—75页；山西省考古研究所：《1976年闻喜上郭村周代墓葬清理记》，《三晋考古》第1辑，138页。
[7] 山西省考古研究所：《上马墓地》，298页。

曾关注从公元前 8 世纪至公元前 6 世纪狄在中国北方陆续进行的大范围移居。普实克指出，狄从鄂尔多斯地区往东南方向的移居源于公元前 10 世纪至公元前 8 世纪在北方草原地区出现的新游牧方式的膨胀。[1]戎自西周时期以来与其说是特定的种族集团，不如说可能是拒绝编入周朝秩序的"部分好战集团"之普通名词，[2]而狄则是从春秋时期开始强力突显的更同质化的集团。[3]在西周金文上，戎常被指敌人，但几乎没有关于狄的记述，故此推定留有重新考虑的余地。狄宇宙（Nicola Di Cosmo）认为狄在中国南方和北方或西方的游牧地区之间扮演了缓冲角色，[4]因此他们有可能在晋国和北方草原地区之间发挥了媒介作用。

据《今本竹书纪年》记载，狄于公元前 729 年首次攻打晋国宗室翼城。[5]值得一提的是，此为《竹书纪年》首次提到狄的纪事，而狄向陷入内战中的晋国宗室翼城发动出击十分耐人寻味。但由于几乎不见与之相关的记载，继续据此推论当时狄与翼城大宗或曲沃小宗间的关系似乎有不妥之处。不过，从曲沃代翼之后晋国统治者通婚对象的变化中可以窥见，晋与狄等非周朝势力之间建立了新的关系。有文献记载的晋侯夫人在曲沃代翼之前均为山东齐国等姜姓，属于周朝势力，但曲沃武公之子献公首次与非周朝势力即大戎、小戎和骊戎女性缔结了婚姻关系（见本书第七章）。体现春秋早期曲沃小宗之发展面貌的上郭村青铜器明显呈现出与北方草原地带文化交流的痕迹，这暗示着与北方异民族间的新关系。

（三）和侯马青铜器的关系

上郭村青铜器还为之后兴盛的侯马青铜器之渊源提供了重要的线索。尤其是，

---

[1] Jaroslav Průšek: *Chinese Statelets and the Northern Barbarians in the Period 1400–300 B.C.* (Dordrecht-Holland: D. Reidel, 1971), pp.53–77, 136–162.
[2] 沈载勋：《「周书」의"戎殷"과 西周 金文의 戎》(《周书》的"戎殷"与西周金文的"戎"），《东洋史学研究》第 92 辑，2005 年，30—32 页。
[3] Nicola Di Cosmo: "Inner Asia in Chinese History: An Analysis of Hsiung-nu in the *Shih-chi*," (Ph.D. Dissertation, Indiana University, 1991), pp.37–48.
[4] 同上注所引文，p.59。
[5]《竹书纪年》，四部备要本，2.13 上页。同一事件在《古本竹书纪年》被列入前 733 年。

图 6-12　上郭村出土龙纹盨上的兽面装饰（左）与侯马出土兽面装饰模型（右：6.5 cm×5.4 cm）

上郭村青铜器上的各种动物形象可以从侯马铸铜遗址发掘的陶范或陶模中找到类似的。其中，在上郭村器物上用作把手装饰的兽面雕像在侯马也普遍可以见到（图 6-12）。[1] 见于上郭村 M56 和 M33 以及刖人守囿挽车的单纯鸟形雕塑在侯马发展得更加干练有型（图 6-13）。[2] 置于刖人守囿挽车四角的伏虎雕塑（见图 6-10）在侯马发展成为最流行的装饰主题之一（图 6-14）。[3] 最后在侯马普遍可以见到的马冠[4] 亦能在上郭村找到类似的形态（图 6-15）。

有鉴于此，上郭村这些非常显著的重要样式无疑影响到侯马（前 585 年至前 403 年作为晋国都城）的青铜器铸造。也就是说，代表晋文化的侯马青铜器之卓越发展可以在西周末期至春秋早期的上郭村找到其渊源。

（四）与上马墓地发展水平比较

最后，为考察上郭村墓地的发展水平，需与同期存在的周边遗址相比较。罗

---

[1] Institute of Archaeology of Shanxi Province: *Art of the Houma Foundry* (Princeton: Princeton University Press, 1996), pp.20-21，图版 132-186。
[2] 同上注所引书，pp.28-29，图版 765-800。
[3] 同上注所引书，pp.27-28，图版 672-748。
[4] 同上注所引书，图版 222-227。

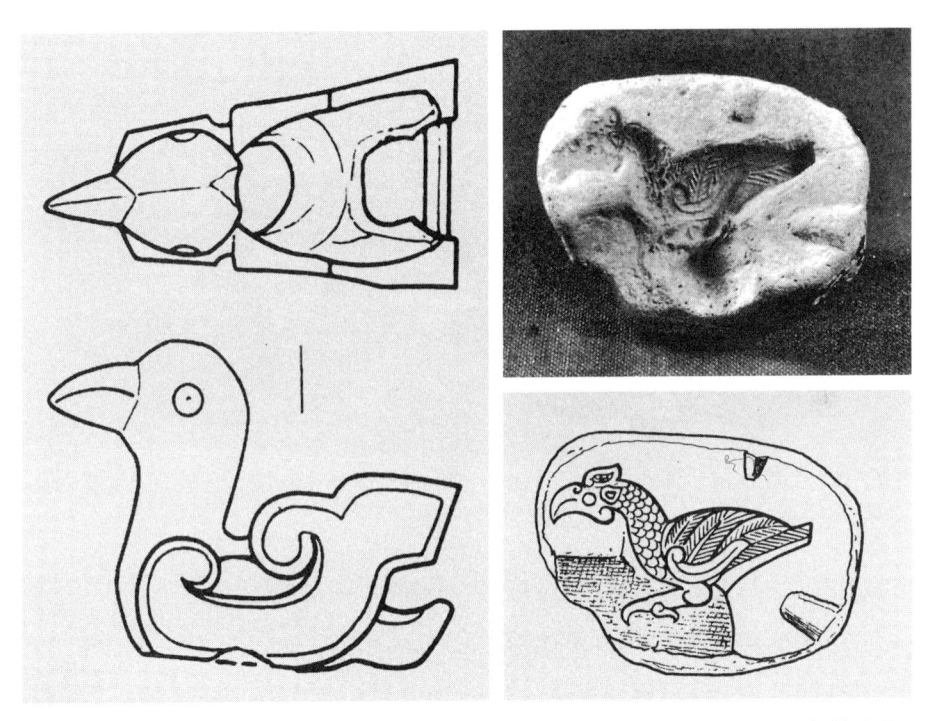

第六章　春秋初晋国的新发展：曲沃小宗与上郭村青铜器　　239

图 6-13　上郭村出土刖人守囿挽车的鸟形装饰（左）与侯马出土鸟形陶模（右：4 cm×3 cm）

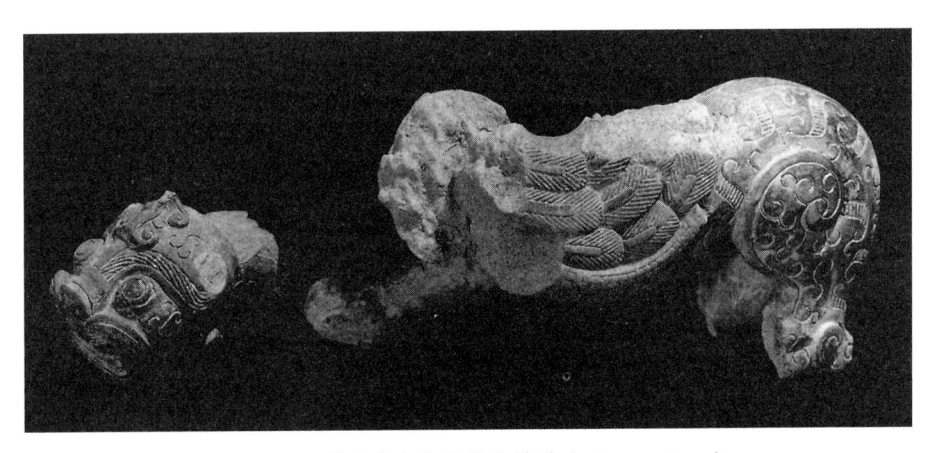

图 6-14　侯马出土老虎装饰模型（17 cm×6 cm）

图 6-15　上郭村 M55 墓葬出土马冠（左：5.8 cm×5.8 cm）与侯马出土马冠模型（右：10 cm×9.5 cm）

泰发现在上郭村无木椁的墓葬也发掘到了青铜器，视其为周代考古学上的反常现象，并解释为其可证明"墓地所有者的高地位或对身份的渴望"。[1]他还分析年代与上郭村相似的上马墓葬 1387 座，为比较两座墓地提供了极为重要的统计资料。根据研究发现，在上马发掘的 177 座有椁墓（占墓葬总数的 12.8%）中只有 23 座（12.9%，占墓葬总数的 1.7%）发现陪葬青铜器。而且有别于上郭村，上马的无椁墓从未出土过青铜器。[2]

上马的这一比例与上郭村呈明显对比。笔者根据已公布的上郭村墓葬估算了一下，在该墓地发掘的 71 座墓葬中，44 座（61.9%）有椁，其中至少有 23 座（52.2%）出土了陪葬青铜器。加之，遭盗掘的上郭村墓葬大部分有椁，陪葬青铜器的墓葬占比无疑会更高。当然，单纯比较发掘较为完整的上马和仅发掘一部分的上郭村确实存在风险。即便如此，此一明显对比也许告诉我们，比起与翼城相近的上

---

[1] Falkenhausen, Lothar von: "The Waning of the Bronze Age: Material Culture and Social Development, 770-481 B.C.," in *The Cambridge History of Ancient China: From the Origin of Civilization to 221 B.C.* ed. by Michael Loewe and Edward L. Shaughnessy (Cambridge: Cambridge University Press, 1999), p.482.
[2] [美]罗泰著，吴长青等译：《宗子维城——从考古材料的角度看公元前 1000 至前 250 年的中国社会》，158—161 页。

第六章　春秋初晋国的新发展：曲沃小宗与上郭村青铜器　　241

马，曲沃小宗上流阶层更盛行厚葬之风。这与罗泰指出的上郭村青铜器的质量要胜过上马的主张相同。当然，由于上马被视为下级贵族墓地，这种比较依然具有一定的局限性。然而，苏芳淑指出曲沃小宗的青铜器与同一时期的另一个重要势力——上村岭虢国青铜器相比，"样式或装饰更加创新、更加精致"。[1] 罗泰与苏芳淑的这一比较跟本章前段提到晋国权力斗争时，曲沃小宗的发展形势压倒性胜过翼城宗室的推论相符。

六、小　结

护卫周王室东迁的晋文侯死后，晋国陷入了长期的大动荡。晋文侯在位时，曲沃小宗已经发展成为巨大势力，为篡夺晋国君位，持续攻打翼城宗室长达 67 年，弑杀了多名晋侯。与春秋时期其他国家此起彼伏的君位继承斗争不同，这场内战之所以长久持续，可能有多种原因。晋国早在西周晚期就成长为强大的周王室亲信，因此尽管曲沃小宗不断崛起，翼城宗室极有可能亦具备与之抗衡的力量。在曲沃小宗不停歇的侵夺之下，捍卫晋国宗室的晋人也许就是其军事根基。如同坚守以大宗为主的宗法秩序的晋人，周王室也支持了翼城宗室。曲沃小宗在 67 年的内战中，弑杀六位晋侯之后，才得到周王的认可，登上晋侯之位。此时，周王的认可在改变晋人的态度方面可能发挥了相当大的影响。

历史证明，长期的内战往往会带来衰落。以晋国为例，对宗室翼城来说确实步入了衰落期。然而对在内战中占上风的曲沃小宗来说，内战确实是重要的机遇，他们的最终胜利成为晋国历史实现新飞跃的一大转机。这些情况已通过考古学获得了证实。在曲沃小宗的根据地闻喜上郭村墓地发现的带流鼎和刖人守囿挽车等青铜器证明，曲沃小宗的物质文化有别于通过北赵晋侯墓地揭露的更早时期的晋国统治

---

[1] Jenny So: *Eastern Zhou Ritual Bronzes from the Arthur M. Sackler Collections,* Vol. III (Washington D.C.: Arthur M. Sackler Foundation, 1995), pp.36-37.

者，已走出陕西省周朝的主流文化，开始体现出区域特性。而且，上郭村青铜器呈现出的明显的与北方草原地带文化交流的痕迹，暗示着其与北方势力之间的新关系。上郭村墓地的发掘在其中占据非常重要的位置，因为它不仅为晋国考古学上的"晋文化"提供了线索，而且还能溯源在春秋晚期兴盛的侯马青铜文化。

当然，目前尚未取得能与曲沃小宗上郭村相媲美的晋国宗室翼城之考古学成果，故断定上郭村青铜器为代表晋国的文物也许过于仓促。然而，曲沃小宗的胜利，以及此后晋国在他们的统治下取得快速发展，确为事实，而且将上郭村的文物包括在晋国的主要组成部分也毫不逊色。

春秋初期，因旷日持久的内乱，晋国在中原失去了主导地位，但曲沃小宗的物质文化却没有任何衰落的迹象。从上郭村青铜器独特的区域性发展，反而可以窥见最终让晋国成为春秋霸国的曲沃小宗之变革性。长达 67 年的晋国内战，最后为晋国提供了能够从作为周王室亲信的遗产中摆脱出来的契机。

正如这一推论，晋武公篡夺晋国统治权之后，继位的晋献公成功推动了改革，并在此基础上，晋文公取代周王的权威，开启了春秋最强霸国的时代。

第七章

到霸国之路：献公的革新与文公的霸业

一、序　　论

　　曲沃小宗篡夺大宗之后，大约在献公在位的二十年间，晋国发展成为非常强大的势力。然而，献公在位末期，晋国陷入了其妾骊姬主导的权力斗争之大乱，太子申生被迫自杀，重耳和夷吾二位公子分别逃亡狄和梁。晋献公逝世后，公元前650年，李克与朝中权贵掌控晋国数月。李克杀死骊姬以及其妹所生的晋献公二子奚齐和悼子，拥立晋献公第三子夷吾为下一代君主，是为晋惠公（前650—前637）。

　　晋献公第二子晋文公重耳，其人生颠沛流离。重耳在骊姬之乱时逃亡狄国住了十二年，并在接下来的七年间流亡齐、曹、宋、楚等列国。先即君位的其弟晋惠公死后，重耳在秦穆公的支持下回晋，迫使其侄晋怀公（前637年）下台，成为晋国的统治者。晋文公逆转局势，公元前636年登上君位之后，开始推动晋国的改革，最终成为继齐桓公之后的第二位春秋霸主。

　　虽然晋文公文治武功卓著，且身边有一起流亡在外十九年的子犯（狐偃）、赵衰等重臣，但文公回晋后，于公元前632年在城濮大败南方强国楚国，仅在四年间就成为当代最强君主，似乎有点不可思议。再加上，晋文公前任君主、其弟惠公在位时被视为晋国的衰落期，[1]因此仅在四年间便成功推动改革，迅猛发展成为最强国的既有观点似乎存在逻辑上的矛盾。

---

[1] 李隆献：《晋文公复国定霸考》，204—205页；李孟存、常金仓：《晋国史纲要》，31—32页。

当然，这种不可思议且波澜起伏的传奇人生让晋文公登上了英雄宝座，笔者也不能完全否认其面貌。但如同为晋文公的英雄面貌奠定基础的《左传》《国语》和《史记》等的叙事有可能经过创作过程带有虚构性质的主张，[1]亦有可能找到"化晋文公为英雄"的迹象，这十分耐人寻味。由于不得否认古今中外，英雄史观对历史叙事带来了深远影响，[2]若能去除可能添加在晋文公真面貌的带有文化性质的英雄风貌，也许能揭露出不可思议的另一面。

这种关于晋文公的英雄化叙述之矛盾，可以通过分析比较提及晋文公的多个战国时期或其后的资料，并从文献学角度加以考辨。亦或者可以通过分析有可能被晋文公的英雄风貌遮掩而未受瞩目的前期人物或时代，解决其短期内成为霸主的不可思议及其逻辑上的矛盾。

鉴于此，本章首先假设晋文公即位之前不太起眼的两位统治者在位期间，尤其是晋献公在位时期为晋文公霸业奠定坚实基础的可能性，并对此加以分析。如果晋献公是个不断谋求新的突破、具有强大执行力、推动历史发展的人物，也许能与其子文公媲美，登上英雄宝座。然而，该研究目的在于从逻辑上探究晋献公之不可思议，并无塑造新英雄的意图。本章前半段将从三个层面察考晋献公的主要功绩，明确晋国从春秋中期开始称霸的背景。

即便晋献公扮演了十分重要的角色，也不得贬低实际上成就霸业的晋文公的能力或功绩。如本书序中所言，从传统上来看，晋国史大多只聚焦于晋文公的一生。考虑到传世文献有可能包括晋文公的虚构叙事，记载其史迹的"子犯编钟"和"晋公盘"铭文作为当时的第一手史料具有重要意义，所以在本章后半段将分析出土文

---

[1] 参见 Jeffrey Walter Bissell: "Literary Studies of Historical Texts: Early Narrative Accounts of Chong'er, Duke Wen of Jin" (Ph.D. Dissertation, University of Wisconsin, Madison, 1996)，第二章。
[2] 在这一点上 Loewen 的著作引人注目。尤其是其第一章 "历史创造的障碍：塑造英雄的过程（Handicapped by History: The Process of Hero-making）" 讲到 20 世纪美国历史人物伍德罗·威尔逊和海伦凯勒的英雄化过程及其隐藏的真面貌（James Loewen: *Lies My Teacher Told Me: Everything Your American History Textbook Got Wrong*, New York: Touchstone, 1995）。在韩国也曾出版研究拿破仑和圣女贞德等西方近代历史人物的英雄化（heroification）及其传承过程的书籍（朴枝香等:《영웅 만들기: 신화와 역사의 갈림길》（英雄制造：神化和历史的境界），首尔：Humanist 2005 年版）。

献和传世文献所记载的晋文公，探讨其霸业过程和地位。

二、献公时代晋的再崛起

前面提到晋献公在位时为晋文公霸业奠定坚实基础的可能性。晋武公灭亡翼城宗室，登上晋国君位，晋献公继承其父功绩，讨伐山西省西南部的众多诸侯国，成功地把晋国发展成为强大的地区性国家。据《左传》记载，晋献公于公元前677年继位后，同虢公朝觐同年即位的周惠王。同年，晋献公伙同虢公、郑伯迎接陈国公主和周惠王完婚。[1]然此事之后，现可参考的所有文献几乎都对晋献公时期晋国与周王室的关系保持沉默。如同拒绝参与齐桓公召集之会盟的父亲晋武公，晋献公也从未出席东方会盟。当时晋国不愿牵涉到中原政治中，而选择成为山西省西南部的统治者。为此，在以下三个方面推动了内部发展。

（一）献公的登极与公族的除去

在晋献公的诸多功绩中，很多学者最先指出的是消灭了强大的公族。[2]据《左传》记载，晋献公即位六年后（前671年），曲沃小宗的第一代统治者桓叔和第二代统治者庄伯后裔威逼公室。[3]如同罗凤鸣（Susan Weld）指出，曲沃小宗得胜后，势力更强盛的桓叔与庄伯后裔要求权力分享。[4]晋献公斩钉截铁地拒绝了公族的要求。也许是与晋国宗室展开的权力斗争，给晋献公提出了其有可能与其他公族发生

---

[1]《春秋左传正义》,《十三经注疏》1772—1773页（庄公十八年）。
[2] 洪安全：《春秋的晋国》，45页；李隆献：《晋文公复国定霸考》，204—205页；李孟存、常金仓：《晋国史纲要》，21—22页；Cho-yun Hsu: "The Spring and Autumn Period," in *The Cambridge History of Ancient China: From the Origin of Civilization to 221 B.C.* ed. by Michael Loewe and Edward L. Shaughnessy (Cambridge: Cambridge University Press, 1999), pp.558-559。
[3]《春秋左传正义》,《十三经注疏》1779页（庄公二十三年）。
[4] Susan Weld: "Covenant in Jin's Walled Cities: The Discoveries at Houma and Wenxian," (Ph.D. Dissertation: Harvard University, 1990), p.146.

争斗的警告。

晋献公花两年时间消灭了可能与其发生冲突的公族。值得一提的是，当时晋献公起用了士蒍等权贵而非公族。《左传》记载了尽诛公族的过程，即士蒍献计让公族相互仇视和孤立，从而成功将其消灭。[1] 士蒍于公元前669年担任大司空，主管在绛建立晋国新都城的工程。[2] 其实曲沃代翼之后，从公元前677年武公攻打荀国一事中就已预见晋国君主偏向于非公族。晋武公灭荀国后，将其赏赐给大夫、后被称为荀叔的原氏黯而非公族。[3]

晋献公在位初期就消灭有可能与其发生冲突的公族，在晋国历史上至少从两个层面具有十分重要的意义。一方面，晋献公不与其他公族分享权力，代表晋国向中央集权化迈出了重要一步。晋献公通过中央集权提高了权威性，为扩大领土奠定了基础（详见后述），最终发展成为地区性国家。另一方面，与统治者毫无血缘关系的权贵在晋国历史中扮演主角，建立了任人唯贤而非任人唯亲的全新政治秩序。春秋时期，公族在大部分国家持续占据了重要地位，而晋国在献公时期出现这种差异性是一个值得关注的现象。[4]

（二）和戎狄关系的改善

献公时期出现的另一个大变化是与戎狄等非周朝势力的关系得到改善。研

---

[1]《春秋左传正义》，《十三经注疏》1779—1780页（庄公二十四—二十五年）。据司马迁记载，公族于献公九年逃亡虢国（《史记》，1641页）。
[2]《春秋左传正义》，《十三经注疏》1780页（庄公二十六年）。同晋国宗室所位居的翼城位置一样，绛的位置也众说纷纭。然而这两个都城均位于今山西省西南部曲沃-翼城地区是不争的事实（Susan Weld: "Covenant in Jin's Walled Cities: The Discoveries at Houma and Wenxian," Ph.D. Dissertation: Harvard University, 1990, pp.143-152；北京大学历史系考古专业山西实习组等：《翼城曲沃考古勘察记》，《考古学研究》第1辑，126—191页）。
[3]《古本竹书纪年辑校》，《王国维遗书》第12册，11页。
[4] 蒲百瑞统计研究了关于春秋时期各血族之官衔职位分布的庞大资料，结果显示公族在中原国家并未独占重要职务。然而晋国与其他国家大不相同，除春秋早期（前722—前679）外，大部分的重要官职均由非公族担任（Barry B. Blakeley: "Functional Disparities in the Socio-Political Traditions of Spring and Autumn China," *Journal of the Economic and Social History of the Orient*, Vol. 22, Part I, 1979, pp.81-90）。

第七章 到霸国之路：献公的革新与文公的霸业

究晋国早期历史的大部分学者关注的，是从西周早期晋国封建开始，晋与戎狄之间的密切关系。然而，曲沃小宗的上郭村文化被发掘以前，在晋国成为周朝亲信的发展进程中，难以找到其与北方文化交流的明显迹象。传世文献和出土文献均可证明这一点。作为周朝亲信，晋国于西周时期冲锋在第一线，与来自山西省或其他地区的周朝敌人"戎"或"夷"展开了斗争，因此晋与戎狄之间也应是敌对关系。

然而，自周王室东迁之后，晋国与非周朝势力的关系迎来了新的局面。因为不仅在春秋早期出现非周朝势力"狄"，而且王室势力的衰落影响了其关系。再加上，主导 67 年的内战，篡夺君位的曲沃小宗晋国，破坏了西周以来的宗法秩序，也许在对外关系上不需再墨守成规了。

当然，现在可参考的文献记载中，未见暗示晋与非周朝势力的关系在内战结束后出现变化的内容，但有晋献公与非周朝势力婚姻的记载，这为了解此事提供了珍贵的资料。统治者的婚姻关系在春秋时期国际政治上发挥着重要作用已是众所周知的事实。[1]《左传》庄公二十八年（前 666 年）详细记述了晋献公的婚姻关系，内容如下：

> 晋献公娶于贾，无子。烝于齐姜，[2] 生秦穆夫人及太子申生。又娶二女于戎，大戎狐姬生重耳，[3] 小戎子生夷吾。晋伐骊戎，骊戎男女以骊姬，归，生奚齐，其娣生卓子。骊姬嬖……[4]

该引文记载了晋献公最早娶了贾国和齐国女人，其后与戎通婚。可见在献公

---

[1] 关于春秋时期的婚姻及其历史含义参见 Melvin Thatcher: "Marriage and Ruling Elite in the Spring and Autumn Period," ed. by Rubie S Watson and Patricia Buckley Ebrey, *Marriage and Inequality in Chinese Society*, (Berkeley: University of California Press, 1991), pp.25-27。
[2] 此处有不同解释，笔者引用的是视齐姜为武公之妾的杜预之注解。
[3] 司马迁认为重耳的母亲来自狄国，并记载重耳在骊姬之乱时逃亡狄地（《史记》，1641、1656 页）。
[4] 《春秋左传正义》，《十三经注疏》1781 页。

时期，晋国统治者的婚姻对象从中原诸侯国转变为非周朝势力。记录晋献公之前晋国君主婚姻关系的文献资料并不多。据《左传》桓公二年载，西周晚期的宣王时期，晋穆侯夫人姜氏生了仇（晋文侯）和成师（桓叔），[1]记述同一内容的《史记·晋世家》记载，晋穆侯在位四年，从齐国迎娶了姜氏为夫人。[2]本书第二章讲到的北赵晋侯墓地第二座晋侯夫人墓 M13 所出青铜簋铸有被推测为晋侯夫人的"晋姜作宝簋"铭文。[3]第五章提到的春秋早期晋姜鼎铭文亦可见铸造该器物的文侯夫人姓姜，由此可以推论，晋文侯同其父晋穆侯一样，也从姜姓齐国迎娶了夫人。尽管比上引晋献公更早的晋国君主的婚姻纪事只有这三个，但在这里需要考虑的是，晋国在所有诸侯国中与周王室有着最密切的关系。因此，如同其他很多姬姓国，晋国也很有可能在西周时期和春秋早期与齐国等姜姓国建立了婚姻关系。[4]加之，上述引文还记载晋献公之父晋武公也从齐国娶了夫人，晋献公也从临近晋国的姬姓诸侯国——贾国迎娶了夫人，[5]暗示着当时晋国与非周朝势力之间的婚姻并不多见。

关于这一点，根据《国语·晋语一》记载，在朝中主管占卜的史苏预言晋献公与骊姬的婚姻会给晋国朝廷带来灾祸。[6]史苏在与晋献公重用的李克、郭偃、士蒍的对话中，将该婚姻比喻为夏、商、西周的最后一位君主，即桀、帝辛、幽王之婚姻。传世文献记载这三位君主选择的错误婚姻导致三个朝代覆灭是众所周知的事实。而且三位大夫均对史苏的忧心表示同感，暗示着他们强烈反对晋献公与非周朝势力的婚姻。由于大夫对晋献公与大戎和小戎的结婚做出

---

[1]《春秋左传正义》,《十三经注疏》1734 页。
[2]《史记》, 1637 页。
[3] 山西省文化局等、上海博物馆编：《晋国奇珍：山西晋侯墓群出土文物精品》, 58—60 页。
[4] 田中柚美子也指出在《左传》最常见的晋国婚姻对象为齐国（[日] 田中柚美子：《晋と戎狄——献公の婚姻関係お中心として》,《国学院杂志》3 卷, 1975 年, 24—25 页）。
[5] 关于贾国的内容将在后面续述。上述姬姓诸侯国之间的通婚似乎有悖于"同姓不婚"原则。但是，Melvin Thatcher 在《左传》找到了 15 个同姓通婚的记录，看来当时没有坚守"同姓不婚"原则（Melvin Thatcher: "Marriage and Ruling Elite in the Spring and Autumn Period," ed. by Rubie S Watson and Patricia Buckley Ebrey, *Marriage and Inequality in Chinese Society*, Berkeley: University of California Press, 1991, p. 38）。
[6]《国语》, 252—264 页。

第七章 到霸国之路：献公的革新与文公的霸业 249

何种反应不得而知，而且由骊姬发起的权力斗争被后人诟病，也许《国语》的这段内容会被认为属于虚构。然而《左传》僖公四年也有类似记载，[1]因此难以断定其为虚构内容。

晋献公早期及以前的晋国统治者之婚姻对象大部分来自以姜姓为主的中原国家，而且大夫强烈反对晋献公与骊戎的通婚，由此可以推定，晋献公是第一位与非周朝势力缔结婚姻关系的晋国统治者。晋献公新缔结的婚姻是出于"政治策略"的考虑，因此晋国对非周朝势力的政策一定是出现了重大变化。

据《史记·晋世家》记载，晋献公五年，出兵征伐骊戎。[2]上述引文暗示着献公与大戎、小戎的婚姻早于和骊姬的婚姻，但田中柚美子从重耳逃亡大戎（《史记》称狄）的时间倒算出这些婚姻应该都在同年完婚。[3]晋献公在位十六年时，才开始征伐山西省西南部的姬姓诸侯国，因此可能在展开攻势之前，先梳理了与非周朝势力之间的新关系。与只将戎狄视为敌人的周王不同，曲沃代翼之后，摆脱周王室束缚的晋献公不需要再敌视戎狄，而且晋献公通过这些新的婚姻关系确实改善了与非周朝势力间的关系。

在见于《左传》的重要国家中，与戎狄等非周朝势力缔结婚姻关系的情况寥寥无几，[4]因此，晋献公与戎狄间的新婚姻关系即为打破传统婚姻秩序的破格事例。当然也有例外，公元前635年，周襄王为了用狄人的军队出师伐郑，娶狄人的女子为王后。然而，正如《国语》和《左传》记载，周襄王的大夫富辰劝谏他勿与狄人结婚，这如实反映了周朝大臣难以接受与非周族的通婚。值得一提的是，富辰强调以狄人取代自古以来与周王室通婚的姜氏和任氏不合礼法。次年，周襄王不得不废除了来自狄的王后。[5]

---

[1]《春秋左传正义》，《十三经注疏》1793页。
[2]《史记》，北京：1640页。
[3][日]田中柚美子：1975，《晋と戎狄——献公の婚姻関係お中心として》，《国学院杂志》3卷，1975年，26页。
[4][日]山田统：《左传所见の通婚関係をず中心として见たる宗周制度》，《山田统著作集》，东京：明知书院1982年版，68—104页，尤其是第103页的表12。
[5]《国语·周语中》，48—53页；《春秋左传正义》，《十三经注疏》1818页（僖公二十四年）。

然而，晋献公依托破格的婚姻政策，并非只企图改善与非周朝势力的关系。在传世文献中亦有晋献公多次伐狄的记载。《国语》记载，晋献公望见翟相内有不祥之兆，郤叔虎便出兵攻打。[1]《国语》和《左传》记载献公十七年（前660年），太子申生征伐东山皋落氏，而《国语》将东山皋落氏记载为狄。[2] 据《左传》和《晋世家》载，献公二十五年（前652年），里克率军在采桑[3]大败狄军，但狄人于同年夏即为复仇而来攻打晋国。[4]

如前所述，晋国不仅与非周朝势力通婚，还出兵征伐。可见晋献公在与大范围分布于山西省的多个戎狄建立关系的同时，采用了和亲与战争刚柔并济的策略。晋献公之子文公也承袭了刚柔并济之策。重耳流亡狄地时，与来自狄的一支"廧咎如"的季隗结婚，生下二子。结束十七年流亡之后即位的晋文公，将狄国的妻子迎回晋国。[5]公元前635年，为平定王子带反叛周襄王而发起的动乱，晋文公贿赂"草中之戎"与"丽土之狄"，借道并有效利用之。[6]尽管晋国与戎狄保持了友好关系，但《左传》还记载了晋文公五年和八年，设立三行和五军以抵御狄对晋国的侵扰。[7]

对戎狄采取的刚柔并济之策被大部分的晋国统治者承袭。[8]尤其是景公

---

[1]《国语·晋语一》，266页。翟与狄是通假字。征伐年代不详。
[2]《国语·晋语一》，277—283页；《春秋左传正义》，《十三经注疏》1788页（闵公二年）。杨伯峻推定东山皋落氏居今垣曲东南方的皋落镇（杨伯峻：《春秋左传注》，268页）。
[3] 杨伯峻根据《一统志》推定采桑为今乡宁县西部（杨伯峻：《春秋左传注》，322页）。
[4]《春秋左传正义》，《十三经注疏》1799页（僖公八年）。《晋世家》则记载了狄攻打晋国的原因在于重耳的流亡（《史记》，1648页）。
[5]《春秋左传正义》，《十三经注疏》1817页（僖公二十四年）。重耳与季隗结婚时，重耳的重臣赵衰也与季隗的姐姐叔隗结婚生下赵盾。晋文公在位后，晋文公之女、赵衰之妻赵姬将叔隗及其子赵盾迎回晋国，她本身也有三个儿子，但认为赵盾更为贤能，故立赵盾为赵衰的嫡子。晋献公的婚姻政策，以及重耳在狄地长达十二年的流亡，可能也为晋国与非周朝势力建立友好关系做出了很大贡献。
[6]《国语·晋语四》，373页。
[7]《春秋左传正义》，《十三经注疏》1827页（僖公二十八年）、1831页（僖公三十一年）。
[8] 文公子晋襄公于公元前627年在殽与秦作战，虽然联合了姜戎，但同年遭白狄攻击，在箕将其击退〔《春秋左传正义》，《十三经注疏》1832—1833页（僖公三十三年）〕。另外，成公（前606—前601）五年，赤狄入侵晋国，割取向阴的谷子，次年晋与白狄缔结同盟攻打了秦国〔《春秋左传正义》，《十三经注疏》1873页（宣公七—八年）〕。

（前600—前581）时期，在与狄族保持友好关系的同时，讨伐了山西省东南部的潞、甲氏、留吁、铎辰等多个赤狄势力。[1]就对戎狄的双重关系而言，召集九次会盟，巩固晋国霸业的晋悼公（前572—前558）向其臣魏绛说的话值得一提：

> 子教寡人和诸戎狄，以正诸华。八年之中，九合诸侯，如乐之和，无所不谐。[2]

悼公维持晋国霸业的重要动力在于与戎狄间的友好关系。魏绛也答道"夫和戎狄，国之福也"，可见他们有多重视与戎狄的良好关系。正因如此，从晋献公开始对非周朝势力采用的刚柔并济之策无疑为加强晋国国力、成就晋文公霸业奠定了重要基础。

（三）领土扩张：跳跃到地区性国家

晋献公实现中央集权化并与戎狄建立良好关系后，开始大力开拓疆域。尽管文侯和武公在位时分别征讨姬姓诸侯国——韩与荀，晋国直到献公在位，只占据今侯马（包括新绛、曲沃、翼城地区）地区以南至闻喜的覆盖半径50公里左右的区域（见图0-1）。

那么，当时的山西省情况如何？目前尚无直接资料记述从西周时期至献公时期该地区的政治情况，只能通过根据片面资料重新汇整的其他诸侯国的存在，直接和间接地推测当时的情况。如同第四章的表4-1，根据顾栋高的"春秋列国爵姓及存灭表"汇整了西周时期至春秋早期位于山西省的晋国以外的9个诸侯国。这些诸侯国大部分为晋所灭，从考古学上也能确认其存在。他们大部分与周王室同为姬姓，

---

[1]《春秋左传正义》，《十三经注疏》1876页（宣公十一年）、1886—1888页（宣公十五年）。赤狄集团有可能位于今潞城和屯留地区（杨伯峻：《春秋左传注》，758、767—768页）。
[2]《春秋左传正义》，《十三经注疏》1951页（襄公十一年）。

由此可知晋国直到西周晚期或春秋早期，只不过是尚存周王室影响力的山西省西南部的多个诸侯国之一。尽管在 67 年的内战中曲沃小宗占据压倒性优势，但直到获得周王室认可才夺得君位的事实也应该与之相关。

由于周朝的影响力在山西省西南部残留甚大，晋献公覆灭姬姓诸侯国，在晋国历史上必然含有深刻意义。卫文选曾研究讨伐周边势力的晋国，并指出晋国对周边政体进行的合并可分为包括姬姓和非姬姓的诸侯国，以及非周朝势力。[1]

据《左传》载，晋献公于公元前 661 年扩充军队为二军后，相继灭了周边的三个姬姓诸侯国即魏、[2] 霍、耿。[3] 据传在灭此三国之前，其他两个姬姓诸侯国即杨[4] 和贾已被晋所灭。[5] 故可推测晋国到公元前 661 年，覆灭了汾河流域的所有姬姓诸侯国。[6] 其中，中条山脉以南山西省西南端的魏国灭亡，同公元前 655 年的灭虢取虞，有可能为晋国进入中原重心地区搭建了重要的桥头堡。如同其父武公灭荀后，将其赐给非公族大夫原氏黯，晋献公也将灭掉的诸侯国赐给非公族贵族，如把杨国赐给羊舌大夫，把耿国赐给赵夙，把魏国赐给毕万，把贾国赐给郄芮。[7] 这些非公族贵族凭借日益强大的势力，为晋国的发展发挥了核心作用。

晋献公于公元前 661 年完全掌控汾河流域之后，把目光转向南方拟进军中原地区。据《春秋》和《左传》记载，晋献公于公元前 658 年跨越中条山脉，联合虞

---

[1] 卫文选：《晋国灭国略考》，《晋阳学刊》1982 年第 6 期，97 页。
[2] 山西省考古学家曾发现位于芮城和禹王古城的东周时期魏国城墙（Susan Weld: "Covenant in Jin's Walled Cities: The Discoveries at Houma and Wenxian," Ph.D. Dissertation: Harvard University, 1990, pp.257-266）。
[3]《春秋左传正义》，《十三经注疏》1786 页（闵公二年）。
[4] 亦于今洪洞地区考古发现了杨国城墙（参见 Susan Weld: "Covenant in Jin's Walled Cities: The Discoveries at Houma and Wenxian," Ph.D. Dissertation: Harvard University, 1990, pp.266-281）。
[5] 卫文选：《晋国灭国略考》，《晋阳学刊》1982 年第 6 期，98 页。
[6] 卫文选还关注了公元前 655 年以前为晋所灭的位于河津县东部的冀，但冀之姓不详。
[7] 左藤三千夫提出晋国强大的贵族集团根植于姬姓的可能性（[日] 左藤三千夫：《晋の文公即位めぐて——とくに三军成立との关连において》，《白山史学》第 17 卷，1973 年，90—97 页），但需注意的是左藤三千夫参考的大部分文献为《左传》或《国语》的注解，或《通志·氏族略》等后代资料。因为公元前 6 世纪，想争夺晋国统治权而展开角逐的势力为了美化其统治力而有可能篡改家系（Susan Weld: "Covenant in Jin's Walled Cities: The Discoveries at Houma and Wenxian," Ph.D. Dissertation: Harvard University, 1990, pp.145-146）。

第七章 到霸国之路：献公的革新与文公的霸业　253

国，攻打虢都下阳（临近河南省三门峡）。[1]晋献公虽拿下下阳，但过了三年之后才完全灭虢。因为当时在晋国发生了骊姬之乱。

据《左传》僖公四年载，公元前656年，受晋献公宠爱的骊姬想立自己的儿子奚齐为晋国下一代君主，便使计离间献公与申生、重耳、夷吾父子兄弟之间的感情，让晋国统治者陷入内讧，最终导致太子申生自杀，重耳和夷吾出奔。[2]晋献公于公元前655年春平定内乱，同年冬天发动第二次远征讨伐虢国。晋献公再次通过虞国道路，包围虢之另一座都城上阳（陕县），最终灭亡周朝主要姬姓诸侯国虢国。晋国从虢凯旋而回时，借路与晋的另一个姬姓诸侯国虞国也被覆灭。[3]晋国到公元前655年，尽诛残留在山西省西南部的周王室势力根基。

晋献公征服的姬姓诸侯国中，介于山西省及河南省边界的虢之灭亡，对此后的晋国发展具有重要意义。在近期发掘的三门峡上村岭虢国墓地上开始露出真容的虢，自西周晚期以来在中原政治中扮演着重要角色，已是人尽皆知的事实。[4]尤其是，虢在67年的晋国内战中，支持翼城宗室而非曲沃小宗，周惠王在位时为王室扮演了监护人角色。[5]因此，都城被攻下后，虢公丑逃奔周朝都城成周反而更顺其自然。

从这一点来看，不用说山西省的姬姓诸侯国，就连束手无策眼睁睁地看着与其关系最密切的虢灭亡的周王室，也应该无法阻止晋国的膨胀。[6]晋国在献公时期

---

[1]《春秋左传正义》，《十三经注疏》1790—1791页（僖公二年）。
[2] 同上注所引书，1793—1794页。
[3] 同上注所引书，1795—1796页（僖公五年）。
[4] 王斌主编：《虢国墓地的发现与研究》，北京：社会科学文献出版社2000年版。
[5] [日] 吉本道雅：《春秋齐霸考》，《史林》第73卷2号，1990年，109页。虢不仅辅佐周惠王完婚，而且还协助平定公元前674年的王子颓之乱、前664年的樊皮之乱等，为周王扮演了重要角色［《春秋左传正义》，《十三经注疏》1772—1774页（庄公十八—二十年）、1782页（庄公三十年）］。吉本道雅在分析齐国与周王室关系的变动时发现，虢亡之后，齐国开始更积极地干预王室的事务。
[6] 部分学者重点关注春秋早期周朝的亲信即虢所扮演的角色，推定虢的领土有可能属于王畿的一部分［[日] 吉本道雅：《春秋晋霸考》，《史林》第76卷3号，1993年，76页；Falkenhausen, Lothar von: "The Waning of the Bronze Age: Material Culture and Social Development, 770 -481 B.C.," in *The Cambridge History of Ancient China: From the Origin of Civilization to 221 B.C.* ed. by Michael Loewe and Edward L. Shaughnessy (Cambridge: Cambridge University Press, 1999), pp.476-477］。

的势力已迅速超越周王的权威，而且虢的灭亡为晋国进军中原建立了坚实的战略据点，其意义也很重大。

讲到虢国灭亡时，还有一个重要的事实值得关注。鲁国编年史书《春秋》中关于晋国的第一个纪事为公元前658年（僖公二年）晋国联合虞国，攻打虢国。[1]当然，为《春秋》做注解的史书《左传》也有相当多的春秋早期晋国的记载，而且笔者也十分依赖《左传》的记载。但由于围绕《左传》的性质依然议论纷纷，[2]作为春秋当时资料的《春秋》，其所记述的第一个晋国纪事毋庸置疑具有参考价值。笔者即使认同《左传》和《春秋》不是同一系统，也不否定本书所参考的《左传》中关于春秋早期晋国的纪事，因此不会在本章争论《左传》的史料价值。[3]然而，为何鲁国的史官从伐虢时期开始才将晋国列入鲁国编年史的主要关注对象，这具有考究价值。

春秋时期位于山东的鲁国之编年史书《春秋》，记述了自公元前722年起鲁国及所关系于各国的大事。早期的纪事主要包括与周、郑、宋、陈、蔡、卫、曹、齐等中原国家，以及莒、滕、杞、纪等居今山东地区的小国之关系，可见当时正不断强盛的楚、晋、秦等三国并非鲁国史官所关注的对象。但耐人寻味的是，在公元前684年（庄公十年），被写作"荆"的楚国因击败中原国家蔡国军队而首次登场，此后便持续出现在《春秋》中。[4]同样，晋国灭亡周王室的亲信"虢国"一事无疑

---

[1]《春秋左传正义》，《十三经注疏》1791页。
[2] 有两本在欧美出版的关于《左传》的书引人注目。史嘉柏认为《左传》是一本由当时的一部分集团的思想家汇编口耳相传至公元前4世纪的故事或言论的书，因此在研究春秋时期时，需慎用且要当作补充资料（David Schaberg: *A Patterned Past: Form and Thought in Early Chinese Historiography*, Cambridge: Harvard University Asia Center, 2001, pp.315-324）。而尤锐认为《左传》中占多数的政治家言辞是根据春秋时期由朝廷史官写在简牍上的记载进行重编的，因此用于研究春秋时期心态史毫不逊色（Yuri Pines: *Foundation of Chunqiu Thought*, Honolulu: University of Hawaii Press, 2002, pp.13-54）。
[3] 该问题在〔韩〕沈载勋：《출토문헌과 전래문헌의 조화: 子犯编钟 명문과「左传」에 기술된 晋 文公의 패업》（出土文献与传世文献的结合——《子犯编钟铭文》与《左传》中的晋文公霸业）(《东洋学》第40辑，2006年，89-114页）中作了详细记述。
[4]《春秋左传正义》，《十三经注疏》1766页。当然同晋国一样，《左传》中关于楚国的纪事也始于公元前710年（桓公二年）。

给鲁人带来了深刻印象。此事发生后，晋国便成为主要关注对象并经常在《春秋》中出现。[1]晋国在虢国灭亡后持续出现在《春秋》记载中，意味着开始步入强国之列的晋国受到了中原国家的关注。[2]

晋献公不仅讨伐了周朝诸侯国，还将其领土扩张至戎狄地区。尤其是，晋献公将两个儿子重耳和夷吾分别派到蒲和屈所代表的重要含义为，晋国跨越汾河西侧的吕梁山脉，把领土开拓到戎狄地区（见图0-1）。[3]司马迁推测，到晋献公在位末期，晋国土地扩大到汾河中游，覆盖范围包括山西省西南部全区及陕西省与河南省部分区域。[4]因此，势力强盛的地区性国家晋国成为《春秋》的主要关注对象是极其自然的。

故此，晋国应该是从献公时期开始在山西省西南部彻底清除周朝残留势力，独占资源，加倍提升势力，并为二十年后的晋文公霸业奠定了坚实的基础。从这一点来看，《左传》和《国语》均有记载的关于周朝大夫宰孔之言辞便值得探究，这描述了晋献公在位末期的晋国情况。

彻底掌控山西省西南部，还获得逐鹿中原之桥头堡的晋献公，于公元前651年，决定前往蔡丘（河南省考城县）参加齐桓公邀合宋、卫、郑、许、曹等诸侯举行的会盟。才刚继位的周襄王也作为霸主，为了保障齐桓公的地位而派出大夫宰孔。宰孔参加会盟后在返程途中，恰巧碰到因生病而未能赶上赴会的晋献公。会盟当时看到齐桓公不修德而大失所望的宰孔，规劝晋献公不要参加会盟。据《左传》载，宰孔对晋献公说齐国不可能攻打西边（指晋国），并劝他先安定内乱。[5]晋献

---

[1] 收录第一个纪事三年后（僖公五年，前655年），《春秋》记载了晋国太子申生之死，以及虞公的被擒获。公元前652年狄人侵晋国，以及次年的献公之死及其子奚齐被刺杀被视为重要纪事（《春秋左传正义》，《十三经注疏》1794页（僖公五年）、1799页（僖公八年）、1800页（僖公九年）］。
[2] 西方强国"秦国"始见于《春秋》的时间为公元前632年（僖公二十八年）晋、楚城濮之战发生之时。
[3] 《春秋左传正义》，《十三经注疏》1781页（庄公二十八年）；《国语·晋语一》，270页；《史记》，1461页。蒲和屈分别被推定为今隰县和吉县（杨伯峻：《春秋左传注》，240页）。
[4] 《史记》，1648页；李隆献：《晋文公复国定霸考》，42—43页。
[5] 《春秋左传正义》，《十三经注疏》1800页（僖公九年）。笔者引用了以西方代表晋国的杨伯峻之观点（杨伯峻：《春秋左传注》，327页）。《晋世家》亦有类似言辞（《史记》，1648页）。这里指的"内乱"是骊姬发动的君位继承斗争。

公听了这话，就回国了。而与之类似的内容在《国语》中有稍微不同的记述，宰孔遇见晋献公之后，向其马夫说晋国由山、河、戎狄环绕，攻难守易，并为晋献公低估自己的能力，要参加齐桓公主持的会盟深表遗憾。[1]

若上述言辞具有史料价值，周朝大夫宰孔因早已看穿晋国从晋献公时期开始迅猛发展，具备能与齐国抗衡的能力，而提出晋国不必与会的主张。在笔者看来，此言辞最能确证晋国在献公时期的发展面貌。

晋献公是一位具有雄才大略的领袖，在位二十六年（前651年）去世。但如同让夏商周最后一位君主为之亡国的红颜祸水，有可能因与骊姬的婚姻、在骊姬之乱中不立其子反而支持来自异民族的宠妾骊姬，而难以得到后代儒家学士的好评。后文会提到晋献公疏远被英雄化的儿子文公重耳，这也许又是贬低晋献公的把柄。因此在讲晋文公霸业之前，需先探析晋国与周王室在公元前7世纪中叶出现的关系转变。

三、献公与惠公在位期的周王室与晋的关系

迄今可利用的资料，关于周与晋在晋献公时期的关系上有正反两面的论点。如本书前章所述，曲沃小宗虽在军事上胜过翼城宗室，但直到公元前679年获得周釐王认可，才稳坐晋国君位。假设当时周王室对山西省西南部的影响力甚大，晋献公灭亡周边姬姓诸侯国可能成为让晋国与周朝关系恶化的原因。尤其是，周王室的亲信虢国被晋灭亡后，虢公逃亡至成周，这也许让在周釐王之后继位的周惠王对晋国的膨胀感到畏惧。这还与现存文献中少见晋献公朝觐周王的纪事一脉相承。

尽管如此，正如在前面提到的宰孔关于晋献公的言辞，可以窥见周王室对晋国

---

[1]《国语·晋语二》，300—301页。

第七章 到霸国之路：献公的革新与文公的霸业　　257

的关注和期待。在取自《左传》的引文中能发现公元前655年（僖公五年）也曾发生类似的情况，其记载如次：

> 秋，诸侯盟。王使周公（宰孔）召郑伯，曰："吾抚女以从楚，辅之以晋，可以少安。"郑伯喜于王命，而惧其不朝于齐也，故逃归不盟。[1]

此事在首止（卫国之地）举行会盟时发生，是公元前655年晋灭虢前几个月的事情。《春秋》记载同年夏天，齐桓公联合鲁公、齐侯、宋公、陈侯、卫侯、郑伯、许男、曹伯汇聚首止以拜见周惠王太子郑。因周惠王欲废太子郑而立王子带，太子为获得诸侯的支持而出会。[2]《春秋》又记载，在几个月后的秋八月，诸侯又在首止举行会盟，而也许正如《左传》所言，周惠王唆使郑伯逃盟，[3] 郑伯便不参加会盟，独自逃回国。

　　Sydney Rosen主张，公元前662至前644年，齐国与周王室和诸侯国继续保持了友好关系，[4] 而上述引文却与此不同，记述了当时齐国与周王室和郑国之间关系不和。据《春秋》和《左传》记载，齐桓公因郑国背弃盟约而于公元前654年和前653年联合诸侯攻打郑国。而《左传》又记载，郑国于公元前652年向齐国请求了会盟。[5] 在听从王命的郑国有可能因霸主齐桓公而被灾蒙祸的情况下，周惠王要求郑国依赖楚国和晋国十分耐人寻味。也许对周王来说，尽管晋国势力不断膨胀，但为了阻止齐桓公独霸天下，还是需要晋国的协助。

　　公元前652年，在周惠王逝世后继位的周襄王，向支持自己的齐桓公表示

---

[1]《春秋左传正义》，《十三经注疏》1795页。除了晋献公于公元前676年朝觐周王，以及辅佐周王操办婚礼之外，上述记载为晋献公在位期与周王室有关的唯一一个纪事。
[2] 杨伯峻：《春秋左传注》，305—306页。
[3] 杜预对上述引文的注解是，周惠王因齐桓公支持太子而大怒。
[4] Sydney Rosen: "Changing Concept of the Hegemon in Pre-Ch'in China," in *Ancient China: Studies in Early Civilization*, edited by David T. Roy and Tsuen-hsuin Tsien (Hong Kong: The Chinese University Press, 1978), p.104.
[5]《春秋左传正义》，《十三经注疏》1798—1799页（僖公七年）。

了敬意,并派宰孔参加蔡丘会盟,保证了其霸权。而如果宰孔劝晋献公不要出席会盟的言辞与周襄王的意图不无关系,那么周襄王可能亦同其父,期待的是齐国与晋国之间的权力平衡。《左传》记载,夷吾登上晋国国君后,周襄王于公元前650年和前649年分两次派遣了使臣。[1] 公元前649年,周襄王异母弟王子带发动叛乱时,西方势力晋国与秦国救援了周朝。两国继辅佐周平王东迁之后,首次为周王室扮演了重要的军事角色。晋惠公还让王子带与周襄王讲和。[2] 然最终解决其纠纷的是齐桓公,他于公元前648年帮助王子带逃亡至齐国,派管仲向周襄王求和。[3]

尽管晋惠公试图在辅佐周王方面发挥带头作用,但晋国尚未达到能主导政局的地位。再加上,晋国从那时起还因饥荒和晋惠公的弊政而陷入困境。据《左传》记载,晋国于公元前645年的"韩原之战"被秦国打败,晋惠公被俘。同年晋惠公获释回国,但被迫割让河东(今山西省西南部)归秦。[4] 两年后,晋惠公将太子圉送往秦国作人质,秦把河东土地归还晋。[5] 晋惠公在位晚期的资料无从可知,因为目前可利用的资料均对晋惠公在位晚期至辞世的公元前637年保持沉默。

后世对晋惠公颇多微词,但笔者认为晋惠公在位时也为晋文公霸业奠定了重要基础。首先,晋惠公也同重耳一样因骊姬之乱而流亡在外,但比重耳更早回国登上君主之位,他的能力应不可忽视。还有一个备受多位学者关注的田制和军制改革即"爰田"和"州兵",也是在晋惠公在位时实行的。爰田是将公田分给众人的最早的土地制度,与当时新实行的征兵制度"州兵"密切相关。陆威仪(Mark Lewis)将《左传》中的"州"居民视为不许居住于都城内的被征服的百姓。他据此主张晋国

---

[1]《春秋左传正义》,《十三经注疏》,1801—1802页(僖公十一年);[日]吉本道雅:《春秋晋霸考》,《史林》第76卷3号,1993年,110页。《左传》又记载,因晋惠公对周王赐予礼物时不恭敬,使臣向周襄王报告了晋惠公的无礼之举。
[2]《春秋左传正义》,《十三经注疏》1802页(僖公十一年)。
[3] 同上注。王子带逃奔齐国也有可能导致齐国与王室的关系疏远。
[4] 同上注所引书,1808页(僖公十五年)。
[5] 同上注所引书,1809页(僖公十七年)。

实行州兵制，意在将土地作为承担军事义务的代价予以分发，从而将被征服的百姓和穷乡僻壤的农民编入国家结构中。他还推定晋文公在这一改革的基础上，在数年内将晋军扩大编制为三军。[1]

因此，不可否认的是，如同推进新政策增强晋国势力的晋献公，晋惠公也为晋国发展提供了一臂之力。当晋献公和晋惠公走出晋文公这一英雄的阴影时，在本章序论中就晋文公霸业提出的不可思议的逻辑矛盾应该能够得到解决。

四、出土文献所见文公的霸业

晋文公重耳是中国古代史上赫赫有名的英雄人物之一。《左传》和《国语》记述着很多关于重耳的故事。但是因为有些故事确实带有传说性质，不禁让人对晋文公资料的历史性提出疑问。本节主要查考关于晋文公在位事迹的新史料——子犯编钟和晋公盘铭文。

（一）子犯编钟铭文所叙述的文公霸业过程

1994年，台北故宫博物院从香港古玩肆购回据传在山西省闻喜县盗掘的编钟12件，每件均铸有铭文。张光远于1995年4月发表了关于该器物和铭文的第一份报告。[2] 在12件编钟中，8件钟的铭文连读成一篇完整的铭文，共132字，故推定此8件为一组（图7-1）。其余4件的器形和铭文与8件成组的编钟之小型4件（5至8号）几乎一致，可见故宫博物院购回的是一组完整的编钟和另外一组中的四件。

台北的一位私藏家陈鸿荣也在相近时期购入类似的三件钟。据张光远调查显

---

[1] Mark Edward Lewis: *Sanctioned Violence in Early China* (Albany: State University of New York, 1991), pp.57-58.
[2] 张光远:《春秋晋文称霸"子犯和钟"初释》,《故宫文物月刊》第145期，1995年，4—31页。

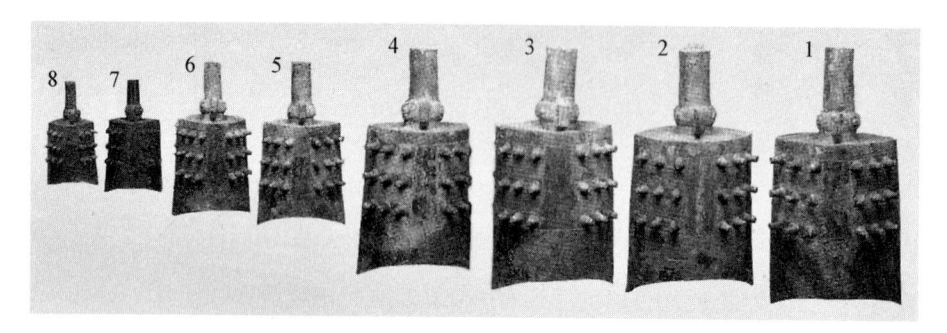

图 7-1　子犯编钟（第一号钟高 71.2 cm）（台北故宫博物院）

示，这三件的器形和纹饰与藏于故宫博物院的成组编钟之 1 号、3 号和 4 号一致，毋庸置疑是前述另外一组中残缺的部分。因此可以知道子犯编钟共有两组，各有 8 件组成，据传 1995 年当时留在香港的另外一件钟也铸有和故宫博物院所藏编钟之第二号钟同样的铭文，无疑提供了确凿的证据。[1] 在本书第四章提到的西周晚期晋侯苏编钟也是每组 8 件的两组编钟。

张光远的第一份报告将 8 件甬钟成组的子犯编钟只按大小依序排列，并未考虑铸于每件钟体钲部之铭文的上下文语境。因此包括第二和第三号铭文在内，整体铭文难以释读。[2] 而正如多位学者所认同的，[3] 按照铭文的语境，第二号和第三号钟不管其大小应该调换顺序。这一点亦通过两组晋侯苏编钟得到证明，该编钟各组的第三号钟（3 号与 11 号）比第二号钟（2 号与 10 号）更大更重。[4]

李学勤指出，子犯编钟的"第四与第五号"和"第六与第七号"的大小差距

---

[1] 张光远：《子犯和钟的排次及补释》，《故宫文物月刊》第 150 期，1995 年，121 页。
[2] 张光远：《春秋晋文称霸"子犯和钟"初释》，《故宫文物月刊》第 145 期，1995 年，26—28 页。
[3] 李学勤：《补论子犯编钟》，《中国文物报》1995 年 5 月 28 日第 3 版；黄锡全：《新出晋"搏伐楚荆"编钟铭文述考》，《长江文化论集》，湖北教育出版社 1995 年版，327 页；裘锡圭：《也谈子犯编钟》，《故宫文物月刊》第 149 期，1995 年，107 页；蔡哲茂：《再论子犯编钟》，《故宫文物月刊》第 150 期，1995 年，129—130 页。
[4] Jaehoon Shim: "Jinhou Su *Bianzhong* Inscription and Its Significance," *Early China* 22 (1997)，参见该书 p.47 "表 1"。

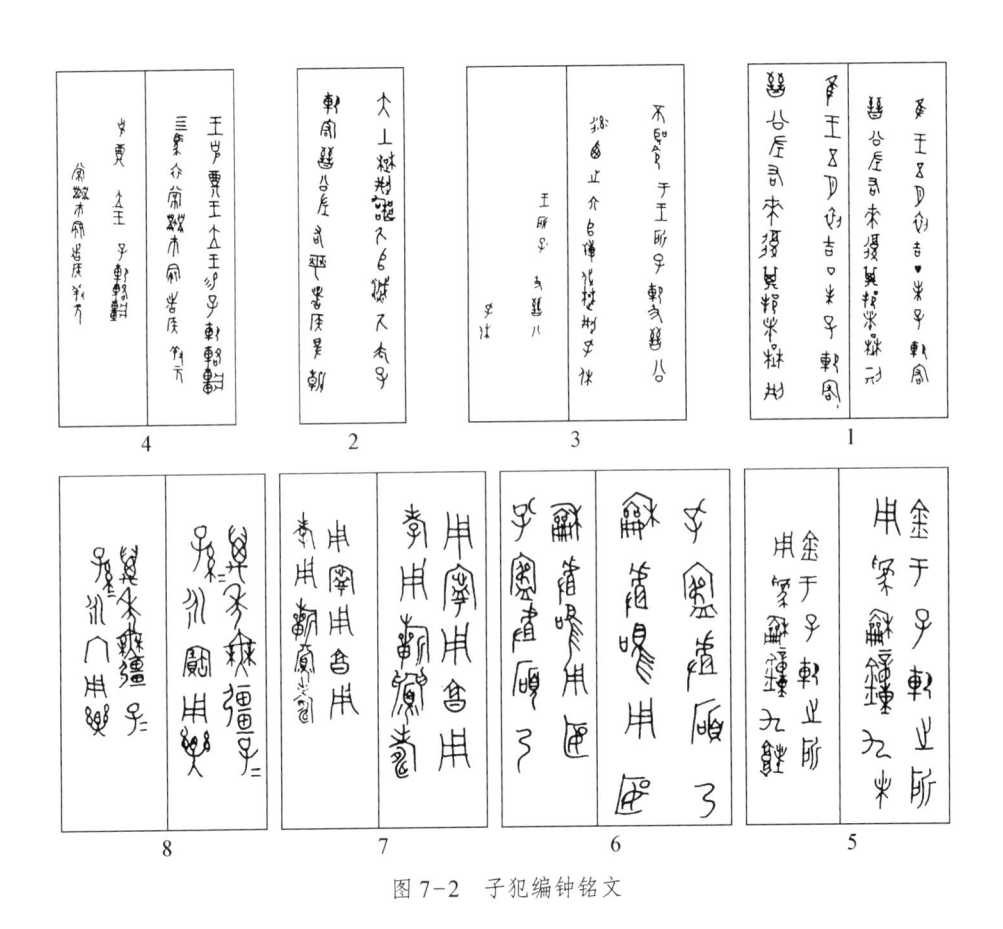

第七章 到霸国之路：献公的革新与文公的霸业　　261

图 7-2　子犯编钟铭文

大，因此中间有可能遗漏了一两件。[1]然而，中义钟（《集成》23—30）或柞钟（《集成》133—139）等西周晚期编钟也有类似的大小变化，[2]而且从语境来看，子犯编钟的整个铭文中第四与第五号或第六与第七号之间难以找到脱文的痕迹。因此，不管大小，只要调换第二和第三号钟，即可释读子犯编钟的铭文。下面就来看一下铭文内容（图7-2）（"【　】"内数字为钟件依次排列数）。

---

[1] 李学勤：《补论子犯编钟》，《中国文物报》1995年5月28日第3版。
[2] 裘锡圭：《也谈子犯编钟》，《故宫文物月刊》第149期，1995年，107页。裘锡圭也注意到晋侯苏编钟的第四与第五号、第十二与第十三号也有类似的变化，李学勤也同后文所指出的在上村岭虢国墓地M2001出土编钟上见到类似变化，并改变了自己的主张（李学勤：《子犯编钟续谈》，《中国文物报》1996年1月7日第3版）。

【1】唯王五月初吉丁未，[1]子犯佑晋公左右，来复其邦。诸楚荆【2】不听命于王所，子犯及晋公率西之六师搏伐楚荆，孔休。【3】大上楚荆，丧厥师，灭厥禺[2]孤。子犯佑晋公左右，燮诸侯，俾朝【4】王，克定王位。王锡子犯辂车、四马、衣、裳、带、市、冠[3]。诸侯羞元【5】金于子犯之所，用为龢钟九堵[4]。

---

[1] 围绕子犯编钟的纪年至今还争论不休。据《左传》载，公元前632年四月，晋文公于城濮击败楚国，五月丁未日（44）把战利品献给周襄王[《春秋左传正义》，《十三经注疏》1825页（僖公二十八年）]。张光远据此认为铭文的纪年为五月丁未日（张光远：《春秋晋文称霸"子犯和钟"初释》，《故宫文物月刊》第145期，1995年，27页）。然根据张培瑜编著的《中国先秦史历表》，丁未是公元前632年五月的第十一天（张培瑜：《中国先秦史历表》，138页），与很多学者采用的王国维"月相四分说"不合。因为子犯编钟的月相被标示为初吉，而王国维所说的初吉是一个月开始的七八天。因此，张闻玉将子犯编钟的纪年与张培瑜的《历表》进行核对，并认为纪年是晋文公重耳离开齐国踏上归国之路的公元前639年（张闻玉：《子犯和钟"五月初吉丁未"解》，《中国文物报》1996年1月7日第3版）。由于《左传》等传世文献记载的由子犯带领重耳从齐国出发可被视为重耳复国的起点，李学勤也支持张闻玉的观点（李学勤：《子犯编钟续谈》，《中国文物报》1996年1月7日第3版）。再加上，彭裕商指出春秋时期青铜器铭文上的时间大多与铸造器物的时间一致，子犯编钟铭文上的时间也同为铸造器物的时间（彭裕商：《也谈子犯编钟的"五月初吉丁未"》，《中国文物报》1996年2月11日第3版）。冯时也提出新的观点，即《左传》和《史记》记载晋文公于公元前636年二月丁未日归国即位，而晋国采用夏正作为历法，等同于周正五月，因此应视为归国即位的纪时（冯时：《春秋子犯编钟纪年研究——晋重耳归国考》，《文物季刊》1997年第4期，59—65页）。从语境上看，把"五月初吉丁未"到"来复其邦"看成一句话较为合理，陈双新也认同冯时的观点（陈双新：《子犯钟铭考释》，《安徽教育学院学报》2000年第1期，36页）。笔者也从语境的角度认为视其为晋文公复国的纪时应更合理，但冯时的主张也与很多学者认同的王国维之四分说不合，因此尚不能下结论。

[2] 被考释为"禺"，目前学界对此众说纷纭。李学勤将该字释为"禹"，读成意为"师（将军）"的"渠"。因为他将其释读为关于楚国大将子玉在城濮之战打败后自缢的描述[李学勤：《补论子犯编钟》，《中国文物报》1995年5月28日第3版；《春秋左传正义》，《十三经注疏》1826页（僖公二十八年）]。裘锡圭对此的解读也与李学勤一致，但将该字释为"瓜"，读成与子玉的高地位相符的尊称"孤"（裘锡圭：《也谈子犯编钟》，《故宫文物月刊》第149期，1995年，113—114页）。蔡哲茂则引用李学勤的考释，释读为"禺"，并认为"禺"和在音韵学上类似的"玉"可以通假（蔡哲茂：《再论子犯编钟》，《故宫文物月刊》第150期，1995年，132—133页）。其他学者的考释也大同小异，尽管存在不同解释，但都认为该字代表的是"子玉"。本书引用的是蔡哲茂的解释。

[3] 该字引用的是黄锡全的考释（黄锡全：《新出晋"搏伐楚荆"编钟铭文述考》，《长江文化论集》，330页）。

[4] 如前所述，如同西周晚期和春秋早期的部分编钟，子犯编钟也是八件为一组，故编钟的单位"堵"一定指的是八件钟。《周礼·春官·小胥》曰："凡县钟磬，半为堵，全为肆。"（《周礼注疏》，《十三经注疏》795页），从中可知编钟一般由两组（肆）八件（堵），即16件组成。李朝远认为"九"字不是数词而是代表"多"的意思，并提出子犯编钟也可能同晋侯苏编钟一样由两堵组成一肆（李朝远：《从新出青铜钟再议"堵"与"肆"》，《中国文物报》1996年4月14日第3版）。关于编钟的讨论参见 Lothar von Falkenhausen: *Suspended Music: Chime Bells in the Culture of Bronze Age China*, Berkeley: University of California, 1993, pp.199–209。

【6】孔淑且硕，乃龢且鸣。用燕【7】用宁，用享用孝，用祈眉寿。【8】万年无疆，子子孙孙，永宝用乐。

上述子犯编钟铭文中的作器者"子犯"为晋国重臣，晋文公重耳的舅舅，也就是鼎鼎大名的狐偃。[1]因此，铭文中的晋公无疑就是晋文公重耳。狐氏原本是居住于晋国北部的大戎后裔，晋献公与重耳之母狐姬结婚后移居晋国。[2]狐姬与狐偃之父狐突，为晋献公太子申生御车，是最亲近的心腹。[3]子犯为晋文公之舅，而《史记》记载晋文公逝世六年后，子犯身亡，[4]两人也许是同龄人。

该铭文从作器者子犯的角度加以述说，但明确记述了晋文公重耳复国，后又与南方楚国争霸，辅佐周王（襄王）巩固王位等三个重要史实。即便铭文大多以短文记述，语焉不详，但可以与传世文献所记载的晋文公的事迹进行比对，是十分重要的史料。

这篇铭文开头叙述在身旁辅佐晋文公返国的子犯之功绩，而《左传》提到随重耳流亡在外十九年的五位得力随从重臣即为子犯、赵衰、颠颉、魏武子、司空季子。[5]《国语·晋语四》的记述也证实子犯编钟的铭文所言，其文记载了说服重耳返回晋国的子犯之重要角色。[6]重耳流亡第十二年，即公元前644年，子犯强烈提醒定居狄国的重耳返回晋国的目标。而由于时任晋国掌权者为重耳之弟夷吾（晋惠公），子犯建议重耳先到齐国去。因为当时齐国的相国管仲去世，齐桓公需要人才。在前往齐国途中路经卫国时，卫文公对重耳不予礼遇接待，但齐桓公礼遇备至，还把自己的女儿嫁给重耳。结果重耳就想在齐国定居下来。公元前639年，在齐国度过五年后，[7]子犯与重耳妻子齐姜合谋，把重耳灌醉后，用车载着离开了齐国。

[1]子犯为狐偃的字。
[2]《春秋左传正义》，《十三经注疏》1781页（庄公二十八年）。
[3]同上注所引书，1788页（闵公二年）。
[4]《史记》，1671页。
[5]《春秋左传正义》，《十三经注疏》1815页（僖公二十三年）。
[6]《国语·晋语四》，337—345页。
[7]《史记》，1658页。

重耳离开齐国相继路过曹、宋、郑等东方三国后，公元前637年到了楚国。楚成王（前671—前626）对重耳及其随从十分看重，用对待诸侯的礼仪来接见他。晋惠公去世后，其子晋怀公继位，重耳便离开楚国到了秦国。公元前636年，重耳在秦穆公的帮助下，[1]把侄子晋怀公赶下台，进入晋国都城时，子犯与晋国的大夫定下盟约，扮演了至关重要的角色。[2]

如上所述，子犯编钟的铭首"子犯佑晋公左右，来复其邦"记述了子犯在重耳流亡和复国的过程中所扮演的重要角色，这与《国语》和《左传》等传世文献的记载相合。

公元前643年，齐桓公去世，其诸子为争夺爵位而兵戎相见，齐国势力随之衰落。同时，东方国家以齐国为中心建立的霸权也开始衰败。在中原无霸主的局势下，公元前709年楚君熊通自立为楚武王，此后不断并吞南方国家。楚成王时期，楚国成为南方霸主，还对中原霸权虎视眈眈。中原局势动荡不稳之时，第一次叛乱大败后逃到齐国的周襄王异母弟王子带（大叔），于公元前636年带领狄人军队发动了第二次叛乱。当年年末，周襄王迫不得已出奔郑国，避难于氾地，如同公元前649年的第一次叛乱，周襄王向晋和秦请求帮助。[3]

公元前635年初，秦穆公为了迎周襄王回都，立即派兵至黄河岸边，但晋文公因即位不到一年，立足未稳而对离开自己的都城迟疑不决。《左传》和《国语》突出了此时说服晋文公的子犯之角色。[4]子犯向晋文公进谏，若想取得诸侯的信任，没有比勤王更好的方法了，并督促晋文公要扮演同晋文侯挟持周王东迁时的角色。因占卜结果都是吉利，晋文公便辞退秦军，独自勤王。四月，杀死王子带，护送周襄王回都城。

战乱平定之后，晋文公受到周襄王的宴请和赏赐。晋文公公然请求周襄王赋予

---

[1] 据《左传》僖公二十四年和《国语·晋语四》记载，公元前636年三月，秦穆公为平定晋怀公的心腹瑕（吕）甥和郤芮作乱发挥了重要作用。秦穆公还送给晋文公三千名精兵（《春秋左传正义》，《十三经注疏》1816页；《国语》，370页）。
[2]《春秋左传正义》，《十三经注疏》1816页（僖公二十四年）。关于重耳流亡及其历史含义参见李隆献：晋文公复国定霸考，131—193页。
[3]《春秋左传正义》，《十三经注疏》1818页（僖公二十四年）。
[4] 同上注所引书，1820页（僖公二十五年）；《国语·晋语四》，373—375页。

其能使用隧[1]的特权，周襄王没有允许，而是将南阳的阳樊、温、原、欑茅等四地赐给晋国。该地原为叛乱分子的据点，位于当时的王都，今洛阳北部黄河北岸。此后由狐溱和赵衰管辖的南阳疆土为晋国称霸中原发挥了桥头堡的作用。

子犯编钟铭文（1、2、3号）继晋文公复国之后，记述的是晋国与楚荆的战役。铭文记载在这场晋楚之战中晋国大获全胜，此战役极有可能是在传世文献中被记为晋国称霸中原的分水岭事件，即公元前632年的城濮之战。如前所述，楚国于公元前7世纪初崛起成为中国南方的大国，自齐桓公在位末期开始对中原国家构成了极大威胁。当时，齐桓公频频召集东方国家（齐、鲁、宋、卫、郑、许、曹等）举行会盟，[2]其实是为了应对来自楚国的威胁。

据《左传》载，齐桓公死后不久，公元前641年，宋襄公（前650—前637）和与宋争夺中原霸权的郑文公（前672—前628）第一次朝觐楚成王。[3]此事件对中原各国间的关系产生影响，成为重要的转折点，东方的很多诸侯国倒向了楚国。加之，在公元前638年发生的泓水之战，楚国大败宋国，[4]其统治范围达到黄河下游的很多国家。故此，《史记·宋微子世家》记载，重耳流亡在外时，宋襄公有别于对重耳无礼的郑国和曹国君主，待遇甚厚，这暗示着宋国期待晋国能牵制楚国的崛起。[5]

重耳掌权后的晋国，剿灭第二次王子带之乱，似乎崛起为捍卫中原免遭楚国威胁的守护者。实际上也是如此，为周襄王勤王救驾几个月后，公元前635年秋天，晋国和秦国联合讨伐位于秦楚界上的商密（今河南省淅川县）、深受楚国影响的小

---

[1] 如本书序中所言，"隧"在传统上有两种解释。首先，"隧"与《周礼》中的六遂之"遂"相通，"隧"是周王靠特权管辖的地方行政单位，故晋文公的请求被视为想设立同周王一样的行政单位之野心。《国语》注释家韦昭最早提出之后，部分学者采用这一观点。另一种解释，是贾逵等学者提出的隧葬，即下葬时通过隧道将棺柩放入墓室。尽管更多学者采用后者，但"隧"的正确含义尚无定论。不管如何，晋文公的"请隧"显然是挑战周王的权威。

[2] 据《左传》记载，会盟曾于咸（前647年）、牡丘（前645年）和淮（前644年）举行了三次[《春秋左传正义》，《十三经注疏》1802—1808页（僖公十三、十五、十六）]。

[3] 同上注所引书，《十三经注疏》1809页（僖公十八）。

[4] 同上注所引书，1813页（僖公二十二）。

[5] 《史记》，1627页。

国都国。[1]虽然这场讨伐并没有很成功，但引人注目的是西方两国联合进攻中原南方，挑战了楚国的霸权。

然而，晋国与楚国的争霸过了两年之后才促成。据《左传》载，公元前633年秋天，中原国家持续受到楚国的威胁，晋文公推行了军制改革。在其父晋献公设置的二军（上军和下军）上再增中军，扩大编制为三军。[2]与晋献公自己统率上军，太子申生统率下军的原体制不同，晋文公任其心腹为三军将佐，此六人被称为六卿，在晋文公死后掌控了晋国政治。

另外，以楚国为中心，由陈、蔡、郑、许组成的南方联合军包围了依然抵抗楚国称霸的宋国都城。如同王子带之乱时的周襄王，宋成公（前636—前620）也不得不向五年前流亡时接受其厚礼的晋文公求救。同王子带之乱时一样，晋文公亦对此请求犹豫不决，但其亲近重臣先轸认为这是"报施救患，取威定霸"的良机，并劝他接受宋国的求援。随后晋文公决定参战，采纳子犯的策略，未直接派兵至宋国，而出兵攻打卫、曹两国。因为与楚国同盟的卫、曹两国地理比宋国更近，晋文公等认为攻打这两国能让楚军撤离宋国。然而在公元前632年初，虽然晋国成功攻占卫、曹两国，但楚国大将子玉未从宋国撤兵。于是晋文公让宋成公贿赂齐、秦两国，以联合抵抗由楚国主导的南方势力。[3]

公元前632年四月，晋国与楚国各自率领联合势力，在位于今山东省范县西部临濮城的城濮安营扎寨，准备决战。齐、秦、宋与晋国在中原结成同盟，陈、蔡、郑、许在南方结成同盟支持楚国。因此，子犯编钟铭文中被描述为不听王命的楚荆可能是指以楚国为代表的南方势力。除了郑国之外，其他三国都位于毗邻楚国的今河南省南部。

铭文上由子犯及晋文公率领的"西之六师"亦暗示着当时以晋国为中心组织的军队的同盟性质。"西之六师"是在释读子犯编钟铭文方面争论最多的部分之一，

---

[1]《春秋左传正义》，《十三经注疏》1821页（僖公二十五年）。
[2] 同上注所引书，1822页（僖公二十七年）。
[3] 同上注所引书，1823—1825页（僖公二十八年）。

学者们的意见众说纷纭，莫衷一是。张光远将其理解为由西方晋国率领的大军，指出了该军队的同盟性质；[1]李学勤根据晋军由"三军三行"组成的传世文献记载，认为铭文上的西之六师为晋国军队。[2]黄锡全将其视为西周时期王室的常备军即"西六师"，主张残存于春秋时期的王室军队六师参加了城濮之战，子犯在其编钟上加铸铭文以颂扬周王。[3]

然而，晋军于城濮之战爆发前六个月，从二军扩大至三军，为防御狄入侵而建立的三行，也是在城濮之战得胜后，于公元前632年末建成的，[4]因此难以采用李学勤的主张。如同黄锡全主张，虽无法排除西六师在春秋时期维持王室军队命脉的可能性，但在西周时期，西六师实际参战的情况罕见。[5]再加上，即便西六师见于西周金文，但并不被记述为如同子犯编钟的"西之六师"，因此铭文上的"西之六师"与其说是专有名词，不如说极有可能是代表"西方六师"的普通名词。城濮之战实际由晋国主导，因此如同张光远的解释，理解为由西方晋国率领且带有同盟性质的大军更为合理。更具体而言，除晋国三军之外，将其他联合势力即秦、齐、宋之军队各称为一军，并记述为六师的可能性也不可排除。[6]

据《左传》载，在两军对峙的城濮之战上，以晋军大获全胜而告终。[7]首先，由胥臣统率的晋国下军成功进攻南方联合中最弱的由陈军和蔡军组成的右翼部队。统率晋国上军的狐毛假装逃跑，引诱由子西率领的楚国左翼部队，与原轸带领的中

---

[1] 张光远：《春秋晋文称霸"子犯和钟"初释》，《故宫文物月刊》第145期，1995年，27页。
[2] 李学勤：《补论子犯编钟》，《中国文物报》1995年5月28日第3版。
[3] 黄锡全：《新出晋"搏伐楚荆"编钟铭文述考》，《长江文化论集》，328页。
[4] 《春秋左传正义》，《十三经注疏》1827页（僖公二十八年）。当然，对此史实，李学勤亦认为晋军实际上在城濮之战以前就具备了三军三行，但晋国也可能是在城濮之战得胜后乘势扩充其军队的，故李学勤的主张缺乏说服力。
[5] 如本书第四章所述，笔者在分析60多件西周战争金文后发现，六师或西六师实际参战的情况只有两次。而由于被称为西周常备军的西六师和殷八师被强调为军事单位兼行政单位，笔者曾对将其视为强大常备军的现有解释提出疑问（[韩]沈载勋：《金文에 나타난 西周 군사력 구성과 왕권》（金文所述的西周军事力量结构与王权），《中国史研究》第41辑，2006年，20—24页、53—56页）。
[6] 何树环也曾主张与笔者类似的看法（何树环：《谈子犯编钟铭文中的西之六师》，《故宫文物月刊》第218期，2001年，108—117页）。
[7] 《春秋左传正义》，《十三经注疏》1825页（僖公二十八年）。

军进行夹攻，楚军被歼灭。当时，南方联合总司令官、中军大将子玉因未出兵，没有吃败仗，但子玉因遭楚成王责问而自杀身亡。子犯编钟铭文也记载，由子犯与晋公（文公）指挥的军队压倒性胜过楚荆，敌军覆没，子玉溃败。

子犯编钟铭文第三号与第四号记述晋国在与楚荆的战役（城濮之战）中大获全胜后，子犯持续佑助晋文公和谐诸侯，使他们尊王朝贡，周王的王位得到稳定。随后罗列了周王赏赐子犯的礼物。《左传》叙述得更加详尽，晋文公在城濮之战得胜后，到达郑国的衡雍（今河南省原阳县），在西南方的践土兴建了一座行宫。晋文公与此前曾作为楚国同盟的郑文公签订盟约后，向周襄王敬献俘获的战车一百辆、步兵一千人等战利品。两天后，周襄王表彰晋文公的功绩，并正式策命文公为侯伯，意为诸侯之长（霸主）。[1]子犯也许就是在此时与晋文公一起获得赏赐的。

据《春秋》载，襄王策命晋文公为侯伯四天后，晋、齐、鲁、宋、蔡、郑、卫、莒、陈于践土会盟。《左传》又记载，六天后，王子虎代表周王于践土的王宫，为确立周王地位、与诸侯盟誓而举行会盟。城濮之战时，与晋敌对的陈、蔡、郑、卫等国也都参与会盟，可见晋文公开创了霸业，王室的地位也得到稳定。如同《左传》的编者借君子之口把上述会盟归功于晋国一样，[2]子犯编钟铭文也记录了子犯与晋文公稳定王位的内容。

子犯编钟铭文铸有晋文公重臣子犯的功绩，但主要内容有晋文公复国、在晋楚城濮之战得胜、践土会盟等，与《左传》记述的晋文公霸业过程一脉相承。城濮之战的胜利不仅让晋文公掌控了中原的东方土地，而且还争取到比齐桓公更强大的霸权。[3]与致力于驱逐戎狄等非周朝势力的齐桓公不同，晋文公在戎狄问题上的灵活应对，为非周朝势力的华化做出了极大贡献。而且与不要求其他诸侯国朝觐的齐桓公之霸权不同，晋文公与周襄公要求其他诸侯国每五年朝觐一次，每三年派卿去聘

---

[1]《春秋左传正义》，《十三经注疏》1825页（僖公二十八年）。
[2] 同上注所引书，1826页（僖公二十八年）。
[3] Cho-yun Hsu: "The Spring and Autumn Period," in *The Cambridge History of Ancient China: From the Origin of Civilization to 221 B.C.* ed. by Michael Loewe and Edward L. Shaughnessy (Cambridge: Cambridge University Press, 1999), p.565.

问一次。[1]因此，Rosen在从齐桓公到晋文公的霸权转移中解读出"从王臣到竞争对手"的概念变质，颇有启发意义。[2]而这种晋文公的信心亦见于下面介绍的晋公盘铭文上。

（二）晋公盘铭文与文公霸业

晋公盆（盉）（《集成》10342）是春秋时期晋国青铜器中最有代表性的器物之一，旧藏于晚清藏书家瞿世瑛（号颖山）的清吟阁，现已失传，只有拓本留下来。晋公盆铭文记有作器者晋公颂扬晋国始封君唐叔及其父之功业，表明晋公应治理国家使之安定太平等内容。此外，还有向嫁给楚国的长女孟姬的告诫言辞，可知此为用于送嫁的礼器即媵器。由于该铭文腐损严重，字迹模糊，能辨认的字数各家说法不一，容庚主张110余字，[3]马承源认为145字，[4]吴镇烽视为149字，[5]白川静推定全文约188字，[6]偏差甚大。因此，除了铭文释义外，对作器者也有不同见解，如襄公、平公、定公（前511—前475）之说等。[7]

2014年6月22日，陕西省考古研究所研究员吴镇烽在复旦大学出土文献与古文字研究中心网站发表的晋公盘图版和铭文[8]似乎体现出如聚宝盆般新资料不断涌现的古代中国研究现状，着实富有戏剧性。因为晋公盘铭文与磨损严重的春秋时期晋公盆铭文几乎一致。加之，因晋公盆铭文字迹不清而难以辨认的晋公之父的名字，在晋公盘铭文中明确可以看出是宪公，吴镇烽以"宪"与"献"可通假为由，

---

[1]《春秋左传正义》，《十三经注疏》2030页（昭公三年）。
[2] Sydney Rosen: "Changing Concept of the Hegemon in Pre-Ch'in China," in *Ancient China: Studies in Early Civilization*, edited by David T. Roy and Tsuen-hsuin Tsien (Hong Kong: The Chinese University Press, 1978), pp.108–109.
[3] 容庚：《商周彝器通考》，台北：大通书局1973年版，476页。
[4] 马承源主编：《商周青铜器铭文选（四）》，北京：文物出版社1990年版，587页。
[5] 吴镇烽：《商周青铜器铭文暨图像集成》13，上海：上海古籍出版社2012年版，493页。
[6][日]白川静：《金文通释》，第35辑，202，99页。
[7] 关于此铭文参见[韩]沈载勋：《불완전한 명문의 복원: 晋公盨 과 晋公盘》（浅论青铜器铭文修复——《晋公盨》和《晋公盘》），《中国古中世史研究》第41辑，2016年，3—7页。
[8] 吴镇烽：《晋公盘与晋公盨铭文对读》，复旦大学出土文献与古文字研究中心网站，2014年6月22日。

将该器物的作器者推定为晋文公。具体内容将在后面讨论，先看一下器物及其铭文。

据吴镇烽所言，晋公盘现由私人藏家收藏。该盘通高11.7厘米，口径40厘米，两耳相距45厘米（图7-3）。浅腹平底，耳饰重环纹。盘底的边缘设置三个圆雕裸体人形支足。盘内壁饰鱼纹，外壁饰窃曲纹，内底中央饰一对浮雕龙，相互盘绕成圆形。双龙的中心有一只立体水鸟，再向外有跳跃青蛙和游鱼。这些圆雕动物都能在原处360度转动，鸟嘴可以启闭，栩栩如生。晋公盘的造型和装饰与上海博物馆收藏的子仲姜盘（又称太师盘，《集录》1007）十分相似（图7-4）。[1] 晋公盆铭文是晋公为其长女孟姬嫁楚所作的媵器，晋公盘也是晋公为其女孟姬所铸造的宗彝盘。盘内壁刻铭文7处，每处3行，共184字左右（图7-5）。铭文内容如次（"【】"内数字为各处铭文次序）：

【1】唯王正月初吉丁亥，晋公曰："我皇祖唐公膺受大命，左右武王，教畏百蛮，【2】广辟四方，至于不廷，莫【不】及敬，王命唐公，建宅京师，君百姓作邦。我烈【3】考宪公，克亢（？）獣疆，武鲁宿灵，□不赫赫

图7-3 晋公盘

图7-4 子仲姜盘（高18 cm，口径45 cm）（上海博物馆）

---

[1] 陈佩芬：《夏商周青铜器研究》东周篇上册，82—85页。

第七章　到霸国之路：献公的革新与文公的霸业　　271

图 7-5　晋公盘铭文

才［上］，□严寅恭大命，以乂【4】朕身，孔静晋邦。"公曰："余唯今小子，敢帅型先王，秉德秩秩，协燮万邦，諒（哀）[=]莫【5】不日卑恭，余咸畜胤士，作朋左右，保乂王国，剌巢靐屎，以严虢若【6】否，作元女孟姬宗彝盘，甾广启邦，虔恭盟祀，昭答皇卿，协顺百职。唯【7】今小子，敕乂尔家，宗妇楚邦。于昭万年，晋邦唯翰，永康宝。"

铭文开篇提道晋国始祖唐公即唐叔的功业，即述说始祖唐公接受武王大命，掌管四方，建立晋邦。颂扬继始祖唐叔之后不断扩大晋邦疆域、治国守民之嘉善，并由晋公自述自己的作为，即和谐万邦，让所有国家恭顺于晋国，以及在贤臣之辅佐下，捍卫并治理周王室。最后是晋公对嫁作楚国宗妇的长女孟姬告诫和祝福之辞。

上文提到该器物可能由晋文公铸造，而前面讲到的子仲姜盘有助于推定晋公盘的年代。两器均为浅腹平底，圈足分别下置三只猛虎和三个裸体人形支足。盘内壁的立体动物雕塑几乎如出一辙。子仲姜盘同晋公盘，一只立体水鸟置于中央，盘心按一定间隔装饰有圆雕的鱼、水鸟、青蛙和乌龟。这些圆雕动物都能在原处360度转动，鸟嘴可以启闭，栩栩如生。子仲姜盘内壁铸有铭文32字，大意为六月初吉辛亥日，晋国太师为他妻子仲姜铸造了盘。[1]

上海博物馆的陈佩芬较详细地介绍了子仲姜盘，指出铭文中的"太师"为春秋早期晋王的掾吏，故推定仲姜为嫁给晋国贵族的姜姓齐国女子。再加上，盘内壁的鸟形也与晋国青铜器上的类似，因此断定其为春秋早期晋国器物。[2]西周中期以来见于金文的太师一职在西周时期属于和王室有关的职官，但亦仍见于春秋时期郑、蔡等青铜器铭文，故该职官可能存在于很多诸侯国。[3]因此，将子仲姜盘铭文上的太师断定为晋国官职的陈佩芬之主张有点过于仓促，但器形相似的晋公盘重见天日后，似乎无法排除该器物属于晋国的可能性。

---

［1］唯六月初吉，辛亥，大师作为子中姜沬盘……
［2］陈佩芬：《夏商周青铜器研究》东周篇上册，83页。
［3］张亚初、刘雨：《西周金文官制研究》，3页。

第七章 到霸国之路：献公的革新与文公的霸业　273

在晋公盆和晋公盘铭文中，第一段唐公受大命之后，颂扬晋公之父宪公的第二段在晋公盆上几乎毁尽，晋公盘上的字迹也不清晰，是最难释读的部分。如前所述，"我烈考宪公"为推定晋公盘的年代提供重要线索。由于在春秋时期晋国没有一位君主使用"宪公"之谥号，吴镇烽认为极有可能是"献公"，因为"宪"（*hŋans）可通假为"献"（*hŋans）。[1]这两字的上古音相同，而且《逸周书·谥法解》称"献"之谥号为"博文多能曰献"，《史记正义》《汲冢周书·周公谥法解》（晋孔晁注）、卢文弨所校《逸周书》均记载"博文多能曰宪"，可见"献"与"宪"为通假字关系。[2]尽管在金文或先秦文献中找不到通假用例，但这两字有通用的可能。若从此释，晋公盆和晋公盘的作器者很有可能是献公子即晋惠公和晋文公中的一位。在晋文公之前继位的晋惠公被推定为17或18岁即位，死于32或33岁，他将自己的女儿嫁给楚国的可能性看似极低。而且在晋公盘铭文上，"我烈考宪公"下一段的晋公"保乂［治］王国"等纪事还与公元前635年平定王子带之乱，护送周襄王的晋文公之角色相合。再加上，晋文公流亡在外时，受到楚成王厚待的事实也支持两国间有婚姻关系的可能性。吴镇烽推定晋国在公元前632年城濮之战获胜后，晋楚关系出现恶化，因此推测，晋文公在位第四年，在战役爆发之前促成了婚姻。

晋公盘铭文上的内容也与公元前7世纪中叶晋国的情况十分符合。首先，"我烈考宪公，克亢（？）獣疆……孔静晋邦"与并吞山西省西南部多个姬姓诸侯国，扩张领土的晋献公之功业相合。再加上，和谐万邦，让所有国家恭顺于晋国，在贤臣之辅佐下，捍卫并治理周王室的晋公之角色，也似乎与晋文公相符。尤其是，辅佐周王管理政事的内容让人联想到公元前635年平定王子带之乱，稳定王室，甚至在公元前632年的晋、楚争霸中大获全胜成为霸主的晋文公。

与之相关，记载晋文公霸业过程的子犯编钟铭文也记述了类似的内容。在子犯编钟铭文中，晋、楚之争起因于"诸楚荆不听命于王所"。而且在城濮之战得胜后，

［1］郑张尚芳：《上古音系》，上海：上海教育出版社2003年版，347、518页。
［2］黄怀信等：《逸周书汇校集注》，649页。

记述了作器者即晋文公重臣子犯"佑晋公左右，燮诸侯，俾朝王，克定王位"。这与晋公盘铭文所记和谐万邦，捍卫王室，佐佑周王的晋公之角色完全吻合。

若承认两铭文均记述着晋公的功绩，正如子犯编钟铭文记载晋文公霸业以后的情况，晋公盘的铸造年代不需像吴镇烽一样局限在晋文公成就霸业以前。而且不显尊崇天子之意的晋公盘铭文之表达方式也与称霸以后的情况吻合。[1] 与楚国的婚姻也可被视为在城濮之战得胜以后，为改善与楚国的关系而采取的外交政策之一。故此，将晋公盆和晋公盘的铸造时期同子犯编钟看作晋文公成就霸业以后也似乎合理。

总之，子犯编钟和晋公盘铭文不仅确证《左传》等传世文献所记述的霸主晋公之地位，而且无疑是证明传世文献之兼容性的重要资料。[2] 始于晋文公的春秋最强国晋国的发展延续到战国时期的三晋韩、魏、赵，传承了重要的古代中国遗产。

五、小　　结

历史结果都有其原因。在外流亡十九年，返回晋国成为国君，四年后成为春秋霸主的晋文公，其波澜起伏的传奇史迹也应存在诸多原因。既有西周晚期成长为周朝亲信、辅佐周王东迁励精图治的先祖之角色，也有晋文公满腹经纶、文治武功都很出众的能力，以及忠心耿耿、尽心辅佐的追随者之角色。

本章聚焦了迄今很少被关注的晋文公之父晋献公在位时期及其功业。晋献公可能出于宠爱戎狄出身的妾骊姬，废长立幼，使其与公子争位等缘故，后代儒家学士对其颇多微词。不过，他是一位兼具变通能力和执行力的君主。尤其是，他坚决排

---

[1] 张崇礼：《晋公盘铭文补释》，复旦大学出土文献与古文字研究中心网站，2014年7月3日。
[2] 清华简《系年》第六章和第七章也记述了晋文公流亡、复国、在城濮之战大胜楚军、践土会盟等类似的内容（清华大学出土文献研究与保护中心编，李学勤主编：《清华大学藏战国竹简（贰）》，150—154页）。

除公族的政治参与，作为周朝主要姬姓诸侯国不仅没有远离戎狄，反而为了改善与戎狄的关系采取了通婚政策，这在当时来说无疑是破格之举。当时，晋国成功执行由晋献公主导的新政策，攻占山西省主要姬姓诸侯国，加倍增强了国力。当然，晋献公在位期的迅猛发展，得益于让晋国摆脱周朝亲信之压力的曲沃小宗之君位篡夺。而且不可否认的是，在篡夺君位后二十余年来，晋献公以其卓越能力，的确使晋国发展成为山西省西南部地区性国家，这无疑为晋文公霸业奠定了坚实基础。

尽管一再强调晋献公的角色，但也不得贬低让晋文公登上英雄之列的《左传》和《国语》等传世文献所记述的角色。因为虽无法排除内容具有虚构性的可能性，但属于晋文公当时资料的子犯编钟和晋公盘铭文确证了他的事迹。其中，子犯编钟记载了晋文公霸业过程中的大事，即复国、在城濮之战胜利、让晋文公登上霸主之位的践土盟会等。而且，晋公盘铭文不仅记述霸主晋文公颂扬始祖唐叔的内容，纪念其父晋献公的卓越事迹，而且还自述其捍卫王国、管理政事的功绩。[1]

综上所述，在春秋中晚期主导中国历史的晋国之崛起，应被视为让晋国从周王室亲信成长为守护者的先祖之功业，晋献公所主导的曲沃小宗之改革，以及历经世事沧桑满腹经纶的晋文公之功绩汇聚而成的结晶。

---

[1] 本研究虽未提及，但在2017年发布的《清华大学藏战国竹简（柒）》也收录了与晋国有关的新的出土文献。尤其是，整理者命名为《晋文公入于晋》的文献叙述了晋文公回国后整顿内政，增强军队，在城濮之战得胜，获得东方（河东）诸侯的史实（清华大学出土文献研究与保护中心编，李学勤主编：《清华大学藏战国竹简（柒）》，上海：中西书局2017年版，100—103页）。

结论

前期晋国史的重建

春秋末期，曾称霸天下的晋被韩、魏、赵三家所瓜分而亡。晋身处中国历史上最为混乱的大变革时代，留下了与其他王朝相比毫不逊色的辉煌遗产，然而作为研究对象，并没有得到与之相应的地位。特别是文公称霸春秋之前的晋历史，因文献记载欠缺等原因而未受到足够的重视。

从20世纪后期以来，中国考古学研究取得辉煌成就，提供了重写中国古代史的可能性，而晋国早期历史的研究则是受益最大的领域之一。20世纪70年代，北京大学考古系把山西省西南部的曲沃与翼城定为田野考古实习基地，至今仍不断发掘出新的周代遗址。除西周统治中心区域（今陕西省一带与河南省洛阳）以外，西周遗址最多的地方是山西西南地区，故推断这一带一定是西周时期第二中心（secondary center）之一，而晋国自西周早期以来，就位于第二中心的核心。

商朝后期，今山西省一带是由以邑为单位的政治势力展开角逐之处，其西北有甲骨文记为强敌的"舌方"等"李家崖"文化的异族势力；中北（晋中）则有受北方文化影响之土著势力；距商都（安阳）较近的山西省东南部高原则可视为王畿，基本属于商国统治圈内；西南部（晋南）盆地则尚无发现商朝后期遗址，一般被视为商国统治圈之外。此外，近年在汾河中下流的灵石县旌介村、浮山县桥北村和闻喜县酒务头亦发现了被商所同化的商朝后期种族的遗址。

商朝后期甲骨文中出现了多数被推断为位于山西省汾河流域中段的地名或政治势力，其中有趣的是，此群政治势力与商的关系存在起伏性。此群势力为商王武丁所征伐而臣服于商，武丁逝世后即反商，然从甲骨文第五期卜辞（亦称"黄组卜辞")来看，此群政治势力仍有亲商的倾向。武王克商后不久即逝世，周公旦摄政，辅佐成王，故而驻守殷都周围征服地的武王之群弟发动叛乱反周，史称"三监之乱"。山西省亦非例外，被周王封于汾河流域中段之"霍（今霍州）"的"霍叔"，亦作为三监或三叔之一，联合这一带的亲商势力作乱。于是乎，周公旦征伐与霍毗邻的亲商势力易（唐）（今洪洞），而封成王之弟叔虞于易（唐）（后为晋国始祖）。但这与之前的理解不同，成王封其弟于唐，是为克制汾河流域残存亲商势力，非为防戎狄之故。

据《史记·晋世家》载，最早用晋侯名称的，是唐叔虞之子燮，据张守节《正义》注释所记，燮父徙居晋水旁，改唐为晋，称晋侯。2007年公布的觉公簋铭文亦载，西周前期成王（或康王）封易[唐]伯（被推断为燮）为晋侯。正如笔者所推断，如果能把晋国初封地（唐叔虞之分封地）定为易[唐]（今洪洞），则第二代君主时期的居地就是燮即位后所移封。过去，因为无法确定晋水的位置，学界对晋国统治中心位置的看法有所分歧。20世纪90年代，曲村－天马遗址晋侯墓地发掘结果显示，曲村－天马一带当是晋国的统治中心。早在1970年代后期，就在曲村晋国墓地发现了两万多座贵族墓葬，晋都之规模亦可想而知。2005年，又在距曲村北赵晋侯墓地东南方向4.5公里处的羊舌村发掘出了国君级别的墓地。

北赵晋侯墓地的考古研究成果，为学界提供了有关西周时期晋国的宝贵资料，也是本书研究的出发点。尤其是，晋侯与夫人墓所出有铭文的青铜器揭开了晋国历史的面纱，与此同时滋生并提出了新的疑问。关于晋侯墓地最大的争论是，九座墓葬的年代排序，以及如何将各墓主与《晋世家》所记晋统治者名号对应的问题。晋侯墓地出土的青铜器铭文共出现十位晋统治者的名字（叔夨、晋侯僰马、成侯、晋侯喜父、剌侯、晋侯对、晋侯邦、晋侯苏、晋侯邦父、晋叔家父），然而，其中只有"苏""剌（厉）"侯与"成"侯三人与《晋世家》所记相合。并且，这三例也没有确凿的证据来证实，故有些学者怀疑《晋世家》中晋侯名的可靠性。当然，司马迁无法参考的《竹书纪年》中也出现了与《晋世家》所记载一致的名字，故难以否认它的可靠性。

由此，根据墓葬形制与随葬品推断九座墓的相对墓葬年代，进而以铭文与《晋世家》共同出现之名为准，将墓主设定在晋侯"燮"（M114）至"殇叔"（M93）的范畴之内。目前，大部分研究者为了解决铭文中的晋侯名与《晋世家》中的不一致问题，一般接受裘锡圭的看法，将《晋世家》所载与铭文所记晋侯名，分别视作名与字，然而铭文所记为其父所予（名）、《晋世家》所载为王之所赐（字）的可能性亦不可排除在外。

晋侯墓地出土的遗物，尤其青铜器所呈现的最明显的特征，是其沿袭了周室中心地区（陕西一带）的文化。以往研究者普遍认为，晋国文化含有相当多的北方成分，但北赵晋侯墓地、曲村贵族墓地的特征与中国学界通用的"晋文化"不合。如拙著所述，晋与其他诸侯国同为周国成员，故而其文化亦当视为"周文化之一部分"。

20世纪末，晋侯墓地的考古发现，引起学界对晋的高度关注。2006年与2011年，分别在绛县横水与翼城县大河口发现倗国墓地与霸国墓地，为学界研究与晋毗邻的政治势力以及晋作为诸侯国的作用等问题，提供了重要资料。两遗址分别位于距曲村－天马31公里处与21公里处，虽然发掘出诸多西周时期墓葬，但规模（以已发掘之规模为准）仍不及晋国墓地十分之一，且两地之葬俗、随葬品亦与晋不同。据其出土青铜器铭文所记，可知此群势力能直接与周王、周室贵族及诸侯国交流。其中，值得关注的是，被推断为霸伯墓的M1与M1017随葬青铜器数量之多，在已发现的西周墓葬中极为罕见。

因此，学界对此群势力的渊源与政治地位，议论纷纷，争论不休。其中是否为北方戎狄之后裔以及是否属于晋之管辖范围的问题，成为学界争论的焦点。据笔者推断，倗、霸两国非戎狄之后裔，应为甲骨文所记商朝后期汾河流域势力之后裔，且如先祖为商所同化，其亦与晋国保持"既独立又隶属"的两面性关系。因此，笔者在对晋、倗、霸墓葬中发现两件以上随葬青铜鼎的墓葬（晋18座、倗9座、霸6座）进行对照，分析三者丧葬礼仪之异同后，认为西周初中期在山西西南地区，很可能存在对墓葬规模与形制、随葬青铜器数量等丧葬礼仪的规定。

然而，大河口两座霸伯墓在规模、形制与随葬青铜器数量上，与晋、倗大不相同。尤其是霸伯墓之规模，与晋、倗墓葬相比虽然很小，但其随葬青铜器数量却高达两倍之多。规模更大的晋侯墓出土的青铜器，可被推断为符合周王室所定之规范，但在霸伯墓中却有"僭越周礼"之嫌。迄今为止发掘的西周墓中，在随葬品方面可与大河口霸伯墓 M1 相媲美的只有 1997 年发掘的河南省鹿邑大清宫长子口墓葬（出土带有"长子口"三字铭文的青铜器）。此墓显然保持了商之遗习，而其规模之大与形制之高雅，又远高于大河口 M1。这样的特点与大量青铜器的厚葬，使得大河口 M1 之"僭越现象"更为凸显。

从大河口之"僭越现象"中可解读出一种"两面性"：曾被商所同化的某政治势力首领之后裔，在被纳入周天子之麾下，即使经过了几代之后，仍怀有保留本族传统习俗和自主性的热切愿望；另一方面，在墓葬形制和规模上采用比自己地位低的标准，从而试图抵消青铜礼器厚葬之"非礼"。笔者认为此"两面性"可涵盖其为晋所"附属"或"独立"之争论，并从中亦可窥见商周交替之际，倗、霸等地方政治势力发展的轨迹。当然，各政治势力对周归属之程度也颇有差别。晋在他们的附近充当斥候，与他们有时通婚，有时威胁，从此晋作为诸侯国之作用更为明显。横水与大河口墓地考古研究结果显示，周分封诸侯之目的显然是对土著势力的牵制与和谐。西周后期，两国墓葬明显衰落时，他们被晋吞并的可能性相当大。

西周时期，晋成功主导了在山西省西南地区建设周王室第二政治中心的任务，但和其他诸侯国一样，因研究材料的不足，难以寻找其内在发展的历程。诸侯国向周王室模仿制度，缩编机构，经周王室的授权施行。笔者虽同意此看法，但是不知是否所有诸侯国都是这样，故仍持消极态度。所幸出土的不少带有周王室与诸侯国之间军事关系的金文，为研究晋等诸侯国在西周时期的发展历程提供了间接资料。

大部分中国学者认为，西周时期周王国具有强大的王室常备军，但据西周战争金文所记，被推断为王室常备军的六师与八师出征之事，颇为罕见。西周时期，不仅缺乏专业军事知识（如文武之分），诸多战役均由笔者命名为"重层私属关系网"的异族联合军主导。据笔者研究，西周后期，周天子作为"重层私属关系网"之顶点，掌握虽不完整但仍有一元化的军事指挥权，且周联军之主力，即诸侯军在周朝时期均受周天子所遣军将的指挥，参加其封地邻近之战役。

然而，新出土的晋战争金文所载却呈现出不同的面貌。据韦甗铭文所记，晋人韦受周昭王之命，超越封地，遣至"繁"（河南省南部重镇），执行军事相关任务。据西周厉王（或宣王）时期的晋侯苏编钟铭文所记，被推定为献侯的晋侯苏随周王征伐山东省西部一带的夷族。有趣的是，该战役发生地乃山东省一带，却非以齐、鲁两诸侯军为主力，而是以晋军为主力、以晋侯苏为统领的王室之军。晋军之异常现象亦见于晋侯铜人铭文，据此文所载，晋侯受周王之命远征淮夷。

西周后期，周王室与诸侯国关系疏远，而晋却成为周王室的股肱之国。此与山西汾河流域姬姓（与周王室同姓）诸侯大量分封之事，应该不无关系，周室欲将这一近于王畿之地当作直接统治地区的可能性很大。晋在其中心区域应发挥着周王室代理人的作用。这种现象在周宣王时条、千亩（被推定为位于山西省汾河流域中段）战役中，亦很明显。周王的军队败走于此，而晋穆侯征伐得胜，替衰弱的周王室获得山西一带之领导权，且屡收逃周政要为客。从此可知，晋与从春秋初期已跃升为强国的齐、楚、秦等边疆势力不同，其发展与周室密切相关。

西周灭亡而平王东迁之史事，反映出周室与晋之关系。公元前771年幽王遇害，次年（前770年）平王将王都从宗周（今西安一带）东迁到成周（今洛阳一带）。因传世文献对所谓"东迁"之记载极为简略，且有所矛盾，自古至今，围绕东迁历程、年代等问题，众说纷纭，争论不休。2011年，清华简《系年》公之于众，使问题变得更为复杂，但是为理解东迁之谜提供了宝贵线索。据《系年》所载，幽王逝世，其弟余臣立于虢，是为携惠王，平王奔至少鄂（今河南省南阳），晋文侯杀携惠王于公元前750年，九年后（前741年）邀请仍居少鄂的平王至宗周而立之为王，三年后（前738年）东迁至成周。

《系年》所载东迁纪事，虽与部分学者稍有提及的"东迁为复合历程之说"吻合，却与《史记·十二诸侯年表》所记晋文侯在位年代（前780至前746年）不合，产生了新的疑点。然而，《系年》所载不仅补充了传世文献之缺，还订正了晋文侯对东迁历程的作用，且与《尚书·文侯之命》所记平王表彰文侯功绩之内容相吻合。据笔者推断，平王东迁后，文侯为平息政局动荡，暂时留驻成周。

在春秋开端之时，晋国作为"周室保护者"的角色，亦见诸晋姜鼎与戎生编钟铭文。据此两铭文所记，文侯夫人晋姜亦在成周起到一定作用；戎生则继分封于山西一带的祖先，辅佐晋侯（被推断为文侯）。两铭文共同载录伐繁汤之史事。繁汤与韦甗铭文所记"繁"为同一地，为西周时期青铜原料集散地（今河南省新蔡一带）。商周时期青铜器之重要性，无须多言，西周王室为安顺繁汤而倾注国力，亦已广为人知。西周东迁之际，周室对繁汤有所失控，晋即替周征伐繁汤，助其确保青铜原料，此亦与《后汉书》所记文侯辅政并同蔡侯征伐南蛮纪事相吻合。由此可见，晋国已从周室亲信发展成为"周室保护者"。

晋国在文侯逝世后，遭遇急剧变化。不知是否因文侯过于注重中原政治，曲沃小宗借此在文侯时期形成相当大的势力。文侯逝世，昭侯继位，被封于曲沃的小宗向晋君大宗发起挑战，晋国随之陷入长达67年的内战。《左传》《史记》与《竹书纪年》均较详细地记载了曲沃吞晋之史事，而各文献所载基本相同，然相异者亦有之。

曲沃小宗在内战期间，逐渐杀灭翼都系大宗，然其夺得晋国正统地位，却需相当长的时间。究其原因有三：其一，晋国贵族（晋人）仍支持翼都系大宗；其二，周室亦担忧礼乐之崩坏，故为翼都晋侯继续出手相助；其三，晋国周边姬姓诸侯国亦为保持现有政治秩序，联合大宗，征伐曲沃，故而曲沃小宗在内战结束统治晋国后，逐步伐灭了周围的部分姬姓诸侯国。

一般认为一国陷入长期内战，即可视其社会陷入长期衰退，从晋翼都大宗而言，晋国内战也实属大衰退。但是，从曲沃小宗而言，是千载难逢的大机会。正如闻喜县上郭村考古发现所示，曲沃小宗于内战期间，夯实了晋国长期发展的社会基础。上郭村发掘的墓葬中，被推定为曲沃小宗统治阶级的墓葬之规模可与北赵晋侯墓相媲美，陪葬青铜器亦极为独特、丰富，可见，晋于此时并未呈现任何衰退迹象。其中，"带流鼎"等小型青铜礼器组合以及"刖人守囿挽车"，皆具有浓厚的地方色彩，实属曲沃小宗青铜器铸造工艺之巅峰。"刖人守囿挽车"与"带流鼎"动物装饰所含的自然主义、现实主义色彩，以及"带流鼎"的有翼神兽装饰，显然呈现出其受到北方草原文化的影响。由此推论，大部分学者所公认的晋与戎狄之关系，并非于晋国早期，而是于此时得以深化，并且，上郭村青铜器还呈现出晋青铜铸造技术的巅峰，亦即侯马青铜器（前6至前5世纪）的渊源，可见，所谓"晋文化"亦发端于此时。

晋在内战前，作为周室股肱之国，向中原中心国家逐渐发展，而在内战时期形成的曲沃小宗的创新性，推动晋转变为包容北方异族势力的新型"地区性国家"（regional state）。其结果，小宗正式取得晋国君权后，献公即位，实施改革措施，为文公称霸中原奠定了基础。

然而，历史总是由胜利者所书写，晋国称霸之历史记述集中于文公的事迹。晋文公在骊姬之乱时被迫流亡在外十九年，回晋国杀怀公而立，仅四年时间即完成霸业。文公的英雄故事，虽颇具戏剧性，但也存在着逻辑矛盾。

笔者认为，晋献公改革之事，虽受以文公英雄业绩为主的历史叙述影响而有所淡化，但实为文公称霸奠定了基础。献公即位二年之间，诛灭要求分权的所有公族，并重用异姓贵族辅政，以稳固君位，进而与北方"非周"势力（戎狄）通婚。在此之前，晋之国君常与齐国姜姓结亲，且春秋时期主要国家几乎不与非周势力通婚，故而献公欲与戎通婚，自当受到群臣的强烈反对。然而献公得益于与北戎通婚政策，重新构建政治环境，以攻伐山西一带所有姬姓诸侯国。换言之，晋原本是今侯马市附近半径五十公里之多的小国，而得益于其改革政策，攻伐山西省汾河流域的周室残存势力，一跃成为强大的"地区性国家"。若无曲沃小宗篡位之事，晋之改革亦无可能。献公逝世后，文公之弟惠公继位，亦实施重要田制、军制改革，也为晋国称霸奠定了基础。

当然，晋文公之力量与功绩，亦不可贬低。虽然文公称霸的事迹多含传奇色彩，但据新出土的子犯编钟与晋公盘铭文所记，晋文公之功绩绝不可贬毁。"子犯编钟"为子犯（文公之心腹"狐偃"）所铸，铭文共有132字，记文公称霸历程，即文公重耳归晋、晋楚争霸以及辅佐周王（襄王）稳固君位之三事。晋公盘铭文与晋国的主要器物晋公盆（有许多字淹泐不清）铭文基本相同，记载内容十分有趣。铭文从唐叔受武王之命建立晋邦的事迹开始记述，继而颂扬其父宪（献）公扩大与稳固疆域之伟业，再述其本人文公安稳万邦，让众邦恭顺于晋，与贤臣同，辅佐周室之事。

综上所述，西周早期，晋国被封于山西省西南地区，并在周室的影响之下，逐渐发展成为王室股肱之诸侯国，至平王东迁之际，扮演"周室保护者"之角色。然曲沃小宗代晋后，晋国融合北方异族为一，焕然一新，成为"地区性国家"，完成称霸春秋之伟业。到战国时期韩、魏、赵三家分晋，且继承了中原政治华夏文化与北方"非周"文化融为一体的晋国遗产。

西周以来，中国各地都有与山西省西南地区一样的第二中心。如晋国之例所示，第二中心为西周王室的重要组成部分，故而周王分封诸侯之地，当属周之统治范围。当然，是否能以晋之例来解释其他中心，也存有疑问，因为虽然晋与西周王室的关系始终密切，但是西周后期东部或南部的第二中心与周王室之间的关系却很疏远。

尽管如此，春秋时代的历史很可能像晋一样，第二中心向地区性国家发展以及成为第一中心（primary center）的过程。强国君主在周室趋于微弱的春秋初期，像西周以分封建立第二中心一样，吞并周围小国，且将其作为封地赐予其亲信，以建设地方的统治网络。

然而，晋国发展成为"地区性国家"的历程，并不能代表春秋邦国的普遍情形，故而西周时期第二政治中心转为地方中心的说法，须当慎之又慎。由此，本书集中于晋之例探讨"地区性国家"之发展，且希望将来积累更多的个案研究，以深入了解中国古代"地区性国家"的形成过程。

参考文献

1. 传世文献（含 20 世纪之前的研究书）

（汉）班固：《汉书》，北京：中华书局 1959 年版。
（清）陈逢衡：《逸周书补注》，修梅山馆刻本，1825 年。
（清）程发轫：《春秋左氏传地名图考》，台北：广文书局 1967 年版。
（清）董增龄：《国语正义》，会稽章氏刊本，1880 年。
（汉）董仲舒《春秋繁露》，四部备要本。
（晋）杜预注、（唐）孔颖达疏：《春秋左传正义》，《十三经注疏》，北京：中华书局 1980 年版。
（南朝·宋）范晔：《后汉书》，北京：中华书局 1959 年版。
（清）顾栋高：《春秋大事表》，北京：中华书局 1993 年版。
顾颉刚编：《崔东壁遗书》，上海：上海古籍出版社 1983 年版。
（清）顾炎武著、（清）黄汝成集释：《日知录集释》，四部备要本。
《国语》，上海：上海古籍出版社 1988 年版。
（三国·魏）何晏注，（北宋）邢昺疏：《论语注疏》，《十三经注疏》，北京：中华书局 1980 年版。
（清）洪亮吉：《春秋左传诂》，四部备要本。
《汲冢周书》，四部丛刊本。
（汉）贾谊：《新书》，四部备要本。
（汉）孔安国传、（唐）孔颖达正义：《尚书正义》，《十三经注疏》，北京：中华书局 1980 年版。
（清）孔广森：《经学卮言》，皇清经解本。
（唐）李吉甫：《元和郡县志》，钦定四库全书本。
（北魏）郦道元：《水经注》，台北：世界书局 1980 年版。
（清）梁玉绳：《史记志疑》，广雅丛书本，1887 年。
（汉）刘向：《新序》，四部丛刊本。
《吕氏春秋》，诸子集成本，北京：中华书局 1985 年版。

（北宋）吕大临：《考古图》，上海：上海古籍出版社 1991 年版。
《墨子》，四部备要本。
（北宋）欧阳修、宋祁：《新唐书》，北京：中华书局 1959 年版。
《商君书》，诸子集成本，北京：中华书局 1985 年版。
《尚书大传》，丛书集成本。
（汉）司马迁：《史记》，北京：中华书局 1959 年版。
王国维：《古本竹书纪年辑校》，《王国维遗书》第 12 册，上海：上海古籍出版社 1983 年版。
（清）王引之：《经义述闻》，四部备要本。
（汉）许慎撰、（清）段玉裁注：《说文解字注》，台北：黎明文化事业股份有限公司 1985 年版。
（南宋）严粲：《诗缉》，岭南术古宫刊本，1877 年。
（清）阎若璩：《四书释地》，皇清经解本。
《逸周书》，四部备要本。
（汉）郑玄注、（唐）贾公彦疏：《周礼注疏》，《十三经注疏》，北京：中华书局 1980 年版。
（汉）郑玄注、（唐）孔颖达疏：《礼记正义》，《十三经注疏》，北京：中华书局 1980 年版。
《竹书纪年》，四部备要本。
[日]竹添光鸿，《左氏会笺》，汉文大系，东京：富山房，1974 年。

2. 出土资料集、注解书及工具书

[日]白川静：《金文通释》，神户：白鹤美术馆 1962 年版。
陈梦家：《西周铜器断代》，北京：中华书局 2004 年版。
陈佩芬：《夏商周青铜器研究》，上海：上海古籍出版社 2004 年版。
[日]岛邦男：《殷墟卜辞综类》，东京：汲古书院 1967 年版。
郭沫若：《两周金文辞大系图录考释》，上海：上海书店出版社 1999 年版。
郭沫若主编：《甲骨文合集》（简称"合集"），北京：中华书局 1978—1982 年版。
黄德宽主编：《古文字谱系疏证》，北京：商务印书馆 2007 年版。
李学勤、[美]艾兰：《英国所藏甲骨集》，北京：中华书局 1985—1992 年版。
刘雨、卢岩编著：《近出殷周金文集录》（简称"集录"），北京：中华书局 2002 年版。
刘雨、严志斌编著：《近出殷周金文集录二编》（简称"集录二编"），北京：中华书局 2010 年版。
马承源主编：《商周青铜器铭文选》（一—四），北京：文物出版社 1988—1990 年版。
清华大学出土文献研究与保护中心编，李学勤主编：《清华大学藏战国竹简（贰）》，上海：中西书局 2011 年版。

清华大学出土文献研究与保护中心编，李学勤主编：《清华大学藏战国竹简（柒）》，上海：中西书局2017年版。

容庚编著，张振林、马国权摹补：《金文编》，北京：中华书局1985年版。

山西省文物工作委员会编：《侯马盟书》，北京：文物出版社1976年版。

上海博物馆编：《首阳吉金：胡盈莹、范季融藏中国古代青铜器》，上海：上海古籍出版社2008年版。

［日］松丸道雄、高岛谦一编：《甲骨文字字释综览》，东京：东京大学出版会1994年版。

吴镇烽：《商周青铜器铭文暨图像集成》，上海：上海古籍出版社2012年版。

姚孝遂主编：《殷墟甲骨刻辞类纂》，北京：中华书局1989年版。

姚孝遂主编：《殷墟甲骨刻辞摹释总集》，北京：中华书局1988年版。

中国青铜器全集编辑委员会编：《中国青铜器全集》（8），北京：文物出版社1995年版。

中国社会科学院考古研究所编：《殷周金文集成》（简称"集成"），北京：中华书局1984—1994年版。

宗福邦、陈世铙、萧海波主编：《故训汇纂》，北京：商务印书馆2003年版。

3. 发掘报告

B

北京大学考古文博院等：《天马——曲村遗址北赵晋侯墓地第六次发掘》，《文物》2001年第8期，4—21、55页。

北京大学考古学系等：《天马——曲村遗址北赵晋侯墓地第二次发掘》，《文物》1994年第1期，4—28页。

北京大学考古学系等：《天马——曲村遗址北赵晋侯墓地第五次发掘》，《文物》1995年第7期，4—39页。

北京大学考古系等：《1992年春天马——曲村遗址墓葬发掘报告》，《文物》1993年第3期，11—30页。

北京大学考古系商周考古实习组等：《陕西绥德薛家渠遗址的试掘》，《文物》1988年第6期，28—37页。

北京大学考古学系商周组等编著（邹衡主编）：《天马-曲村（1980—1989）》，北京：科学出版社2000年版。

北京大学历史系考古专业山西实习组等：《翼城曲沃考古勘察记》，《考古学研究》第1辑，北京：文物出版社1992年版，126—191页。

C

长治市博物馆：《山西屯留县上村出土商代青铜器》，《考古》1991年第2期，177页。

D

山西省考古研究所等：《山西灵石旌介村商墓》，《文物》1986 年第 11 期，1—18 页。

H

河南省南阳市文物考古研究所：《南水北调中线工程南阳夏响铺鄂国贵族墓地发掘成果》，《中国文物报》2013 年 1 月 4 日 008 版。

河南省文物研究所等：《平顶山市北滍村两周墓地一号墓发掘简报》，《华夏考古》1988 年第 1 期，30—44 页。

河南省文物研究所等：《三门峡上村岭虢国墓地 M2001 发掘简报》，《华夏考古》1992 年第 3 期，104—113 页。

河南省文物研究所等：《平顶山应国墓地九十五号墓的发掘》，《华夏考古》1992 年第 3 期，92—103 页。

河南省文物考古研究所等：《上村岭虢国墓地 M2006 的清理》，《文物》1995 年第 1 期，4—31 页。

河南省文物考古研究所等编：《鹿邑太清宫长子口墓》，郑州：中州古籍出版社 2000 年版。

河南省文物考古研究所等：《三门峡虢国墓》，北京：文物出版社 1999 年版。

湖北省文物考古研究所等：《随州叶家山西周墓地第二次考古发掘的主要收获》，《江汉考古》2013 年第 3 期，3—6 页。

J

吉琨璋等：《山西曲沃羊舌村发掘又一处晋侯墓地》，《中国文物报》2006 年 9 月 29 日 2 版。

吉县文物工作站：《山西吉县出土商代青铜器》，《考古》1985 年第 9 期，848—849 页。

晋中考古队：《山西太谷白燕遗址第一地点发掘简报》，《文物》1989 年第 3 期，1—21 页。

L

临沂市博物馆：《山东临沂中洽沟发现三座周墓》，《考古》1987 年第 8 期，701—706，762 页。

临汾地区文化局：《洪洞永凝堡西周墓葬发掘报告》，《三晋考古》第 1 辑，太原：山西人民出版社 1994 年版，71—93 页。

洛阳博物馆：《河南洛阳出土"繁阳之金"剑》，《考古》1980 年第 6 期，489 页。

Q

桥北考古队：《山西浮山桥北商周墓》，《古代文明》第 5 卷，文物出版社 2006 年版，347—394 页。

S

山东省文物考古研究所:《山东高青县陈庄西周遗址》,《考古》2010年第8期,27—34页。

山东省文物考古研究所:《山东高青县陈庄西周遗存发掘简报》,《考古》2011年第2期,3—21页。

山西省考古研究所:《侯马铸铜遗址》,北京:文物出版社1993年版。

山西省考古研究所:《上马墓地》,北京:文物出版社1994年版。

山西省考古研究所:《闻喜县上郭村1989年发掘简报》,《三晋考古》第1辑,太原:山西人民出版社1994年版,139—153页。

山西省考古研究所:《1976年闻喜上郭村周代墓葬清理记》,《三晋考古》第1辑,123—138页。

山西省考古研究所:《灵石旌介商墓》,北京:科学出版社2006年版。

山西省考古研究所等:《天马——曲村遗址北赵晋侯墓地第三次发掘》,《文物》1994年第8期,22—33,68页。

山西省考古研究所等:《天马——曲村遗址北赵晋侯墓地第四次发掘》,《文物》1994年第8期,4—21页。

山西省考古研究所等:《太原晋国赵卿墓》,北京:文物出版社1996年版。

山西省考古研究所等:《山西绛县横水西周墓地》,《考古》2006年第7期,16—21页。

山西省考古研究所等:《山西绛县横水西周墓发掘简报》,《文物》2006年第8期,4—18页。

山西省考古研究所大河口墓地联合考古队:《山西翼城县大河口西周墓地》,《考古》2011年第7期,9—18页。

山西省文物工作委员会等:《山西洪洞永凝堡西周墓葬》,《文物》1987年第2期,1—16页。

山西省文物管理委员会:《山西长子的殷周文化遗存》,《文物》1959年第2期,36页。

山西省文物管理委员会侯马工作站:《山西侯马上马村东周墓葬》,《考古》1963年第5期,229—245页。

陕西省博物馆等:《陕西岐山贺家村西周墓葬》,《考古》1976年第1期,31—38页。

陕西省考古研究所等:《陕西眉县杨家村西周青铜器窖藏发掘简报》,《文物》2003年第6期,4—42页。

陕西省考古研究院编著:《李家崖》,北京:文物出版社2013年版。

石鼓山考古队:《陕西宝鸡石鼓山西周墓葬发掘简报》,《文物》2013年第2期,5—12页。

宋建忠等:《发现被历史遗忘的古国——绛县横水墓地发掘记》,山西博物院等编:《发现山西——考古人手记》,太原:山西人民出版社2007年版。

Y

杨富斗：《侯马考古工作概况》，山西省考古研究所编：《晋文化研究座谈会记要》，侯马：1985 年 11 月，5—11 页。

Z

张映文、吕智荣：《陕西清涧县李家崖古城址发掘简报》，《考古与文物》1988 年第 1 期，47—56 页。

中国科学院考古研究所编：《上村岭虢国墓地》北京：科学出版社 1959 年版。

中国社会科学院考古研究所山西工作队：《晋南考古调查报告》，《考古学集刊》第 6 期，1989 年，1—51 页。

中国社会科学院考古研究所丰西发掘队：《长安张家坡西周井叔墓发掘简报》，《考古》1986 年第 1 期，22—27 页。

中美联合归城考古队：《山东龙口市归城两周城址调查简报》，《考古》2011 年第 3 期，30—39 页。

朱华：《闻喜上郭村古墓群试掘》，《三晋考古》第 1 辑，太原：山西人民出版社 1994 年版，95—122 页。

4. 研究论文及专著（20 世纪之后）

B

保利艺术博物馆编著：《保利藏金：保利艺术博物馆精品选》，广州：岭南美术出版社 1999 年版。

保利艺术博物馆编著：《保利藏金（续）：保利艺术博物馆精品选》，广州：岭南美术出版社 2001 年版。

保利艺术博物馆编著：《辉煌璀灿青铜艺术》，北京：保利艺术博物馆 2002 年版。

毕经纬：《试谈商周墓葬的几个问题——以山东地区为例》，《考古与文物》2013 年第 3 期，25—30 页。

C

蔡哲茂：《再论子犯编钟》，《故宫文物月刊》第 150 期，1995 年，124—35 页。

曹玮：《从青铜器的演化试论西周前后期之交的礼制变化》，《周秦文化研究》编委会编，《周秦文化研究》，西安：陕西人民出版社 1998 年版，443—455 页。

曹玮：《试论西周时期的赗赙制度》，《周原遗址与西周铜器研究》，北京：科学出版社 2004 年版，165—175 页。

曹玮：《东周时期的赗赙制度》，《周原遗址与西周铜器研究》，258—263 页。
曹玮：《关于晋侯墓随葬器用制度的思考》，《周原遗址与西周铜器研究》，131—140 页。
晁福林：《论平王东迁》，《历史研究》1991 年第 6 期，8—23 页。
陈恩林：《试论西周军事领导体制的一元化》，《人文杂志》1986 年第 2 期，71—76 页。
陈恩林：《先秦军事制度研究》，长春：吉林文史出版社 1991 年版。
陈芳妹：《晋侯墓地青铜器所见性别研究的新线索》，《晋侯墓地出土青铜器国际学术研讨会论文集》，上海：上海书画出版社 2002 年版，157—196 页。
陈连庆：《晋姜鼎铭新释》，《古文字研究》第 13 辑，北京：中华书局 1986 年版，189—201 页。
陈梦家：《殷虚卜辞综述》，北京：科学出版社 1956 年版。
陈民镇：《〈系年〉"故志"说——清华简〈系年〉性质及撰作背景刍议》，《邯郸学院学报》2012 年第 2 期，49—57 页。
陈槃：《春秋大事表列国爵姓存灭表譔异》，台北：中研院历史语言研究所 1969 年版。
陈双新：《子犯钟铭考释》，《安徽教育学院学报》2000 年第 1 期，35—37 页。
陈伟：《清华大学藏竹书〈系年〉的文献学考察》，《史林》2013 年第 1 期，43—48 页。
陈英杰：《西周金文作器用途铭辞研究》，北京：线装书局 2008 年版。
崔庆明：《南阳市北郊出土一批申国青铜器》，《中原文物》1984 年第 4 期，13—16 页。

D

戴尊德、刘岱瑜：《山西芮城柴村出土的西周铜器》，《考古》1989 年第 10 期，906—909 页。
董珊：《略论西周单氏家族窖藏青铜器铭文》，《中国历史文物》2003 年第 4 期，40—50 页。
董珊：《山西绛县横水 M2 出土肃卣铭文初探》，《文物》2014 年第 1 期，50—55 页。
杜迺松：《论列鼎制度》，《吉金文字与青铜文化论集》，北京：紫禁城出版社 2003 年版，276—282 页。
杜正胜：《古代社会与国家》，台北：允晨文化实业股份有限公司 1992 年版。

F

范祥雍：《古本竹书纪年辑校订补》，上海：上海人民出版社 1962 年版。
方诗铭、王修龄：《古本竹书纪年辑证》，上海：上海古籍出版社 1981 年版。
冯时 1997：《春秋子犯编钟纪年研究——晋重耳归国考》，《文物季刊》1997 年第 4 期，59—65 页。
冯时 2002：《叔夨考》，上海博物馆编：《晋侯墓地出土青铜器国际学术研讨会论文集》，上海：上海书画出版社 2002 年版，258—265 页。
冯时：《霸国考》，陕西省考古研究院、上海博物馆：《陕西韩城出土芮国文物暨周代封国考古学研究国际学术研讨会论文稿（二）》，上海：上海博物馆 2012 年 8 月 13—

15日，358—365页。

G

高至喜：《晋侯墓出土楚公逆编钟的几个问题》，上海博物馆编，《晋侯墓地出土青铜器国际学术研讨会论文集》，上海：上海书画出版社2002年版，346—350页。

顾颉刚：《晋文年寿》，《浪口村随笔》，《责善》1.7，15—16页。

郭宝钧：《山彪镇与琉璃阁》上编，北京：科学出版社1959年版。

郭宝钧：《商周铜器群综合研究》，北京：文物出版社1981年版。

郭沫若：《中国史稿》，北京：人民出版社1976年版。

郭永秉：《晋侯猪形尊铭文商榷》，《古文字与文献论集续编》，上海：上海古籍出版社2015年版，179—187页。

H

韩巍：《横水、大河口西周墓地若干问题的探讨》，陕西省考古研究院、上海博物馆：《陕西韩城出土芮国文物暨周代封国考古学研究国际学术研讨会论文稿（二）》，上海：上海博物馆2012年8月13—15日，366—384页。

何景成：《试说甲骨文中读为"庙"的"勺"字》，【出土文献的语境】国际学术研讨会暨第三届出土文献青年学者论坛，台湾清华大学，2014年8月27日；又：《试释甲骨文中读为"庙"的"勺"字》，《文史》2015年第1期。

何树环：《谈子犯编钟铭文中的西之六师》，《故宫文物月刊》第218期，2001年，108—117页。

洪安全：《春秋的晋国》，台北：加新水泥公司文化基金会1972年版。

黄怀信等：《逸周书汇校集注》，上海：上海古籍出版社2007年版。

黄锦前：《金文所见霸国对外关系考察》，陕西省考古研究院、上海博物馆：《陕西韩城出土芮国文物暨周代封国考古学研究国际学术研讨会论文稿（二）》，上海：上海博物馆2012年8月13—15日，396—413页。

黄沛荣：《周书研究》，国立台湾大学1976年博士学位论文。

黄锡全：《新出晋"搏伐楚荆"编钟铭文述考》，《长江文化论集》，湖北教育出版社1995年版，327—333页。

黄锡全：《晋侯墓地诸位晋侯的排列及叔虞方鼎补证》，上海博物馆编：《晋侯墓地出土青铜器国际学术研讨会论文集》，上海：上海书画出版社2002年版，232—237页。

黄锡全、于炳文：《山西晋侯墓地所出楚公逆钟铭文初释》，《考古》1995年第2期，170—178页。

J

吉琨璋：《晋文化考古研究中的几个问题》，中国考古学会等编：《汾河湾——丁村文化与晋文化考古学术研讨会文集》，太原：山西高校联合出版社1996年版，262—273页。

吉琨璋：《"晋叔家父"器和M93组晋侯墓的归属》，《古代文明研究通讯》第29期，2006年6月，27—30页。

吉琨璋：《曲沃羊舌晋侯墓地1号墓墓主初论——兼论北赵晋侯墓地93号墓主》，《中国文物报》2006年9月29日第7版。

吉琨璋：《羊舌　一个千古之谜——曲沃县羊舌墓地的发掘与思考》，山西博物院等编：《发现山西——考古人手记》，太原：山西人民出版社2007年版，97—113页。

吉琨璋：《西周时期的晋南政治格局——从晋、倗、霸说起》，山西省考古研究所编，《有实其积：纪念山西省考古研究所六十华诞文集》，太原：山西人民出版社2012年版，385—391页。

金德建：《司马迁所见书考》，上海：上海人民出版社1963年版。

晋彦、付玉千：《晋文公重耳生年考辨》，《山西师院学报》（社会科学版）1982年第2期，82—84页。

L

李伯谦：《山西天马－曲村遗址发掘》，《晋文化研究座谈会纪要》，侯马：1985年11月，30—31页。

李伯谦：《晋国始封地考略》，《中国文物报》1993年12月12日第8版。

李伯谦：《晋侯苏钟的年代问题》，《中国文物报》1997年3月9日。

李伯谦：《从灵石旌介商墓的发现看晋陕高原青铜文化的归属》，《北京大学学报》（哲学社会科学版）1988年第2期，又收入氏著：《中国青铜文化结构体系研究》，北京：科学出版社1998年版，167—184页。

李伯谦：《叔夨方鼎铭文考释》，《文物》2001年第8期，39—42页。

李伯谦：《晋侯墓地发掘与研究》，上海博物馆编：《晋侯墓地出土青铜器国际学术研讨会论文集》，上海：上海书画出版社2002年版，17—25页。

李伯谦：《觉公簋与晋国早期历史若干问题的再认识》，《古代文明研究通讯》第33期，27—32页；又刊《中原文物》2009年第1期。

李朝远：《晋侯㐬方座簋铭管见》，香港中文大学中文系编：《第二届国际中国古文字学研讨会论文集》，香港：香港中文大学1993年，231—236页。

李朝远：《从新出青铜钟再议"堵"与"肆"》，《中国文物报》1996年4月14日第3版。

李朝远：《晋侯墓地出土青铜器综览》，上海博物馆编：《晋国奇珍：山西晋侯墓群出土文物精品》，上海人民美术出版社2002年版，28—33页。

李峰:《强家一号墓的时代特点》,《文博》1989年第3期,46—48,35页。
李丰(峰):《黄河流域西周墓葬出土青铜礼器的分期与年代》,《考古学报》1988年第4期,383—419页。
李峰:《西周的政体:中国早期的官僚制度与国家》,吴敏娜等译,北京:生活·读书·新知三联书店2010年版。
李广洁:《先秦时期山西交通述略》,《晋阳学刊》1985年第4期,48—51页。
李建生:《新发现的异姓封国研究》,山西省考古研究所编:《有实其积:纪念山西省考古研究所六十华诞文集》,太原:山西人民出版社2012年版,392—406页。
李零:《冯伯和毕姬——山西绛县横水西周墓M2和M1的墓主》,《中国文物报》2006年12月8日第7版。
李隆献:《晋文公复国定霸考》,台北:台湾大学出版中心1988年版。
李孟存、常金仓:《晋国史纲要》,太原:山西人民出版社1988年版。
李孟存、李尚师:《晋国史》,太原:三晋出版社2015年版。
李西兴:《关于周宣王之死的考证》,《西周史论文集》下,陕西省博物馆编,西安:陕西人民教育出版社1993年版,966—976页。
李西兴编:《陕西青铜器》,西安:陕西人民美术出版社1994年版。
李夏廷:《浑源彝器研究》,《文物》1992年第10期,61—75页。
李学勤:《殷代地理简论》,北京:科学出版社1959年版。
李学勤:《关于自组卜辞的一些问题》,《古文字研究》第3辑,中华书局1980年版,32—42页。
李学勤:《小屯南地甲骨与甲骨分期》,《文物》1981年第5期,27—33页。
李学勤:《东周与秦代文明》,北京:文物出版社1984年版。
李学勤:《论西周金文的六师、八师》,《华夏考古》1987年第2期,206—210页。
李学勤:《青铜器与山西古代史的关系》,《新出青铜器研究》,北京:文物出版社1990年版,255—260页。
李学勤:《晋侯邦父与杨姞》,《中国文物报》1994年5月29日第3版。
李学勤:《中国青铜器概说》,北京:外文出版社1995年版。
李学勤:《文王玉环考》,《华学》第1辑,广州:中山大学出版社1995年版,69—71页。
李学勤:《试论楚公逆编钟》,《文物》1995年第2期,69—72页。
李学勤:《〈史记晋世家〉与新出金文》,《学术集林》第4卷,上海:上海远东出版社,1995年,160—170页。
李学勤:《补论子犯编钟》,《中国文物报》1995年5月28日第3版。
李学勤:《子犯编钟续谈》,《中国文物报》1996年1月7日第3版。
李学勤:《晋侯苏编钟的时、地、人》,《中国文物报》1996年12月1日第3版。
李学勤:《史密簋铭所记西周重要史实》,《走出疑古时代》,沈阳:辽宁大学出版社

1994年版，170—177页。

李学勤：《戎生编钟论释》，保利艺术博物馆编著：《保利藏金：保利艺术博物馆精品选》，广州：岭南美术出版社1999年版，375—378页。

李学勤：《谈叔夨方鼎及其他》，《文物》2001年第10期，67—70页。

李学勤：《眉县杨家村新出青铜器研究》，《文物》2003年第6期，66—73页。

李学勤：《绛县横北村大墓与倗国》，《中国文物报》2005年12月30日第7版。

李学勤：《晋侯铜人考证》，《中国古代文明研究》，上海：华东师范大学出版社2005年版，120—122页。

李学勤：《论敔簋铭及周昭王南征》，《通向文明之路》，北京：商务印书馆2010年版，108—111页。

李学勤：《由新见青铜器看西周早期的鄂、曾、楚》，《文物》2010年第1期，40—43页。

李学勤：《高青陈庄引簋及其历史背景》，《文史哲》2011年第3期，119—121页。

李学勤：《清华简〈系年〉及有关古史问题》，《文物》2011年第3期，70—74页。

李学勤：《由清华简〈系年〉论〈文侯之命〉》，《扬州大学学报》（人文社会科学版）2013年第2期，49—51页。

李学勤、唐云明：《元氏铜器与西周的邢国》，《考古》1979年第1期，56—59，88页。

李学勤等：《山东高青县陈庄西周遗址笔谈》，《考古》2011年第2期，22—32页。

李裕杓：《新出铜器铭文所见昭王南征》，朱凤瀚主编：《新出金文与西周历史》，上海：上海古籍出版社2011年版，275—385页。

李仲操：《再论史密簋所记作战地点——兼与王辉同志商榷》，《人文杂志》1992年第2期，99—101页。

林小安：《殷武丁臣属征伐与行祭考》，《甲骨文与殷商史》第2辑，上海：上海古籍出版社1986年版，223—302页。

林沄：《小屯南地发掘与殷墟卜辞断代》，《古文字研究》第9辑，北京：中华书局1984年版，111—154页。

林沄：《周代用鼎制度商榷》，《林沄学术文集》，北京：中国大百科全书出版社1998年版，192—206页。

廖名春：《清华简〈系年〉管窥》，《深圳大学学报》（人文社会科学版）2012年第3期，51—53页。

刘国忠：《从清华简〈系年〉看周王东迁的相关史实》，"简帛·经典·古史"国际论坛，香港：香港浸会大学2011年11月30日。

刘连与：《三监考》，《人文杂志》1985年第2期，68—73页。

刘启益：《晋侯苏编钟是宣王时铜器》，《中国文物报》1997年3月9日。

刘绪：《晋与晋文化的年代问题》，《文物季刊》1993年第4期，83—87页。

刘绪：《晋文化》，北京：文物出版社2007年版。

刘绪、吉琨璋：《曲村-天马遗址的发掘与研究概况》，曲沃县文物旅游管理中心、曲沃县晋文化研究会编：《晋文化论坛论文集——山西·曲沃曲村-天马遗址发掘30周年》，太原：三晋出版社2011年版，157—188页。

刘绪、徐天进：《关于天马-曲村遗址晋国墓葬的几个问题》，上海博物馆编：《晋侯墓地出土青铜器国际学术研讨会论文集》，上海：上海书画出版社2002年版，41—51页。

卢连成、胡智生：《宝鸡強国墓地》，北京：文物出版社1988年版。

卢连成：《天马-曲村晋侯墓地年代及墓主考订》，中国考古学会等编：《汾河湾——丁村文化与晋文化考古学术研讨会文集》，太原：山西高校联合出版社1996年版，138—146，151页。

罗琨：《"高宗伐鬼方"史迹考辨》，《甲骨文与殷商史》，上海：上海古籍出版社1983年版，83—126页。

[美]罗泰著，吴长青等译：《宗子维城——从考古材料的角度看公元前1000至前250年的中国社会》，上海：上海古籍出版社2017年版。

吕建昌：《金文所见有关西周军事的若干问题》，《军事历史研究》2001年第1期，87—96页。

M

马保春：《晋国历史地理研究》北京：文物出版社2007年版。

马保春：《晋国地名考》，北京：学苑出版社2010年版。

马冰：《也谈曲沃羊舌M1和北赵晋侯墓地M93的墓主》，《中国文物报》2007年2月2日。

马承源：《新获西周青铜器研究二则》，《上海博物馆集刊——建馆四十周年特辑》第6期，上海：上海古籍出版社1992年版，150—154页。

马承源：《晋侯对盨》，《第二届国际中国古文字学研讨会论文集》，香港：香港中文大学，1993年，221—229页。

马承源：《晋侯苏编钟》，《上海博物馆集刊》第7期，1996年，1—17页。

马承源：《戎生钟铭文的探讨》，保利艺术博物馆编著：《保利藏金：保利艺术博物馆精品选》，广州：岭南美术出版社1999年版，361—364页。

蒙文通：《周秦少数民族研究》，上海：龙门联合书局1958年版。

P

彭裕商：《也谈子犯编钟的"五月初吉丁未"》，《中国文物报》1996年2月11日第3版。

Q

秦进才：《郑庄公小霸述评》，《河北师院学报》1986年第1期，147—155页。

钱穆：《周初地理考》，《古史地理论丛》，台北：东大图书公司印行1982年版，1—71

页(原刊《燕京学报》10，1931年)。

钱穆：《西周戎祸考》上，《古史地理论丛》，台北：东大图书公司印行1982年版，151—156页(原刊《禹贡》2.12，1934年)。

钱穆：《西周戎祸考》下，《古史地理论丛》，台北：东大图书公司印行1982年版，157—170页(原刊《禹贡》2.4，1935年)。

钱杭：《春秋时期晋国的宗、政关系》，《华东师范大学学报》1989年第6期，72—80页。

裘锡圭：《论"历组卜辞"的时代》，《古文字研究》第6辑，北京：中华书局1981年，262—320页。

裘锡圭：《说𢆍簋的两个地名："棫林"和"胡"》，《考古与文物丛刊》第2辑，1983年，4—7页。

裘锡圭：《关于晋侯铜器铭文的几个问题》，《传统文化与现代化》1994年第2期，35—41页。

裘锡圭：《也谈子犯编钟》，《故宫文物月刊》第149期，1995年，106—117页。

裘锡圭：《戎生编钟铭文考释》，保利艺术博物馆编著：《保利藏金：保利艺术博物馆精品选》，广州：岭南美术出版社1999年版，365—374页。

裘锡圭：《甲骨文中的几种乐器名称——释"庸""豐""鞀"》，《裘锡圭学术文集·甲骨文卷》，上海：复旦大学出版社2012年版。

屈万里：《尚书文侯之命著成的时代》，《历史语言研究所集刊》第29辑，1958年，499—511页。

屈万里：《曾伯霎簠考释》，《历史语言研究所集刊》第33辑，1962年，331—349页。

屈万里：《诗经释义》，台北：中国文化大学出版部1980年版。

曲沃县博物馆：《天马-曲村遗址青铜器绍介》，《文物季刊》1996年第3期，53—54页。

R

饶宗颐等：《曲沃北赵晋侯墓地M114出土叔夨方鼎及相关问题研究笔谈》，《文物》2002年第5期，69—77页。

任伟：《西周封国考疑》，北京：社会科学文献出版社2004年版。

容庚：《商周彝器通考》，台北：大通书局1973年版(原刊：哈佛燕京学社，1941年)。

S

山西省考古研究所：《山西考古四十年》，太原：山西人民出版社1994年版。

山西省文化局等、上海博物馆编：《晋国奇珍：山西晋侯墓群出土文物精品》，上海：上海人民美术出版社2002年版。

商彤流：《从晋侯墓地M113出土的青铜双耳罐看晋文化与羌戎的关系》，上海博物馆编：《晋侯墓地出土青铜器国际学术研讨会论文集》，上海：上海书画出版社2002年版，371—376 页。

沈建华：《甲骨文所见晋南方国考》，张政烺先生九十华诞纪念文集编委会编：《揖芬集》，北京：社会科学文献出版社 2002 年版，205—211 页。

史念海：《春秋时代的交通道路》，《河山集》，北京：生活·读书·新知 三联书店 1963 年版，67—81 页。

宋建：《关于西周时期的用鼎问题》，《考古与文物》1983 年第 1 期，72—79 页。

宋建：《晋侯墓地浅论》，上海博物馆编：《晋侯墓地出土青铜器国际学术研讨会论文集》，上海：上海书画出版社 2002 年版，152—154 页。

宋建忠等：《发现被历史遗忘的古国——绛县横水墓地发掘记》，山西博物院等编：《发现山西——考古人手记》，太原：山西人民出版社 2007 年版，75—95 页。

宋玲平：《晋系墓葬制度研究》，北京：科学出版社 2007 年版。

宋新潮：《骊山之役及平王东迁历史考述》，《人文杂志》1989 年第 4 期，75—79 页。

宋新潮：《殷商文化区域研究》，西安：陕西人民出版社 1991 年版。

苏秉琦：《谈"晋文化"考古》，文物出版社编辑部编：《文物与考古论集——文物出版社成立三十周年纪念》，北京：文物出版社 1986 年版，44—54 页。

苏芳淑、李零：《介绍一件有铭的"晋侯铜人"》，上海博物馆编：《晋侯墓地出土青铜器国际学术研讨会论文集》，上海：上海书画出版社 2002 年版，411—413 页。

苏建洲等：《清华二〈系年〉集解》，台北：万卷楼 2013 年版。

孙华：《关于晋侯鞞组墓的几个问题》，《文物》1995 年第 9 期，50—57 页。

孙华：《晋侯苏/斯组墓的几个问题》，《文物》1997 年第 8 期，27—36 页。

孙庆伟：《晋侯墓地 M114 年与墓主的推定》，上海博物馆编：《晋侯墓地出土青铜器国际学术研讨会论文集》，上海：上海书画出版社 2002 年版，239—247 页。

孙庆伟：《晋侯墓地 M63 墓主再探》，《中原文物》2006 年第 3 期，60—67 页。

孙庆伟：《从新出𣪕觑看昭王南征与晋侯燮父》，《文物》2007 年第 1 期，64—68 页。

孙亚冰、林欢：《商代地理与方国》，北京：中国社会科学出版社 2010 年版。

T

谭其骧主编：《中国历史地图集》第 1 册，北京：地图出版社 1982 年版。

唐兰：《西周铜器断代中的"康宫"问题》，《考古学报》1962 年第 1 期，15—48 页。

田建文：《侯马上马墓地 M13、M2008 出土的北方式青铜器》，《考古》1993 年第 2 期，167—168 页。

田建文：《晋国早期都邑探索》，《三晋考古》第 1 辑，太原：山西人民出版社 1994 年版，27—29 页。

田建文：《山西考古学文化的区系类型问题》，中国考古学会等编：《汾河湾——丁村文化与晋文化考古学术研讨会文集》，太原：山西高校联合出版社 1996 年版，126—137 页。

田建文:《"启以夏政、疆以戎索"的考古学考察》,吉林大学边疆考古研究中心编:《庆祝张忠培先生七十岁论文集》,北京:科学出版社2004年版,323—334页。

田建文:《也论曲沃羊舌墓地1号墓墓主》,《中国文物报》2007年3月30日第7版。

田建文、谢尧亭:《问疑晋侯墓》,上海博物馆编:《晋侯墓地出土青铜器国际学术研讨会论文集》,上海:上海书画出版社2002年版,132—139页。

田世英:《历史时期山西水文的变迁及其与耕、牧业更替的关系》,《山西大学学报》(哲学社会科学版)1981年第1期,29—37页。

田伟:《试论绛县横水、翼城大河口墓地的性质》,《中国国家博物馆馆刊》2012年第5期,6—11页。

童书业:《春秋史》,香港,太阳书局1946年版。

W

王斌主编:《虢国墓地的发现与研究》,北京:社会科学文献出版社2000年版。

王恩田:《晋侯苏钟与周宣王东征伐鲁——兼说周、晋纪年》,《中国文物报》1996年9月8日第3版。

王飞:《用鼎制度兴衰异议》,《文博》1986年第6期,29—33页。

王阁森等编:《齐国史》,济南:山东人民出版社1992年版。

王国维:《鬼方昆夷猃狁考》,《观堂集林》二,北京:中华书局1959年版,583—606页。

王红亮:《清华简〈系年〉中周平王东迁的相关年代考》,《史学史研究》2012年第4期,101—109页。

王晖:《周初唐叔受封事迹三考》,陕西历史博物馆编:《西周史论文集》下,西安:陕西人民教育出版社1993年版,933—943页。

王晖:《春秋早期周王室王位世系变局考异——兼说清华简〈系年〉"周无王九年"》,《人文杂志》2013年第5期,75—81页。

王辉:《史密簋释文考地》,《人文杂志》1991年第4期,99—103页。

王进先:《山西长治市拣选、征集的商代青铜器》,《文物》1982年第9期,49—52页。

王克林:《晋国建立前晋地文化的发展》,《中国考古学会第三次年会论文集(1981)》,北京:文物出版社1984年,195—206页。

王克林:《晋文化研究》,《文物季刊》1989年第1期,1—8页。

王雷生:《平王东迁年代新探——周平王东迁公元前747年说》,《人文杂志》1997年第3期,62—66页。

王立新:《关于天马-曲村遗址性质的几个问题》,《中原文物》2003年第1期,23—27页。

王世民:《关于西周春秋高级贵族礼器制度的一些看法》,文物出版社编辑部编:《文物与考古论集——文物出版社成立三十周年纪念》,北京:文物出版社1986年版,158—166页。

王世民：《戎生编钟》，保利艺术博物馆编：《保利藏金：保利艺术博物馆精品选》，广州：岭南美术出版社1999年版，125—128页。

王世民：《晋侯苏钟笔谈》，《文物》1997年第3期，54—66页。

王世民、陈公柔、张长寿：《西周青铜器分期断代研究》，北京：文物出版社1999年版。

汪涛：《两周之际的青铜器艺术——以晋侯墓地出土的青铜器为例》，上海博物馆编：《晋侯墓地出土青铜器国际学术研讨会论文集》，上海：上海书画出版社2002年版，384—410页。

王贻梁：《"师氏"、"虎臣"考》，《考古与文物》1989年第3期，61—76页。

王宇信、杨升南：《甲骨学一百年》，北京：社会科学文献出版社1999年版。

王玉哲：《学术通讯》，《责善》1.15，1940年，23页。

王玉哲：《周平王东迁乃避秦非避犬戎说》，《天津社会科学》1986年第3期，49—52页。

王占奎：《周宣王纪年与晋献侯墓考辨》，《中国文物报》1996年7月7日第3版。

王占奎：《晋侯苏编钟年代初探》，《中国文物报》1996年12月22日第3版。

王子初：《戎生编钟的音乐学研究》，保利艺术博物馆编：《保利藏金：保利艺术博物馆精品选》，广州：岭南美术出版社1999年版，379—383页。

魏成敏：《陈庄西周城与齐国早期都城》，《管子学刊》2010年第3期，106—114页。

卫文选：《晋国灭国略考》，《晋阳学刊》1982年第6期，97—101页。

文物编辑委员会编：《文物考古工作三十年（1949—1979）》，北京：文物出版社1979年版。

文物编辑委员会编：《文物考古工作十年（1979—1989）》，北京：文物出版社1991年版。

吴晓筠：《商周时期车马埋葬研究》，北京：科学出版社2009年版。

吴镇烽：《周王朝接纳异族人才初探》，陕西历史博物馆编：《西周史论文集》下，西安：陕西人民教育出版社，1993年，805—818页。

X

[美]夏含夷：《早期商周关系及其对武丁以后商王室势力范围的意义》，《古文字研究》第13辑，北京：中华书局1986年版，129—143页。

[美]夏含夷：《原史：纪年形式与史书之起源》，"简帛·经典·古史"国际论坛，香港：香港浸会大学2011年11月30日。

夏商周断代工程专家组：《夏商周断代工程1996—2000年阶段成果报告（简本）》，北京：世界图书出版公司2000年版。

谢明文：《商代金文的整理与研究》，复旦大学博士学位论文，2012年。

谢尧亭：《晋国早期上层社会等级的考察》，《文物世界》2008年第1期，14—20页。

谢尧亭：《晋国早期人群来源和结构的考察》，吉林大学边疆考古研究中心编：《新果集——庆祝林沄先生七十华诞论文集》北京：科学出版社2009年版，342—367页。

谢尧亭：《晋南地区西周墓葬研究》，吉林大学2010年博士学位论文。

谢尧亭：《天马－曲村墓地用鼎簋礼的考察》，曲沃县文物旅游管理中心、曲沃县晋文化研究会编：《晋文化论坛论文集——山西·曲沃曲村－天马遗址发掘30周年》，太原：三晋出版社2011年版，31—43页。

谢尧亭：《简论横水与大河口墓地人群的归属问题》，山西省考古研究所编：《有实其积：纪念山西省考古研究所六十华诞文集》，太原：山西人民出版社2012年版，374—384页。

谢尧亭：《发现霸国：讲述大河口墓地考古发掘的故事》，太原：山西人民出版社2012年版。

谢尧亭：《"格"与"霸"及晋侯铜人》，陕西省考古研究院、上海博物馆：《陕西韩城出土芮国文物暨周代封国考古学研究国际学术研讨会论文稿（二）》，上海：上海博物馆2012年8月13—15日，419—421页；收入陕西省考古研究院、上海博物馆编《两周封国论衡——陕西韩城出土芮国文物暨周代封国考古学研究国际学术研讨会论文集》。

徐少华：《周代南土历史地理与文化》，武汉：武汉大学出版社1994年版。

徐少华：《从叔姜簠析古申国历史与文化的有关问题》，《文物》2005年第3期，66—68，80页。

徐喜辰：《周代兵制初论》，《中国史研究》1985年第4期，3—12页。

许兆昌、齐丹丹：《试论清华简〈系年〉的编纂特点》，《古代文明》2012年第2期，60—66页。

徐中舒：《禹鼎的年代及其相关问题》，《考古学报》1959年第3期，53—67页。

Y

杨伯峻：《春秋左传注》，北京：中华书局1981年版。

杨宽：《论西周金文中"六𠂤""八𠂤"和乡遂制度的关系》，《考古》1964年第8期，414—419页。

杨宽：《再论西周金文中"六𠂤"和"八𠂤"的性质》，《考古》1965年第10期，525—528页。

杨宽：《西周春秋时代对东方和北方的开发》，《中华文史论丛》1982年第4辑（总第24辑），109—132页。

杨宽：《论西周初期的分封制》，尹达等主编：《纪念顾颉刚学术论文集》上册，成都：巴蜀书社1990年版，253—270页。

杨宽：《西周史》，上海：上海人民出版社1999年版。

杨筠如：《尚书覈诂》，西安：陕西人民出版社1959年版（原刊：1928年）。

叶达雄：《西周兵制的探讨》，《台大历史学报》1979年第6期，1—16页。

殷玮璋、曹淑琴：《灵石商墓与丙国铜器》，《考古》1990年第7期，621—631，637页。

于省吾：《略论西周金文中的"六𠂤"和"八𠂤"及其屯田制》，《考古》1964年第3期，152—155页。

于省吾：《关于〈论西周金文中六𠂤八𠂤和乡遂制度的关系〉一文的意见》，《考古》1965年第3期，131—133页。

俞伟超、高明：《周代用鼎制度研究》（上），《北京大学学报》（哲学社会科学版）1978年第1期，184—198页。

俞伟超、高明：《周代用鼎制度研究》（中），《北京大学学报》（哲学社会科学版）1978年第2期，84—97页。

俞伟超、高明：《周代用鼎制度研究》（下），《北京大学学报》（哲学社会科学版）1979年第1期，83—96页。

Z

张长寿：《殷商时代的青铜容器》，《考古学报》1979年第3期，271—300页。

张长寿：《晋侯墓地的墓葬序列和晋侯铜器》，上海博物馆编：《晋侯墓地出土青铜器国际学术研讨会论文集》，上海：上海书画出版社2002年版，75—83页。

张光远：《春秋晋文称霸"子犯和钟"初释》，《故宫文物月刊》第145期，1995年，4—31页。

张光远：《子犯和钟的排次及补释》，《故宫文物月刊》第150期，1995年，118—123页。

张颔：《晋侯䢵簋铭文初识》，《文物》1994年第1期，33—34页。

张明东：《商周墓葬比较研究》，北京大学2005年博士学位论文。又：《商周墓葬比较研究》，北京：中国社会科学出版社2016年版。

张明东：《商周墓葬等级序列比较》，《中国历史文物》2010年第1期，36—42页。

张懋镕：《西周南淮夷称名与军事考》，《人文杂志》1990年第4期，又收入氏著：《古文字与青铜器论集》，北京：科学出版社2002年，165—171页。

张童心：《晋与戎狄——由M113出土的青铜三足瓮所想到的》，上海博物馆编：《晋侯墓地出土青铜器国际学术研讨会论文集》，上海：上海书画出版社2002年版，377—383页。

张培瑜：《中国先秦史历表》，济南：齐鲁书社1987年版。

张培瑜：《三千五百年历日天象》，郑州：大象出版社1997年版。

张天恩：《考古所见晋南西周国族初探》，曲沃县文物旅游管理中心、曲沃县晋文化研究会编：《晋文化论坛论文集——山西·曲沃曲村-天马遗址发掘30周年》，太原：三晋出版社2011年版，1—11页。

张闻玉：《子犯和钟"五月初吉丁未"解》，《中国文物报》1996年1月7日第3版。

张希舜主编：《山西文物馆藏珍品·青铜器》，太原：山西人民出版社1995年版。

张亚初：《殷虚都城与山西方国考略》，《古文字研究》第10辑，北京：中华书局1983

年版，388—404页。

张亚初：《两周铭文所见某生考》，《考古与文物》1983年第5期，83—89页。

张亚初、刘雨：《西周金文官制研究》，北京：中华书局1986年版。

张以仁：《晋文公年寿问题的再检讨》，《春秋史论集》，台北：联经出版事业公司1990年版，269—332页。

张永山：《倗国考》，山西省考古研究所等编：《鹿鸣集：李济先生发掘西阴遗址八十周年·山西省考古研究所侯马工作站五十周年纪年文集》，北京：科学出版社2009年版，228—236页。

赵伯雄：《周代国家形态研究》，长沙：湖南教育出版社1990年版。

赵平安：《〈楚居〉的性质、作者及写作年代》，《清华大学学报》（哲学社会科学版）2011年第4期，29—33页。

赵铁寒：《晋国始封地望考》，《古史考术》，台北：正中书局1965年版，263—281页。

赵铁寒：《春秋时代的戎狄地理分布及其源流》，《古史考述》，台北：正中书局1965年版，314—347页。

郑杰祥：《商代地理概论》，郑州：中州古籍出版社1994年版。

郑张尚芳：《上古音系》，上海：上海教育出版社2003年版。

钟柏生：《殷商卜辞地理论丛》，台北：艺文印书馆1989年版。

中国社会科学院考古研究所编著：《中国考古学·两周卷》，北京：中国社会科学出版社2004年版。

周苏平：《春秋时期晋国政权的演变及其原因之分析》，《西北大学学报》（哲学社会科学版）1987年第2期，39—45页。

周永珍：《西周时代的温器》，《考古与文物》1981年第4期，28—33页。

朱凤瀚：《商周家族形态研究》，天津：天津古籍出版社2004年版。

朱凤瀚：《柞伯鼎与周公南征》，《文物》2006年第5期，67—73，96页。

朱凤瀚：《㲻公簋与唐伯侯于晋》，《考古》2007年第3期，64—69页。

朱凤瀚：《中国青铜器综论》，上海：上海古籍出版社2009年版。

朱凤瀚：《清华简〈系年〉所记西周史事考》，第四届国际汉学会议，台北：中研院2012年6月20—22日。

朱启新：《不见文献记载的史实——记上海博物馆抢救回归的晋国青铜器》，《中国文物报》1994年1月2日第3版。

邹衡：《论早期晋都》，《文物》1994年第1期，29—32，34页。

邹衡、徐自强：《整理后记》，郭宝钧：《商周青铜器综合研究》，北京：文物出版社1981年版，207—209页。

［韩］金秉骏：《中国古代地域文化와 郡县支配》（中国古代地域文化与郡县支配），首尔：一潮阁，1997年版。

［韩］金秉骏：《清华简「系年」의 비판적 검토：秦의 기원과 관련하여》(清华简《系年》新探：秦国起源)，《人文论丛》第 73 辑，3 号，2016 年，13—58 页。

［韩］金正烈：《邦君과 诸侯：금문 자료를 통해 본 서주 국가의 지배체제》(邦君与诸侯——根据金文资料考察西周时期国家统治结构)，《东洋史学研究》第 106 辑，2009 年，1—49 页。

［韩］金正烈：《横北村과 大河口：최근 조사된 유적을 통해 본 西周时代 지역정치체의 양상》(横北村与大河口——从近年来的考古研究成果考察西周时期地区性政治体的发展面貌)，《东洋史学研究》第 120 辑，2012 年，1—59 页。

［韩］金正烈：《서주 국가의 지역정치체 통합 연구》(西周地方政治体综合研究)，书耕文化社 2012 年版。

［韩］闵厚基：《西周时代의 宗周와 그 주변》(西周时期宗周及其附近)，《中国古中世史研究》第 40 辑，2016 年，67—132 页。

［韩］闵厚基：《西周王朝의 晋，豫，燕 지역의 封建：山西，河南，河北，北京，辽宁，天津，内蒙古 지역 유지와 명문 출토지 분석》(西周王朝晋、豫、燕的封建：山西、河南、河北、北京、辽宁、天津、内蒙古遗址铭文)，《东洋史学研究》第 134 辑，2016 年，1—63 页。

［韩］闵厚基：《西周时代의 山东：有铭 青铜器 출토지 분석을 통해본 山东 지역 封建》(西周时期的山东：根据有铭青铜器出土地分析探讨古代山东地区的封建)，《历史学报》第 230 辑，2016 年，67—114 页。

［韩］朴枝香等：《영웅 만들기：신화와 역사의 갈림길》(英雄制造：深化和历史的境界)，首尔：Humanist 2005 年版。

［韩］裵真永：《古代 北京과 燕文化：燕文化의 形成과 展开를 中心으로》(古代北京与燕文化：以燕文化形成和发展为中心)，首尔：韩国学术情报，2009 年版。

［韩］宋真：《西周时代 迎宾 의례와 그 성격》(西周时代的迎宾仪礼及其特征)，《中国古中世史研究》第 36 辑，2015 年，215—246 页。

［韩］沈载勋：《武丁시기를 전후한 商 후기 군사력 구성의 성격：舌方과의 전쟁복사를 중심으로》(武丁时期前后的商王军事力量结构——以征伐舌方卜辞为中心)，《中齐张忠植博士华甲纪念论丛：历史学 篇》，首尔：檀大出版部 1992 年版，755—775 页。

［韩］沈载勋：《戎生编钟과 晋姜鼎 铭文 및 그 历史的 의의》(戎生编钟和晋姜鼎铭文及其历史含义)，《东洋史学研究》第 87 辑，2004 年，1—36 页。

［韩］沈载勋：《「周书」의 "戎殷"과 西周 金文의 戎》(《周书》的"戎殷"与西周金文的"戎")，《东洋史学研究》第 92 辑，2005 年，1—36 页。

［韩］沈载勋：《周公庙 발굴과 의의：西周 王陵과 岐邑 소재지와 관련하여》(周公庙发掘的意义——西周王陵与岐邑所在地问题)，《中国古代史研究》第 14 辑，1—27 页。

［韩］沈载勋：《영웅중심 역사서술의 그늘：文公 패업의 실질적 토대로서 献公의 재발견》

（从英雄人物谈历史之暗影——晋国霸业的奠基者：晋献公），尹乃铉编：《동아시아의 지역과 인간》（东亚地区和人类），首尔：知识产业社 2005 年版，257—280 页。

［韩］沈載勛：《金文에 나타난 西周 군사력 구성과 왕권》（金文所述的西周军事力量结构与王权），《中国史研究》第 41 辑，2006 年，1—77 页。

［韩］沈載勛：《출토문헌과 전래문헌의 조화：子犯編钟 명문과「左传」에 기술된 晋文公의 패업》（出土文献与传世文献的结合——《子犯编钟铭文》与《左传》中的晋文公霸业），《东洋学》第 40 辑，2006 年，89—114 页。

［韩］沈載勛：《발을 잘라 신발에 맞추기：하상주단대공정 서주 기년의 허와 실》（削足适履——夏商周断代工程西周纪年研究的虚与实），金庆浩等：《하상주단대공정：중국 고대문명 연구의 허와 실》（夏商周断代工程：中国古代文明研究的虚与实），东北亚历史财团 2008 年版，59—114 页。

［韩］沈載勛：《商周시대의 移民과 국가：동서 화합을 통한 절반의 중국 형성》（浅论商周时代的移民与国家——东西合一，形成半个中国），《东洋史学研究》第 103 辑，2008 年，1—48 页。

［韩］沈載勛：《商周 청동기를 통해 본 冑族의 이산과 성쇠》（从商周青铜器看冑族的离散与盛衰），《历史学报》第 200 辑，2008 年，371—418 页。

［韩］沈載勛：《周代를 읽는 다른 방법：자료와 체계의 양면성》（解读周代的不同方法——资料和体系的两面性），《中国古中世史研究》第 26 辑，2011 年，219—263 页。

［韩］沈載勛：《西周史의 새로운 발견：山东省 高青县 陈庄 西周 城址와 引簋 명문》（西周历史的新发现——山东省高青县陈庄西周城址和引簋铭文），《史学志》第 43 辑，2011 年，5—30 页。

［韩］沈載勛：《西周 청동예기를 통해 본 중심과 주변, 그 정치 문화적 함의》（从西周青铜礼器看中心、周边以及政治文化含义），《东洋学》第 51 辑，2012 年，49—85 页。

［韩］沈載勛：《应侯 视工 청동기들의 연대 및 명문의 연독 문제》（浅论应侯视工青铜器的年代以及铭文的连读问题），《中国古中世史研究》第 28 辑，1—36 页。

［韩］沈載勛：《大河口 霸伯墓 출토 西周 청동예악기 파격의 양면성》（浅论大河口霸伯墓出土之西周青铜礼乐器的僭越现象及其"两面性"考），《东洋史学研究》第 125 辑，2013 年，41—82 页。

［韩］沈載勛：《柞伯鼎과 西周 후기 전쟁금문에 나타난 왕과 제후의 군사적 유대》（浅论《柞伯鼎》和西周后期战争金文中的周天子与诸侯之间的军事关系），《中国古中世史研究》第 29 辑，2013 年，221—263 页。

［韩］沈載勛：《전래문헌의 권위에 대한 새로운 도전：清华简「系年」의 周 王室 东迁》（对传世文献的新挑战——清华简《系年》中周王室东迁），《历史学报》第 221 辑，2014 年，261—96 页。

［韩］沈載勛：《불완전한 명문의 복원：晋公盨 과 晋公盘》（浅论青铜器铭文修复——

《晋公盨》和《晋公盘》),《中国古中世史研究》第 41 辑, 2016 年, 1—34 页。
[韩]李裕杓:《西周 金文에 보이는 "秦夷"와「系年」의 "商奄之民"》,(浅论西周金文中的 "秦夷"和《系年》的 "商奄之民")《东洋史学研究》第 135 辑, 2016 年, 123—158 页。
[韩]都出比吕志著,古坟文化研究会译:《王陵의 考古学》(王陵考古学), 果川: 진인진 2011 年版。
[日]贝塚茂树,伊藤道治著,裴真永、林大熙译:《중국의 역사: 선진시대》(中国历史:先秦时代),首尔:慧眼 2011 年版。
[日]岛邦男:《殷墟卜辞研究》,弘前:中国学研究会 1958 年版。
[日]渡边英幸:《古代〈中华〉观念的形成》,东京:岩波书店 2010 年版。
[日]花房卓尔:《春秋时代晋の军制:三军の人事构成》,《广岛大学文学部纪要》38 卷, 1978 年, 1—25 页。
[日]花房卓尔:《春秋时代晋の军事组织:三军の人事规程》,《广岛大学文学部纪要》39 卷, 1979 年, 1—24 页。
[日]吉本道雅:《史记原始[一] -西周期,东迁期》,《古史春秋》第 4 卷, 1987 年, 59—82 页。
[日]吉本道雅:《周室东迁考》,《东洋学报》第 71 卷, 第 3—4 号, 1990 年, 33—55 页。
[日]吉本道雅:《春秋齐霸考》,《史林》第 73 卷, 2 号, 1990 年, 84—120 页。
[日]吉本道雅:《春秋晋霸考》,《史林》第 76 卷, 3 号, 1993 年, 69—107 页。
[日]吉本道雅:《中国先秦史の研究》,京都:京都大学学术出版会 2005 年版。
[日]吉本道雅:《清华简系年考》,《京都大学文学部研究纪要》第 52 卷, 2013 年, 1—94 页。
[日]落合淳思:《甲骨占卜の问答形式》,《立命馆白川静记念东洋文字文化研究所纪要》第 1 卷, 2007 年, 1—13 页。
[日]山田统:《左传所见の通婚关系をず中心として见たる宗周制度》,《山田统着作集》,东京:明知书院 1982 年版, 1—232 页。
[日]松井嘉德:《周代国制の研究》,东京:汲古书院 2002 年版。
[日]松丸道雄:《西周青铜器中の诸侯制作器について:周金文研究,序章その二》,《西周青铜器とその国家》,东京:东京大学出版会 1980 年版, 137—182 页。
[日]田中柚美子:《晋と戎狄——献公の婚姻关系お中心として》,《国学院杂志》3 卷, 1975 年, 23—37 页。
[日]田中柚美子:《晋をめぐる狄について》,《中国古代史研究》4 卷, 1976 年, 247—270 页。
[日]曾渊龙夫:《左传の世界》,筑摩书房编集部编:《世界の历史》3,东京:筑摩书房 1960 年版, 49—93 页。

[日] 竹内照夫:《春秋左氏传 上》,《全释汉文大系》4, 东京: 集英社 1974 年版。

[日] 竹内照夫:《春秋左氏传 下》,《全释汉文大系》6, 东京: 集英社 1975 年版。

[日] 左藤三千夫:《晋の文公即位めぐて——とくに三军成立との关гにおいて》,《白山史学》第 17 卷, 1973 年, 87—104 页。

Bagley, Robert: "What Bronzes from Hunyuan Tell Us about the Foundry at Houma, " *Orientation* 1995 (January), pp.46–54.

Bielenstein, Hans: "Restoration of Han Dynasty, " *Bulletin of the Museum of Far Eastern Antiquities* 26 (1954), pp.1–209.

Bissell, Jeffrey Walter: "Literary Studies of Historical Texts: Early Narrative Accounts of Chong'er, Duke Wen of Jin" (Ph.D. Dissertation, University of Wisconsin, Madison, 1996).

Blakeley, Barry B.: "Functional Disparities in the Socio-Political Traditions of Spring and Autumn China," *Journal of the Economic and Social History of the Orient*, Vol. 22, Part I, (1979), pp.81–118.

Brooks, Bruce E and Brooks Takeo E., *The Original Analects: Sayings of Confucius and His Successors* (New York: Columbia University Press, 1998).

Bunker, Emma C.: *Ancient Bronzes of the Eastern Eurasian Steppes: From the Arthur M. Sackler Collection* (New York: The Arthur M. Sackler Foundation, 1997).

Chien, Gabriel Yeh-tung: "A Study of the Court of Chin in the Spring and Autumn Period, " (Ph.D. Dissertation, University of Chicago, 1976).

Cook, Constance A.: "Myth and Authenticity: Decipering the Chu Gong Ni Bell Inscription, " *Journal of American Oriental Society,* 113–4 (1993), pp.539–550.

Cosmo, Nichola di: "Inner Asia in Chinese History: An Analysis of Hsiung-nu in the *Shih-chi,*" (Ph.D. Dissertation, Indiana University, 1991).

Creel, Herrlee G.: *The Origins of Statecraft in China: Volume One The Western Chou Empire* (Chicago: University of Chicago Press, 1970).

Falkenhausen, Lothar von: *Suspended Music: Chime Bells in the Culture of Bronze Age China*, (Berkeley: University of California, 1993).

Falkenhausen, Lothar von:, "The Waning of the Bronze Age: Material Culture and Social Development, 770–481 B.C., " in *The Cambridge History of Ancient China: From the Origin of Civilization to 221 B.C.* ed. by Michael Loewe and Edward L. Shaughnessy (Cambridge: Cambridge University Press, 1999), pp.440–544.

Gertoux, Gerard: *Moses and the Exodus Chronological, Historical and Archaeological Evidence* (lulu.com).

Hommel, Peter & Sax, Margaret: "Shifting materials: variability, homogeneity and change in the beaded ornaments of the Western Zhou, " *Antiquity* 88 (2014), pp.1213–1228.

Hsu, Cho-yun: *Ancient China in Transition* (Stanford: Stanford University Press, 1965).

Hsu, Cho-yun: "The Spring and Autumn Period, " in *The Cambridge History of Ancient China: From the Origin of Civilization to 221 B.C.* ed. by Michael Loewe and Edward L. Shaughnessy (Cambridge: Cambridge University Press, 1999), pp.545–586.

Hsu, Cho-yun and Linduff, Katheryn M.: *Western Chou Civilization* (New Haven: Yale University Press, 1988).

Institute of Archaeology of Shanxi Province: *Art of the Houma Foundry* (Princeton: Princeton University Press, 1996).

Jacobson, Esther: "Beyond the Frontier: A Reconsideration of Cultural Interchange Between China and Early Nomad, " *Early China* 13 (1988), pp.201–240.

Keightley, David N.: "Review for Creel's *The Origins of Statecraft in China*, " *Journal of Asian Studies* 30.3 (1970), pp.655–658.

Keightley, David N.: "Shih Cheng 釋貞 : A New Hypothesis about the nature of Shang Divination." Presented to Asian Studies on the Pacific Coast, Mnoterley, California, 1972.

Keightley, David N.: "The Late Shang: When, Where and What?, " *The Origins of Chinese Civilization*, ed.by Daivd N. Keightley (Berkeley: University of California, 1983), pp.523–564.

Khayutina, Maria: "The Tombs of the Rulers of Peng and Relationships between Zhou and Northern Non-Zhou Lineages (until the Early Ninth Century B.C.), " in *Imprints of Kinship: Studies of Recently Discovered Bronze Inscriptions from Ancient China*, ed. by Edward L. Shaughnessy (Hong Kong: The Chinese University Press, 2016).

Lattimore, Owen: *Inner Asian Frontiers of China* (New York: Capitol Publishing Co., Inc., 1951).

Legge, James: *The Chinese Classics,* vol. 3, *The Soo King,* (1871; rpt. Hong Kong: Hong Kong University Press, 1960).

Lewis, Mark Edward: *Sanctioned Violence in Early China* (Albany: State University of New York, 1991).

Li Feng: "Literacy Crossing Cultural Borders: Evidence from the Bronze Inscriptions of the Western Zhou Period (1045–771 B.C.), " *The Museum of Far Eastern Antiquity* 74 (2002), pp.210–242.

Li Feng: *Landscape and Power in Early China: The Crisis and Fall of the Western Zhou, 1045–771 B.C.* (Cambridge: Cambridge University Press, 2006).

Li Feng: *Bureaucracy and the State in Early China: Governing the Western Zhou* (Cambridge: Cambridge University Press, 2008).

Li Liu and Xingcan Chen: *State Formation in Early China*, (London: Duckworth, 2003).

Li Yung-ti and Hwang Ming-chong: "Archaeology of Shanxi during the Yinxu Period, " *A*

Companion to Chinese Archaeology, ed. by Anne P. Underhill (Chichester, UK: Blackwell Publishing, 2013), pp.367–386.

Lin Yun: "A Reexamination of the Relationship between Bronzes of the Shang Culture and of the Northern Zone," *Studies of Shang Archaeology*, ed. by K. C. Chang (New Haven: Yale University, 1986), pp.237–273.

Loewe, Michael ed: *Early Chinese Texts: A Bibliographical Guide*, (Berkeley: The Society for the Study of Early China, 1993).

Loewen, James: *Lies My Teacher Told Me: Everything Your American History Textbook Got Wrong*, (New York: Touchstone, 1995).

Lu, Xiangyang et al.: "Data Analysis and Calibration of Radiocarbon Dating Results from the Cemetery of the Marquises of Jin," *Radiocarbon,* 43–1 (2001), pp.55–62.

McNeill, William H.: *The Rise of the West* (Chicago: University of Chicago Press, 1963).

Mattos, Gilbert L.: "Eastern Zhou Bronze Inscriptions," ed. by Edward L. Shaughnessy, *New Sources of Early Chinese History: An Introduction to the Reading of Inscriptions and Manuscripts* (Berkeley: The Society for the Study of Early China, 1997), pp.85–123.

Nivison, David S.: *The Riddle of the Bamboo Annals* (Taipei: Airiti Press, 2009).

Nivison, David S. and Shaughnessy, Edward L.: "The Jin Hou Su Bells Inscription and Its Implications for the Chronology of Early China," *Early China* 25 (2000), pp.29–48.

Pines, Yuri: *Foundation of Chunqiu Thought* (Honolulu: University of Hawaii Press, 2002).

Pines, Yuri: "Zhou History and Historiography: Introducing the Bamboo manuscript Xinian." *T'oung Pao* 100.4–5 (2014), pp.287–324.

Průšek, Jaroslav: *Chinese Statelets and the Northern Barbarians in the Period 1400–300 B.C.* (Dordrecht-Holland: D. Reidel, 1971).

Qiu Xigui: "An Examination of Whether the Charges in Shang Oracle-Bone Inscriptions are Questions," *Early China* 14 (1989), pp.77–114.

Rawson, Jessica: "Late Western Zhou: A Break in the Shang Bronze Tradition," *Early China* 11–12 (1985–87), pp.289–300.

Rawson, Jessica: *Western Zhou Ritual Bronzes from the Arthur M. Sackler Collections* Volume IIA (Washington D.C.: The Arthur M. Sackler Museum, 1990).

Rawson, Jessica: "Western Zhou Archaeology," in *The Cambridge History of Ancient China: From the Origin of Civilization to 221 B.C.* ed. by Michael Loewe and Edward L. Shaughnessy (Cambridge: Cambridge University Press, 1999), pp.352–449.

Rawson, Jessica: "Ordering the Exotic: Ritual Practices in the Late Western and Early Eastern Zhou," *Artibus Asiae* 73.1 (2013), pp.5–74.

Rosen, Sydney: "Changing Concept of the Hegemon in Pre-Ch'in China," in *Ancient China:*

Studies in Early Civilization, edited by David T. Roy and Tsuen-hsuin Tsien (Hong Kong: The Chinese University Press, 1978), pp.99–114.

Schaberg, David: *A Patterned Past: Form and Thought in Early Chinese Historiography* (Cambridge: Harvard University Asia Center, 2001).

Sena, David: "What's in Name? Ancestor Appellations and Lineage Structure as Reflected in the Inscription of the Qiu *ban*, ""中国上古史：历史编纂学的理论与实践"（上海，2004）.

Service, Elman R: *Origins of State and Civilization* (New York: W. W. Norton, 1975).

Shaughnessy, Edward L.: "'New' Evidence on the Zhou Conquest," *Early China* 6 (1980–81), pp.57–79.

Shaughnessy, Edward L.: "Recent Approaches to Oracle-Bone Periodization: A Review," *Early China* 8 (1982–83), pp.1–13.

Shaughnessy, Edward L.: "The Composition of the 'Zhouyi'" (Ph.D. Disertation, Stanford University, 1983).

Shaughnessy, Edward L.: "On the Authenticity of the Bamboo Annals," *Harvard Journal of Asiatic Studies* 46.1 (1986), pp.149–180.

Shaughnessy, Edward L.: "Historical Geography and the Extent of the Earliest Chinese Kingdoms," *Asia Major* 3rd ser., 2.2 (1989), pp.1–22.

Shaughnessy, Edward L.: *Sources of Western Zhou History: Inscribed Bronze Vessels* (Berkeley: University of California Press: 1991).

Shaughnessy, Edward L.: "Western Zhou History," in *The Cambridge History of Ancient China: From the Origin of Civilization to 221 B.C.* ed. by Michael Loewe and Edward L. Shaughnessy (Cambridge: Cambridge University Press, 1999), pp.292–351.

Shaughnessy, Edward L.: *Rewriting Early Chinese Texts* (Albany: State University of New York Press, 2006).

Shim, Jaehoon: "Jinhou Su *Bianzhong* Inscription and Its Significance," *Early China* 22 (1997), pp.43–75.

Shim, Jae-hoon: "The Political Geography of Shanxi on the Eve of the Zhou Conquest of Shang: An alternative Interpretation of the Establishment of Jin," *Toung Pao* 88.1 (2002), pp.1–26.

Shim, Jae-hoon: "An Ever-contested Poem: The *Classic of Poetry*'s 'Hanyi' and the Sino-Korean History Debates," *Journal of Asian Studies* 71.2 (2012), pp.475–497.

Shim, Jae-hoon: "The Eastward Relocation of the Zhou Royal House in the *Xinian* Manuscript: Chronological and Geographical Aspects," *Archiv Orientalni* 85.1 (2017), pp.67–98.

So, Jenny: *Eastern Zhou Ritual Bronzes from the Arthur M. Sackler Collections,* Vol. III

(Washington D.C.: Arthur M. Sackler Foundation, 1995).
So, Jenny and Bunker, Emma, *Traders and Raiders on China's Northern Frontier* (Washington D.C.: Smithsonian Institution, 1995).
Thatcher, Melvin: "A Study of the Nature of Political Power in Chin, As Revealed in the Activities of the Major Families, 636-403 B.C.," (M.A. Thesis, University of Washington, 1973).
Thatcher, Melvin: "Marriage and Ruling Elite in the Spring and Autumn Period," ed. by Rubie S Watson and Patricia Buckley Ebrey, *Marriage and Inequality in Chinese Society*, (Berkeley: University of California Press, 1991), pp.25-57.
Tregear, T. R: *A Geography of China* (Chicago: Aldine, 1965).
Waley, Arthur: *The Analects of Confucius* (New York: Vintage Books, 1989).
Weld, Susan: "Covenant in Jin's Walled Cities: The Discoveries at Houma and Wenxian," (Ph.D. Dissertation: Harvard University, 1990).
Xu, Jay: "The Cemetery of the Western Zhou Lords of Jin," *Artibus Asiae,* 56-3/4 (1996), pp.193-228.

网络版文献

董珊:《读清华简系年》，复旦大学出土文献与古文字中心网站，2011年12月26日。
复旦大学出土文献与古文字研究中心读书会（陈剑）:《〈清华（二）〉讨论记录》，复旦大学出土文献与古文字研究中心网站，2011年12月23日。
华东师范大学中文系战国简读书小组:《读〈清华大学藏战国竹简（贰）.系年〉书后（一）》，武汉大学简帛研究中心简帛网，2011年12月29日。
黄锦前、张新俊:《说西周金文中的"霸"与"格"》，武汉大学简帛研究中心简帛网，2011年5月30日。
李建生:《"倗""霸"国家性质辨证》，复旦大学出土文献与古文字研究中心网站，2014年12月14日。
王恩田:《晋公盘辨伪》，复旦大学出土文献与古文字研究中心网站，2015年3月3日。
吴镇烽:《晋公盘与晋公𥂴铭文对读》，复旦大学出土文献与古文字研究中心网站，2014年6月22日。
张崇礼:《晋公盘铭文补释》，复旦大学出土文献与古文字研究中心网站，2014年7月3日。